Glossário de Geografia Humana e Econômica

30 anos editora unesp

Eliseu Savério Sposito
(Org.)

Glossário de Geografia Humana e Econômica

editora unesp

Fundação Editora da Unesp (FEU)
Praça da Sé, 108
01001-900 – São Paulo – SP
Tel.: (0xx11) 3242-7171
Fax: (0xx11) 3242-7172
www.editoraunesp.com.br
www.livrariaunesp.com.br
feu@editora.unesp.br

Dados Internacionais de Catalogação na Publicação (CIP)
Vagner Rodolfo CRB-8/9410

S762g

Sposito, Eliseu Savério
Glossário de geografia humana e econômica / organização Eliseu Savério Sposito. – São Paulo: Editora Unesp, 2017.

ISBN 978-85-393-0700-5

1. Economia. 2. Geografia econômica. 3. Geografia urbana. 4. Glossário. I. Título.

2017-500 CDD: 330.91
CDU: 338.1

Editora afiliada:

Asociación de Editoriales Universitarias de América Latina y el Caribe

Associação Brasileira de Editoras Universitárias

Sumário

Apresentação

É possível afirmar que, no mundo acadêmico brasileiro, no que concerne à área da Geografia, há uma carência de obras de referência que contenham o conhecimento geográfico de maneira resumida e que sirvam de base para o apontamento de estudos mais aprofundados. Por essa razão, apresentamos este glossário, que tem como objetivo mostrar um conjunto de palavras-chave das subáreas da Geografia Econômica e da Geografia Urbana para que pesquisadores e estudantes tenham suas motivações na elaboração de questões e projetos e desvendem, com suas metodologias, temas de maneira mais verticalizada.

Mesmo que não estejam contemplados todos os conceitos importantes para essas subáreas da Geografia, os termos apresentados cobrem uma gama importante que poderá auxiliar tanto pesquisadores iniciantes quanto pessoas que se dedicam ao ensino ou aos primeiros passos para a compreensão do pensamento geográfico.

A escolha dos termos não foi totalmente aleatória, mas como o número apresentado é limitado, não se pode dizer que seguimos uma ordem de acordo com uma doutrina ou uma teoria específica.

Considerando que as doutrinas dominantes, atualmente, são o materialismo histórico, o neopositivismo e a fenomenologia (com inúmeras variações teóricas), os termos apresentados estão vinculados, principalmente, ao materialismo histórico. Não foi uma opção casual nem casuística, mas o materialismo histórico tem pautado as pesquisas daquelas pessoas que foram convidadas para colaborar neste volume.

Inicialmente, pensamos em trabalhar apenas com os membros de nosso grupo de pesquisa. Durante os trabalhos de investigação ligados a um projeto temático patrocinado pela Fapesp (intitulado "O novo mapa da indústria no início do século XXI: diferentes paradigmas para a leitura das dinâmicas territoriais no estado de São Paulo"), o horizonte foi se alargando. Os debates a partir das leituras realizadas e as ideias que foram se consolidando a partir da informação geográfica organizada propiciaram a ampliação do universo de termos. A ambição foi se tornando cada vez maior e foi se concretizando com o compromisso de colocar, de forma analítica, algumas palavras-chave que estavam pautando as preocupações teóricas de cada um.

Como o grupo era pequeno, o convite a outros pesquisadores próximos (por afinidades teóricas, de tendência doutrinária ou mesmo de orientações que ocorreram no nível de doutorado) foi o passo seguinte. Muitos se comprometeram e entregaram seus textos com precisão, guardando o espírito proposto: contribuir com a organização de um volume que servisse de ponto de partida para novas investigações ou para a divulgação de inúmeras ideias que embasam a produção científica da Geografia.

Os significantes, inicialmente, formavam uma pequena lista. Depois, muitos outros foram sendo agregados a ela. A conformação final do volume, que aqui está, é resultado dos esforços de vários geógrafos e cientistas de áreas afins que cumpriram a proposta de demonstrar os principais significados que se foram apresentando. Só faz sentido, portanto, a demonstração de que temos, em razão do trabalho compartilhado, um cabedal de palavras cujos significados se completam, se complementam e, por que não dizer, se contradizem nas múltiplas possibilidades de organizar uma forma de apresentar o pensamento geográfico.

Esta obra não carrega a pretensão de ser definitiva. Ao contrário, ela contém a semente da construção permanente, ou seja, além dos 41 verbetes que ela traz, outros poderão ser incorporados mais tarde.

O leitor verá que há termos que se articulam para explicar a cidade e o urbano (cidade, cidade média, cidade pequena, cidade-região, espaço urbano, espaço público, por exemplo); aspectos importantes da Geografia Industrial (indústria, inovação, localização industrial, entre outros); e termos que podem ser considerados, também, categorias do pensamento geográfico (como espaço); até termos que se tornaram importantes, nos últimos anos, para o conhecimento geográfico (como pós-modernidade, temporalidade e violência).

Os termos podem ser agrupados. São concernentes à Geografia Urbana 22 deles, e 19 são, claramente, da Geografia Econômica. Ligados ao conhecimento ou pensamento geográfico, podemos identificar 7 termos. A interface com outras áreas do conhecimento também pode ser demonstrada. Com a Sociologia (7 termos) e com a Economia (12 termos) temos uma proximidade mais evidente. Com a Antropologia, podem ser identificados pelo menos 2 termos. Assim, a redação de todos os termos obedeceu, de maneira geral, a um encaminhamento dedutivo do raciocínio do autor (indo dos aspectos mais gerais àqueles mais particulares) e de caráter histórico (busca da origem do termo, dos autores que o utilizaram, onde e quando ele teve destaque, com que intensidade, por exemplo), característica própria da Geografia ao longo dos tempos.

Foi dada a liberdade para cada autor listar obras que complementam a análise do termo apresentado com o intuito de ampliar as possibilidades de aprofundamento e atualização do conhecimento geográfico. Por essa razão, alguns verbetes apresentam uma relação de publicações maior que outros nas suas referências bibliográficas. As produções citadas não têm o objetivo de esgotar os temas nem, por outro lado, espelhar opiniões apenas convergentes, procurando mostrar diferentes tendências de leitura e interpretação.

É necessário lembrar, também, que as palavras, em português, carregam (principalmente os termos de utilização mais frequente) seu caráter polissêmico, porque a imprecisão (ou as diferentes precisões) é fato na linguagem científica. Os termos foram, dentro dos limites do tamanho do texto, dissecados e observados minuciosamente pelos autores, procurando demonstrar a riqueza da língua portuguesa. O encaminhamento dedutivo e histórico permitiu compor um quadro que se articula e se completa, embora seja, ainda, parcial. Foi dada a liberdade, também, para que os autores mantivessem seu estilo de texto, mesmo que tenhamos tentado uniformizar alguns aspectos da redação para tornar os verbetes uniformes dentro de uma proposta objetiva e sintética. Por isso, o leitor verá que os textos referentes a cada um dos termos não são iguais uns em relação aos outros.

A importância e a complexidade deles foram levando o autor a compor seus argumentos, relacionando autores importantes para a sua consolidação como referência para a Geografia. Embora este livro seja um conjunto de conceitos apresentados em língua portuguesa, podemos reconhecer, em cada um dos textos, a "pronúncia" de cada um dos autores que apresenta suas ideias. Esse aspecto – quero salientar – pode parecer uma metáfora, mas é importante para destacar e sublinhar a pluralidade que se consubstancia entre os termos e, com maior sutileza, dentro de alguns deles por causa das diferentes orientações teóricas que foram tomando em diferentes momentos. Além disso, foi dada ampla liberdade para que cada autor destacasse o que achasse mais importante para explicar, da melhor maneira possível, como compreende e explica o significado do termo que assumiu. Ou seja, não foram feitas sugestões de leituras ou de escolas, e o autor pôde contornar e desenhar seu termo como melhor o concebeu. Por isso, em alguns casos, pode haver falta de um ou outro nome que se destacou em algum país que não foi privilegiado pelo autor. Essa é uma dificuldade, acredito, para a organização de qualquer dicionário, principalmente aquele de caráter científico, porque a Geografia que se faz em cada país tem sua riqueza própria e a força de cada palavra de acordo com as escolas geográficas que predominam na sua comunidade científica.

Os verbetes são apresentados em ordem alfabética. Embora a relação entre eles seja objeto de articulação por meio das formas das letras, caberá ao leitor o relacionamento entre um ou outro, dependendo de sua necessidade ou curiosidade científica.

Com a apresentação deste conjunto de conceitos e temas, tenho certeza que aqueles que estudam Geografia terão à disposição um material provocador (ainda que incompleto). A todos que dele tomarem conhecimento está aberta a possibilidade de continuar os estudos e acrescentar contribuições ao conhecimento geográfico. Esse passo seguinte está posto e caberá a muitos pesquisadores a possibilidade de levar adiante o que ora se apresenta.

Eliseu Savério Sposito
Organizador

A

Aglomeração urbana

*Vitor Koiti Miyazaki**

A expressão *aglomeração urbana* é muito utilizada na literatura científica em diferentes áreas, como Geografia, Arquitetura e Economia, entre outras, com acepções também distintas. A intensificação do processo de urbanização com o crescimento das cidades (em número, tamanho e funções) contribuiu para a difusão do termo, principalmente devido à configuração de novas espacialidades urbanas. No entanto, o uso dessa expressão é localizado há muito tempo, mesmo antes da ocorrência ou constatação de processos ligados à junção ou articulação de centros urbanos, uma vez que *aglomerar* diz respeito à ação de juntar ou reunir. Assim, a junção ou a concentração de pessoas, construções, serviços, comércio, indústria etc. em um centro urbano já caracterizaria uma aglomeração, ou seja, a cidade compreendida como um aglomerado urbano.

É nesse contexto que se verifica a utilização como sinônimos dos termos *aglomeração urbana* e *aglomerado urbano*. Esse fato é compreensível quando consideramos o ponto de vista etimológico do termo aglomeração. Nos dicionários, *aglomerado* é definido como adjetivo (referente a algo

* Universidade Federal de Uberlândia, Ituiutaba, MG – Brasil.

reunido, que se junta) ou como substantivo (neste caso, como sinônimo de aglomeração). Já *aglomeração* é "ação ou efeito de aglomerar-se, agrupar-se". O *Dicionário Aurélio* (1999), por exemplo, apresenta *aglomerado urbano* como sinônimo de *aglomeração urbana*, descrevendo os dois termos como "qualquer agrupamento urbano, seja vila ou cidade". Considerando esse ponto de vista, podemos tomar como exemplo a utilização de "aglomerado urbano" feito por Villaça (2001, p.52), para quem a expressão se refere ao núcleo urbano que "apresenta um mínimo de atividades centrais, sejam religiosas, administrativas, políticas, sociais ou econômicas".

O Instituto Brasileiro de Geografia e Estatística (IBGE) utiliza *aglomerado* para se referir à concentração ou agrupamento de construções e infraestruturas, como é o caso do *aglomerado rural*, definição utilizada para diferenciar um "conjunto de edificações permanentes e adjacentes, formando área continuamente construída, com arruamentos reconhecíveis", de pequenas concentrações populacionais das áreas rurais dispersas.

Aglomerado e *aglomeração*, nessa perspectiva, não se referem ao "agrupamento de cidades" ou "junção" de centros urbanos distintos, mas sim à concentração dos aspectos já enumerados anteriormente em espaços compactos. É a partir dessa concepção que *aglomeração* comparece em obras clássicas da Geografia, como a de Pierre Deffontaines, que utilizou o termo *aglomerado/aglomeração* para se referir ao povoamento das cidades em oposição à população rural, e a de Pierre Monbeig, que utiliza a palavra *aglomeração* para se referir aos primeiros povoados do interior paulista.

O que se nota é que existem duas formas de abordagem sobre a *aglomeração urbana*: a primeira é justamente aquela que diz respeito à concentração de pessoas, serviços, atividades, infraestruturas etc. em espaços compactos, não colocando em questão o rompimento dos limites político-administrativos municipais. A segunda abordagem, que veremos a seguir, compreende a aglomeração urbana numa perspectiva mais ampla, na qual o urbano se processa em um conjunto mais complexo e extenso e que engloba mais de uma cidade. Levy e Lussault (2003) fazem essa distinção, mostrando que *aglomeração* possui duas acepções: a primeira, no sentido de área urbanizada, considerando-se critérios como número de habitantes, presença de serviços, funções, número de empregos etc., definindo assim um aglomerado como urbano; e a segunda, ligada à continuidade da ocupação e das construções, não se restringe aos limites políticos-administrativos.

É nessa segunda perspectiva, concernente às dinâmicas e aos processos que caracterizam a urbanização contemporânea, que *aglomeração urbana* é mais utilizada na atualidade. Merlin e Choay (1988) destacam que o termo reflete as profundas mudanças ligadas à urbanização, ao desenvolvimento dos transportes modernos e ao surgimento de centros comerciais ou centros direcionados às periferias das cidades mais importantes. Portanto, as definições atreladas ao processo de agrupamento de cidades só começaram a ser discutidas mais profundamente a partir do momento em que os grandes centros urbanos passaram por transformações resultantes do crescimento populacional e territorial, além do desenvolvimento de técnicas que permitiram a dispersão da cidade. Isso levou à junção de centros urbanos político-administrativamente distintos.

Para George (1982, p.83), "a noção de aglomeração urbana procede, como a de periferia, da sedimentação entre a expansão urbana dos séculos XIX e XX e o reajustamento dos limites administrativos". Villaça (2001) destaca que algumas cidades importantes da Europa começaram a crescer além de seus limites político-administrativos em meados do século XIX. De acordo com o autor, esse processo só passou a ocorrer nos Estados Unidos posteriormente e, no Brasil, somente na década de 1920.

A aglomeração urbana, nesse caso, considera a junção ou articulação de centros urbanos que se dá a partir da continuidade territorial do tecido urbano e das interações espaciais que integram as cidades. A expansão territorial urbana constitui-se em um elemento importante no processo de aglomeração, mas não o único, porque os fluxos interurbanos se configuram como outro aspecto importante na caracterização de uma aglomeração urbana.

Para esse ponto, é importante esclarecer a diferença entre *contínuo* e *contíguo*, ou, ainda, entre continuidade territorial urbana e continuidade espacial. Para Lévy e Lussault (2003), a *continuidade* refere-se a um espaço único, sem lacunas, e a *contiguidade* está ligada a uma situação de proximidade. Nessa perspectiva de entendimento dos termos continuidade e contiguidade, o estudo *Caracterização e tendências da rede urbana do Brasil* (2001) diferencia *espaços urbanos contínuos* (referentes aos casos em que a expansão territorial urbana de uma ou mais cidades da aglomeração se intensifica, formando uma mancha urbana única) de *espaços urbanos contíguos* (referentes à integração entre as cidades que se dá por meio de funções urbanas complementares, porém sem espaço urbano contínuo, onde os fluxos desempenham importante papel de articulação). Sposito (2004) faz a distinção desses dois processos a partir dos termos *continuidade territorial urbana* e *continuidade espacial*. A continuidade espacial ocorre mesmo sem uma continuidade territorial, uma vez que a primeira compreende as inter-relações e os fluxos, ou seja, a integração espacial, enquanto a continuidade territorial diz respeito às áreas urbanas, ou seja, ao tecido urbano.

Independentemente da terminologia adotada, é importante compreender a diferença entre esses dois processos, pois a aglomeração urbana pode se configurar tanto a partir da continuidade territorial quanto da continuidade espacial (ou contiguidade). A aglomeração urbana não se restringe apenas a um conjunto de centros urbanos que se integram por meio da continuidade territorial urbana, pois, em muitos casos, a continuidade espacial em si pode levar à configuração de uma aglomeração. Sposito (2001, p.204) lembra que

> muitas vezes, a descontinuidade territorial é possível porque a continuidade espacial se fortalece por meio de ampliação de infraestruturas de circulação e comunicação (sistema viário, sistema de fornecimento de água ou captação de esgotos, redes de telefonia, televisão e internet etc.) e pela difusão do acesso aos equipamentos que possibilitam os deslocamentos e os contatos (veículos automotivos, antenas, microcomputadores etc.).

A continuidade espacial, portanto, é relevante para essa discussão, pois, em muitos casos, uma aglomeração urbana pode apresentar características que acabam levando ao distanciamento do significado inicial de concentração e de contínuo do termo *aglomeração*. Isso ocorre porque o processo de produção do espaço urbano envolve, cada vez mais, interesses que implicam uma expansão territorial muitas vezes evidenciada por vazios urbanos, caracterizando descontinuidades territoriais urbanas principalmente na atualidade, em que se verifica a formação de áreas urbanas caracterizadas por morfologias cada vez mais descontínuas territorialmente. Para Sposito (2001, p.85), essa

> nova morfologia está marcada por um padrão de desconcentração territorial que não pode ser compreendido como negação da aglomeração, mas como condição e expressão de novas lógicas de localização, que engendram novas práticas sociais e que se realizam redesenhando essa nova morfologia.

Ou seja, muitas aglomerações podem englobar áreas urbanas territorialmente descontínuas. É por isso que se torna fundamental compreender a circulação a partir das diferentes interações espaciais que se configuram entre um conjunto de centros urbanos, como os deslocamentos pendulares, por exemplo. Souza (2003, p.30) caracteriza a aglomeração urbana como um "minissistema urbano em escala local", constituído a partir da junção de duas ou mais cidades, seja pela intensificação dos vínculos, seja pela expansão territorial urbana. O autor destaca ainda que as cidades, muito frequentemente, "situam-se tão próximas umas das outras que a interação entre elas vai, à medida que crescem e se relacionam mais e mais entre si, sofrendo uma transformação importante". Assim, além da junção do tecido urbano, o autor destaca também o papel dos fluxos na aglomeração.

Outra definição que reforça este aspecto é apresentada por Ultramari e Moura (1994, p.125), quando afirmam que a aglomeração urbana "representa o espaço de comutação diária entre cidades, isto é, o desenvolvimento de relações interdependentes entre duas ou mais áreas urbanas, compondo um fenômeno único". Essa *comutação* diária entre as cidades refere-se às diferentes inter-relações existentes entre elas, levando à situação que Villaça (2001) denominou como *intensa vinculação socioeconômica* que acaba articulando tais centros.

Beaujeu-Garnier e Chabot (1970, p.299), discorrendo sobre o processo de aglomeração, já chamavam atenção para esse aspecto, com enfoque para o deslocamento das populações:

> *la ciudad propriamente dicha supone una continuidad de espacios edificados a los que se añaden los espacios reservados a la circulación y la vida cotidiana de la población.*

> *Pero sucede que, a su alrededor, gravita una población más numerosa que la de la ciudad propiamente dicha y que, sin embargo, depende estrechamente de ella.*

A população que se encontra ao redor da cidade e que com ela mantém relação de dependência compõe a periferia. Para Pierre George (1982), "uma cidade e sua periferia constituem um aglomerado ou uma aglomeração urbana". A periferia a que se refere o autor não se restringe necessariamente aos limites municipais, uma vez que muitas cidades vizinhas a centros urbanos maiores constituem-se em verdadeiras periferias, tais como as *cidades-dormitório*, por exemplo. Pierre George deixa clara a ideia de que a aglomeração engloba uma relação de dependência da periferia em relação ao centro principal. Para George (1970; 1983), a periferia é composta por "unidades urbanas incompletas, no sentido em que lhes falta um ou vários elementos indispensáveis a uma cidade". Diante dessa "carência" por determinados serviços, os centros periféricos vinculam-se com a cidade-polo por meio de laços complementares e conformam uma aglomeração. Essa é uma visão de aglomeração: a de que um ou mais centros urbanos se caracterizam como uma *periferia* de um centro urbano principal, que seria o núcleo da aglomeração. Trata-se, portanto, de um exemplo de "uma cidade e de um território urbanizado que o envolve e depende de seus serviços e gestão: a cidade e sua periferia" (George, 1970).

Ainda no contexto da relação entre centro e periferia, Ultramari e Moura (1994, p.129) destacam que, em muitas aglomerações, verifica-se um processo de *periferização*, na qual há uma "extrapolação dos limites de ocupação do polo sobre áreas limítrofes de municípios vizinhos, nem sempre incorporando a ocupação das sedes". Verifica-se aqui uma ênfase, portanto, no papel do polo da aglomeração em relação à sua periferia.

Atualmente, as periferias têm passado por muitas transformações, com uma diversidade de usos e conteúdos. Dematteis (1998, p.17) destaca que se verifica a configuração de novas periferias que, diante dos

> *espacios reticulares de la ciudad difusa se reduce también mucho la vieja dependencia del centro metropolitano como lugar de trabajo y de los servicios cualificados, en cuanto que, con la difusión de uno y otros en el territorio periurbano y en la "ciudad difusa",*

éstos, convertidos en sistemas urbanos reticulares autónomos, se presentan hoy como "periferias sin centro".

A periferia, para esse autor, não está necessariamente dependente de um centro principal, uma vez que muitas delas passam a se comportar como sistemas urbanos autônomos. Porém, anteriormente, para George (1983), se a periferia passa a se caracterizar por certo grau de autonomia, configuram-se uma ou mais *cidades-satélites* ou *new towns*.

Nesse ponto, vale salientar que as *cidades-satélites* constituem-se em "um tipo de cidade de segunda classe, colocada sob a administração financeira e econômica suprema de uma grande cidade, mas que constitui um meio de vida permanente para sua população" (George, 1983, p.80). Paviani (2006, p.187) destaca a definição do arquiteto William Holford para cidade-satélite, na qual tais centros possuem autonomia para satisfazer as necessidades básicas de vida, trabalho e entretenimento de seus habitantes, mas precisam estar ligados por rodovias e ferrovias à cidade-mãe para permitir o acesso a serviços especializados.

A partir dessas considerações, apreende-se que, no processo de aglomeração urbana, as inter-relações entre as cidades podem se dar pela dependência e/ou pela complementaridade das funções urbanas. Afasta-se, assim, da noção de que deve haver, simplesmente, uma relação assimétrica de um centro a outro. Por um lado, nas relações de dependência da periferia com relação ao centro urbano principal, é possível verificar diferentes níveis de subordinação: um grau muito elevado de dependência da periferia, geralmente com grandes deficiências nos mais diferentes setores de serviços urbanos, caracteriza uma aglomeração com uma área central ou cidade-polo. Porém, a relação de dependência da periferia com relação ao centro não diz respeito a uma depreciação da primeira, pois, diante dos novos conteúdos da periferia, mesmo nos casos da população de alta renda, em muitas situações, continua havendo uma dependência dos serviços oferecidos somente no centro. Por outro lado, é possível verificar situações em que o grau de dependência não é tão elevado, com os núcleos urbanos periféricos contando com um conjunto de serviços que atende parte significativa da demanda de seus moradores. Estes, por sua vez, estariam subordinados somente a serviços específicos e especializados da cidade principal, como vimos no caso das *cidades-satélite*. Esses aspectos ficam evidentes nos casos de subcentros que se desenvolvem nas áreas mais distantes do centro e quando se enfoca a localização de alguns empreendimentos específicos em torno de alguns loteamentos urbanos de alto padrão.

É possível, ainda, verificar situações de *polinucleação*, nas quais em uma aglomeração as cidades "competem" entre si. Nesse caso, muitos utilizam o conceito de *conurbação*, referindo-se a centros urbanos aglomerados que mantêm autonomia própria com crescimento decorrente de forças internas. Conurbação é um conceito desenvolvido por Patrick Geddes ao observar o crescimento das cidades inglesas no início do século XX, referindo-se às novas formas de agrupamento demográfico, social, de governo e administração. Geddes (1994), cuja obra original data de 1915, estabeleceu relações entre os processos em andamento no cenário urbano inglês com fenômenos da Biologia para descrever os grandes agrupamentos de cidades daquele país. Muitos autores interpretam o conceito de conurbação como atrelado à junção de cidades em expansão, ou seja, a articulação se dá a partir da expansão de cidades por meio de suas forças internas, mantendo assim certa competição e autonomia. Para Ultramari e Moura (1994, p.128), a conurbação é uma

> realidade mais difícil de se constatar nas atuais RMs [regiões metropolitanas] brasileiras, pois indica o crescimento, em termos espaciais, de dois ou mais municípios contíguos, evidenciando mais uma complementaridade de funções e menos uma dependência.

Diante dessa relação de complementaridade, os centros urbanos envolvidos na conurbação acabam mantendo autonomia e identidade próprias. Sobre o assunto, Bolay e Rabinovich (2004, p.411) lembram que uma área com cidades em conurbação constitui-se em agrupamento de municípios "ligados entre si em vários níveis da estrutura urbana, com cada município mantendo a sua identidade própria". É nesse panorama de ligações entre as cidades e a conservação das identidades de cada centro urbano que Blumenfeld (1977) afirmou que a conurbação implica a *junção de cidades em expansão*. Tratando desse tema, Sposito (1996, p.43) afirma que a conurbação constitui-se na

> expansão da malha urbana com crescimento determinado por suas forças internas, que tende à constituição de uma mancha urbana única. É diferente de aglomeração, processo pelo qual cidades tendem a incorporar em sua mancha urbana cidades pequenas próximas cujo crescimento decorre da expansão da cidade maior.

No esforço de diferenciar os dois processos, Sposito (1996, p.43) define a aglomeração como fenômeno resultante da "expansão da cidade maior", elemento que está relacionado com a visão de Pierre George (1970 e 1983) e Beaujeu-Garnier e Chabot (1970), no que diz respeito à relação entre centro e periferia.

A partir dessas considerações, é possível estabelecer relações entre os processos de conurbação e aglomeração. Desse ponto de vista, há situações em que a aglomeração é polarizada por uma cidade principal (com forte vinculação entre centro e periferia), bem como em outros casos há uma "competição" entre as cidades com manutenção da autonomia de cada uma, caracterizando uma conurbação. Nessa direção, Beaujeu-Garnier e Chabot (1970) destacam que uma aglomeração pode englobar uma conurbação desde que exista um crescimento independente entre os centros urbanos, mas alertam que se trata de fenômenos nem sempre fáceis de distinguir.

Diante das transformações e das novas configurações dos espaços urbanos no Brasil e no mundo, muitos autores têm debatido cada vez mais esse tema. É nesse contexto que diversos termos são discutidos na atualidade para descrever e analisar os fenômenos ligados ao agrupamento de cidades e as interações existentes entre elas, diante do surgimento de territorialidades que unem, contraditoriamente, aglomeração e formas cada vez mais dispersas espacialmente. Surgiram expressões como *megalópolis* (Gottmann, 1961), *metápolis* (Ascher, 1995), *exópolis* (Soja, 2002), *urbanização dispersa* (Reis, 2006), *cidade difusa* (Indovina, 1990, apud Reis, 2006), entre outros. A título de exemplo, Gottmann (1961) utilizou o termo megalópolis para se referir ao gigantesco agrupamento de cidades num eixo localizado no nordeste dos Estados Unidos, englobando grandes cidades importantes, como Filadélfia, Washington, Boston, Nova York, entre outras. Ascher (1995), por sua vez, com *metápolis*, tratou dos inúmeros fenômenos urbanos que se processam em diferentes escalas, superando até mesmo o espaço metropolitano, por meio dos sistemas de transportes e telecomunicações que permitem rápidas e intensas inter-relações. Trata-se da análise da concentração, seguida e acompanhada de uma difusão, que caracteriza as metrópoles, mas também os modos de vida metropolitanos.

Soja (2000) utilizou *exópolis* para designar um processo muito mais amplo que o crescimento das grandes cidades, pois considerou a influência das forças exógenas no espaço urbano na era da globalização. Referiu-se, também, ao papel de rápidos meios de comunicação e as transformações na forma urbana, ligadas às contradições manifestadas pela concentração e desconcentração, *continuing sprawl* e *intensified urban nucleation*, integração e desintegração socioespacial, entre outros. Reis (2006), por sua vez, adota *urbanização dispersa* em referência a um processo que não se limita somente à dispersão das áreas urbanas, mas também à difusão dos modos de vida urbanos sobre o território. Essas terminologias foram desenvolvidas a partir do estudo de grandes cidades e metrópoles. Como exemplos, podem ser citados: Soja (1993 e 2000) – que analisou Los Angeles, nos Estados Unidos; Reis (2006) – no estudo da Região Metropolitana de São Paulo e seu em torno; e Gottmann (1961) – no caso das grandes cidades do nordeste dos Estados Unidos; entre outros.

Os recortes referentes a realidades metropolitanas que abrangem grandes cidades e aglomerações têm aspectos específicos nem sempre válidos para caracterizar aglomerações urbanas com centros urbanos de menor porte. O que se procura destacar é que os processos de aglomeração urbana não se limitam às grandes cidades e metrópoles, uma vez que passam a se manifestar também nas cidades médias e pequenas. Com a intensificação do processo de urbanização, muitos fenômenos, antes restritos às metrópoles e grandes cidades, tornam-se presentes também nas cidades médias e pequenas. Ou seja, a aglomeração urbana não é um processo exclusivo das grandes cidades, pois pode abranger centros urbanos de menor porte. Vejam-se os exemplos de Araçatuba e Birigui, no estado de São Paulo, e Petrolina e Juazeiro, na divisa entre Bahia e Pernambuco. Diante disso, as aglomerações urbanas não são necessariamente metropolitanas, pois podem se configurar a partir de centros urbanos não metropolitanos.

Em linhas gerais, a aglomeração urbana não precisa necessariamente da continuidade do tecido urbano, uma vez que a intensidade das relações interurbanas pode defini-la. Nesse caso, a intensificação de diferentes fluxos entre as cidades, principalmente de pessoas que se deslocam para trabalhar ou estudar, pode caracterizar o processo de aglomeração urbana sem que haja necessariamente uma continuidade territorial urbana. A aglomeração se dá, assim, por continuidade espacial. O estudo *Caracterização e tendências da rede urbana do Brasil* (2001, p.244) define aglomeração urbana nessa perspectiva, pois são "áreas formadas por áreas urbanizadas integradas – logo funcionalmente complementares – e podem ser de dois tipos: constituídas por espaços urbanizados contínuos e constituídos por espaços urbanos descontínuos".

Mas se a aglomeração urbana pode ser formada por um conjunto de cidades contínuas ou descontínuas, como estabelecer um limite? Ou melhor, como poderíamos delimitar uma aglomeração? Como se trata de uma realidade dinâmica e complexa, a delimitação de uma aglomeração constitui-se em um procedimento difícil. Se, por um lado, pode haver uma continuidade territorial entre um conjunto de cidades, para além delas existem outros centros articulados e fortemente integrados espacialmente à aglomeração. Ainda no que se refere à continuidade espacial, a variedade e a intensidade dos fluxos interurbanos são muito grandes, o que pode articular, em diferentes níveis e situações, centros urbanos distintos, de acordo com cada critério considerado. Além disso, por ser a aglomeração resultante de processos atrelados à dinâmica da urbanização, seus limites podem sofrer alterações no decorrer do tempo. Pierre George (1970), por exemplo, salientou que os limites da aglomeração só podem ser circunstanciais.

Por fim, é importante lembrar que, na literatura sobre o tema, o termo *aglomeração urbana* refere-se tanto ao *processo* de agrupamento de centros urbanos quanto à *forma* já materializada, ou seja, ao conjunto de cidades já agrupadas e articuladas. Quando compreendida como processo, é preciso considerar seus conteúdos, diante da expansão territorial urbana, intensificação dos fluxos, enfim, de toda a dinâmica que envolve a produção do espaço urbano. Na perspectiva da forma, a aglomeração é entendida como materialização do processo. Pierre George (1983, p.84) destacou que, diante de processos de agrupamento e articulação de centros urbanos, "a realidade é o aglomerado urbano. A cidade não é senão uma fração". Isso fica claro na atualidade, pois, em uma aglomeração urbana, os benefícios, os interesses e os problemas tornam-se comuns às cidades envolvidas, demandando planejamento e gestão integrados.

Do ponto de vista da gestão e administração pública, alguns países possuem leis e definições específicas que tratam das aglomerações urbanas. Na França, por exemplo, o Institut National de la Statistique et des Études Économiques (INSEE) adota um conjunto de critérios ligados à continuidade do tecido edificado e número de habitantes. No Brasil, a Constituição Federal dá autonomia aos estados para a criação de entidades regionais, entre elas a aglomeração urbana. No estado de São Paulo, por exemplo, a legislação estadual (Estado de São Paulo, 1994, p.1) define aglomeração como "agrupamento de municípios limítrofes, a exigir planejamento Integrado e a recomendar ação coordenada dos entes públicos nele atuantes", para o exercício de funções públicas de interesse comum, desde que haja relações de integração funcional e tendência ou configuração de urbanização contínua entre os municípios.

Para ler mais

ASCHER, F. *Métapolis, ou L'avenir des villes*. Paris : Jacob, 1995.

BEAUJEU-GARNIER, J.; CHABOT, G. *Tratado de geografía urbana*. Barcelona: Vicens-Vives,1970.

BLUMENFELD, H. A metrópole moderna. In: SJOBERG, Gideon. *Cidades*: a urbanização da humanidade. Rio de Janeiro: Zahar, 1977.

BOLAY, J. C.; RABINOVICH, A. Intermediate cities in Latin America risk and opportunities of coherent urban development. *Cities – The International Journal of Urban Policy and Planning*, v.21, n.5, 2004, p.407-21.

DEMATTEIS, G. Suburbanización y periurbanización. Ciudades anglosajonas y ciudades latinas. In: MONCLÚS, F. (org.) *La ciudad dispersa*. Barcelona: Centre de Cultura Contemporània de Barcelona, 1998, p.17-33.

ESTADO DE SÃO PAULO. Lei complementar estadual n.760, de 1º de agosto de 1994. Diretrizes para a Organização Regional do Estado de São Paulo. *Diário Oficial do Estado de São Paulo*, São Paulo, v.104, n.142, seç. 1, p.1-2, 2/8/1994.

GEDDES, P. *Cidades em evolução*. Campinas: Papirus, 1994.

GEORGE, P. *Dictionnaire de la Géographie*. Paris: Presses Universitaires de France, 1970.

______. *Geografia urbana*. São Paulo: Dífel, 1983.

GOTTMANN, J. *Megalopolis*: The Urbanized Northeastern Seaboard of the United States. New York: MIT, 1961.

IPEA; IBGE; UNICAMP. *Caracterização e tendências da rede urbana do Brasil*: estudos básicos para caracterização da rede urbana. Brasília: Ipea, 2001.

LÉVY, J.; LUSSAULT, M. *Dictionnaire de la Géographie*: et de l'espace des sociétés. Paris: Belin, 2003.

MERLIN, P.; CHOAY, F. *Dictionnaire de l'urbanisme et de l'aménagement*. Paris: Presses Universitaires de France, 1988.

PAVIANI, A. La gestion partagée de l'environment urbain de Brasília: la nouvelle utopie pour demain?. In: MATHIEU, M. R. de A.; FERREIRA, I. C. B.; COURET, D. *Brasília*: ville fermée, environment ouvert. Paris: IRD, 2006, p.185-98.

REIS, N. G. *Notas sobre urbanização dispersa e novas formas de tecido urbano*. São Paulo: FAU/LAP, 2006.

SOJA, E. W. *Geografias pós-modernas*: a reafirmação do espaço na teoria social crítica. Rio de Janeiro: Jorge Zahar, 1993.

______. *Postmetropolis*: Critical Studies of Cities and Regions. Oxford: Blackwell, 2002.

SOUZA, M. J. L. de. *ABC do desenvolvimento urbano*. Rio de Janeiro: Bertrand Brasil, 2003.

SPOSITO, E. S. *A vida nas cidades*. São Paulo: Contexto, 1996.

SPOSITO, M. E. B. A urbanização da sociedade: reflexões para um debate sobre as novas formas espaciais. In: DAMIANI, A. L.; CARLOS, A. F. A.; SEABRA, O. C. de L. (orgs.) *O espaço no fim do século*: a nova raridade. São Paulo: Contexto, 2001.

______. *O chão em pedaços*: urbanização, economia e cidades no estado de São Paulo. 2004. 508f. Tese (Livre Docência). Faculdade de Ciências e Tecnologia, Universidade Estadual Paulista, Presidente Prudente.

ULTRAMARI, C.; MOURA, R. *Metrópole – Grande Curitiba*: teoria e prática. Curitiba: Ipardes, 1994.

VILLAÇA, F. *Espaço intraurbano no Brasil*. São Paulo: Nobel, 2001. 373p.

C

Centro e periferia

*Maria Encarnação Beltrão Sposito**

As noções e as conceituações de centro e periferia são múltiplas. Essa diversidade decorre, em primeiro lugar, da possibilidade de sua aplicação, como destacou Reynaud (1993), para a compreensão da diferenciação do espaço em muitas escalas, do espaço urbano ao mundial. Por outro lado, a diversidade decorre da vinculação desses dois termos a várias correntes teóricas, atribuindo-lhes diferentes conteúdos conceituais. A esses dois aspectos um terceiro deve ser agregado: essas noções vêm sendo utilizadas por profissionais e intelectuais de diferentes formações e, em função disso, como instrumental teórico ou metodológico, são, também, múltiplas as acepções a partir das quais são empregados.

A força da ideia de que o espaço se estrutura a partir de relações e fluxos que se estabelecem entre o centro e a periferia decorre do reconhecimento inequívoco de que podemos apreender, em diferentes territórios, a existência de subconjuntos (Reynaud, 1993, p.617) entre os quais há diferenças denominadas, no mundo contemporâneo, por desigualdades. O mesmo autor ressalta que os fluxos entre esses dois subconjuntos

* Universidade Estadual Paulista, Presidente Prudente, SP – Brasil.

territoriais são diferentes em quantidade e qualidade, e dessa não simetria resulta uma diferenciação espacial, resumida pela oposição entre centro e periferia.

Philippe Aydalot compreende que o espaço expressa as desigualdades entre modos de produção dominantes e dominados, reconhecidos como "centro" e "periferia" e assim caracterizados pelo autor:

> o centro aparece como o espaço de origem do modo de produção dominante e em expansão, enquanto a periferia é a sede dos antigos modos de produção superados, dos quais subsistem elementos esparsos que o centro utilizará em seu proveito. (Aydalot, 1983, p.198)

Em texto anterior, Aydalot (1980, p.305) faz ressalvas à noção tradicional de subdesenvolvimento, advertindo sobre a sua ambiguidade, mas, ao mesmo tempo, frisando que as economias subdesenvolvidas não são somente periféricas por razões tecnológicas, e devem ser pensadas como uma modalidade particular de inserção na economia mundial, considerando-se as reações que essa situação provoca da parte do "centro". Essa posição do autor é fundamental para se pensar o centro e a periferia não como partes em si, mas, sobretudo, focando-se a análise nas relações que há entre elas.

Quando projetamos as relações entre centro e periferia sobre as cidades, verificamos, retomando a ideia de Reynaud, que a emergência de dois ou mais subconjuntos, no interior dos espaços urbanos, tem relação direta com os processos de descentralização viabilizados, como destacou Corrêa (1989, p.46), pela emergência de meios de transporte mais flexíveis e possibilitados pela difusão do uso de veículos automotores. Sobre os subconjuntos, Laborde (1994, p.143 et seq.) divide o espaço urbano em centro, pericentro e periferia. Langenbuch (2001) elabora excelente síntese sobre a forma como subespaços urbanos vêm sendo conceituados no âmbito da Geografia. Ghorra-Gobin (1989) também reconhece um espaço periurbano e o associa ao processo de contraurbanização.

Corrêa (1989, p.49-50) adverte, entretanto, que a descentralização é um processo complexo e seletivo: do ponto de vista das atividades; no que se refere à forma como a descentralização ocorre no decorrer do tempo; em termos de divisão territorial do trabalho; segundo o tamanho das cidades; em termos dos diferentes territórios que compõem a cidade.

As análises e os modelos elaborados, no âmbito da Escola de Chicago, para estudar os padrões espaciais urbanos, a partir da década de 1920, refletiam uma estrutura centro-periférica. O primeiro desses modelos a se apresentar como uma teoria – Teoria Concêntrica ou das Áreas Concêntricas – foi elaborado por Burgess e divulgado em 1923. Propugnava um padrão espacial em torno de um centro, a partir do qual círculos concêntricos se sucediam até atingir os subúrbios nos quais residia a elite (ainda que não apresentado como uma teoria, o primeiro modelo de organização do espaço urbano foi – conforme Corrêa (1989, p.66-7) – aquele elaborado pelo geógrafo alemão Köhl, em 1841, com base na realidade de cidades pré-industriais. Segundo esse padrão, a elite morava no centro, enquanto os pobres habitavam a periferia).

Hoyt, com base na constatação das discrepâncias entre a teoria concêntrica e a realidade, propôs, em 1939, a Teoria dos Setores, segundo a qual aos círculos concêntricos sobrepunham-se setores demarcados pelos grandes eixos de circulação. Também no caso desse modelo, o centro era a área aglutinadora e organizadora da estrutura urbana.

Com relação a muitas cidades, tais modelos mostraram-se incapazes de apreender a complexidade de suas estruturas urbanas. Assim, a proposta de Harris e Ullman, divulgada em 1945 como Teoria dos Núcleos Múltiplos, na expectativa de ver superados os limites das "teorias" anteriores, levava em consideração, segundo Johnson (1974, p.240-1), que a geografia interna das cidades decorre das peculiaridades de suas respectivas localizações e da ação de forças econômicas e sociais de caráter mais geral. Esse ponto de vista implicava o interesse pela história de cada cidade em particular para se compreender seu desenvolvimento urbano. Para essa exposição, interessa frisar que tal teoria baseava-se na ideia de uma estrutura policêntrica, como seu nome denota, demonstrando que, desde o final da primeira metade do século XX, já se constatava que a estruturação da cidade era complexa e não poderia ser compreendida apenas pelas relações entre dois subconjuntos – o centro e a periferia. Roncayolo (1990, p.119-20) ressalta que Harris e Ullmann frisaram a natureza composta da cidade e chamaram atenção para a existência de diferentes nós, articuladores de uma evolução concêntrica e de uma expansão setorial.

Alguns traços essenciais relativos ao centro e à periferia devem ser destacados para uma caracterização inicial dos territórios urbanos. O centro constitui-se por meio de um processo de concentração de atividades de comercialização de bens e serviços, de gestão pública e privada, de lazer e de valores materiais e simbólicos em uma área da cidade. Embora essa dinâmica possa ser reconhecida desde as cidades antigas, é por meio do desenvolvimento capitalista que ela se acentua, pois, com "a Revolução Industrial, as ligações da cidade com o mundo exterior a ela ampliaram-se qualitativa e quantitativamente" (Corrêa, 1989, p.38). O papel das ferrovias e a localização de seus terminais nas cidades influenciaram a concentração de atividades nessas áreas, em torno das quais também se estruturou o transporte intraurbano, tornando-as setores urbanos de grande acessibilidade, mostrando as intrínsecas relações entre processo, forma e funções (ibid., p.39). Há estudos que miram, com mais detalhes, casos mais específicos: Abreu (1987) analisou o papel dos trens e bondes na estruturação urbana do Rio de Janeiro; Langenbch (1971) estudou o papel das ferrovias e rodovias na estruturação urbana de São Paulo; e Villaça (1998) fez uma síntese dos processos de estruturação de metrópoles brasileiras (São Paulo, Rio de Janeiro, Belo Horizonte, Salvador, Recife e Porto Alegre). Johnson (1974, p.153-74) também ressalta que a acessibilidade é um dos traços essenciais dos centros das cidades, além de destacar outras características: tridimensionalidade, expressa pela tendência ao crescimento vertical dessa área; diminuição da população residencial, em função da concentração de outras atividades e da melhoria dos transportes urbanos; pouca presença de atividade industrial; e especialização interna de seus espaços.

Para Laborde (1994, p.150-1), o centro é a área da cidade frequentada pelo conjunto de seus habitantes, e sua força está na acumulação e especialização terciária que nela existe. Esse autor também reforça a ideia de que o centro é o ponto focal do sistema de circulação e constitui a área por meio da qual seus habitantes desenvolvem o sentimento de pertencer a uma mesma comunidade e os de fora conseguem identificar a cidade. Santos (1981, p.181-183), analisando os centros das cidades nos países subdesenvolvidos, destaca duas de suas características essenciais: nódulo principal da rede de vias urbanas; forte concentração de serviços e comércios em todos os níveis.

A partir de outra perspectiva teórica, o centro urbano designa, segundo Castells (1983, p. 271), um local geográfico e um conteúdo social. Ele afirma que

> o centro urbano então não é uma entidade espacial definida de uma vez por todas, mas a ligação de certas funções ou atividades que preenchem um papel de comunicação entre os elementos de uma estrutura urbana. Quer dizer que não podemos *assentar* o centro urbano, e sim que é necessário defini-lo com relação ao conjunto da estrutura urbana. (Castells, 1983, p.275)

Assim, para esse autor, o centro só pode ser compreendido no conjunto da estrutura urbana e como processo. Ele ressalta que essa área pode ser apreendida como centro simbólico, como centro de trocas e como centro lúdico, sendo que sua centralidade pode ser avaliada nos níveis econômico, político-institucional e ideológico (Castells, 1983, p.274-6).

Lefebvre (1983, p.125-6), analisando as relações entre formas e conteúdos, reconhece duas tendências: a de constituição da centralidade urbana, em diferentes modos de produção e por meio de diferentes relações de produção; a da policentralidade como expressão da ruptura do centro, sob a forma de constituição de centros diferentes (mesmo análogos e, às vezes, complementares) ou como dispersão ou segregação. A partir dessa perspectiva, toda nova centralidade que se exprime no interior da cidade traduz novos níveis de polaridade, como nós de fluxos materiais e imateriais, e novos conteúdos simbólicos, que exprimem escolhas, mesmo que contraditórias, da sociedade que produz e se apropria dos centros (Sposito, 1999).

Se o centro pode ser delimitado a partir de critérios que estabeleçam, por exemplo, níveis de densidade de atividades comerciais e de serviços, a centralidade não está contida em limites – porque ela pode se expressar no nível intraurbano –, não se define apenas nessa escala e pode mudar, no tempo e no espaço, de forma muito rápida. Carlos (2001, p.23-7) contribui para a análise dessa tendência à fugacidade da centralidade na cidade atual, ao associá-la ao fenômeno da raridade. A periferia, por outro lado, define-se, segundo Reynaud (1993, p.619-23), negativamente, por comparação ao centro. Ainda que não esteja se referindo especificamente aos espaços intraurbanos, esse autor considera que centro e periferia não se opõem um ao outro de forma absoluta, mas devem ser compreendidos como noções relativas, tanto mais que é sempre necessário integrar à análise a variável temporal.

O tamanho da cidade determina a distância da periferia ao centro e, ao mesmo tempo, seu grau maior ou menor de homogeneidade e extensão. Assim, diferentes fatores concorrem para a formação da periferia, desde aqueles próprios do meio físico até as vias de circulação e as irregularidades da produção do solo urbano (Laborde, 1994, p.167). Para esse autor, o crescimento urbano se realiza no sentido da periferia, fazendo que o *front* urbano se desloque, cada vez mais, sem que isso ocorra de forma contínua.

Para ler mais

ABREU, Maurício de Almeida. *Evolução urbana do Rio de Janeiro.* Rio de Janeiro: Iplanrio/Zahar, 1987.

AYDALOT, Philippe. *Dynamique spatiale et développement inégal.* Paris: Economica, 1980.

AYDALOT, Philippe. La división spatiale du travail. In: PAELINCK, Jean H. P.; SALLEZ, Alain (dirs.). *Espace et localisation.* Paris: Economica, 1983. p.175-200.

CARLOS, Ana Fani Alessandri. *Espaço-tempo na metrópole.* São Paulo: Contexto, 2001.

CASTELLS, Manuel. *A questão urbana.* Rio de Janeiro: Paz e Terra, 1983.

CORRÊA, Roberto Lobato. *Rede urbana.* São Paulo: Ática. 1989b.

GHORRA-GOBIN, Cynthia. Le peri-urbain: une nouvelle forme d'urbanité en France et aux États-Unis. *Acta Geographica,* Paris, n.8, 1989, p.13-25.

JOHNSON, James. *Geografia urbana.* Barcelona: Oikos-tau, 1974.

LABORDE, Pierre. *Les espaces urbains dans le monde.* Paris: Nathan, 1994.

LANGENBUCH, Juergen Richard. *A estruturação da grande São Paulo.* Rio de Janeiro: IBGE, 1971.

LEFEBVRE, Henri. *Lógica formal/Lógica dialética.* Rio de Janeiro: Civilização Brasileira, 1983.

REYNAUD, Alain. Centre et pérfiphérie. In: BAILLY, Antoine et al. *Encyclopédie de Géographie*, Genebra, Economica, v.2, 1993, p.617-633.

RONCAYOLO, Marcel. *La ville et ses territoires*. Paris: Gallimard, 1990.

SANTOS, Milton. *Manual de geografia urbana*. São Paulo: Hucitec, 1981.

SPOSITO, Maria Encarnação B. Multi(poly)centralité urbaine? In: FISCHER, André, MALEZIEUX, André (orgs.). *Industrie et aménagement*. Paris: L'Harmattan, 1999.

VILLAÇA, Flavio. *Espaço intra-urbano no Brasil*. São Paulo: Studio Nobel, 1998.

Cidade

*Maria Encarnação Beltrão Sposito**

O termo *cidade* é, ao mesmo tempo, um conceito e uma realidade. Rémy e Voyé (1992, p.7) afirmaram que *cidade* é um conceito descritivo que permite apreender uma realidade material concreta e, ao mesmo tempo, um conceito interpretativo, já que evoca um conjunto de diversas funções sociais. As dificuldades de se distinguir esses dois níveis, segundo esses autores, não devem levar à ideia de que as características dessa materialidade – a cidade – sejam traduzidas automaticamente em termos de modo de vida. Em inúmeros autores, como Lepetit (2001, p.245-264), por exemplo, o leitor encontrará uma recuperação da noção de cidade segundo os quadros geográficos, na França, entre 1650 e 1850. Eles chamam atenção para a variedade de formas de assentamento que têm merecido a denominação de cidade, como afirmou Beaujeu-Garnier (1980, p.16): "o quadro que se reúne sob a designação de 'cidades' é multiforme pela sua situação, tamanho, arquitetura, organização interna, papel na vida regional ou nacional".

* Universidade Estadual Paulista, Presidente Prudente, SP – Brasil.

Weber, em 1921 (1999, p.408-9), já frisava que se pode tentar definir cidade de modos muito diversos, destacando que se trata de uma dada forma de assentamento e um complexo distinto do campo. A partir dessa perspectiva, a cidade é forma e conteúdo, ou, como ressaltou Roncayolo (1990, p.27), é dispositivo topográfico e social que propicia melhor eficácia ao encontro dos homens e à troca entre eles, uma vez que a proximidade e a aglomeração multiplicam as interações no âmbito de uma sociedade.

A dimensão espacial revela-se como central na apreensão da realidade e na construção de uma conceituação de cidade. A preocupação com a análise científica da dimensão espacial da realidade urbana remonta à primeira metade do século XX, com o desenvolvimento dos estudos que ficaram nomeados por Escola de Chicago. No Brasil, um texto considerado pioneiro, pela sua proposta metodológica para o estudo das cidades, é o de Monbeig (1957). Lévy (1994, p.297) afirma que esse conceito é essencialmente de natureza espacial e apresenta o que denomina uma definição em dois tempos:

> o objeto urbano é um objeto espacial. Ele consiste na concentração material de elementos destinados a entrar em interação. [...] A cidade representa uma das opções possíveis na luta contra a distância, aquela da concentração de elementos de uma sociedade num ponto, o da centralidade. A cidade é societal, pois ela configura sua sociedade em todas suas dimensões – econômica, sociológica e política, material e cultural, coletiva e individual. A cidade é então uma escolha espacial da sociedade em ação. (Lévy, 1994, p.314-6, tradução nossa)

Analisando os assentamentos concentrados em diferentes sociedades e tempos, constatamos a premência de se apreender as intrínsecas relações entre urbanização e cidades. Pode-se, então, questionar a pertinência de se utilizar a mesma palavra *cidade* e a mesma noção para se compreenderem realidades históricas bastante diferentes, considerando-se que o aparecimento dos primeiros assentamentos concentrados remonta ao terceiro milênio a.C. na Mesopotâmia e que, depois de 5.500 anos, a questão urbana está no centro das inquietudes contemporâneas (Roncayolo, 1990, p.27).

A permanência da existência de assentamentos concentrados, reconhecidos como cidades, ao longo desses milhares de anos, não significa que os conteúdos econômicos, sociais, políticos e culturais desses assentamentos tenham permanecido estáveis. A forma como se sucedem, no tempo e no espaço, os termos utilizados para designar essas aglomerações humanas indica as mudanças nos papéis desempenhados pelas cidades e em suas formas. Uma análise das nomenclaturas recebidas por elas evidencia mudanças dos papéis urbanos. Le Goff (1998, p.12) destaca que o termo *ville* é relativamente recente e oriundo da expressão *villa*, que se referia ao centro de um grande domínio sobre as terras ao redor. Essa transposição do termo *villa* para *ville* marca a passagem do poder político e econômico do campo para a cidade, pois, até os séculos XI e XII, escrevia-se em latim e eram utilizados os termos *civitas*, *cité* ou *urbs*, como designativos dos papéis políticos desempenhados pelas cidades desde a Antiguidade, reconhecedores do caráter de centros da civilização que a elas se associava. Assim, é preciso reconhecer na História os múltiplos papéis desempenhados pelas cidades em diferentes modos de produção e formações socioespaciais.

Ao considerarmos a urbanização como processo e movimento de transformação, tem-se, como perspectiva conceitual, a compreensão da cidade pelo seu espaço-tempo e pela dialética rural-urbano, ou seja, estamos considerando que o vetor desse movimento é dado pelas mudanças na divisão social e territorial do trabalho. Nesse sentido, a cidade pode ser compreendida como expressão de cada corte do tempo da urbanização e somatória desigual desses tempos, mas, ao mesmo tempo, condição para o *continuum* desse movimento (Sposito, 1992, p.93). O que se destaca com essa abordagem teórica é a importância de se reconhecer a cidade como realidade material, mas não como paisagem estática. Com linha de raciocínio semelhante, Carlos (1986, p.69) já ressaltava que

> a cidade é antes de mais nada trabalho *objetivado, materializado*, que aparece através da relação entre o "construído" (casas, ruas, avenidas, estradas, edificações, praças) e o "não construído" (o natural), de um lado, e do movimento, do outro, tanto no que se refere ao deslocamento de homens e mercadorias quanto àquele referente às marcas que representam momentos históricos diferentes produzidos na articulação entre o novo e o velho.

Associando, no conjunto de sua obra, as cidades dialeticamente ao processo de urbanização, Lefebvre (1972) frisa as relações indissociáveis entre modos de produção e urbanização, reconhecendo a cidade como expressão e condição das mudanças na divisão social do trabalho. Assim, distingue a cidade pré-industrial da cidade que se desenvolve a partir da industrialização e do desenvolvimento do modo capitalista de produção, frisando "a oposição entre o valor de uso (a cidade e a vida urbana, o tempo urbano) e o valor de troca (os espaços comprados e vendidos, o consumo dos produtos, dos vens, dos lugares e dos signos)" (Lefebvre, 1972, p.36). Como reconhecemos essa contradição como essencial para a compreensão da cidade contemporânea, retomamos a concepção de Remy e Voyé (1992, p.8) para os quais o conceito de cidade se organiza em torno dos diversos elementos (densidade do *habitat*, predomínio do construído sobre o não construído) articulados, por sua vez, a partir de outras oposições: entre o interior e o exterior da cidade; entre o centro e os bairros; e entre os espaços privados e os espaços públicos.

Essa conceituação é retomada, aqui, porque um dos objetivos é dialogar com essa acepção do conceito de cidade, a partir do conjunto de dinâmicas de produção do espaço urbano contemporâneo, que tem levado à redefinição de sua morfologia, mais marcada pelas oposições destacadas e menos definida pela diferença entre as densidades demográficas e construtivas do campo e da cidade. As mudanças morfológicas, que as contradições destacadas expressam tão bem, devem ser analisadas no contexto das relações entre forma e processo e considerando-se, como já destacamos, múltiplas escalas geográficas. Soja (1993, p.117-8), ao enfocar a problemática espacial urbana a partir de uma análise marxista, ressalta que diferentes ênfases disciplinares se preocuparam com "a natureza mutável do processo de urbanização no capitalismo avançado", tendo em vista a importância do capitalismo monopolista, em escala global. Soja exige uma nova abordagem da cidade e do processo de urbanização, ressaltando que esse processo

> tornou-se um hieróglifo social revelador, através do qual era possível desvendar a dinâmica do desenvolvimento capitalista do pós-guerra, bem como desenvolver a estratégia de uma resposta política apropriada a uma economia mundial cada vez mais urbanizada.

Assim,

> a cidade passou a ser vista não apenas em seu papel distintivo de centro de produção e acumulação industrial, mas também como o ponto de controle da reprodução da sociedade capitalista em termos da força de trabalho, da troca e dos padrões de consumo. (Soja, 1993, p.117-8)

Para ler mais

BEAUJEU-GARNIER, Jacqueline. *Geografia urbana*. Lisboa: Fundação Calouste Gulbenkian, 1980.

CARLOS, Ana Fani A. *O lugar no/do mundo*. São Paulo: Hucitec, 1996.

LE GOFF, Jacques. *Por amor às cidades*. São Paulo: Editora Unesp, 1998.

LEFEBVRE, Henri. *Le droit à la ville*. Paris: Anthropos, 1972.

LEPETIT, Bernard. *Por uma nova história urbana*. São Paulo: Edusp, 2001.

LÉVY, Jacques. *L'espace légitime*. Paris: Presses de la Fondation Nationale des Sciences Politiques, 1994.

MONBEIG, Pierre. O estudo geográfico das cidades. In: *Novos estudos de geografia humana brasileira*. São Paulo: Difel, 1957, p.33-77.

REMY, Jean; VOYÉ, Liliane. *La ville*: vers une nouvelle définition?. Paris: L'Harmattan, 1992.

RONCAYOLO, Marcel. *La ville et ses territoires*. Paris: Gallimard, 1990.

SOJA, Edward. *Geografias pós-modernas*: a reafirmação do espaço na teoria social crítica. Rio de Janeiro: Zahar, 1993.

SPOSITO, Maria Encarnação Beltrão. Cidade: espaço e tempo (ensaiando a reflexão). *Revista de Geografia*, São Paulo, Unesp, v.11, 1992, p.89-97.

WEBER, Max. *Economia e sociedade*. Brasília: Editora da UnB, 1999, p.408-517.

Cidade média

*Maria Encarnação Beltrão Sposito**

Diferentes autores têm chamado atenção para as dificuldades em se precisar o que se considera uma *cidade média*. Brunet (1997, p.13) afirma que "ela existe, mas ninguém a definiu, verdadeiramente", acrescentando que se trata de "uma noção, um pouco vaga, não um conceito". As cidades médias, entretanto, não são compreendidas em si mesmas (Silveira, 1999, p.17), uma vez que só podem ser apreendidas nas relações que têm com outras cidades de mesma, maior ou menor importância na rede urbana. Podemos admitir a existência de cidades de porte médio em função de característica que lhe é intrínseca, como seu tamanho demográfico, mas não podemos reconhecer se uma cidade de porte médio é uma cidade média; ou seja, aquela que desempenha papéis de intermediação na rede urbana sem compreender, ao mesmo tempo, suas características (o que não se restringe ao tamanho demográfico e, inclusive, à estruturação interna de seus espaços) e suas relações com outras cidades (o que impõe o reconhecimento de seus papéis na estruturação urbana da rede).

* Universidade Estadual Paulista, Presidente Prudente, SP – Brasil.

O conceito de *cidade média* é adequado apenas para as cidades de porte médio que desempenham papéis intermediários e/ou regionais no conjunto da rede urbana. Daí a utilização do conceito similar de *cidades intermediárias*, a terminologia adotada pelos pesquisadores de língua espanhola e utilizada por Milton Santos, por exemplo, em várias publicações.

Assim se pode reconhecer que o grupo das cidades de porte médio, definidas por seu tamanho demográfico, é maior e contém o das cidades médias que são, apenas, aquelas que desempenham papeis intermediários no âmbito das redes urbanas. Superar o patamar da necessária distinção entre *cidades médias* e *cidades de porte médio* é importante. Isso indica, no entanto, que estamos iniciando um caminho que, no plano teórico-metodológico, deverá levar, de forma um pouco mais segura, à compreensão de como vêm se redefinindo as estruturas urbanas dessas cidades e os seus papéis nas redes urbanas. Essa distinção tem sido feita por diferentes autores (Santos, 1978; 1981; Soares, 1999; Amorim; Serra, 2001; Sposito, 2001, entre outros). Definem-se como *cidades de porte médio* aquelas que têm entre 50 mil e 500 mil habitantes, se tomamos a proposta, para o Brasil, apresentada por Andrade e Serra (2001). Esses autores estabelecem o intervalo entre 50 mil e 250 mil habitantes para classificar o que denominam como *cidades médias*. O que se observa da descrição e dos dados apresentados é que os autores incluem nessa categoria aquilo que estamos chamando de *cidade de porte médio*, já que o único elemento que as diferencia é o tamanho demográfico. Entretanto, esse não é um intervalo dado *a priori*, tampouco é constante, uma vez que varia de país para país, de região para região, bem como ao longo do tempo, por se definir também em sua relação com o conjunto das cidades que compõem uma rede urbana ou um território nacional.

Dessa maneira, o número de cidades de porte médio é maior que o de cidades médias, pois nem todas aquelas com tamanho demográfico que justificaria sua classificação como de porte médio ocupam situação geográfica favorável ao desempenho de funções regionais ou intermediárias. Muitas vezes, esses papéis intermediários correspondem à escala de uma região, mas nem sempre sua identificação é simples ou incondicional. Em áreas densamente ocupadas e mais dotadas de elementos do meio técnico-científico-informacional, os recortes regionais são menos claros e dificilmente são reconhecíveis na escala da área comandada por uma cidade. Em áreas de pouca densidade demográfica, os recortes regionais podem ter amplitudes muito maiores e nem sempre correspondentes à abrangência da área comandada por uma única cidade.

Pode-se supor, entretanto, a existência de cidades médias com menos de 50 mil habitantes em áreas de baixa densidade demográfica. Isso ocorre onde as distâncias entre as cidades, em função da rede urbana rarefeita, levam assentamentos urbanos que não são de porte médio, considerando-se os parâmetros populacionais eleitos, a desempenhar papéis de cidade média. Na Amazônia brasileira, por exemplo, os meios de circulação e transporte interurbano são precários e/ou oferecem baixa fluidez, e lá há cidades relativamente pouco populosas desempenhando papéis importantes na intermediação das relações entre pequenos lugarejos e as grandes cidades da região Norte. Da mesma forma, há situações em que a grande densidade demográfica e a proximidade entre as cidades – ou seja, a existência de uma rede urbana densa – geram grande competição entre as cidades de porte médio e/ou o reforço da concentração dos papéis de uma cidade com mais de 500 mil habitantes. No eixo urbano-industrial que se define claramente entre a área metropolitana de São Paulo e o norte do estado, há inúmeras cidades de porte médio (São Carlos, Rio Claro, Limeira, Piracicaba, Americana, Jundiaí) sem que nenhuma desempenhe, concentradamente e sozinha, papéis regionais, em função da grande competitividade que se estabelece entre elas no que se refere ao desempenho de funções comerciais e de serviços. Isso pode ser um fator de reforço dos papéis desempenhados por Ribeirão Preto, cujo tamanho demográfico já é superior ao das cidades de porte médio, e por Campinas, que é, de fato, na hierarquia urbana, uma cidade grande que comanda uma área metropolitana com intrínsecas relações com a área metropolitana de São Paulo.

Esses apontamentos já indicam, como vem sendo destacado desde Christaller, que reconhecer uma cidade como média implica, necessariamente, considerar dois aspectos. Primeiramente, há de se observar a posição dessa cidade no âmbito da rede urbana, nos termos de existência de uma hierarquia urbana. Em segundo lugar, sua situação geográfica é, sem dúvida, condição *sine qua non* para a definição do potencial de uma cidade vir a exercer papéis intermediários nas relações que se estabelecem entre as cidades de uma rede urbana.

Llop (1999, p.43), que coordena publicação sobre amplo estudo de cidades médias no mundo, destaca alguns tipos de relações que essas cidades mantêm com seus territórios: centros de bens e serviços mais ou menos especializados; centros de interação social, econômica e cultural; assentamentos ligados a redes de infraestuturas que conectam redes de diferentes abrangências; centros que sediam níveis de administração pública. Embora as características apontadas por Llop (1999) sejam apropriadas para se reconhecer uma cidade média, elas ainda são muito vagas, pois, exceção feita ao fato de serem centros de administração pública, pode-se considerar que os outros três traços destacados pelo autor são encontrados também em cidades de porte médio.

Brunet (1997, p.13-7), para caracterizar as cidades médias na França, destaca nove aspectos, dos quais ressaltaremos dois que interessam mais diretamente à compreensão das formas atuais de produção do espaço urbano nessas cidades. Frisamos inicialmente seu reconhecimento de que a expansão territorial urbana vem ocorrendo, ou melhor, respeitando a terminologia do autor, observa-se um processo de *l'étalement des villes*, gerando fenômenos de periurbanização e aglomeração urbana – nesse caso, como em outros, não temos um termo que possa ser adotado na língua portuguesa de forma a expressar, sem prejuízo, a ideia de *étalement*; talvez a palavra que melhor coubesse aqui fosse *desdobramento*. Outro ponto destacado por Brunet (1997) é a tendência ao "alargamento das fraturas sociais" e da mobilidade de certos "tipos de excluídos", em função das mudanças que se verificam na atual fase, dita pós-fordista, do desenvolvimento do modo capitalista de produção. Para o autor, esse processo é menos grave, mas mais visível nas cidades médias do que nas grandes, quando elas se localizam em "regiões perdedoras" no sentido dado a essa expressão por Benko e Lipietz (1992).

O que se apresenta como desafio, no sentido de se procurar avançar teoricamente, é procurar avaliar a redefinição das relações entre as cidades decorrente do aumento das relações internacionais e dos avanços na difusão das informações, em função da constituição de um megassistema de telecomunicações que combina transmissão de imagens e informações por satélite e capacidade de armazenar e tratar informações por meios computacionais. O conjunto das mudanças produzidas pelo processo de concentração econômica, que se acentua na passagem do fordismo para a acumulação flexível, não se restringe à redefinição das redes urbanas e dos papéis das cidades médias no âmbito delas, mas também, e por causa dessa redefinição, se manifesta na reestruturação dos espaços dessas cidades e nela se apoia.

Um aspecto a se considerar é que, sem dúvida, tratar as *cidades médias* como recortes analíticos a partir dos quais se pode também compreender as formas de produção do espaço urbano supõe reconhecer a possível transitoriedade da condição de cidade média (aspecto destacado por Commerçon e Goujon, 1997, p.7). Essa possível transitoriedade apresenta-se mais para as cidades médias do que para as pequenas, grandes ou metrópoles, não apenas porque elas podem conhecer grande crescimento demográfico, mas sobretudo porque a ampliação de seus papeis pode levá-las a mudar de patamar na organização da hierarquia urbana.

Essa transitoriedade vem, ao nosso ver, como decorrência do fato de que ao desempenhar papeis intermediários no âmbito das relações que articulam entre si cidades de diferentes portes, as cidades médias estão constantemente sujeitas à redefinição da divisão regional do trabalho e à competição entre os lugares, cada vez mais fortes numa economia mundializada e num país como o Brasil, que vem registrando pequeno crescimento econômico há, pelo menos, duas décadas.

As cidades grandes e metropolitanas também estão sujeitas a mudanças em seus papeis para atender aos ajustes necessários ao próprio desenvolvimento da economia capitalista, mas nesses casos o que se observa com maior frequência é o reforço de suas centralidades intraurbanas, em função da lógica de centralização econômica e espacial que o sistema promove e no qual se apoia.

As cidades pequenas, por sua vez, desempenham papéis tão restritos, do ponto de vista funcional e da sua escala de abrangência, que pouco competem entre si, sendo menos provável que mudem da condição de pequena para média, a menos que se localizem em regiões pouco ocupadas e/ou que vivenciem mudanças significativas nas formas de produção e apropriação do espaço pelo modo capitalista de produção. Isso é mais comum quando há mudanças estruturais nas infraestruturas de circulação e/ou quando toda uma economia regional se modifica como nas áreas de modernização do Centro-Oeste brasileiro. A implantação de um importante eixo rodoviário ou ferroviário, por exemplo, pode dar a uma cidade pequena, que tenha uma situação privilegiada em relação a esse sistema, a possibilidade de ampliar seus papéis e mudar sua posição na rede urbana. Da mesma maneira observa-se, no Brasil, nas áreas de expansão da cultura da soja, a ampliação dos papéis urbanos de algumas cidades, como Barreiras (Bahia), o que redefine a posição delas na rede urbana em decorrência também de mudanças nas técnicas de produção e nas relações de trabalho em territórios antes ocupados por formas de produção mais tradicionais e voltadas sobretudo para a subsistência.

A possível transitoriedade a que estão sujeitas as cidades que desempenham papéis intermediários na rede urbana fica mais acentuada quando consideramos períodos, como o atual, em que as "reestruturações econômicas no quadro do novo paradigma técnico-econômico" (Commerçon; Goujon, 1997, p.8) promovem mudanças tecnológicas, mas também nas lógicas organizacionais e territoriais das empresas. É necessário, para distinguir *cidades médias* de *cidades de porte médio*, avaliar a intensidade das relações que se estabelecem entre territórios e redes, considerando que as cidades médias, aquelas que são assim consideradas não apenas por seus tamanhos demográficos, mas pelos papéis intermediários que desempenham na rede urbana, não podem ser apreendidas, como destacaram Commerçon e Goujon (1997, p.8), senão em conjunto.

Muito se tem escrito sobre a importância das grandes metrópoles numa economia que se mundializa, fazendo referência aos seus papéis de articulação entre o global e o local. Entretanto, o funcionamento cada vez mais intenso da economia sob a forma de redes de cidades, como lembra Offner (2000, p.142), permite que algumas delas, mesmo que não sejam "cidades globais", obtenham economias de escala e intensidades de interações que as formas pretéritas de comunicação não propiciavam. De fato, o que se tem é a tendência à constituição de interações, no âmbito das redes urbanas, que não são comandadas apenas pela hierarquia urbana, o que amplia o caráter transitório da condição de uma cidade ou aglomeração urbana desempenhar papéis intermediários de uma cidade média.

Para sintetizar, podemos destacar os seguintes pontos: 1) as *cidades médias* podem, em princípio, ser definidas por: a) sua situação geográfica em relação às outras cidades de mesmo porte; b) sua relação de proximidade com as cidades de maior porte; c) o número de cidades pequenas que estão em sua área de influência, já que as empresas e as instituições se orientam pelos limites entre as áreas de mercado; 2) os papéis das cidades médias dependem, assim, da forma como o território que comandam e representam participa da divisão regional do trabalho, a qual, por sua vez, é orientada pela redefinição da divisão internacional do trabalho; 3) as cidades médias, considerando-se os dois aspectos já citados, desempenham papéis segundo relações hierárquicas com: a) cidades pequenas que se servem dos bens e serviços oferecidos nas cidades médias, o que tem relação com a força das atividades econômicas, geralmente agropecuárias, desempenhadas por essas cidades pequenas; b) cidades grandes, muitas vezes metropolitanas, que desempenham papéis de integração nacional ou internacional, das quais as cidades médias são subsidiárias, reforçando o sistema organizado hierarquicamente; 4) nas parcelas do território brasileiro integradas, ainda de forma incompleta, ao modo capitalista de produção, as estratégias dos agentes econômicos e políticos são voltadas ao controle das áreas de mercado e/ou de comando da cidade média, orientando a formação de um sistema do tipo hierárquico, em que setores como o da agricultura tradicional, a administração pública e o terciário tradicional têm grande peso; 5) nas parcelas do território brasileiro em que os elementos do meio técnico-científico-informacional estão mais presentes, onde a centralização das decisões e da gestão do capital expressa concentração econômica e maior articulação à economia internacional, às relações hierárquicas, sobrepõem-se relações de sinergia e complementaridade contraditoriamente combinadas a relações competitivas entre cidades de diferentes portes, tornando os papéis das cidades médias mais voláteis e/ou transitórios; 6) o conjunto de mudanças produzidas pelo processo de concentração e centralização econômicas, com desconcentração espacial das atividades de produção e consumo, dinâmicas que se acentuam na passagem do fordismo para a acumulação flexível, têm repercussão direta nos papéis desempenhados pelas cidades médias, uma vez que as possibilidades de escolhas territoriais para o desenvolvimento de atividades produtivas e para a instalação de pontos de redes de consumo de bens e serviços é maior, quanto mais capitalizada for a empresa. As cidades médias têm sido escolhidas como pontos de apoio de empresas em suas políticas de desconcentração das atividades produtivas e de expansão das redes de comercialização de bens e serviços; 7) é importante avaliar a redefinição das relações entre as cidades, como decorrência do aumento das relações internacionais e dos avanços na difusão das informações, em função da constituição de um megassistema de telecomunicações que combina transmissão de imagens e informações por satélite e capacidade de armazenar e tratar informações por meios computacionais; a existência desse megassistema diminui o peso das relações hierárquicas no comando da constituição das redes urbanas; 8) na medida em que as mudanças ocorrem, ampliando em número e diversidade os papéis desempenhados pelas cidades médias, há alterações em suas estruturas internas, pois há articulações entre os princípios que orientam a constituição das redes urbanas e os papéis das cidades médias no âmbito delas com a redefinição das estruturas dessas cidades; ou seja, entre estruturação urbana e estruturação das cidades.

Para ler mais

AMORIM Filho, Oswaldo; SERRA, Rodrigo Valente. Evolução e perspectivas do papel das cidades médias no planejamento urbano e regional. In: ANDRADE, Thompson; SERRA, Rodrigo V. (orgs.). *Cidades médias brasileiras*. Rio de Janeiro: Ipea, 2001. p.1-34.

ANDRADE, Thompson; SERRA, Rodrigo V. (orgs.). *Cidades médias brasileiras*. Rio de Janeiro: Ipea, 2001.

BENKO, Georges; LIPIETZ, Alain (orgs.). *Les régions qui gagnent*. Paris: PUF, 1992.

BRUNET, Roger. Villes moyennes: point du vue de géographe. In: COMMERÇON, Nicole; GOUJON, Pierre (coords.). *Villes moyennes*: espace, société, patrimonie. Lyon: Presses Universitaires de Lyon, 1997. p.13-25.

COMMERÇON, Nicole; GOUJON, Pierre (coords.). *Villes moyennes*: espace, société, patrimonie. Lyon: Presses Universitaires de Lyon, 1997.

LLOP, Josep (org.). *Ciudades intermedias y urbanización mundial*. Lleida: Unesco, 1999.

OFFNER, Jean-Marc. Réseaux et dynamique urbaine. In: PAQUOT, Thierry; LUSSAULT, Michel; BODY-GENDROT, Sophie (orgs.). *La ville et l'urbain – l'état des savoirs*. Paris: La Découverte, 2000. p.137-45.

SANTOS, Milton. *Manual de geografia urbana*. São Paulo: Hucitec, 1981.

______. *O trabalho do geógrafo no terceiro mundo*. São Paulo: Hucitec, 1978.

SILVEIRA, Maria Laura. Ciudades intermédias: trabalho global, trabalho local. In: VELÁZQUEZ, Guillermo A.; GARCÍA, Maria Celia (orgs.). *Calidad de vida urbana: aportes para su estudio en Latinoamérica*. Tandil: Universidad Nacional del Centro de la Provincia de Buenos Aires, 1999. p.47-54.

SOARES, Beatriz R. Repensando as cidades médias brasileiras no contexto da globalização. *Formação*, Presidente Prudente, n.6, 1999, p.55-63.

SPOSITO, Maria Encarnação B. As cidades médias e os contextos econômicos contemporâneos. In: ______ (org.). *Urbanização e cidades*: perspectivas geográficas. Presidente Prudente: [s.e.], 2001. p.609-43.

Cidade pequena

*Angela Maria Endlich**

A compreensão de um tipo específico de cidades – as pequenas – corresponde a pensar o limiar da urbe, remetendo à própria conceituação de cidade, questão clássica para a Geografia. Nas cidades deve se encontrar os atributos ou a complexidade mínima para que sejam assim compreendidas. É comum, entre os pesquisadores que se dedicam às pequenas localidades, assinalar que são escassos os estudos nos quais se basear, por conta do pouco que se tem trabalhado com o tema. Essa é uma afirmação verdadeira tanto para o Brasil como para outras áreas do mundo. Entretanto, nos últimos anos despontaram pesquisadores que, sob diferentes perspectivas, vêm fortalecendo essa temática como pauta acadêmica relevante.

No Brasil já há iniciativas, nas mais diversas instituições, ampliando significativamente o número de interlocutores e enriquecendo o debate. Tal dinamismo constata-se pelas publicações, pela realização de jornadas acadêmicas específicas ou pela ocorrência do tema na pauta de eventos mais abrangentes. Além disso, é notório o número de trabalhos de pós-graduandos (de mestrado e doutorado) que vêm sendo desenvolvidos e

* Universidade Estadual de Maringá, Maringá, PR – Brasil.

defendidos nas mais diferentes regiões do país. Fora do Brasil, destacam-se as publicações francófonas, principalmente os trabalhos realizados na Universidade de Toulouse/França (Laborie; Renard, 1997), mas também outros efetuados em Quebec e em países africanos.

Para que haja um avanço teórico é fundamental a precisão no tratamento de temas afins, como a questão do rural e do urbano e, em especial, quanto ao município muitas vezes tratado como sinônimo de cidade. Compreende-se o rural e o urbano como uma condição de vida (Endlich, 2006) produzida com o avanço do capitalismo e do meio por ele gerado. Independente do aspecto das pequenas localidades, é preciso considerar que há uma condição urbana que extrapola os limites das cidades e que vem se impondo, ainda que com tantas contradições para a sociedade. Por outro lado, traços do rural persistem em práticas culturais e até como estratégias de sobrevivência, inclusive em áreas metropolitanas, sobretudo em suas imensas periferias.

Quanto ao município, ainda que na sua história ele tenha correspondido a uma forma de governo urbano, trata-se de uma institucionalização do território na escala local. Não há necessariamente uma relação teórica direta entre a existência de um município e uma cidade. No período romano, o município era um estatuto concedido pelo império e, no período medieval, decorria de uma conquista (emancipação) (Endlich, 2006). Com o advento do Estado moderno houve uma generalização do território repartido em municípios ou instituições equivalentes, muitas vezes sem que a sua sede contasse com atributos suficientes que gerassem a complexidade mínima para ser aceita como uma cidade. É certo, todavia, que oficialmente no Brasil a sede de um município corresponde a uma cidade. Por conseguinte, a regulamentação para a instituição de novos municípios tem apresentado, como requisitos para as localidades que pleiteiam a emancipação, que suas sedes contenham atributos mínimos (população mínima, edificações, arrecadação, entre outros). Tais exigências devem possibilitar a emancipação apenas de distritos cujas sedes possam ser caracterizadas como uma cidade e, principalmente, que sejam economicamente viáveis.

Referir-se a um tipo determinado de cidade significa colocar as cidades em comparação. Assim, na medida em que se reporta às pequenas cidades, estabelecem-se aferições com as demais categorias de assentamentos urbanos. A conceituação e a classificação das diferentes aglomerações no âmbito da rede urbana é uma tarefa cotejadora, tanto quando se trata da questão do tamanho demográfico/territorial (pequenas, médias, grandes), como quando se volta aos seus papéis e respectivos alcances espaciais (cidades locais, regionais, nacionais, globais) (Santos, 1979a). Podemos, então, assinalar duas formas de tratar conceitualmente as cidades que estão num patamar elementar da rede urbana: as pequenas cidades e as cidades locais. Em síntese, a primeira para indicar a expressão demográfica e territorial; e a segunda para demarcar os papéis e alcances dos equipamentos instalados.

Na condição de um tema recorrente para a Geografia, foram muitas as contribuições que procuravam estabelecer valores demográficos absolutos (população total) ou relativos (densidade demográfica), bem como outros critérios (setores predominantes a que se dedica a população ativa), para que se pudesse reconhecer a existência efetiva do limiar de uma cidade. O que é certo e tem sido constantemente assinalado é que se deve sempre ponderar o caráter variável das expressões materiais do processo de urbanização, especialmente em relação ao tamanho demográfico, pois dimensões que podem caracterizar uma cidade de pequeno porte em determinado espaço ou período podem ser consideradas como de porte médio em outro contexto. Por isso, não é adequado adotar uma tipologia rígida, sendo aconselhável, além da flexibilização na classificação, o estabelecimento de áreas comparáveis, ou seja, avaliar onde e quando é possível tomar por referência critérios comuns (Desmarais, 1984).

Pensar as pequenas cidades ou as cidades locais no contexto da rede urbana atual reafirma a relevância de refletir sobre as dimensões e os significados dos assentamentos urbanos no tempo e no espaço. Se, atualmente, as aglomerações maiores parecem tornar questionáveis os papéis das pequenas, é preciso lembrar que a cidade enquanto fenômeno não surgiu tão vultosa. São as dimensões adquiridas pelas cidades contemporâneas, cada vez mais complexas e extensas, que provocam indagações quanto à relevância e ao significado das cidades menores. As grandes cidades e áreas metropolitanas representam apenas uma expressão material parcial do processo de urbanização. Esse processo encontra materialidade também em aglomerações diminutas. Assim, mais do que o olhar para as dimensões, é preciso, por meio de uma perspectiva histórica, observar que foram necessárias algumas condições sociais para a existência da cidade. Nesse sentido, pode-se sinalizar que as primeiras cidades eram aglomerações viabilizadas pela produção de excedente alimentar, divisão espacial do trabalho (campo-cidade) e uma estrutura de controle que procurava manter a drenagem de excedentes (Singer, 1998). Com o aprofundamento do processo de urbanização, essas condições não são mais identificadas pontualmente entre cada pequena aglomeração e seu entorno imediato. Elas foram generalizadas e só podem ser reconhecidas em escalas geográficas ampliadas. Segundo Singer (1998, p.15), o limite territorial da divisão do trabalho está relacionado ao tamanho do mercado, constantemente redefinido por novas possibilidades de alcances espaciais (como a acessibilidade promovida pelo transporte motorizado), alterando a natureza da articulação e da divisão do trabalho no âmbito da rede urbana e do território como um todo.

Retomando a questão de que é necessário pensar em áreas comparáveis, lembramos que vários trabalhos têm encontrado um conjunto de características socioespaciais em áreas onde se verifica expressiva presença de pequenas cidades: maior densidade demográfica, decorrente de estrutura fundiária menos concentradora e intensidade de uso da força de trabalho (Deffontaines, 2004; Santos, 1979a; Corrêa, 1999; Geiger, 1963). Os núcleos pequenos refletem a dinâmica demográfica do entorno e estão relacionados à economia de mercado, ainda que com uma mínima divisão territorial do trabalho. Obviamente essas características estão relacionadas aos papéis tradicionais que tiveram esses pequenos núcleos ao longo da história como localidades centrais (Berry, 1971), onde se concentram os estabelecimentos comerciais e de serviços e, por conseguinte, pontos de sociabilidade mais efetiva. Desse modo, ainda que elas estejam dispersas por todo o território, estão marcadamente mais presentes em áreas com os predicados mencionados quanto à estrutura fundiária mais dividida, uso intenso do trabalho e, consequentemente, maior densidade demográfica. O adensamento populacional e o consumo decorrente das relações assalariadas de trabalho, em um período de vias de acessibilidade precária, garantiram o dinamismo comercial de pequenos núcleos urbanos e os seus clássicos papéis, ou seja, seu funcionamento como localidades centrais.

Sobre a complexidade mínima da cidade local, Santos (1979a) afirma que existe uma cidade quando há coalescência de funções numa aglomeração, isto é, quando há uma divisão do trabalho que garanta o mínimo de complexidade econômica e social. Conforme esse autor, o conceito de cidade local corresponde à dimensão mínima a partir da qual as aglomerações deixam de servir aos imperativos da atividade primária para servir às necessidades elementares da população. Se tal complexidade não está presente, as localidades são *pseudocidades* ou *cidades de subsistência*. Em outras palavras, pequenas aglomerações cujas atividades não promovem suficiente interdependência funcional (Santos, 1979b, p.70-1).

Como pode ser constatada essa complexidade mínima? Há duas possibilidades baseadas em alguns critérios, que podem parecer quantitativos, que expressam a centralidade dos núcleos urbanos, além de assinalarem alguma flexibilidade, de acordo com o que foi anteriormente sinalizado:

1) Uma cidade deve atender às demandas básicas de pelo menos o dobro dos habitantes da sua área intraurbana. Ela deixaria de ser considerada pequena se essa relação fosse quatro ou cinco vezes superior a tal população (Desmarais, 1984). Destarte, uma cidade definida como pequena pelos seus dados demográficos intraurbanos pode não ser funcionalmente pequena, ou de abrangência apenas local. A centralidade define-se não apenas pela extensão da área de influência, mas também pela densidade demográfica existente no seu entorno. Dessa maneira, pode se sinalizar como fator relevante para se atingir o referido limiar de complexidade a densidade populacional associada a um nível mínimo de renda, que deve garantir um patamar básico de consumo. Há estudos que mostram que a acessibilidade facilitada e as transformações em qualquer um desses fatores alteram os papéis e significados das pequenas cidades.
2) Outro procedimento para avaliar ou complementar o estudo da centralidade ou a existência de uma complexidade mínima consiste em verificar o número de estabelecimentos terciários (comerciais e de prestação de serviços) existentes em cada localidade. Cote (1986) afirma que seriam pequenas cidades as localidades

> com número de estabelecimentos comerciais entre 100 e 800, além de perfazer um total de 20 a 40 tipos de equipamentos. Tal critério pode ser útil ainda na definição do limite superior no agrupamento das pequenas cidades numa tipologia urbana, nesse caso como parâmetro distintivo entre esse tipo de cidade e as de porte médio. De acordo com o mesmo referencial, podem ser assim admitidas aquelas que possuem mais de 800 estabelecimentos.

Sobre esses aportes, é indispensável considerar que: a) é preciso apreciá-los em sua essência, ou seja, a ideia de tomar como referência a população atendida e a dinâmica econômica constatada pela densidade de estabelecimentos terciários. Contudo, deve-se recomendar a aplicabilidade desses critérios pensando igualmente em áreas de comparabilidade, dado que eles foram construídos analisando realidades específicas; b) eles estão relacionados ao papel de localidades centrais, para as quais parece bastante adequado o conceito de cidade local. Entretanto, a dinâmica atual mostra que as pequenas localidades explicam-se por papéis não centrais (Corrêa, 1999), como o papel de moradia, o que pode ser interpretado como pontos de concentração e reprodução da força de trabalho.

Considerando-se o recente panorama da rede urbana, em que algumas localidades conseguiram manter sua centralidade enquanto outras se explicam mais por papéis não centrais, pode ser adequado aproveitar as duas propostas conceituais – pequenas cidades e cidades locais para expressar essas diferenças. Pode-se dizer que há um amplo conjunto de pequenas cidades. Dentre elas, algumas conseguem manter uma complexidade mínima, atendendo a determinado volume de população e/ou contando com densa presença e diversidade de estabelecimentos comerciais e de prestação de serviços, caracterizando as cidades locais. Outras localidades perderam, ao longo da história, tais características, mas mantêm a população por meio de seus papéis não centrais, especialmente como locais de moradia. Essas aglomerações compõem o restante do conjunto das pequenas cidades. Para esse conjunto é preciso repensar a questão da complexidade ou das exigências mínimas, já que elas perdem a centralidade.

Enfim, como já se assinalou antes, as pequenas cidades passaram por transformações, ao passo que têm se tornado um objeto mais frequente de pesquisa. Nesse tema como em outros, a relação entre a realidade e aquilo que é possível dela apreender cientificamente é marcada por constantes revisões por duas razões fundamentais. A primeira está relacionada à dinâmica da própria realidade, portadora de redefinições, reestruturações, alterações que ocorrem seguidamente, trazendo implicações diversas nas relações humanas. A segunda deve-se ao modo de apreender a realidade, devido à construção de interpretações diferentes, decorrente do aprofundamento dos estudos.

Para ler mais

BERRY, B. *Geografía de los centros de mercado y distribución al por menor.* Barcelona, Espanha: Vicens-Vives, 1971.

CORRÊA, R. L. Globalização e reestruturação da rede urbana – uma nota sobre as pequenas cidades. *Território,* Rio de Janeiro, v.4, n.6, p.43-53, jan-jun. 1999.

COTE, M. La petite ville et sa place dans le developpement algerien. In: CENTRE d'Études et de Recherches Urbaines, *Petites Villes et Villes Moyennes dans le Monde Árabe,* Tours, 1986. 2t.(Urbanisation du Monde Árabe, n.17), p.699-716.

DEFFONTAINES, P. Como se constituiu no Brasil a rede das cidades. *Cidades,* Presidente Prudente, v.1, n.1, p.119-46, jan-jun. 2004.

DESMARAIS, R. Considération sur les notions de petite ville et de ville moyenne. *Cahiers de Geógraphie du Québec,* Saint-Foy (Quebec), v.28, n.75, p.355-64, dez. 1984.

ENDLICH, Â. M. *Pensando os papéis e significados das pequenas cidades do noroeste do Paraná,* 2006a, 505p. Tese (Doutorado em Geografia Humana). Programa de Pós-Graduação em Geografia, Faculdade de Ciências e Tecnologia, Universidade Estadual Paulista, Presidente Prudente-SP.

ENDLICH, Â. M. Perspectivas sobre o urbano e o rural. In: SPOSITO, M. E.; WHITACKER, A. M. (orgs.). *Cidade e campo*: relações e contradições entre urbano e rural. São Paulo: Expressão Popular, 2006, p.11-31.

GEIGER, P. P. *Evolução da rede urbana brasileira.* Rio de Janeiro: Instituto Nacional de Estudos Pedagógicos, 1963.

LABORIE, J.-P.; RENARD, J. *Bourgs et petites villes.* Toulouse: Presses Universitaires du Mirail, 1997.

SANTOS, M. *Espaço e sociedade.* Petrópolis: Vozes, 1979a.

SANTOS, M. *O espaço dividido*: os dois circuitos da economia urbana dos países desenvolvidos. Rio de Janeiro: Francisco Alves, 1979b.

SINGER, P. *Economia política da urbanização*. São Paulo: Contexto, 1998.

Cidade-região

*Sandra Lencioni**

A referência à relação entre cidade e região é clássica nos estudos geográficos. Desde os primeiros estudos geográficos a referência à relação entre cidade e região se faz presente, como pode ser visto no texto de Estrabão, que viveu entre 63 a.C. e 25 d.C. Falando da Calábria, ele se refere à cidade de Laüs e à sua região como segue: "Depois de Pyxus vem outro golfo e também Laüs – um rio e uma cidade – a última das cidades leucacianas; e situada a uma curta distância do mar está a colônia de Sybaritae" (Estrabão, 1923, p.253).

Essa relação sempre esteve presente no conhecimento geográfico, mas a ideia da cidade como centro regional foi esboçada apenas na primeira metade do século XX com os trabalhos de Walter Christaller, August Lösch e Edward L. Ullman, e consolidada no trabalho de Robert E. Dickinson intitulado *City Region and Regionalism* [Cidade região e regionalismo]. O termo usado é cidade região, sem uso da preposição *e*, e tem o sentido de expressar que a cidade região faz parte de uma territorialidade emergente. Mas o termo *cidade-região*, em que o hífen substituiu a preposição, é um

* Universidade de São Paulo, São Paulo, SP – Brasil.

vocábulo novo em Geografia. Já não se está a falar da cidade e da região. O uso do hífen transformou a concepção dos dois termos – *cidade* e *região* – ao uni-los numa única palavra com sentido próprio. Surge, assim, um sentido novo. O mesmo pode ser dito da palavra arco-íris, que, embora guarde relação com a palavra arco (relativa a uma forma) e também com a palavra íris (relativa à deusa Íris, que deixava um rastro luminoso quando atravessava os céus), tem um sentido próprio, que designa um fenômeno ótico e meteorológico que apresenta as sete cores do espectro solar. Outros exemplos de palavras compostas que modificam o sentido original de cada termo é o das palavras água-marinha, bem-te-vi e guarda-chuva, por exemplo. Portanto, cidade-região tem um sentido próximo das palavras cidade e região, mas, ao mesmo tempo, apresenta um novo, distante do original. E, quando acompanhado da palavra global – *cidade-região global* – expressa a relação com a globalização própria das últimas décadas do século XX, quando a globalização do capital, do trabalho e da cultura traduziu-se em fortes impactos sobre a cidade e o urbano, reconfigurando, em especial, o espaço das metrópoles.

Um dos primeiros trabalhos que relacionou o processo de globalização com a reconfiguração das cidades foi o de John Friedmann que, juntamente com Goetz Wolf (1982), publicou um artigo denominado "World city formation: an agenda for research and action" [Formação da cidade mundial: uma agenda para pesquisa e ação]. O trabalho de Peter Hall (1966), *The World City* [A cidade mundial], não contém os efeitos da globalização sobre as cidades como vieram a fazer os trabalhos posteriores ao de John Friedman e Goetz Wolf, uma vez que seu trabalho foi escrito em um contexto que antecede à globalização das últimas décadas do século XX.

Na literatura anglo-americana, os termos cidade mundial (*world city*) e cidade global (*global city*) são usados de forma indistinta. Só com o trabalho de Saskia Sassen (1991), intitulado *The Global City*, é que o debate sobre a globalização das cidades consagrou o nome cidade global, ficando praticamente em desuso o termo cidade mundial. Essa autora analisa a concentração do poder financeiro em algumas cidades, destacando Londres, Nova York e Tóquio como as principais praças financeiras do mundo e os principais centros de comando da economia global.

Sua posição é de que essas cidades não são simples nichos da economia mundializada. A ênfase dada recai sobre o capital financeiro e no papel que ele desempenha no desenvolvimento da estrutura interna e da rede de relações externas das principais regiões metropolitanas do mundo. A relação entre cidade e região, bem como o termo cidade-região como uma territorialidade emergente e, ainda, a discussão sobre cidades mundiais e cidades globais são os principais termos antecedentes ao nome cidade-região global.

O nome cidade-região global surgiu na Costa Oeste dos Estados Unidos. O termo apareceu nos debates que ocorreram na Universidade da Califórnia, em 1999, e é objeto de discussão no livro *Global City-Region: Trends, Theory, Policy* [Cidade-região global: tendências, teoria e políticas], editado por Allen J. Scott em 2001. Nesse livro, Allen J. Scott, John Agnew, Edward W. Soja e Michael Storper definem o termo *cidade-região global*. Para esses autores, a ideia de cidade-região global difere do conceito de cidade global, uma vez que leva em consideração tanto a globalização como a urbanização, a industrialização e os serviços. Em especial, não deixam de considerar a indústria como uma força do urbano, da região e da economia como um todo, buscando apreender a difusão seletiva das formas avançadas da produção industrial baseada no urbano. Para esses autores, o trabalho de Sassen deixou à margem a questão da reestruturação industrial e esqueceu as perspectivas espaciais e regionais que haviam sido enfatizadas no trabalho de Friedmann. Os pesquisadores afirmam que as transformações que estavam ocorrendo em Los Angeles não expressavam um desmantelamento da indústria, nem indicavam a passagem para uma sociedade pós-industrial. O que parecia ocorrer, segundo eles, era mais uma reestruturação industrial marcada pela transição de um regime de acumulação fordista para um regime de acumulação flexível do que o advento de uma sociedade pós-industrial. Interessante é assinalar que os elementos: 1) extensão do comércio internacional; 2) o alcance global do capital financeiro e dos investimentos de capital não é o que mais distingue a atual fase de globalização. Para eles, a distinção fundamental reside na difusão seletiva das formas avançadas de produção industrial urbana. Por considerarem todos esses elementos, afirmam que, longe do que se pensa, as fronteiras territoriais não estão sendo erodidas pelas tecnologias de informação e comunicação. Muito pelo contrário, o que se vê é a afirmação da região.

Afinal, trata-se de cidade-região ou de cidade-região global? Diríamos: de ambas. Dependendo da análise, uma formulação pode ser mais adequada do que outra. É a análise que deve fazer a distinção e usar o termo global, por exemplo, entre a cidade-região de Los Angeles, a cidade-região de São Paulo, a cidade-região de Leeds, a cidade-região de Manchester, a cidade-região de Veneza, de Treviso e de Pádua... Em alguns casos, o termo mais adequado é cidade-região global; em outros, é cidade-região. Para Allen J. Scott, John Agnew, Edward W. Soja e Michael Storper,

> as cidades-regiões cada vez mais funcionam como nós espaciais da economia global e como atores políticos singulares na cena mundial. De fato, muito longe de se terem dissolvido como objetos geográficos pelos processos de globalização, as cidades- regiões se fazem cada vez mais centrais no tecido da vida moderna e, devido à globalização, reativaram, ainda mais, sua importância como base para todas as formas possíveis de atividade produtiva, seja a manufatura ou os serviços, a tecnologia avançada ou os setores de tecnologia tradicional. Na medida em que essas mudanças começaram seu curso, tornou-se bastante evidente que a cidade, no seu sentido estrito, se constitui numa unidade cada vez menos apropriada ou viável de organização local e social em comparação com as cidades-regiões ou as redes regionais de cidades. (Scott; Agnew; Soja; Storper 2001, p.11-2)

Lencioni (2006) diz que um simples uso do hífen (cidade-região) em substituição a uma preposição (cidade e região) diz muito. Expressa uma ampla discussão com várias interpretações. Mais do que isso, revela a emergência de um novo arranjo territorial que se constitui numa manifestação socioespacial do capitalismo contemporâneo e se constitui num paradigma para se pensar a nova escala de processos e relações sociais. Sua posição é a de que, mais do que uma manifestação, a cidade-região se constitui numa determinação histórica da sociedade contemporânea e de certa forma pode ser considerada como uma espécie de tradução urbana da manifestação socioespacial da globalização e da reestruturação de todas as formas de atividades produtivas, quer industriais, quer de serviços.

Nesse sentido, o conceito de cidade-região não se insere num ideário pós-moderno e rompe com a representação ideológica de que estamos vivendo numa sociedade pós-industrial. Lencioni (2006) afirma também que a cidade-região apresenta uma forma territorial nova, que pode ser descrita como uma ampliação da metrópole moderna, herdada do processo de urbanização e industrialização fordista. Qual o limite, qual o tamanho da cidade-região? O limite territorial dessa cidade-região é fluido e difícil de ser delimitado, já que ela se constitui, por excelência, num espaço de fluxos pela presença de inúmeras redes interconectadas. Embora seja difícil delimitar, seus limites guardam relação com as condições de transportes, na medida em que a possibilidade de deslocamento cotidiano das pessoas, entre o trabalho e a moradia, é que lhe confere um sentido de conjunto e de unidade. Para ela, a paisagem revela que, na cidade-região, se multiplicam os centros comerciais ligados ao grande capital comercial e imobiliário, concorrendo para a criação de novas centralidades e deixando distante qualquer referência à monocentralidade urbana que era característica das cidades do entorno metropolitano.

Na cidade-região há uma significativa alteração na relação entre a cidade e o campo, tornando difícil delimitarmos o que é rural e o que é urbano, pois eles tendem a se diluir um no outro. Por outro lado, as áreas construídas, quer para estabelecimentos fabris ou para comércio ou habitação, contrastam com a intermitência da descontinuidade do espaço construído. Nela (a cidade-região) podemos encontrar muitos condomínios fechados que expressam a suburbanização privada das elites e classes médias, que com suas guaritas e muros se apartam dos outros estratos sociais. Nela podemos encontrar também o aprofundamento das desigualdades sociais e espaciais revelando uma sociedade extremamente desigual, na qual as diferenças se intensificam, além de serem criadas novas diferenças.

A autora acrescenta que, na cidade-região, as descontinuidades fragmentam o território, fazendo-a parecer um arquipélago onde as relações sociais a extrapolam por meio de um complexo sistema de redes e fluxos acelerados. A densidade dos fluxos de comunicação faz que alguns lugares da cidade-região se tornem próximos e avizinhados de lugares distantes, enquanto lugares contíguos podem conhecer poucas relações entre si e permanecerem apartados. Não resta dúvida de que a cidade-região se constitui num novo fato urbano que, no seu movimento, regionaliza o espaço. De maneira sintética, Lencioni (2006) afirma que a cidade-região materializa as novas condições gerais indispensáveis à atual reestruturação produtiva, é fortemente vinculada à economia global e se caracteriza por conter estruturas econômicas, arranjos e dinâmicas territoriais que se complementam graças às redes informatizadas e de comunicações. Na cidade-região, as escalas entre o local, o regional e o global se integram de forma anastomosada, ou seja, unem-se por meio de complexas e inúmeras ramificações que não estabelecem uma estrutura hierárquica. Em síntese, Lencioni (2006) enfatiza que as antigas formulações teóricas em termos de cidade e região levam, no final do século XX, à de cidade-região, e um simples hífen, em substituição a uma preposição, diz muito. Fala sobre o novo ao revelar um caminho em direção a um futuro urbano que agora apenas começa a se esboçar. Um caminho contraditório com permanências e descontinuidades, mas com muitas metamorfoses.

Para ler mais

BERNARDO, J. *Transnacionalização do capital e fragmentação dos trabalhadores*: ainda há lugar para os sindicatos?. Disponível em: < http://comunism0.wordpress.com/2010/08/04/transnacionalizacao-do-capital-e-fragmentacao-dos-trabalhadores/>. Acesso em: 5 mar. 2011.

______. City region and regionalism. A geographical contribution. In: *Human Ecology*, Londres: Kegan Paul, 1947.

DICKINSON, Robert E. The regional functions and zones of influence of Leeds and Bradford. *Geography*, p.548-57, 1930.

ESTRABÃO. *The Geography of Strabos*. Livro VI, Cap. 1. Trad. do grego para o inglês de Horace Leonard Jones. Londres, Loeb Classical Library edition. Cambridge: Harvard University Press, 1923. p.253. Disponível em: <http://penelope.uchicago.edu/Thayer/E/Roman/Texts/Strabo/1A*.html>. Acesso em: 22 mar. 2012.

FRIEDMANN, John; WOLF, Goetz. World city formation: an agenda for research and action. *International of Urban and Regional Research*, n.6, p.309-44, 1982.

HALL, Peter. *The World Cities*. Londres: Weidenfeld and Nicolson, 1966.

LENCIONI, Sandra. Da cidade e sua região à cidade-região. In: SILVA, J. B.; LIMA, L. C; ELIAS, D. (orgs.). *Panorama da Geografia Brasileira*. São Paulo: Annablume, v.I, p.65-75, 2006.

SASSEN, Saskia. *As cidades na economia mundial*. São Paulo: Nobel, 1998.

______. *Cities in the World Economy*. Londres: Sage, 1993.

______. *The Global City*. Nova York, Londres, Tóquio: Princepton, N. J. Princeton University Press, 1991.

SCOTT, Allen J. (ed.). *Global City-Regions*: Trends, Theory, Policy. Nova York: Oxford University Press, 2001.

Scott, Allen J.; Agnew, John; Soja, Edward; Storper, Michael. Cidades-regiões globais. *Espaço e Debates*, n.41, p.11-25, 2001.

SOJA, Edward. *On the Concept of Global City Regions*. Art-e-Fact. Strategies and resistence. Disponível em: <http://artefact.mi2.hr/_a04/lang_en/theory_soja_en.htm>. Acesso em: 24 mar. 2012.

Concentração e centralização

*Maria Encarnação Beltrão Sposito**

Uma das definições mais correntes para *concentração* designa a

> situação em que um pequeno número de empresas detém parte considerável do capital, investimentos, vendas, força de trabalho, ou qualquer outro elemento que sirva de medida ao desempenho de um setor industrial, econômico ou de serviços. (Sandroni, 1999, p.118)

No entanto, qualquer conceituação melhor fundamentada exige adjetivação do termo, ou seja, a que concentração nos referimos e qual é sua compreensão no âmbito de uma teoria. Analisando a construção do conceito de *concentração do capital* na obra marxista, Singer (1975, p.74) ressalta que Marx foi o primeiro a chamar atenção para o fato de a concentração do capital ser uma "tendência central e fundamental do capitalismo". Essa tendência decorre da acumulação do capital que se acelera o tempo todo, pois, tendo em vista o interesse de aumento da produtividade, é colocado ao dispor dos trabalhadores um volume cada vez maior

* Universidade Estadual Paulista, Presidente Prudente, SP – Brasil.

de recursos produtivos – condição e consequência do aumento da produtividade. Resumindo esse processo, podemos considerar que

> na medida em que o sistema progride, na medida em que o sistema não só se amplia quantitativamente, mas muda qualitativamente, esta mudança se exprime através de um aumento do volume de capital ou de máquinas, equipamentos, instalações, por indivíduo engajado no processo. É isso que Marx chamou de *concentração do capital.* (Singer, 1975, p.75)

Segundo essa perspectiva de Marx, o capital individual é uma concentração de meios de produção e o correspondente comando sobre um exército maior ou menor de trabalhadores:

> cada acumulação se torna meio de nova acumulação. Ao ampliar-se a massa de riqueza que funciona como capital, a acumulação aumenta a concentração dessa riqueza nas mãos de capitalistas individuais e, em consequência, a base da produção em grande escala e dos métodos de produção especificamente capitalistas. O crescimento do capital social realiza-se por meio do crescimento de muitos capitais individuais. (Marx, 196?, p.726)

Assim, concentração e acumulação são processos que se correlacionam, e aos quais se associa, mas deles se distingue o processo de *centralização do capital,* pois os capitais que se concentram estão, ao mesmo tempo, dispersos em muitos capitais individuais, os quais, por sua vez, atraem-se levando a uma concentração de capitais já formados, ou supressão ou diminuição da autonomia individual, pela transformação de muitos capitais pequenos em poucos capitais grandes. Essa é a *centralização* propriamente dita, que não se confunde com a acumulação e a concentração (Marx, 196?, p.727, grifo nosso). Relacionando os três conceitos, Marx afirma que "a centralização completa a tarefa da acumulação, capacitando o capitalista industrial a ampliar a escala de suas operações. É o mesmo o efeito econômico dessa ampliação, decorra ele da acumulação ou da centralização" (Marx, 1964, p.728).

Reconhecendo-se as relações entre as dinâmicas de concentração e centralização, é preciso, no entanto, distinguir tendências que delas decorrem:

> a concentração é o crescimento da empresa média em função da procura de maior produtividade, mediante a acumulação de capital, ou seja, pela transformação de uma parte dos lucros em novo capital; a outra, a centralização, decorre diretamente da luta concorrencial e das vantagens das maiores empresas, por possuírem maiores escalas de produção, em relação às menores. (Singer, 1975, p.76)

Por outro lado, é preciso considerar que o processo de centralização do capital é influenciado por outras dinâmicas e é, por elas, atenuado:

> embora a acumulação tenda a aumentar o volume de capital à disposição de cada capitalista particular, a divisão da propriedade entre membros da mesma família, o aparecimento de capitais novos que se separam de capitais antigos e o nascimento de novos capitais tendem a aumentar o número dos próprios capitalistas e, portanto, a diminuir o capital social concentrado nas mãos dos capitalistas individuais.

Sendo a acumulação comparativamente lenta em relação a estes últimos fatores, o efeito líquido da propriedade tende a ser uma descentralização. O resultado final, portanto, *"é que a acumulação concentra o capital no processo de trabalho, mas tende a descentralizar a sua propriedade"* (Bottomore, 1988, p.57, grifo nosso).

Mesmo observando os limites à contínua centralização do capital, o que se observa, historicamente, é a tendência, no modo capitalista de produção, à acentuação das duas dinâmicas: a de concentração do capital, porque a busca pela produtividade maior é a base do sistema; a de centralização do capital, porque, nos ciclos de crise, se ampliam as oportunidades, em termos de concorrência e crédito, para que os maiores capitais comprem os menores, gerando em alguns ramos econômicos situações de formação de oligopólios. Esse processo é complexo e pode se dar de formas diferentes: fusão de duas ou mais empresas, absorção de uma empresa pela outra, tomada de participação financeira, controle do capital pela compra de pacotes de ações em Bolsas de Valores etc. (Gélédan; Brémond, 1988b, p.66). Esses autores (1988a, p.40-46), por sua vez, acrescentam outros elementos à compreensão do conceito de concentração do capital. Reforçam a ideia de que se trata de uma tendência forte e que as empresas se concentram porque encontram vantagens de custos (economias de escala e dimensão dos mercados), mas ampliam a análise ao afirmarem que essa tendência à concentração do capital também é decorrência da negociação, em função da dominação que pode se efetivar a partir dessa concentração. Em outra obra, Gélédan e Brémond (1988, p.62) destacam que

> a concentração é o processo de reforço do controle, da informação, do poder e da propriedade, entre algumas mãos. Torna um número crescente de pessoas subordinado às escolhas, às decisões de uma minoria. Põe-se então a questão do poder e da política acima da simples economia.

Nos termos assim propostos, a concentração não é apenas um fato econômico, mas é também político. Esses mesmos autores reconhecem ainda três níveis de concentração: a técnica (no nível do estabelecimento); a econômica (no nível da empresa); a financeira (no nível do grupo), sendo esta última a forma moderna de concentração (ibid., p.62). Do ponto de vista das formas de concentração, podem se reconhecer: a horizontal (entre empresas que produzem o mesmo tipo de produto); a vertical (entre empresas que são complementares entre si, pois umas oferecem matérias-primas ou produtos semiacabados às outras); a conglomeral (empresas agrupadas sem laços econômicos aparentes) (ibid., p.64).

Ao destacarem esses níveis e formas de concentração, Gélédan e Brémond abrem a oportunidade de se chamar atenção para o aspecto espacial das dinâmicas de concentração do capital e centralização do capital, pois na medida em que mais de uma unidade de produção e/ou de comercialização de bens e serviços organiza-se sob a égide de uma mesma empresa ou grupo, tem-se a oportunidade de pensar na espacialização dos processos de concentração e centralização, visto que essas unidades não têm, todas, a mesma localização geográfica. Acrescente-se a isso que as escolhas locacionais de diferentes empresas ou grupos geram configurações múltiplas que podem se expressar de forma concentrada ou não.

Johnston e colegas (1994, p.85), ao tratarem dessa questão, incluem os dois termos no mesmo verbete do dicionário de Geografia Humana que organizam e dão a eles conteúdo conceitual que considera a dimensão espacial das duas dinâmicas: *concentração e centralização* – a tendência para a localização da atividade econômica dentro e ao redor de um número relativamente pequeno de centros urbanos. Essa condição refere-se também à polarização ou à aglomeração. Esta, por sua vez, nasce da concentração espacial do mercado, fontes de informação, bases para controle e tomada de decisão, interatividade, ligações e outras economias externas. Concentração e centralização aumentam as desvantagens das localizações periféricas e contribuem para a privação econômica e social, comumente encontrada nos lugares mais distantes do centro (modelo centro-periferia). A concentração e a centralização espaciais são associadas à tendência para se organizar a atividade econômica em unidades de tamanho crescente dentro de uma estrutura organizacional hierarquizada.

Nos termos propostos, diversos autores estão, de fato, referindo-se à *concentração espacial e à centralização espacial*, sem, contudo, distinguir as duas expressões conceituais. Smith (1988, p.175-82), entretanto, destaca inúmeros aspectos de grande importância para essa necessária distinção. Primeiramente, ressalta que a acumulação do capital propicia a expansão geográfica da sociedade capitalista, porque o capital produtivo exige constantes investimentos na "criação de ambiente construído para a produção" (ibid., p.175). Ele adverte, entretanto, que, do ponto de vista dos capitais individuais, há a diferenciação do espaço. Assim, a "concentração espacial e o processo de centralização referem-se à localização física do capital e é, desse modo, diferente da concentração e centralização sociais" (ibid., p.176), pois

> a centralização social é a centralização do valor de troca em mãos de cada vez menos pessoas, a centralização espacial é a centralização física dos valores de uso. [...] *A centralização espacial do capital é principalmente uma questão de capital produtivo centralizado*. (Smith, 1988, p.180, grifo nosso)

A partir dessa perspectiva do autor, temos, então, que a concentração espacial está associada à localização dos capitais, entendidos como infraestruturas ou "formas geograficamente imobilizadas de capital fixo" (ibid., p.176), enquanto a centralização espacial se refere ao capital produtivo centralizado e não apenas ao capital fixo. Essa centralização espacial do capital produtivo não se restringe àquela referente ao capital monetário, mas a contém; e, se esse capital produtivo, de fato capital social, centraliza-se, ele leva também à centralização espacial do capital monetário, que se revela pela localização, nos centros já existentes, de bancos e instituições que abrigam operações de câmbio, de crédito, com títulos e ações, mensagens eletrônicas etc., que se articulam ao sistema financeiro mundial (ibid., p.180).

Tomando como referência, para nossa análise, a perspectiva de Smith, temos a possibilidade de verificar múltiplas combinações entre essas dinâmicas para a compreensão das relações entre economia cafeeira e industrialização e financeirização, no caso do estado de São Paulo; ou seja, temos elementos para analisar a constituição da formação socioespacial que engendrou a rede urbana paulista e em sua estruturação se apoiou. Do ponto de vista do capital, inclusive dos capitais individuais, houve tendencialmente condições para a concentração e centralização dos mesmos. Isso não significa que essa tendência tenha sido contínua no tempo e no espaço, pois nas últimas décadas do século XX verifica-se tendência à desconcentração espacial do capital (tomando como exemplo o estado de São Paulo), ainda que se mantenha a centralização do capital na área metropolitana. Do ponto de vista espaciais, a concentração e a centralização do capital propiciaram movimentos de concentração, desconcentração e reconcentração espaciais dos capitais fixos no estado, e centralização espacial dos capitais produtivos e financeiros na metrópole paulista. Essas dinâmicas de avanços e recuos dos processos de concentração e centralização espaciais levam, ao mesmo tempo, às dinâmicas que o autor denomina de igualização e diferenciação geográficas, no âmbito dos espaços urbanos, do conjunto do território paulista e de suas relações com a economia nacional e internacional.

Para analisar esse movimento, são de grande valia os conceitos de divisão regional do trabalho e divisão internacional do trabalho, sem os quais as escalas espaciais ou geográficas (e não as cartográficas) não podem ser consideradas. É também Smith (1988) que chama atenção sobre esse ponto:

o capital herda um mundo geográfico que já está diferenciado em complexos padrões espaciais. Na medida em que a paisagem fica sob o domínio do capital (e se torna cada vez mais funcional para ele), estes padrões são agrupados em uma hierarquia cada vez mais sistemática de escalas espaciais. Três escalas primárias surgem com a produção do espaço sob o capitalismo: o espaço urbano, a escala da nação-Estado e o espaço global. (Smith, 1988, p.196)

Para ler mais

BOTTOMORE, Tom. *Dicionário do pensamento marxista.* Rio de Janeiro: Zahar, 1988.

GÉLÉDAN, Alain; BRÉMOND, Janine. *Dicionário económico e social.* Lisboa: Horizontes, 1988.

JOHNSTON, R. et al. (orgs.). *Dictionary of Human Geography.* Londres: Blackwell, 1994. Disponível em: <http://www.univpgri-palembang.ac.id/perpus-fkip/Perpustakaan/Geography/Kamus%20Geografi/Kamus%20Geografi%20Manusia.pdf>. Acesso em: 5 out. 2017.

MARX, Karl. *O capital.* Livro 1, v.2. Rio de Janeiro: Civilização Brasileira, [196?].

SANDRONI, Paulo (org.). *Dicionário de economia.* São Paulo: Best Seller, [198?]

SINGER, Paul. *Curso de introdução à economia política.* Rio de Janeiro: Forense, 1975.

SMITH, Neil. *Desenvolvimento desigual.* Rio de Janeiro: Bertrand Brasil, 1988.

Condições gerais de produção

*Sandra Lencioni**

O conceito de *condições gerais de produção* tem origem no pensamento de Karl Marx, que definiu com esse termo a relação entre o processo imediato de produção – por exemplo, aquele que ocorre no interior de uma fábrica – e o processo geral de produção e circulação do capital como um todo. Esse conceito foi recuperado nos anos 1970, sobretudo nas discussões sobre a problemática urbana, particularmente por Castells, no clássico texto *A questão urbana*, publicado na França em 1972. Mas foi com a publicação do "Posfácio" desta obra, em 1975, que alguns enfoques ficaram mais claros. Castells retifica nesse texto algumas posições de 1972, quando o conceito de condições gerais de produção foi realçado. Esse destaque se dá num contexto em que se busca construir um arcabouço marxista para se pensar o urbano. Para Castells (1983 [1975]), o urbano se constitui num *lócus* privilegiado da reprodução da força de trabalho, e esse urbano se caracteriza pelo consumo coletivo de bens e serviços (escolas, hospitais e transportes, por exemplo), os quais são, direta ou indiretamente, produzidos ou administrados pelo Estado. O consumo de

* Universidade de São Paulo, São Paulo, SP – Brasil.

bens e serviços coletivos se constitui num consumo coletivo porque ele só se dá de forma coletiva. Nos exemplos dados, escolas e hospitais são consumidos coletivamente, diferentemente de um objeto, por exemplo, como uma peça de vestuário, que pode ser consumida por um único indivíduo. Hospitais e escolas, tanto como rodovias e as redes de comunicação, entre outros inúmeros equipamentos, são equipamentos de consumo coletivo, pois seu valor de uso é coletivo e porque eles respondem a uma necessidade social que só pode ser satisfeita coletivamente. É importante destacar a ideia de consumo coletivo porque é por meio da discussão do consumo coletivo que Castells (1983 [1975]) vai recuperar o conceito de condições gerais de produção, como concebido por Marx. Cabe, portanto, iniciar pela discussão de consumo, em Marx, para se chegar ao de condições gerais de produção.

Marx distingue três tipos de consumo: o primeiro, denominado *consumo produtivo*, está relacionado à reprodução dos meios de produção, a exemplo do consumo de estradas ou do consumo de energia, indispensáveis para a produção. O segundo, denominado *consumo individual*, está relacionado à reprodução da força de trabalho, como o consumo de alimentos. O terceiro é chamado de *consumo de luxo*. Embora se constitua também num tipo de consumo individual, é diferente dos outros, pois se refere ao consumo que extrapola as necessidades básicas. No tocante à atividade industrial, uma atividade produtiva, o que é importante a ser destacado é o *consumo produtivo*. A primeira observação a fazer é a de que o *consumo produtivo* se constitui num *consumo coletivo*. Numa indústria, são exemplos de consumo produtivo o consumo de máquinas, matérias-primas e energia, por exemplo.

Todas essas formas de consumo produtivo mantêm relação com o conjunto do processo de produção e circulação do capital. Mas a relação entre essas formas e o conjunto do processo de produção e circulação do capital não se dá de maneira imediata, mas mediada por aquilo que Marx denominou de *condições gerais de produção*. Por exemplo, rodovias, ferrovias, oleodutos, redes de informática, tanto quanto os bancos, são condições gerais de produção. São meios de circulação (de bens, de dinheiro) que articulam um dado processo imediato de produção ao conjunto da produção e circulação do capital em geral. Constituem equipamentos coletivos de consumo que se integram *diretamente* à reprodução do capital. Por meio deles se articula o particular ao geral e se integra uma unidade específica da produção à produção e circulação do capital em geral. Como dissemos, hospitais e escolas, por exemplo, como os centros de lazer, centros culturais, também se constituem em equipamentos de consumo coletivo. Mas esses equipamentos estão *indiretamente* relacionados ao processo de produção, uma vez que só intervêm devido à sua relação com a reprodução da força de trabalho. Em resumo, as condições gerais de produção articulam o particular ao geral, são consumidas coletivamente e são denominadas de gerais porque dizem respeito a condições que viabilizam não apenas um capital em particular, mas um conjunto de capitais. As condições gerais de produção encontram, nos equipamentos de consumo coletivo, os suportes materiais e imateriais de sua existência.

O conceito de condições gerais de produção está no *Capital*, de Marx. Ele enfatiza os meios de comunicação e transportes e dá vários exemplos próprios de sua época, o século XIX. Mas, hoje em dia, considerar apenas os meios apontados por Marx não é cabido, pois os meios de comunicação e transportes, bem como os meios de consumo coletivo indiretamente relacionados à reprodução do capital, evoluíram muito. Lembramos ainda o desenvolvimento da informática no século XX, que trouxe novas questões em função da imaterialidade e virtualidades desenvolvidas e passaram a constituir novas condições gerais, não imaginadas por Marx no século XIX. Marx (1984, p.467) escreveu que "a revolução no modo de produção da indústria e da agricultura tornou, sobretudo, necessária uma revolução nas condições gerais do processo social de produção; isto é, dos meios de comunicação e transportes". Ele acrescenta que

> os meios de transporte e comunicação herdados do período manufatureiro prontamente se converteram em travas intoleráveis para a grande indústria devido à velocidade fabril da produção, à sua escala gigantesca, à constante mudança de massas de capital e operários de uma a outra esfera produtiva e às suas fulgurantes conexões com o mercado mundial. Dessa forma, prescindindo da navegação à vela, radicalmente revolucionada, um sistema de vapores fluviais, de estradas de ferro, de vapores transoceânicos e de telégrafos

foi *adaptando* paulatinamente o regime das comunicações e dos transportes ao modo de produção da grande indústria. (Marx, 1984, p.467)

Bernardo (2010), reproduzindo e atualizando a definição de Marx, chama de

> Condições gerais de produção a todas as infraestruturas, não só materiais, mas ainda sociais e culturais, indispensáveis para que o capitalismo exista e se expanda, e que vigoram num âmbito superior ao de cada empresa particularmente considerada. As ferrovias, por exemplo, a rede eléctrica, o sistema escolar, os padrões culturais não se podem confinar aos limites de cada empresa e ultrapassam-nas todas. Sem estas Condições Gerais de Produção o capitalismo não poderia ter começado a desenvolver-se, nem conseguiria hoje deter a hegemonia. (Bernardo, 2010)

Nessa enumeração podemos distinguir os equipamentos de consumo coletivo relacionados diretamente ao processo de produção (meios de circulação em conexão direta com o processo produtivo) e os indiretamente conectados. Interessante é observar que os equipamentos de consumo coletivo *diretamente* relacionados ao processo de produção, desenvolvem-se de forma mais rápida que aqueles *indiretamente* relacionados a esse processo. Essa diferença ocorre porque os primeiros equipamentos estão em conexão direta com o processo produtivo e, ao permitirem a circulação da mercadoria, possibilitando sua realização no mercado, agregam valor à mercadoria, transformando-as de mercadorias em potencial em mercadorias reais. Assim, são prioritários. Por isso, é que os equipamentos coletivos de consumo relacionados indiretamente ao processo de produção ficam relegados ao segundo plano.

É essa característica que permite compreender os esforços no desenvolvimento dos equipamentos coletivos voltados diretamente para o capital. É isso que explica o ritmo mais acelerado da produção de rodovias e das redes de fibra ótica em relação ao ritmo dos equipamentos coletivos de consumo voltados para o desenvolvimento do ensino, por exemplo. É isso que permite compreender por que a rede de telefonia é *priorizada* para o atendimento às empresas em lugar do atendimento ao usuário residencial. Isso permite, também, compreender por que as escolas, os hospitais, a infraestrutura de saneamento básico e de tratamento de esgoto, por exemplo, marcham a passos mais lentos que a rede de fibra ótica, a expansão e diversificação das comunicações, o desenvolvimento de parques tecnológicos, a duplicação de rodovias, os centros de pesquisa etc. que são diretamente relacionados à reprodução do capital. Convém acrescentar, ainda, que o fato de os equipamentos coletivos de consumo serem promovidos ou administrados pelo poder público ou privado traz várias consequências, mas não altera a comparação que estamos estabelecendo, pois os equipamentos coletivos de consumo diretamente relacionados ao capital evoluem sempre a passos muito mais rápidos do que aqueles cujas relações são indiretas.

Foi a partir dos trabalhos de Castells (1975), Lojikine (1981) e Preteceille (1975) que esse conceito chegou até os geógrafos, considerando-se que ele surgiu no âmbito das discussões de inspiração marxista sobre o urbano. Nesse sentido, influenciou, sobretudo, os geógrafos voltados para a temática urbana. Mas não se tornou um conceito de uso corrente na Geografia. Em geral, os trabalhos de Geografia utilizam o conceito de infraestrutura. No entanto, esse conceito tem menor alcance que o de *condições gerais de produção*, pois este tem a capacidade de expressar as múltiplas e variadas formas das condições gerais da produção capitalista, como procuramos mostrar.

Para ler mais

BERNARDO, J. *Transnacionalização do capital e fragmentação dos trabalhadores*. Ainda há lugar para os sindicatos? Disponível em: <http://comunismo.wordpress.com/2010/08/04/transnacionalizacao-do-capital-e-fragmentacao-dos-trabalhadores/>. Acesso em: 5 mar. 2011.

CASTELLS, M. *A questão urbana*. (Ed. rev., acompanhada de Posfácio, 1975). Rio de Janeiro: Paz e Terra, 1983.

LENCIONI, S. Condições gerais de produção: um conceito a ser recuperado para a compreensão das desigualdades de desenvolvimento regional. *Scripta Nova. Revista electrónica de geografía y ciencias sociales*, Barcelona, Universidad de Barcelona, 1º ago. 2007, v.XI, n.245 (07). Disponível em: < http://www.ub.es/geocrit/sn/sn-24507.htm>. Acesso em: 10 nov. 2011.

LOJKINE, J. *Marxisme, l'état et la question urbaine*. Paris: PUF, 1977 [Ed. bras.: *O Estado capitalista e a questão urbana*. São Paulo: Martins Fontes, 1981.]

MARX, K. *El capital*: crítica de la economia política. t.I, v.2, l.1: El proceso de producción del capital. 11.ed. México, Espanha, Argentina, Colombia: 1984, (Original: MARX, K. *Das Kapital: Kritik der politischen Oekonomie*. Erster Band, Zweite verbesserte Auflage, Hamburg, 1872.)

PRETECEILLE, E. *Equipamentos coletivos e consumo social*. São Paulo: Fundap, 1977 (mimeo).

______; PINÇON, M; RENDU, P. *Équipementes collectifs, structures urbaines et consommation sociales*. Paris: Centre de Sociologie Urbaine, 1975.

Configurações espaciais urbanas

*Maria Encarnação Beltrão Sposito**

Uma análise das configurações espaciais urbanas que se associam aos processos e dinâmicas reconhecidos como *revoluções industriais* pode contribuir para se compreender, em traços gerais, as transformações pelas quais passaram e vêm passando as cidades capitalistas e como se dão as relações entre as partes da cidade em cada um desses contextos espaçotemporais. No período que se sucedeu à *primeira revolução industrial*, o padrão de organização do espaço era o manchesteriano, caracterizado pela localização geográfica das atividades industriais em torno das minas de carvão. No decorrer do século XIX, pode-se afirmar que, na Inglaterra, muitas cidades surgiram em função da localização das indústrias, pois em torno delas é que os aglomerados urbanos se constituíam. Essa dinâmica resultou numa cidade em que a atividade produtiva ocupava as mesmas parcelas do território urbano onde se localizavam as moradias dos operários. A redefinição dessa estrutura urbana resultou da procura, pela elite, de melhores condições sanitárias e maiores espaços nas áreas suburbanas, com o intuito de afastamento da densidade habitacional e dos problemas

* Universidade de São Paulo, São Paulo, SP – Brasil.

gerados pela convivência entre atividades industriais, comerciais e residências nas áreas centrais e pericentrais da cidade. Nos Estados Unidos, a influência inglesa e a industrialização que se desenvolveu a partir da segunda metade do século XIX explicam por que as cidades estadunidenses se organizaram, de uma maneira geral, segundo as mesmas dinâmicas de estruturação observadas em cidades da Inglaterra. No caso dos países em que a industrialização se iniciou no século XIX pode-se afirmar que, fazendo um paralelo com a caracterização proposta por Camagni (1993), os símbolos urbanos tradicionais da cidade comercial – a Igreja e o mercado – foram pouco a pouco sendo substituídos pelas chaminés como ícones de cidades modernas.

Em formações socioespaciais em que as atividades comerciais eram as principais funções urbanas, tanto na Europa (como era o caso da Itália), como nas colônias ou ex-colônias (caso da América Latina), o centro se mantinha como espaço do poder político, das trocas comerciais e de preferência para moradia da elite, e a expansão territorial urbana ocorria de maneira muito mais lenta. No caso brasileiro, o grande marco para se compreender as formas de expansão territorial da cidade e as lógicas de estruturação de seus espaços foi a promulgação da Lei de Terras (lei 601, de 18 de setembro de 1850). Até essa data, não havia se instituído o princípio jurídico da propriedade privada da terra, e seu parcelamento fundiário baseava-se em grandes concessões de terra, gerando ocupações urbanas nem sempre bem definidas, como destaca Marx (1991, p.85) ao afirmar, referindo-se à primeira metade do século XIX, que havia uma "indefinição do contorno dos aglomerados maiores e menores, conquanto já então, e desde a segunda metade do Setecentos, estivessem sensivelmente crescidos e mais densos". Do ponto de vista da estrutura interna da cidade, pode-se afirmar então que havia uma área nuclear mais densamente ocupada e um anel periurbano marcado por uma mescla de usos rurais e urbanos, pouco definido do ponto de vista morfológico. No final do século XIX, a passagem do antigo sistema, em que dominava a "concessão pura e simples de chãos urbanos" ou o "aforamento", para o sistema de venda de parcelas de um terreno gerou o aparecimento dos loteamentos e da figura do loteador, como destacou esse mesmo autor: o antigo concessionário de terras – rurais e, portanto, da Coroa, ou urbanas e, portanto, da municipalidade – deixa de ter determinados vínculos com o patrimônio da Coroa ou com o patrimônio público do município. O agora proprietário reina absoluto, ou quase, para transmitir sua terra e partilhá-la (Marx, 1991, p.108). É importante frisar que essa mudança gerou alterações nas formas de estruturação das cidades e em suas morfologias.

Anteriormente, a constituição do espaço periurbano resultava da ocupação lenta dos espaços rurais, que se encontravam em torno dos aglomerados urbanos, por usos de solo citadinos. Com a instituição da propriedade privada da terra, a produção do espaço urbano, por meio das práticas de loteamento de terras, antecipa-se à ocupação urbana e vai, paulatinamente, tornando mais definida a morfologia urbana, do ponto de vista que se passa a reconhecer como espaço urbano o conjunto das áreas arruadas e/ou loteadas da cidade. Para finalizar a caracterização das cidades no período subsequente à primeira revolução industrial, fazemos referência ao fato de que, na maior parte das cidades e mesmo nas maiores, a estrutura urbana organizava-se em torno de um centro único, articulador de toda a circulação urbana, espaço onde se localizavam as atividades comerciais e de serviços mais importantes e diversificadas, bem como continente dos conteúdos simbólicos mais caros ao conjunto da sociedade.

O novo paradigma energético – a eletricidade, uma das marcas da *segunda revolução industrial* – liberou a localização industrial das restrições impostas pela proximidade das minas de carvão. Do ponto de vista mundial, a multinacionalização das empresas, que foi a forma encontrada para ampliar as possibilidades internacionais de expansão capitalista, propiciou grande expansão do fato industrial. No que se refere à organização interna das áreas urbanas, alguns aspectos podem ser destacados. A acentuação da divisão técnica e econômica do trabalho compartimentou o processo produtivo em várias unidades fabris e exigiu a proximidade entre elas, promovendo o crescimento relativamente maior das grandes áreas urbanas e, por conseguinte, as condições para a emergência de aglomerações urbanas cada vez maiores, gerando metrópoles, marcadas por uma estruturação muito mais complexa. É a verticalização, símbolo das grandes aglomerações, a forma de (re)produção territorial ampliada da cidade – sobre essa forma de produção do espaço urbano, ver Somekh (1997), Sposito (1991) e Silva (2002) para conhecer diferentes perspectivas de análise dessa dinâmica no Brasil –, por meio da qual a cidade vai se expandir paralelamente à contínua extensão horizontal do tecido urbano.

Por outro lado, a concentração econômica, a constituição de grandes conglomerados e a tendência à produção em larga escala geraram a necessidade de ampliação das plantas industriais e a deslocalização delas para a periferia das cidades, quando não para fora delas, o que só foi possível dada a grande melhoria dos sistemas de transporte urbano e a difusão do uso de veículos automotores. Igualmente importante para caracterizar as atuais formas de organização dos espaços urbanos é considerar as iniciativas de implantação de loteamentos urbanos e as políticas públicas voltadas a soluções habitacionais dirigidas aos segmentos sociais de menor poder aquisitivo que geraram progressiva expansão territorial do uso de solo residencial. Assim, as relações centro-periferia se alteraram, sobretudo nas cidades industriais, e o fenômeno da periferização ampliou-se significativamente. Nos países onde os investimentos em infraestruturas e sistemas de transportes foram suficientes para acompanhar o crescimento demográfico e econômico, a extensão das cidades atendeu a demandas de diferentes segmentos socioeconômicos.

Nos países latino-americanos, nos quais o crescimento urbano acelerado não foi acompanhado por investimentos em mesma proporção, as classes média e alta permaneceram, prevalentemente, nas áreas residenciais instaladas em torno do centro principal, onde a maior densidade dos meios de consumo coletivo e individual possibilitava um padrão de vida urbano muito superior àquele existente na periferia. Esta, por sua vez, crescia continuamente, sem correspondentes melhorias urbanas, tornando-se a única opção para os que não podiam pagar pelas áreas mais bem equipadas. Em função das formas de produção do espaço que se tornaram predominantes, a periferia passou a se caracterizar por paisagens urbanas marcadas pela autoconstrução e por condições de vida decorrentes do baixo poder aquisitivo de seus moradores e do baixo nível de investimentos públicos em meios de consumo coletivo. No caso das cidades brasileiras, o processo acelerado de expansão territorial urbana acentuada, marcada por uma periferização do tecido urbano nos moldes já descritos, ocorreu sobretudo a partir do terceiro quartel do século XX, período em que o perfil demográfico nacional refletiu, de forma mais clara, a passagem do Brasil agrário-exportador para o Brasil urbano-industrial, movimento que já se iniciara, do ponto de vista econômico e político, na primeira metade desse mesmo século.

As transformações reconhecidas como *terceira revolução industrial* promovem profundas mudanças na estruturação dos espaços urbanos. A tendência ao aumento de incorporação de tecnologia no processo produtivo, com consequente diminuição da participação de mão de obra, a ampliação da subcontratação ou da terceirização e, ainda, a separação entre as atividades de gestão e de produção gerou uma nova espacialização da atividade industrial: plantas industriais menores; pulverização espacial de tarefas de apoio às atividades industriais; diminuição da concentração espacial das atividades produtivas nas áreas metropolitanas; e aumento da centralização das atividades terciárias nessas áreas urbanas.

Por outro lado, o aumento da importância do consumo, definindo o ritmo e os padrões da produção industrial, responde pela valorização da multiplicação de áreas urbanas (centrais ou periféricas) destinadas à concentração da comercialização de bens e serviços. O aparecimento de novas formas de comercialização e de novos espaços para o consumo revela-se por meio de uma multiplicação de áreas centrais, valorização das paisagens modernas associadas ao consumo e tendência à separação socioespacial dos consumidores. Em função desse quadro de novos papéis e novas imagens é que novos espaços são associados às cidades, eles próprios, por sua vez, também símbolos da cidade contemporânea e competitiva que o capitalismo contemporâneo requer, como os aeroportos, os centros de convenções e as feiras – Camagni (1993) faz referência a esses dois tipos de espaços para caracterizar as cidades cuja lógica de organização espacial ele denomina como "em rede" –, os shopping centers, os hotéis pertencentes a redes que atuam em escala global. Pode-se dizer que as metrópoles e grandes cidades brasileiras já refletem essas tendências internacionais de forma bastante clara. No que se refere às cidades de porte médio, entretanto, esse conjunto de transformações ocorre nas áreas em que o desenvolvimento do modo capitalista de produção está mais avançado, considerando-se os impactos da maior exposição da economia brasileira à concorrência internacional, sobretudo no setor industrial, da modernização da agricultura voltada à exportação, da ampliação do poder de consumo de bens e serviços de uma parte da sociedade brasileira.

Para ler mais

CAMAGNI, Roberto. Organisation économique et réseaux de Villes. In: SALLEZ, Alain (dir.). *Les villes, lieux d'Europe*. Paris: Datar; Paris: Éditions de l'Aube, 1993, p.107-28.

MARX, Murillo. *Cidade no Brasil, terra de quem?*. São Paulo: Nobel: Editora da Universidade de São Paulo, 1991.

SOMEKH, Nadia. *A cidade vertical e o urbanismo modernizador*. São Paulo: Studio Nobel, 1997.

SPOSITO, Maria Encarnação B. *O chão arranha o céu*: a lógica da (re)produção monopolista da cidade. 1991. Tese (Doutorado em Geografia) – FFLCH/ USP, São Paulo.

SILVA, Joseli M. *A verticalização de Guarapuava (PR) e suas representações sociais*. 2002. Tese (Doutorado) – Universidade Federal do Rio de Janeiro, Rio de Janeiro.

Consumo

*Josefina Nucci**

O significado do termo *consumo* excede o disciplinar porque as contribuições de Geografia têm sido limitadas e descontínuas no tempo e, para alcançar uma compreensão mais profunda e complexa do mesmo, é preciso uma abordagem interdisciplinar. A Geografia, como disciplina, não representa nenhum desenvolvimento historicamente contínuo de relações mais amplas com o consumo, bem como entre o consumo e espaço. O conceito de consumo conduz, necessariamente, à busca de sua definição econômica e suas implicações e usos na Geografia Econômica. Na Economia, o consumo está relacionado à renda e à utilidade. Em termos simples, o consumo é a parcela da renda que é usada para comprar bens e serviços e, assim, satisfazer necessidades. É evidente que o uso e as conotações que o termo possui atualmente ultrapassam essa definição econômica básica.

Os estudos clássicos de Economia e Geografia Econômica preocuparam-se quase exclusivamente com a produção, ou seja, com as atividades econômicas produtivas, e assim o consumo foi esquecido por um

* Universidad Nacional del Centro de la Provincia de Buenos Aires, Tandil – Argentina.

longo tempo (em favor de estudos sobre a poupança na Economia), por ser uma questão relacionada com a ideologia ético-religiosa, principalmente produtiva, da burguesia (Bielza de Ory, 1977). Assim, o consumo era visto como uma consequência da produção e como sinônimo da demanda. Por outro lado, o livro clássico *Geografia e economia*, de M. Chisholm (1969 [1966]), não trouxe qualquer desenvolvimento sobre a questão do consumo, senão sobre a demanda, observando que ambos devem ser considerados nos mesmos termos. O consumo é a última etapa ou fase (produção, circulação, distribuição e consumo) do processo global da economia ou processo geral de circulação do capital (Harvey, 1990; Corrêa, 1997), sendo comumente utilizadas, na Geografia, expressões como circuitos produtivos, circuitos regionais ou circuitos espaciais de produção. Os circuitos do espaço de produção consistem em diferentes fases de um produto desde o início do processo de produção até ao consumo final (Santos, 1988). A complexidade econômica atual leva as empresas a superar a noção de três circuitos de produção (primário, secundário e terciário) e "exige que retornemos aos diferentes momentos do circuito produtivo, como Marx definiu no século passado: produção, distribuição, comercialização e consumo" (Sposito, 1999, p.103-4). Assim, o consumo é a última fase das atividades econômicas que permite a satisfação imediata das necessidades materiais, mediante a utilização de bens e serviços, uma vez que esta abordagem pode ser classificada consumo privado (das pessoas) e consumo público (do Estado), consumo intermédio (isto é, utilizado para produzir outros bens) ou consumo final (devido ao desgaste ou destruição).

É importante lembrar a diferença que o próprio Marx fez entre consumo produtivo e consumo final individual (improdutivo): "o consumo produtivo se diferencia do consumo individual pelo fato de que este último consome os produtos como meios de subsistência do indivíduo, enquanto o primeiro os consome como meios de subsistência do trabalho, da força de trabalho do indivíduo. O produto do consumo individual é, dessa forma, o próprio consumidor, enquanto o resultado do consumo produtivo, por sua vez, é um produto distinto do consumidor" (Marx, 1973, p.192, tradução nossa). Mais adiante, resume Marx (1973, p.548, destaques nossos):

> O consumo do trabalhador tem uma dupla natureza. Na produção, ele consome, por meio de seu trabalho, meios de produção, transformando esses meios em produtos de valor maior que o do capital adiantado. Esse é *seu consumo produtivo*. Concomitantemente, este também é consumo de sua força de trabalho pelo capitalista que a comprou. Por outro lado, o trabalhador gasta em meios de subsistência o dinheiro que recebe ao vender sua força de trabalho: esse é seu *consumo individual*. Assim, o consumo produtivo e o individual do trabalhador diferem por completo. No primeiro, o trabalhador atua como força motriz do capital e pertence ao capitalista; no segundo, ele pertence a si mesmo e executa funções vitais à margem do processo de produção. O resultado de um é a vida do capitalista, o do outro é a vida do próprio trabalhador.

Na Geografia é comum utilizar o conceito de consumo produtivo (Santos, 1988) e consumo consuntivo, que se refere aos produtos que se esgotam em si mesmos. Harvey (1990 [1982], p.72) define, também, o capital consumido como "o valor total das matérias-primas e instrumentos de produção utilizados no decurso de um período de produção". Outro conceito importante derivado é o de consumo coletivo e/ou meios de consumo coletivo que chegou à Geografia principalmente pelos escritos de Castells (1999 [1972]) e Lojkine (1986 [1977]). Sem entrar nas contribuições individuais desses autores ou nas suas diferenças (a esse respeito pode ser consultado Johnston, Gregory e Smith (1987)), pode-se afirmar que o consumo coletivo é aquele que se realiza através do Estado, e não do mercado, e supõe a provisão dos meios coletivos para o consumo de mercadorias cuja provisão não está assegurada pelo capital, mas que, igualmente, é necessário para assegurar a reprodução da força de trabalho e das relações de produção (Castells, 1999 [1972]). Esse autor diferencia a simples reprodução da força de trabalho (habitação e equipamentos materiais mínimos) e a reprodução ampliada da força de trabalho (espaços verdes, material escolar e equipamentos socioculturais) (ibid.). Para ele, o conceito de consumo coletivo produz uma série de questões políticas que são fundamentais para os estudos urbanos.

Harvey (1990 [1982]), em seu livro *Os limites do capital*, fornece um conceito interessante em relação ao consumo: o fundo de consumo. Ele afirma que

> certas mercadorias realizam no terreno do consumo um papel análogo ao que desempenha o capital fixo no processo de produção. As mercadorias não são consumidas diretamente, mas servem como dispositivos de consumo. Incluem itens tão diversos como talheres e utensílios de cozinha, geladeiras, televisores e máquinas de lavar, casas e vários meios de consumo coletivo, como parques e avenidas. Todos esses itens podem ser agrupados convenientemente sob aquele encabeçado pelo fundo de consumo. A distinção entre capital fixo e o fundo de consumo baseia-se na utilização dos produtos e não em sua natureza material. Os itens podem ser transferidos de uma categoria para a outra por meio de uma mudança de uso. (Harvey, 1990 [1982], p.234)

Estudos de consumo na Geografia devem observar algumas obras que são consideradas o principal pano de fundo histórico. Em primeiro lugar, as investigações sobre a localização dos centros do mercado, especialmente aquelas desenvolvidas por Christaller (1933) na *central places theory*, relacionam-se com a distribuição espacial da demanda do consumidor e padrões de localização de indústrias e certo mercado de fabricação de serviços orientados. Essas pesquisas foram recuperadas e desenvolvidas por Berry e publicadas em seu livro *Geografía de los centros de mercado y distribución al por menor* (1971 [1967]), em que faz uma relação entre a Geografia da produção, o consumo e as cidades a partir de uma visão que foi chamada de *Nova Geografia*. Em língua francesa, foram importantes para a Geografia Humana as obras de Pierre George, especialmente *Los grandes mercados del mundo* (1957) e *Geografía del consumo* (1968). Esta última é considerada pioneira sobre o tema, pois se trata de um estudo sobre a diferenciação no consumo global de bens centrais para a sobrevivência humana. Embora seja um estudo empírico em particular, podem ser encontradas algumas formulações teóricas importantes para a época, como o subconsumo, a relação entre o consumo e a urbanização, e o desenvolvimento e crítica das formas de pagamento, como a facilidade de compra para aumentar os custos. Isso pôde ser observado, até então, na Geografia Econômica ou nos trabalhos de Economia que têm como temas centrais a produção e o comércio (revisão completa das principais obras do século XIX em Capel (1987)). Na primeira metade do século XX, no que se refere aos problemas do agrário e do industrial, pode se mencionar o fato de que a produção começa lentamente pela troca e distribuição, o que, na Geografia, estava relacionado com o comércio e consumo. Uma contribuição para o estudo da Geografia do consumo é desenvolvida, nos anos 1970, por Hägerstrand. Embora o consumo não fosse o foco dessa Geografia, ela introduz algumas ideias-chave sobre o assunto em relação à teoria da difusão de inovações. Argumenta que "o tempo é limitado ao movimento humano e toda a atividade humana consome fontes econômicas e não econômicas, tanto no tempo quanto no espaço" (Palm; Pred, 1974). Hägerstrand formulou um modelo para estudar como devem ser organizadas, no tempo e no espaço, as atividades humanas para garantir a igualdade de acesso ao trabalho, lazer e serviços públicos e privados.

É importante, para os estudos sobre o comércio em Geografia, a obra de Salgueiro, *Do comércio à distribuição: roteiro de uma mudança* (1996), que apresenta uma síntese das principais linhas de pesquisa na Geografia ao suplantar estudos tradicionais sobre o comércio. A autora demonstra a existência de três áreas de interesse no que se refere ao comércio, que ela chama de *padrões de localização, estruturas de distribuição* e *hábitos de compras.* A primeira é baseada nas pesquisas já mencionadas de Christaller (1933) e Berry (1971 [1967]), em que o estudo do espaço é mais importante do que o do comércio. Os últimos tipos de pesquisa favorecem o comércio, enquanto objeto de estudo, como um setor da atividade econômica, tanto em termos de estrutura interna como de sua evolução. Salgueiro (1996) destaca os princípios da teoria econômica, a relação entre comércio e civilização, as teorias da evolução do comércio, a difusão de inovações e os processos de decisão, observando-se que esses estudos favorecem o aspecto econômico da atividade.

Entre as obras mais importantes está a de Beaujeu-Garnier e Delobez (*Geograhie du commerce*, 1977), que fornece uma investigação sobre o estado das estruturas comerciais de diferentes tipos de sociedade e uma reflexão sobre a pesquisa teórica a respeito de lugares e atividades empresariais. É assim que analisamos, por um lado, a organização do comércio e, por outro, as questões relacionadas com sua localização na cidade. O livro tentou ser mais uma descrição das várias estruturas de negócios do que um trabalho sobre os locais, como tinha sido recorrente a partir da tradição americana. Outro estudo importante nessa direção foi o de Moreno Jiménez e Escolano

Utrilla (1992), chamado *El comercio y los servicios para la producción y el consumo*. Na terceira abordagem sintetizada por Salgueiro (1996), os consumidores têm o privilégio de pessoas reais, mas sobretudo as suas motivações são traduzidas em práticas espaciais, alcançando a integração entre práticas sociais e território. Ela baseia-se nos escritos de sociólogos-filósofos como Baudrillard (2009 [1970], Lipovesky (1990 [1987], Bauman (2003 [2000]; 2005 [1970]) e Bourdieu (1998 [1979]), enfatizando os novos conceitos de consumo, bens de consumo, as relações global-local e as mudanças na vida diária, devidos aos novos padrões culturais de consumo (Sack, 1988; Featherstone, 2000 [1991]; Pintaudi; Frúgoli, 1992; 1999; Cachinho, 1995; García Ballesteros, 1998). Isso inclui as propostas sobre o papel ou as características que os consumidores têm no período atual (Santos, 1987).

No que diz respeito à produção de Salgueiro, deve-se notar que o trabalho é central porque ele tem foco na produção, como tem sido em estudos de Geografia Econômica clássica, em que o consumo aparece como dependente da produção (agricultura e indústria, principalmente). Ela define a distribuição em um sentido mais amplo, "compreendendo esta em todas as atividades que ocorrem desde que o produto é produzido para o uso pelo consumidor, inclusive os serviços de pós-venda" (Salgueiro, 1996, p.1). Há vários momentos para o produto, como compra, armazenamento, transporte, fracionamento e embalagem em quantidades acessíveis ao consumidor, rotulagem, transporte para o ponto de venda e promoção dos produtos para torná-los mais atraentes para a compra. Salgueiro lembra que o local de consumo adquiriu valor simbólico tanto quanto, ou mais do que, aquilo que é consumido: "a segmentação do consumidor é articulada, portanto, com a nova especialização de lojas, mas isso também pode ser refletido na diferenciação das concentrações comerciais, especialmente as grandes lojas" (Salgueiro, 1996, p.16). Ela mostra como o desenvolvimento de uma vasta rede de lojas que utilizam o *self-service* como sistema de venda, incluindo supermercados, hipermercados, lojas de desconto etc., visa captar segmentos de consumidores específicos.

Foi depois da Segunda Guerra Mundial e, especialmente, nas últimas décadas do século XX, que os estudos sobre o papel do consumo e do consumidor se tornaram importantes, por causa de um novo tipo de empresa ou fase do capitalismo que alguns autores têm chamado de sociedade de consumo (Baudrillard, Lefebvre, Bauman), pós-modernismo (Harvey), hipermodernidade (Lipovetsky e Maffeosli), entre outros termos. A questão do consumo teve impacto com a obra de Baudrillard, *A sociedade do consumo* (2009 [1970]). Esse trabalho levou a uma reflexão importante sobre as características do sistema econômico e político mundial, enquadrada no âmbito de um processo de globalização com novos recursos, em que o papel do consumo é central.

Além disso, também foram importantes estudos sobre a lógica social e espacial do consumo, as novas formas de consumo nas cidades e a economia urbana ligada ao comércio e consumo, entre outros. Neste sentido, a partir de diferentes disciplinas científicas, especialmente a Sociologia, a Antropologia e a Geografia, e de postulados críticos marxistas do consumismo capitalista e sua consequente alienação, o valor dos bens de troca em relação ao uso torna-se fetiche. Nenhuma outra posição, que hoje poderia ser chamada de pós-moderna, em muitos casos abandonando o marxismo, promove uma defesa da sociedade de consumo para permitir a satisfação das necessidades e fomentar o desenvolvimento da individualidade (Lipovetsky, 1990 [1987]; Maffesoli, 2000). Lipovetsky afirma que vivemos na era da cultura mundial, em que há um *marketing* global como aculturação das mercadorias. Impõe-se uma cultura generalizada no capitalismo, motivada pelo o individualismo e pela tecno-ciência (Lipovetsky; Serroy, 2010 [2008], p.11). Para esses autores, passa-se a viver em um mundo hiperorganizado e hipertecnificado.

Baudrillard (2009 [1970]) ressaltou que a sociedade de hoje caracteriza-se, acima de tudo, como uma "sociedade de consumo", que reduz o indivíduo a consumidor. Entra em sua análise a força dos símbolos, sinais e ações como a estruturação das relações sociais, considerando que há um verdadeiro sistema de reprodução social na manipulação de objetos. Assim, ele não vê as coisas consumidas, mas apenas sinais disso, e essa transformação de bens em signos faz a sociedade cada vez mais consumidora, levando a um número maior de sinais, imagens, experiências, principalmente para criar o desejo do indivíduo consumidor.

Lefebvre usou o termo "sociedade burocrática de consumo dirigido", na qual "destaca o caráter racional dessa sociedade e os limites da racionalidade (burocrática) como o objeto que organiza (o consumo em vez de produção) e o nível a que dedicam seus esforços para resolver o consumo todos os dias" (Lefebvre, 1972, p.79). Para o autor, o consumidor é um ator passivo, que tem como objetivo final alcançar a felicidade através do consumo de objetos e transformar o desejo em necessidade resolvido pelo consumo.

As contribuições da Antropologia Cultural, por meio de estudos econômicos, relacionam-se consumo de energia, como nos trabalhos de Douglas e Isherwood (1979) sobre bens de consumo, criando o que hoje é conhecido como Antropologia do Consumo. Compromete-se à crítica das teorias economicistas que explicam as necessidades do indivíduo como se este se reduzisse a um *homus economicus*; ou seja, por meio de atos racionais calculados para obter mais e melhores benefícios. Assim, o consumo não seria apenas uma troca econômica, mas também, e acima de tudo, um intercâmbio cultural e simbólico.

Bourdieu, na Sociologia francesa, publicou no mesmo ano um dos textos mais influentes no campo da Antropologia do Consumo, *A distinção: crítica social do julgamento* (1979), que, além de falar sobre a sociedade de consumo, dá muitas pistas para seu estudo.

Bauman (2003; 2005) também apresenta reflexões sobre a sociedade de consumo, observando que falar sobre ela quer dizer que todos nós consumimos: "a nossa é uma comunidade de consumidores" no mesmo sentido em que a de nossos avós era centrada na produção, o que mereceu o nome de "sociedade de produtores" (Bauman, 2003, p.44). Ele observa que, nessa sociedade, seus membros situavam-se principalmente na produção, enquanto no presente estágio (que o autor chama de modernidade tardia, segunda modernidade ou pós-modernidade) é imposta à sociedade a obrigação de ser, principalmente, consumidora. Para Bauman, há uma diferença acentuada entre uma sociedade e outra. Embora em ambas haja pessoas que produzem e consomem, as ênfases que se põem em cada uma não são iguais: "as diferenças são tão profundas e universais, justificando plenamente o assunto da sociedade como uma comunidade completamente diferente da anterior, uma sociedade de consumo" (ibid., p.45). Bauman (2005) argumenta que, na feliz sociedade de consumo, a vida normal seria a dos consumidores: eles podem escolher entre várias oportunidades de consumo. Nesse sentido, os pobres da sociedade de consumo não têm acesso a uma vida normal ou uma existência feliz.

> Em nossa sociedade, essa limitação coloca os consumidores em diferentes condições: consumidores defeituosos ou frustrados, fora do mercado. Os pobres da sociedade de consumo são definidos, principalmente (e, assim, definem-se), como consumidores imperfeitos, deficientes: em outras palavras, incapazes de se adaptarem ao nosso mundo. (Bauman, 2005, p.64)

Para todos esses autores citados, o consumo é muito mais do que a necessidade ou a satisfação; é um processo de significação, de comunicação, de classificação e de diferenciação, enfim, tudo o que produz novas alienações no capitalismo existente. É importante assinalar que, para Baudrillard (1997, p.223), "o consumo não é o modo passivo de absorção e apropriação que se opõe ao modo ativo da produção para equilibrar os padrões de comportamento ingênuo (e alienação)". Em sua visão o consumo é um modo ativo de relação com os objetos, comunidades e o mundo, com base no qual se baseia todo o nosso sistema cultural. Baudrillard afirma que a lógica do mercado que faz que o consumo esteja associado com signos e significados passa da esfera da produção para a reprodução: "não são objetos e produtos materiais que são objetos de consumo: são apenas objetos da necessidade e satisfação" (Baudrillard, 1970, p.223).

García Canclini, em seu livro intitulado *Consumidores e cidadãos* (1995), analisa de forma sintética as mudanças no tempo em relação ao valor que se dá às sociedades de consumo e o papel cultural que possui, atualmente, o consumo, em particular os modelos de consumo impostos pela cultura dominante.

> o consumo é visto não como a mera posse individual de objetos isolados, mas como propriedade coletiva, em relações de solidariedade e distinção com outros, de bens que dão satisfações biológicas e simbólicas, que são usados para enviar e receber mensagens. (García Canclini, 1995, p.69)

Desse modo, o consumo não é "privado, atomizado e passivo", mas "eminentemente social, correlativo, ativo", subordinado a um controle político das elites. Os gostos dos setores hegemônicos têm essa função "funil" a partir da qual se selecionarão as ofertas externas e o fornecimento de modelos político-culturais para gerir as tensões entre o eu e os outros (ibid., p.65).

Na teoria crítica do espaço geográfico de Santos, o consumo é central no período atual e variável determinante no chamado período técnico-científico-informacional. Em seu livro *O espaço do cidadão* (1987), ele assinala que o consumo, um dos principais elementos no processo de reprodução do sistema capitalista, torna-se uma das grandes perversões do nosso tempo por seu papel na vida coletiva e na formação do caráter dos indivíduos. O autor diz que "numa sociedade competitiva, [...] templos modernos e verdadeiros são os shopping centers e supermercados, construídos, aliás, à feição das catedrais" (Santos, 1987, p.34).

Neste sentido, Milton Santos (1987) observa, a respeito dos cidadãos do terceiro mundo, que, em vez de os consumidores criarem um espaço que não é homogêneo, eles são privados dos direitos dos cidadãos e indefesos contra os produtores e distribuidores. Se o consumidor é um verdadeiro cidadão, ele pode enfrentar os abusos do mercado, mas, em contrapartida, se o indivíduo não é um cidadão, torna-se mero consumidor, o que Santos chama de consumidor mais-que-perfeito. Isso cria a necessidade de transformar os cidadãos consumidores insatisfeitos, porque o consumidor não é cidadão, não é consumidor de objetos ou bens materiais, nem consumidor de objetos ou bens imateriais ou culturais (educação, saúde, turismo, lazer etc.). Propõe-se, igualmente, que o consumo de energia seja contagioso, o que resulta numa capacidade de alienação. O consumo de itens não essenciais gera um indivíduo que se sente prisioneiro dos objetos que ele criou, em busca de coisas em vez de valores; o produtor passa a ser submisso ao objeto produzido, e a força dos objetos é o contraponto da alienação (Santos, 1987). Ainda na década de 1970, Santos disse que, para compreender o mundo de hoje, duas variáveis são consideradas centrais e decisivas: a informação e os imperativos de consumo que são financiados no âmbito da mesma ideologia. Ele afirma que "pela primeira vez na história dos países em desenvolvimento, duas variáveis feitas no centro do sistema têm ampla divulgação nos países periféricos" (Santos, 1979 [1975], p.28). A sua proposta para os circuitos da economia urbana (Santos, 1979 [1975]) é fundamental para o papel do consumo, notando que as tendências de modernização, a chegada de diversas variáveis desenvolvidas externamente, de divulgação de informações e novas formas e padrões de uso aprofundam a distinção nas sociedades urbanas, incluindo o acesso permanente aos bens e serviços e, até mesmo, oferecem necessidades semelhantes que não se pode satisfazer (Santos, 1996). Um circuito superior é resultado direto da modernização das atividades em constante união com o progresso tecnológico e um grupo de pessoas que se beneficia dela, seja pela produção ou pelo consumo. Mas, junto com esse circuito, há outro, que é também o resultado da modernização e do progresso tecnológico – mas como resultado indireto. Esse circuito inclui empresas, e o setor da população que nele entra o faz pela produção, distribuição ou pelo consumo (Santos, 1979 [1975]).

Em *Por uma outra globalização*, Milton Santos (2000) comenta que o consumo exige anúncios que precedem discursos e porta uma ideologia particular. Esses discursos emergem como formas de totalitarismo que são muitas vezes baseadas na ciência e tecnologia, contribuindo para impulsionar o consumo. É essencial aqui o papel hegemônico do negócio porque "produz o consumidor ao invés de produzir produtos. [...] Em seguida, como causalidade, a chamada autonomia da produção dá lugar ao consumo despótico como resultado do poder da informação e da publicidade" (Santos, 2000, p.48). Isso aumenta, na fase do capitalismo global, a diferenciação e a fragmentação territorial e social que são inerentes ao processo de reestruturação econômica gerado pela globalização. Mas a globalização significa que os processos culturais, não só econômicos, têm sido ajudados pela revolução tecnológica, que promove "novos estilos de vida e adição de um novo tipo de sociedade cada vez mais estruturada em torno do consumo, que gera seus vários significados e exclusões" (García Ballesteros, 2000, p.30).

Silveira, em seus estudos recentes sobre circuitos da economia urbana, apresentou suas contribuições teóricas (Silveira, 2008; 2008a) e empíricas (Silveira, 2004; 2007) em que a variável consumo, combinada com outras, é considerada essencial para a compreensão do período atual da economia das cidades. Assim, o financiamento se relaciona com o concomitante aumento do consumo e da pobreza (Silveira, 2009), a coexistência de divisões territoriais de padrões de trabalho e o consumo dos lugares (Silveira, 2011). Em relação a práticas de consumo atuais, são importantes os estudos de García Ballesteros em sua investigação sobre o "valor simbólico" do objeto e dos locais de consumo. Argumenta-se que a sua produção envolve não satisfazer ambas as necessidades, mas parte de um grupo social particular. A autora ressalta que a publicidade e os meios de comunicação desempenham papel importante na "educação" do consumidor, que economicamente pode acessar bens e lugares que têm sentidos simbólicos, pois

> os novos objetos de consumo começam a ocorrer para estratos exclusivos de maior poder de compra e se tornam objetos de aspiração, de necessidade/exigência para as classes médias, uma vez que a publicidade é responsável por ampliar o exemplo daqueles que possuem o objeto que está se espalhando. (García Ballesteros, 1998, p.52)

Em seus estudos, ela conclui que as pessoas tentam acessar as novas formas e os objetos de consumo não só pelo seu valor de uso, mas por seu valor simbólico, para "pertencer" a um *status* social mais elevado. Mesmo objetos incorporados ao valor simbólico de marcas, que dão "conotações de identificação social com meios de publicidade e de massa, são responsáveis pela apresentação de vários objetos, não só para o seu valor de uso, mas por seu significado social" (García Ballesteros, 1998, p.54).

Essa perspectiva refere-se, assim, ao que, atualmente, são as questões relacionadas com o consumo em Geografia, envolvendo relações com outras variáveis, tais como concentração financeira, neoliberalismo, polarização na distribuição de mercadorias, reestruturação urbana, centralidades, novas redes urbanas, informação, publicidade, cultura, consumo, consumidores de espaço, entre outros.

Para ler mais

BAUDRILLARD, J. La moral de los objetos. Función-signo y lógica de classe. In: MOLES, A.; BAUDRILLARD, J.; BOUDON, P.; VAN LIER, H.; WAHL, E., MORIN, V. *Los objetos*. Buenos Aires: Tiempo Contemporáneo, 1971, p.37-75.

______. *La sociedad de consumo*: sus mitos, sus estructuras. Madrid: Siglo XXI, 2009 [1970]. [Ed. port.: *A sociedade do consumo*. Lisboa: Edições 70, 1995.]

______. *Los sistemas de objetos*. México: Siglo Veintiuno, 1997. [Ed. bras.: *Os sistemas de objetos*. São Paulo: Perspectiva, 2008.]

BAUMAN, Z. *La globalización*: consecuencias humanas. Buenos Aires: Fondo de Cultura Económica, 2005 [1970]. [Ed. bras.: *As consequências humanas*. Rio de Janeiro: Jorge Zahar, 1999.]

______. *Trabajo, consumismo y nuevos pobres*. Barcelona: Gedisa, 2003 [2000].

BEAUJEU-GARNIER, J.; DELOBEZ, A. *La géograhie du commerce*. Paris: Masson. 1977.

BERRY, B. *Geografía de los centros de mercado y distribución al por menor*. Barcelona: Vicens-Vives, 1971 [1967].

BIELZA de ORY, V. El tema del consumo en la geografía. *Papeles del Departamento de Geografía*, n.7, Universidad de Murcia, 1977.

BOURDIEU, P. *La distinción*: criterio y bases sociales del gusto. Madri: Taurus. 1998 [1979]. [Ed. bras.: *A distinção*: crítica social do julgamento. Porto Alegre: Zouk, 2007.]

CACHINHO, H. El comercio al por menor en la ciudad de Lisboa. Reestructuración económica y dinámicas territoriales. *Revista de Geografía*, Barcelona, Universidad de Barcelona, v.XXXIX, n.2, jul.-set. 1995, p.79-96 (número monográfico).

CAPEL, H. *Geografía humana y ciencias sociales*: una perspectiva histórica. Barcelona: Editorial Montesinos, 1987.

CARRERAS, Carlos. Los nuevos espacios del consumo en Barcelona. *Revista de Geografía*, Barcelona, Universidad de Barcelona, v.XXXIX, n.2, jul.-set. 1995, p.69-77 (número monográfico).

CARRERAS, C. *Consumir ou comprar*: repensando o consumo a luz da globalização. São Paulo: Geousp, 1999.

CASTELLS, M. *La cuestión urbana*. Madrid: Siglo Veintiuno, 1999 [1972]. [Ed. bras.: *A questão urbana*. Rio de Janeiro: Paz e Terra. 2000.]

CHISHOLM, M. *Geografía y economía*. Colección ciencias Geográficas. Barcelona: Oikos-Tau, 1969 [1966].

CHRISTALLER, W. *Die Zentralem Orte in Süddeustchland*. Jena: G. Fischer, 1933.

CORRÊA, R. L. Interações espaciais. In: CASTRO, I. E de; GOMES, P. C da C.; CORRÊA, R. L. (orgs.). *Explorações geográficas*. Rio de Janeiro: Bertrand Brasil, 1997, p.279-318.

DOUGLAS, M.; ISHERWOOD, B. *El mundo de los bienes*: hacia una antropología del consumo. México: Grijalbo, 1990 [1979].

FEATHERSTONE, M. *Cultura de consumo y posmodernismo*. Buenos Aires: Amorrortu, 2000 [1991].

GARCIA BALLESTEROS, A. El espacio social del consumo en la cultura de la postmodernidad. *Estudios Geográficos*, tomo XI, n.238, Madri: C.S.I.C. Instituto de Economía y Geografía, 2000, p.27-48.

______. Nuevos espacios del consumo y exclusión social. *Anales de Geografía de la Universidad Complutense*. Madrid: Servicio de Comunicaciones Universidad Complutense, n.18, 1988, p.47-63.

GARCÍA BALLESTEROS, A.; CARRERAS, C. Geografía y consumo. In: HIERNAUX, D.; LINDÓN, A. (dir.). *Tratado de Geografía Humana*, 2006.

GARCÍA CANCLINI, N. *Consumidores y ciudadanos*: conflictos multiculturales de la globalización. México: Grijalbo, 1995. [Ed. bras.: *Consumidores e cidadãos*: conflitos multiculturais da globalização. Rio de Janeiro: UFRJ, 1996.]

GEORGE, P. *Geografía Activa*. Barcelona: Editorial Ariel, 1980 [1964].

______. *Los grandes mercados del mundo*. Buenos Aires: Eudeba, 1969 [1957].

______. *Geografía del consumo*. Barcelona: Oikos-Tau. 1972.

HARVEY, D. *La condición de la postmodernidad: investigación sobre los orígenes del cambio cultural*. Buenos Aires: Amorrortu, 1998 [1989]. [Ed. bras.: *A condição pós-moderna*. São Paulo: Loyola, 1992.]

______. *Los límites del capitalismo y la teoría marxista*. México: Fondo de Cultura Económica, 1990 [1982]. [Ed. bras.: *Os limites do capital*. Boitempo: São Paulo, 2013.]

JOHNSTON, R.; GREGORY, D.; SMITH, D. *Diccionario de Geografía Humana*. Madri: Alianza. 1987.

LEFEBVRE, H. *La vida cotidiana en el mundo moderno*. Madri: Alianza, 1972 [1969]. [Ed. bras.: *A vida cotidiana no mundo moderno*. São Paulo: Ática, 2009.]

LIPOVETSKY, G. *El imperio de los efímero: la moda y su destino en las sociedades modernas*. Barcelona: Anagrama, 1990 [1987]. [Ed. bras.: *O império do efêmero*. São Paulo: Companhia das Letras, 2009.]

______; SERROY, J. *La cultura-mundo*: respuesta a una sociedad desorientada. Anagrama. 2010 [2008]. [Ed. bras.: *A cultura-mundo*: respostas a uma sociedade desorientada. São Paulo: Companhia das Letras, 2011.]

LOJKINE, J. *El marxismo, el estado y la cuestión urbana*. Madri: Siglo Veintiuno, 1986 [1977].

MAFFESOLI, M. *El instante eterno*. El retorno de lo trágico en las sociedades posmodernas. Buenos Aires: Paidos, 2000. [Ed. bras.: *O instante eterno*: o retorno do trágico nas sociedades pós-modernas. Porto Alegre: Zouk, 2003.]

MARX. C. *El capital, critica de la economía política.* Buenos Aires: Cartago, 1956. t.1. [Ed. bras.: *O capital*: crítica da economia política. São Paulo: Boitempo, 2013.]

MORENO JIMÉNEZ, A.; ESCOLANO UTRILLA, S. *El comercio y los servicios para la producción y el consumo.* Editorial Síntesis. 1992.

PALM, R.; PRED, A. Una perspectiva geográfico-temporal de los problemas de desigualdad de las mujeres. In: GARCÍA RAMÓN, M. D. (ed.). *Teoría y método en la Geografía Humana Anglosajona.* Barcelona: Ariel Geografía, p.106-31, 1985 [1974].

PINTAUDI, S.; FRUGOLI, H. *Shopping centers*: espaço, cultura e modernidade nas cidades brasileiras. São Paulo: Editora Unesp, 1992.

SACK, R. The consumer's world: Place as context. *Annals of Association of American Geographers*, n.78 , v.4, 1988, p.642-64.

SALGUEIRO, T. B. *Do comércio à distribuição*: roteiro de uma mudança. Oeiras: Celta, 1996.

SANTOS, M. *De la totalidad al lugar.* Barcelona: Oikos; Tau, 1996. [Ed. bras.: *Da totalidade ao lugar*. São Paulo: Edusp, 2005.]

______. *Metamorfosis del espacio habitado.* Barcelona: Oikos-Tau, 1996 [1988]. [Ed. bras.: *Metamorfoses do espaço habitado: fundamentos teóricos e metodológicos da geografia.* Hucitec: São Paulo 1988.]

______. *O espaço dividido*: os dois circuitos da economia urbana dos países subdesenvolvidos. Rio de Janeiro: Francisco Alves, 1979 [1975].

______. *O espaço do cidadão.* São Paulo: Nobel, 1987.

______. *Por uma outra globalização*: do pensamento único à consciência universal. Rio de Janeiro: Editora Record, 2000.

SILVEIRA, M. L. De la geografía de la existencia a los circuitos de la economía urbana. In: MENDOZA, Cristóbal (coord.). *Tras las huellas de Milton Santos*: una mirada latinoamericana a la geografía humana contemporánea. México. Anthropos, 2008a, p.56-69.

______. Finanças, consumo e circuitos da economia urbana na cidade de São Paulo. *Cadernos CRH,* Universidade Federal da Bahia, Salvador, v.22, n.55. 2009, p.65-76. Disponível em: <http://www.scielo.br/scielo.php?script=sci_arttext&pid=S0103-49792009000100004&lng=es&nrm=iso>. Acesso em: 10 de maio de 2009.

______. Globalización y circuitos de la economía urbana en ciudades brasileñas. *Cuadernos del CENDES*, v.3, n.57, Caracas, 2004, p.3-22.

______. Globalización y territorio usado: imperativos y solidaridades. *Cuadernos del CENDES*, año 25, n.69. Tercera época. set.-dez. 2008b, p.1-19. Disponível em: <http://www.scielo.org.ve/scielo.php?script=sci_arttext&pid=S10122 5082008000300002&lng=es&nrm=iso>. Acesso em: 13 set. 2009.

SILVEIRA, M. L. Metrópolis brasileñas: un análisis de los circuitos de la economía urbana. *Eure*, Santiago, v.XXXIII, n.100, 2007, p.149-164. Disponível em: <http://www.scielo.cl/scielo.php?script=sci_arttext&pid=S025071612007000300009&lng=es&nrm=iso>. Acesso em: 10 jun. 2008.

SPOSITO, E. S. Território, logística e mundialização do capital. In: SPOSITO, E. S. (Org.). *Dinâmica econômica poder e novas territorialidades*. Presidente Prudente: Gasperr/Unesp, 1999, p.99-113.

Cooperação capitalista

*Edilson Alves Pereira Junior**

O termo *cooperação* é de uso corrente no vocabulário das pessoas. Geralmente, ela significa uma tentativa ou esforço coordenado para atingir interesses e objetivos comuns. Segundo o *Dicionário Aurélio da Língua Portuguesa*, por exemplo, cooperar significa "operar ou obrar simultaneamente; trabalhar em comum; colaborar; ajudar; auxiliar"; e cooperação é "o ato ou efeito de cooperar". Nas línguas inglesa e francesa, a conotação é a mesma. Para o *Macmillan English Dictionary*, cooperação (*cooperation*) é "uma situação na qual as pessoas ou organizações trabalham juntas para atingir um resultado que será benéfico para elas". Para o dicionário *Petit Robert*, cooperação (*coopération*) é "a ação de participar numa obra comum". Em termos etimológicos, a palavra *cooperar* também carrega consigo representação semelhante ao que já foi descrito. Ela deriva do latim *cooperari*, "trabalhar junto", de *co* – "junto", "com" – mais *operari* – "trabalhar". A cooperação, desse modo, apresenta um significado que normalmente evoca outros termos, entre os quais combinação, participação e organização, todos vinculados a um propósito que se busca alcançar

* Universidade Estadual do Ceará, Fortaleza, CE – Brasil.

coletivamente. Pressupõe aspectos desejáveis, que lhes atribui frequentemente uma conotação positiva, simbolizando um projeto comum de desenvolvimento que oferece novas possibilidades individuais, econômicas e sociais. Assim, razões e necessidades comuns proporcionariam a um conjunto de pessoas, empresas ou instituições a iniciativa de realizar ações coordenadas, proporcionando um senso de identificação, ligação e integração, capaz de permitir a socialização de experiências no trabalho, em ramos de produção ou no território. Apesar de a cooperação alcançar as diversas dimensões da vida social, o uso mais rigoroso do termo se dá no bojo do debate sobre as relações de produção e trabalho em sociedade. Nessa abordagem, cooperação geralmente vincula-se a temas diversos, como acumulação, gestão, competição, desenvolvimento, identidade, entre outros. Desse modo, na literatura científica, a Economia, a Sociologia, a Geografia, a História e a Administração foram as áreas do conhecimento que mais contribuíram para trabalhar a cooperação como um conceito ou noção de destaque.

Da mesma forma, é no contexto do capitalismo que a cooperação pode ser sistematicamente explorada. Seja como um conceito central na leitura dos processos socioeconômicos, seja como uma noção importante na compreensão de fenômenos sem os quais a organização socioprodutiva não se legitimaria, é a cooperação capitalista que marca a influência organizadora responsável pela melhoria da produtividade material e pela maior capacidade de criar força coletiva de trabalho. A abordagem realizada por Karl Marx (1985) é fundamental na leitura de todos esses aspectos. Trata-se de um dos autores que mais se debruçou sobre o tema, deu-lhe um caráter central e produziu um conceito que pode ser lido em seu aspecto geral – a cooperação vista em termos sociais e não reificados –, mas também em seus aspectos específicos – a cooperação no capitalismo, isto é, uma força produtiva do trabalho social e um procedimento interessado nos ganhos de produtividade como forma de obter cada vez mais lucros. Como informa Bottomore (1988, p.80), "Marx dedica todo um capítulo do livro primeiro de *O capital* ao conceito de cooperação". Ele o faz logo após analisar a produção da mais-valia absoluta e relativa, isto é, imediatamente antes de apresentar dois capítulos sobre a divisão do trabalho na manufatura e na grande indústria, nos quais esboça as formas clássicas de cooperação até surgir os diferentes tipos de trabalho que, divididos, funcionam como uma forma de cooperação capitalista. Assim, "a cooperação é, juntamente com a divisão do trabalho, um elo importante entre, de um lado, os conceitos abstratos de mais-valia absoluta e relativa e, de outro, a análise mais complexa dos métodos de produção especificamente capitalistas" (Bottomore, 1988, p.80). Nos termos expostos por Marx (1985, p.259), a cooperação é uma forma de organização produtiva "em que muitos trabalham planejadamente lado a lado e conjuntamente, no mesmo processo de produção ou em processos de produção diferentes, mas conexos". O autor informa que "mesmo não se alterando o modo de trabalho, o emprego simultâneo de um número relativamente grande de trabalhadores efetua uma revolução nas condições objetivas do processo de trabalho" (ibid., p.258).

Mas essa ideia não pode ser confundida com a mera ampliação das formas de trabalho fundamentadas em condições sociais simples, a exemplo das relações estabelecidas nas sociedades de produção comum ou servil. Na leitura realizada por Marx, a cooperação é, sobretudo, uma forma histórica de organização da produção capitalista, distinguindo-se substancialmente na medida em que se desenvolvem as diferentes fases do sistema. A argumentação desenvolvida por Marx (1985) nos capítulos XI, XII e XIII de *O capital,* em que o autor investiga as três formas de produção de mercadorias, quais sejam, a *cooperação simples*, a *manufatura* e a *grande indústria*, é exatamente a sucessão histórica encontrada para melhor explicar os tipos básicos de cooperação presentes no capitalismo. No primeiro caso, trata-se da cooperação simples, primeira das fases do desenvolvimento do capitalismo, em que um número maior de trabalhadores realizando suas atividades simultaneamente amplia a extensão do trabalho e fornece produtos em escalas quantitativas maiores que antes. Corresponde aos princípios da organização produtiva sob o domínio do capital, pois

> a atividade de um número maior de trabalhadores, ao mesmo tempo, no mesmo lugar, para produzir a mesma espécie de mercadoria, sob o comando do mesmo capitalista, constitui histórica e conceitualmente o ponto de partida da produção capitalista. (Marx, 1985, p.257)

Com a emergência da "manufatura" como forma de produção de mercadorias, ocorre uma maior divisão das tarefas e a qualificação da mão de obra, resultando num parcelamento do trabalho em atividades fixas e determinadas. A manufatura produz, assim, um "trabalhador coletivo combinado", que constitui um mecanismo vivo exatamente por se especializar em determinadas etapas ou funções do processo de trabalho. Ao aperfeiçoar seus instrumentos e executar na "sua vida inteira uma única operação simples", o trabalhador transforma todo seu corpo em "órgão automático unilateral", necessitando de menos tempo para elevar a força produtiva do trabalho. Como "diferentes gerações de trabalhadores sempre convivem simultaneamente e cooperam nas mesmas manufaturas, os truques técnicos do ofício assim adquiridos se consolidam, acumulam e se transmitem rapidamente" (ibid., p.269). Na fase da manufatura ocorre, definitivamente, a divisão do trabalho como forma de cooperação e as tarefas pressupõem "a autoridade incondicional do capitalista sobre seres humanos transformados em simples membros de um mecanismo global que a ele pertence" (ibid., p.280). Mas a produção de mercadorias ainda é limitada pelo mercado e pela base técnica e material, que ainda não são suficientemente apropriadas para as necessidades de valorização do capital como determinação social. Estas, segundo Marx, estarão plenamente desenvolvidas com o advento da grande indústria. Nessa fase, o capital se impõe com autonomia diante do trabalho, invertendo as condições de domínio do processo produtivo, notadamente ao permitir que os meios de produção e as forças produtivas controlem salários, substituam o trabalhador por meio de um incremento crescente de máquinas e equipamentos, bem como estabelecendo o seu próprio mercado, sempre em expansão.

Assim, não é mais o "trabalhador que usa as condições de trabalho", mas "as condições de trabalho que usam o trabalhador". Como descreve Marx (1985, p.43),

> na manufatura e no artesanato, o trabalhador se serve da ferramenta; na fábrica, ele serve à máquina. Lá, é dele que parte o movimento do meio de trabalho; aqui ele precisa acompanhar o movimento. Na manufatura, os trabalhadores constituem membros de um mecanismo vivo. Na fábrica, há um

> mecanismo morto, independente deles, ao qual são incorporados como um apêndice vivo.

O autor destaca as diferentes formas de produção capitalista, informando que na manufatura há uma divisão subjetiva do trabalho, enquanto na grande indústria é a negação dessa subjetividade que marca o processo de produção (Teixeira, 1995). Com efeito, transforma-se o processo de trabalho, da mesma maneira como são criadas as condições técnicas e materiais para o capitalismo reproduzir socialmente as inúmeras determinações para a valorização do capital. A cooperação na grande indústria funciona a partir da supressão do trabalho individual pelo trabalho socializado e o processo de trabalho torna-se uma necessidade ditada pelas forças produtivas do trabalho coletivo. O efeito direto desse processo é a generalização do modo capitalista de produção, de tal maneira que o produto dos diferentes trabalhos concretos só é reconhecido socialmente quando trocado por dinheiro (Teixeira, 1995). Como resultado da absolutização do valor, a cooperação capitalista aparece como uma divisão do trabalho na fábrica e na sociedade, onde uma hierarquia irá separar proprietários e trabalhadores em escalas diferentes de propriedade, salário e modo de vida.

A experiência descrita por Marx influenciou outros autores a entenderem a cooperação capitalista na sua relação com inúmeros fenômenos sociais. Um exemplo bastante ilustrativo é aquele que trata da cidade e do urbano como um produto das condições de produção e reprodução capitalista, para o qual as contribuições de Castells (1983), Harvey (1980) e Lojkine (1981) devem ser mencionadas. Para Lojkine, que entre os autores citados é o que usa mais diretamente o conceito de *cooperação* trabalhado por Marx, são as "condições gerais de produção" que definem a relação entre o processo imediato de produção (a unidade de produção) e o processo global de produção e circulação de capital. O autor entende a cooperação capitalista como a melhor maneira de realizar a mediação entre os meios de consumo coletivo e os meios de circulação material com o espaço. Assim, se a cooperação é a poderosa combinação que tornará possível a aglomeração de trabalhadores que realizarão tarefas próximas e conectadas pela concentração dos meios de produção,

> nas novas condições de desenvolvimento do capitalismo, o urbano é um dos lugares decisivos da luta de classes, na medida em que ele resume a principal contradição entre exigência de desenvolvimento do trabalho vivo e a lógica de acumulação do trabalho cristalizado. (Lojkine, 1981, p.143)

É possível encontrar, também, autores que, ao procurar dar sequência à explicação marxiana de desenvolvimento das fases do capitalismo, apreendem as transformações socioeconômicas das últimas décadas com base numa nova leitura da cooperação capitalista. Teixeira (2004) e Alves (2011) podem ser citados como exemplos para os trabalhos lançados no Brasil, sobretudo porque se trata de publicações recentes. Esses autores entendem que vivemos uma nova etapa da evolução do capitalismo, denominada por eles de "cooperação complexa". Entretanto, na visão de ambos, tal força produtiva tem significados distintos. Para Teixeira (2004, p.70), a *cooperação complexa* "inaugura uma fase de acumulação em que o capitalismo atinge os limites de sua expansão histórica" e o capital "passa a reunificar numa mesma unidade de produção o que fora separado pela divisão do trabalho", isto é, "cada empresa passa a existir como encarnação individual de todas as formas de existência do capital: capital-dinheiro, capital-produtivo e capital-mercadoria".

Essa unidade da empresa, antes oculta pela multiplicidade de diferentes capitais, é "uma atualização do princípio de cooperação enquanto método de produção de mais-valia", que na sua forma complexa reinventa as estratégias de acumulação através da reestruturação do processo produtivo das empresas e do gerenciamento do trabalho. Representaria, então, uma "quarta forma social" para o capitalismo, distinguindo-se da forma social conhecida como "grande indústria" (Teixeira, 2004, p.67). Enquanto isso, Alves (2011) interpreta o que ele chama de *cooperação complexa* como uma etapa histórica tardia da grande indústria. Ele não fala de emergência de uma nova forma social, mas de um conjunto de "alterações na morfologia do novo complexo de reestruturação produtiva do capital", decorrentes da revolução informacional e das redes informacionais que rearticulam as forças produtivas do trabalho (Alves, 2011, p.414). Os desdobramentos que essa transformação causa na "configuração da luta de classes e na hegemonia pós-fordista de raiz neoliberal" são significativos. Segundo Alves, a

> constituição das redes informacionais como nova base técnica da produção de mercadorias tem promovido importantes alterações no processo de trabalho e na produção do capital. Por exemplo, a denominada empresa em rede e a constituição do novo trabalhador coletivo flexibilizado alteraram o *modus operandi* do controle do trabalho capitalista. (Alves, 2011, p.414)
>
> [...]
>
> [Com] a revolução informacional e as novas possibilidades de constituição de redes e de integração dos sistemas de produção e de serviços, o trabalhador social ou trabalhador combinado, por meio das novas tecnologias de informação e comunicação, não apenas estende (ou estreita) o espaço/tempo, mas pode virtualmente suprimi-lo, com a constituição de um novo local de cooperação complexa, o *ciberespaço*. (ibid., p.417)

A cooperação complexa, para Alves (2011, p.416), "constitui-se como totalidade social, em que a ideia de rede informacional, que está na empresa, mas também na escola e no lar, aparece como seu lastro tecnológico", permitindo ao capital integrar o "todo orgânico" da produção de valor e criar uma sinergia capaz de dar saltos na produtividade do trabalho social e na extração de mais-valia.

Paralelamente ao conceito elaborado por Marx, outras linhas de abordagem utilizam a noção de cooperação para interpretar os elementos da produtividade material e a criação de força social e coletiva para o desenvolvimento. Uma produção bibliográfica ampla, sem relação direta com os autores que trabalham a cooperação capitalista a partir da tradição marxista, aborda o tema sob um ângulo diferente. Trata-se de uma variedade muito grande de autores que utilizam conceitos ou terminologias distintas, mas que convergem na importância que dão às iniciativas locais de desenvolvimento e à valorização do papel de atores políticos regionais como agentes de mudança econômica. A cooperação, na visão desses autores, se traduz em combinação de vários interesses, permitindo a realização conjunta de atividades em um dado território a partir de virtualidades econômicas, culturais e sociais dos recursos particulares ali presentes.

Veltz (2008) afirma que essa experiência é produto das conquistas de um "modelo celular em rede", responsável por abranger não só esquemas de repartição e coordenação de tarefas produtivas, mas projetos de eficácia empresarial que atingem progressivamente as relações humanas e o território. Resultam dessa relação as concentrações de empresas surgidas por iniciativas locais em áreas de dimensões reduzidas, onde certas relações de cooperação garantem o acesso à informação e ao desenvolvimento tecnológico de toda a rede, seja a partir de contratos temporários entre fornecedores e contratantes ou seja a partir de associações empresariais ligadas a institutos tecnológicos e a centros de pesquisa.

No conjunto desses trabalhos, a cooperação é muito mais uma noção do que um conceito, mas a sua compreensão é necessária para que os princípios teóricos sejam apresentados, notadamente porque sem a ideia que dá força à combinação de interesses dos agentes, ou seja, sua capacidade de cooperação, a conjuntura produtiva em destaque e o potencial coletivo de um dado território não poderiam ser destacados. Ao seguir a orientação de Benko (2008), podemos acompanhar as muitas nuances dessa abordagem de valorização produtiva e territorial da cooperação apresentando as principais ideias de três escolas que se desenvolveram paralelamente a partir da década de 1980.

Destacamos os trabalhos de: 1) Um grupo de pesquisadores italianos que concentra suas pesquisas na experiência de regiões industriais emergentes, denominada Terceira Itália; 2) Estudiosos que se organizam para interpretar os *meios inovadores* (*millieux innovateurs*) na França, culminando no debate que alimenta os estudos da Escola da Proximidade; e 3) Um grupo de geógrafos do Sul da Califórnia, nos Estados Unidos, que se preocupa em compreender as causas do dinamismo da indústria de alta tecnologia desenvolvida na região.

Embora tenham trabalhado no mesmo período e com interpretações razoavelmente próximas no que tange à leitura da realidade pesquisada, tais escolas desenvolveram seus estudos de maneira independente. Ademais, segundo Benko (2008, p.40), no "coração de cada um desses grupos se encontra o conceito de economia de aglomeração e a ideia de concentração espacial da atividade em complexos regionais especializados". A base temática desenvolvida tem então a influência das interpretações do economista Alfred Marshall sobre os distritos industriais e as economias externas. Como tais concepções foram elaboradas nas últimas décadas do século XIX, em certo sentido essas ideias propõem uma viagem ao passado, na medida em que se inspiram na organização econômica dos "distritos industriais marshallianos", onde a cooperação entre pequenas e médias empresas implica sucesso econômico de uma região.

1) Na primeira experiência, destacamos a leitura dos distritos industriais italianos, trabalhados, entre outros, por Bagnasco, Becattini e Brusco. A Terceira Itália é a expressão usada por Bagnasco para identificar a região industrial italiana (Toscana, Emília-Romana, Véneto, Umbría, Marcas e Friuli) que se diferencia das zonas industriais tradicionais do Norte e do Mezzogiorno (Méndez; Caravaca, 1996). É largamente utilizada como exemplo de uma próspera área que se beneficia de todo um conjunto de economias associadas à própria aglomeração, marcada por uma atmosfera industrial favorável em que o conhecimento técnico acumulado durante gerações dá origem a um mercado de trabalho especializado e à difusão empresarial das inovações (Becattini, 1990; Brusco, 1990). A ideia de cooperação para essa escola é fundamental. No cerne da experiência está o princípio de que os empreendimentos de menor porte devem ultrapassar as barreiras da concorrência tradicional capitalista, agindo de maneira cooperada, isto é, engendrando uma emulação na qual a concentração geográfica das firmas e as relações de cooperação entre elas proporcionem uma eficiência coletiva a partir da combinação entre especialização e subcontratação (Becattini, 1990; Brusco, 1990).

2) Em meados da década de 1980, um conjunto de pesquisadores se organizaram em torno do economista Philippe Aydalot para criar o Gremi (sigla em francês para Grupo de Pesquisa Europeu sobre os Meios Inovadores) e desenvolver reflexões sobre inovação tecnológica e sistemas produtivos territorialmente delimitados. A temática central dos trabalhos do grupo se assenta no papel atribuído ao território nos processos de inovação localizada. Segundo Aydalot (1986, p.11), a "empresa não é um agente inovador isolado, ela é parte do meio que a faz agir. O passado dos territórios, sua organização, seus comportamentos coletivos, os consensos que os estruturam são os componentes maiores da inovação". A dimensão endógena é valorizada pelas suas iniciativas locais, mas a capacidade

que cada território tem para promover processos coletivos, ou seja, relações de cooperação e competição, também é um destaque. As ideias de Aydalot, a partir dos meios inovadores, influenciaram outro conjunto de pesquisadores franceses nos anos 1990. Trata-se da Escola da Proximidade, que se desprende um pouco mais das formas de predeterminação do "local" e defende que os agentes sociais, quando confrontados com dificuldades para coordenarem suas demandas, são levados a desenvolver dispositivos organizacionais ou institucionais através de ações que se inscrevem local e globalmente (Gilly; Torre, 2000; Pecqueur; Zimmermann, 2005; Bouba-Olga; Grosseti, 2008). Tanto na leitura dos meios inovadores quanto nos trabalhos da Escola da Proximidade, a noção de cooperação deve ser destacada. Ela está implícita nas relações interempresariais e nas formas de coordenação territorial e institucional como princípio de orientação para promover a inovação tecnológica ou a constituição de um quadro de aprendizagem localizada. Por tal razão, os autores enfatizam as condicionantes de coordenação dos agentes envolvidos, que se realizam a partir de uma cooperação geográfica e institucional, responsável por valorizar a existência de redes sociais ou políticas públicas locais de interesse coletivo (Aydalot, 1986; Gilly; Torre, 2000).

3) A compreensão de uma nova lógica geográfica da indústria de alta tecnologia e do cinema na Califórnia, nos Estados Unidos, é o mote para a formação de um grupo de pesquisadores interessados em desenvolver tipos de experimentos que superam a leitura tradicional das instituições, das organizações e das alianças políticas criadas sob o regime do Welfare State. Liderados por Michel Storper, Allen Scott e Richard Walker, entre outros, esses pesquisadores desenham uma teoria alternativa à interpretação fordista, centrada nas dinâmicas da organização industrial e nas inter-relações entre política local e desenvolvimento regional (Scott; Storper, 1988; Storper, 2000). Pautam-se na ideia de que o tecido socioprodutivo do território promove e potencializa processos endógenos dinâmicos de aprendizagem coletiva, defendendo que as principais fontes da economia de aglomeração de centros produtores são as estruturas de "transação" industrial e os mercados de trabalhos locais (Scott; Storper, 1988). Assim como analisado nas duas outras escolas, a cooperação é uma ideia-força que estrutura o sentido da eficiência produtiva e social. A coparticipação

dos agentes responsáveis por criarem uma atmosfera de colaboração institucional e tecnológica, sobretudo pequenas firmas, culmina na eficiência que marca os novos tipos de experimentos sociais e políticos desdobrados na forma de trabalho fragmentado e na revalorização da vida comunitária.

A difusão das concepções citadas tornou-se a linha de estudo mais importante em Economia e Geografia Industrial nos últimos anos. Assim, tanto no plano teórico quanto no operativo, as experiências com as novas formas de cooperação produtiva e regional tornaram-se uma tendência a ser sugerida ou aplicada nas mais distintas realidades. Como resultado, muitas experiências foram realizadas, algumas não necessariamente tão preocupadas com o sentido de cooperação defendido pelos autores supracitados. Formou-se, segundo Méndez e Caravaca (1996), uma generalização muitas vezes simplificada de tipos de organização produtiva, vulgarizando expressões como arranjos produtivos locais ou *clusters*, que se transformaram em propostas de tipificação dificilmente compatíveis com qualquer realidade territorial.

A noção de cooperação também está subjacente a uma doutrina clássica que pretendeu, inicialmente, representar uma alternativa entre o capitalismo e o socialismo no século XIX: o cooperativismo. Mas, apesar de defender uma coparticipação de indivíduos livres, com o objetivo de solucionar os problemas sociais por meio do desenvolvimento de atividades econômicas que atenderiam aos interesses comuns, o movimento é representado muito mais por termos como associação cooperativa ou instituições cooperativistas, e menos pela expressão cooperação. Da mesma forma, não há uma produção teórica que tenha trabalhado sistematicamente o conceito de cooperação no contexto dessa doutrina, tornando a palavra pouco utilizada no âmbito da discussão cooperativista. Independentemente disso, a ideia geral de cooperação, nos termos que foram trabalhados por autores já citados neste texto, está implícita no discurso do cooperativismo. Na medida em que representa a associação de um corpo de pessoas livres para decidirem criar meios de participação coletiva, realizando um trabalho que resultará em retorno igualitário para os envolvidos, é possível identificar elementos da cooperação.

As origens do cooperativismo, segundo Pinho (1964), são inglesas e datam do início do século XIX. Ao começarem a combater as condições de trabalho às quais estavam subjugados, operários da indústria se associavam para realizar greves, destruir máquinas e formar sindicatos. O surgimento de cooperativas de trabalho, gestadas pelos próprios trabalhadores, foi uma dessas ações. Na liderança da iniciativa estava Roberto Owen, que em 1844 patrocinou a criação da sociedade Pioneiros Equitativos de Rochdale, a primeira cooperativa europeia (Pinho, 1964). A partir daí, alguns direcionamentos foram tomados. Primeiramente, o movimento cooperativista assumiu uma conotação socialista, com a ocupação de fábricas falidas por parte de trabalhadores e a criação de associações produtoras que socializavam o processo produtivo e os resultados da produção. Os nomes de Charles Fourier e Saint-Simon devem ser mencionados na defesa dessa tendência. Depois, no fim do século XIX, a experiência com cooperativas passou a ser identificada também a partir de diferentes perspectivas, adquirindo características mais atenuadas de reforma social, com Beatrice Webb e Luigi Luzzatti; ou mesmo atendendo demandas de proprietários capitalistas interessados em utilizar o associativismo dos trabalhadores na obtenção de lucro (Pinho, 1964).

O cooperativismo então assumiu um perfil empreendedor, na maioria das vezes centrando suas ações na necessidade técnica de modernizar a produção e a circulação de mercadorias. No Brasil, as primeiras experiências foram introduzidas em fins do século XIX, na agricultura (Bursztyn, 1985; Pinho, 2004). Pela iniciativa de pequenos produtores agrícolas, várias cooperativas foram criadas com o objetivo de apoiar sócios colaboradores a comercializarem produtos e a se protegerem das ações de intermediários. No século XX, o Estado brasileiro intensificou suas ações visando à expansão das cooperativas e, como aponta Bursztyn (1985, p.52), adotou "uma política de utilizar o cooperativismo como um instrumento de fomento da modernização capitalista na agricultura". Resultados significativos foram alcançados e, depois da década de 1960, as cooperativas mais estruturadas se beneficiaram do acesso aos recursos públicos e se capitalizaram. Atualmente, o desempenho econômico de algumas cooperativas agrícolas, em especial aquelas localizadas na região Sul do Brasil, apresenta resultado tão satisfatório quanto o de grandes empresas capitalistas da agricultura.

Nos últimos anos, algumas experiências que defendem atividades não capitalistas também marcam o cooperativismo no Brasil. Destacamos as ideias de Paul Singer (2002) acerca da "economia solidária", apresentada como alternativa real ao capitalismo, sobretudo por permitir a coletivização dos meios de produção e seu uso para a geração de um produto social. Singer defende que a "solidariedade na economia só pode se realizar se ela for organizada igualitariamente pelos que se associam para produzir, comerciar, consumir ou poupar" (Singer, 2002, p.9). A chave da proposta "é a associação entre iguais, em vez do contrato entre desiguais". Por consequência, "na cooperativa de produção", que segundo o autor é o "protótipo de empresa solidária", todos os sócios têm a mesma parcela do capital, possuindo também "o mesmo direito de voto em todas as decisões" (Singer, 2002, p.9). A economia solidária resultou de um debate iniciado no começo dos anos 1980, decorrente da ação de sindicatos que assumiram a autogestão de empresas falidas. Ligados aos princípios do cooperativismo, vários são os projetos e as organizações identificados por Singer como solidários, entre os quais os Projetos Alternativos Comunitários e os trabalhos de grupos como a Cáritas e o Movimento dos Trabalhadores Rurais Sem Terra (MST). A partir de 2003, essas ações influenciaram a criação da Secretaria Nacional de Economia Solidária (Senaes), ligada ao Ministério do Trabalho e Emprego, cujo titular responsável para a direção foi o próprio Paul Singer.

Por fim, a palavra cooperação é usada comumente como substantivo ou adjetivo para definir ideias específicas de autores não necessariamente ligados às orientações teóricas indicadas neste texto. Nesses casos específicos, explicações de fenômenos sociais requerem o uso do termo cooperação, mesmo que isso seja feito sem que ele tenha a centralidade presente em outros trabalhos. São muitos os exemplos para essa situação, como podemos observar em Veltz (2008) e Coutrot (2002), quando empregam a palavra *cooperação* para explicar sequências de atividades no taylorismo e no toyotismo; ou como percebido em Carvalho (2000), quando fala de uma "pedagogia da cooperação", útil no ensino de habilidades e aptidões; ou, até mesmo, como visto nas "teorias" das Relações Internacionais, quando muitos autores interpretam cooperação como uma aliança de comum acordo entre países (Silva, 2007).

Uma contribuição original, vinda da Geografia, pode ser encontrada em Santos e Silveira (2001). Esses autores propõem o conceito de "círculos de cooperação", que associado ao conceito de "circuitos espaciais da produção", revela o "uso diferenciado de cada território por parte das empresas, das instituições e dos indivíduos", permitindo "compreender a hierarquia dos lugares desde a escala regional até a escala mundial" (Santos; Silveira, 2001, p.144). A ideia de cooperação é pensada no âmbito da repartição das atividades pelo território, destacando a frequência e a qualidade dos movimentos por ele experimentados. Desse modo, enquanto os "circuitos espaciais da produção" abrangem a circulação de bens e produtos, os "círculos de cooperação" envolvem os fluxos imateriais representados pelas informações e pelas ordens. Uma leitura realizada a partir da articulação dos dois conceitos permite, segundo os autores, uma visão dinâmica da crescente segmentação das etapas do trabalho social no território (Santos; Silveira, 2001).

Por fim, trabalhado em diferentes contextos e usado em ocasiões diversas, o termo cooperação converte-se num conceito importante para entender os processos de organização socioeconômica e territorial no capitalismo. A maneira como se subdividiu ao longo dos anos não impediu que o debate em torno da expressão avançasse. Sua ideia-força, ou seja, sua leitura como uma tentativa de reunir interesses mútuos através de ações combinadas para fins comuns, apresenta-se como um mote para a realização de novas formulações analíticas. Dessa forma, o avanço das discussões sobre as linhas teóricas do conceito de cooperação capitalista só abre possibilidades para que diferentes perspectivas sejam incorporadas. A riqueza de um conceito depende desse dinamismo, e o constante redimensionamento de sua análise certamente trará mais elementos para a discussão. Ganha o debate sobre os temas centrais já discutidos neste texto, mas sobretudo avançam os sistemas de valores que propõem investigações renovadas sobre o estudo da realidade.

Para ler mais

ALVES, Giovanni. Terceirização e acumulação flexível do capital: notas teórico-críticas sobre as mutações orgânicas da produção capitalista. *Estudos de Sociologia*, Araraquara-SP, v.16, n.31, 2011, p.409-420.

AYDALOT, Philippe. *Les milieux innovateurs en Europe*. Paris: Gremi, 1986.

BECATTINI, Giacomo. The Marshallian industrial district as a socio-economic notion. In: PYKE, Frank; BECATTINI, Giacomo; SENGENBERGER, Werner. *Industrial Districts and Inter-firm Co-operation in Italy*. Genova: International Institute for Labour Studies, 1990, p.37-51.

BENKO, Georges. La géographie économique: um siècle d'histoire. In: *Annales de Géographie – Les espaces économiques de la géographie*, Paris, Armand Colin, 117e. année, n.664, nov.-déc. 2008.

BOTTOMORE, Tom. *Dicionário do pensamento marxista*. São Paulo: Jorge Zahar, 1988.

BOUBA-OLGA, Olivier; GROSSETI, Michel. Socio-économie de proximité. *Revue d'Economie Regionale & Urbaine*, La proximité: 15 ans déjà!, Paris, Armand Colin, n.3, 2008.

BRUSCO, Sebastiano. The idea of the industrial district: its genesis. In: PYKE, Frank; BECATTINI, Giacomo; SENGENBERGER, Werner. *Industrial Districts and Inter-firm Co-operation in Italy*. Genova: International Institute for Labour Studies, 1990, p.10-19.

BURSZTYN, Marcel. *O poder dos donos – planejamento e clientelismo no Nordeste*. Petrópolis: Vozes, 1985.

CARVALHO, Frank Viana. *Pedagogia da cooperação*: uma introdução à metodologia da aprendizagem cooperativa. Piracicaba: Imprensa Universitária Adventista, 2000.

CASTELLS, Manuel. *A questão urbana*. Rio de Janeiro: Paz e Terra, 1983.

COUTROT, Thomas. *Critique de l'organisation du travail*. Paris: La Découverte, 2002.

DICIONÁRIO AURÉLIO DA LÍNGUA PORTUGUESA. São Paulo: Nova Fronteira, 1990.

DUPUY, Claude; TORRE, André. Confiance et coopération au sein des réseaux spatialisés d'entreprises. In: GILLY, Jean-Pierre; TORRE, André. *Dynamiques de proximité*. Paris: L'Harmattan, 2000.

HARVEY, David. *A justiça social e a cidade*. São Paulo: Hucitec, 1980.

LE PETIT ROBERT – Dictionnaire de la langue française. Paris, 1998.

LOJKINE, Jean. *O Estado capitalista e a questão urbana*. São Paulo: Martins Fontes, 1981.

MACMILLAN ENGLISH DICTIONARY. London: Bloomsbury Publishers, 2006.

MARX, Karl. *O capital*: crítica da economia política. Livro primeiro, tomos 1 e 2. São Paulo: Nova Cultural, 1985 (coleção "Os Economistas").

MÉNDEZ, Ricardo; CARAVACA, Inmaculada. *Organización industrial y território*. Madrid: Síntesis, 1996.

SILVA, Darly H. da. Cooperação internacional em ciência e tecnologia: oportunidades e riscos. *Revista Brasileira de Política Internacional*, Brasília, v.50, n.1, Brasília, jan.-jun. 2007.

PECQUEUR, Bernard; ZIMMERMANN, Jean B. Fundamentos de uma economia da proximidade. In: DINIZ, Clélio C.; LEMOS, Mauro B. (orgs.). *Economia e território*. Belo Horizonte: UFMG, 2005.

PINHO, Diva B. *Sindicalismo e cooperativismo*: evolução doutrinária e problemas atuais. São Paulo: Instituto Cultural do Trabalho, 1964.

______. *O cooperativismo no Brasil*: da vertente pioneira à vertente solidária. São Paulo: Saraiva, 2004.

SANTOS, Milton; SILVEIRA, Maria L. *Brasil*: território e sociedade no início do século XXI. Rio de Janeiro: Record, 2001.

SCOTT, Allen J.; STORPER, Michael. Indústria de alta tecnologia e desenvolvimento regional: uma crítica e reconstrução teórica. *Espaço e Debates*, São Paulo, n.25, p.30-44, 1988.

SINGER, Paul. *Introdução à economia solidária*. São Paulo: Fundação Perseu Abramo, 2002.

STORPER, Michael. L'innovation comme action collective: produits, technologies et territoires. In: GILLY, Jean-Pierre; TORRE, André. *Dynamiques de proximité*. Paris: L'Harmattan, 2000.

TEIXEIRA, Francisco J. S. *Pensando com Marx*: uma leitura crítico/comentada de O Capital. São Paulo: Ensaio, 1995.

______. *Cooperação complexa*: fronteira limite do capital. Fortaleza, 2004. Disponível em: <http://franciscojoseteixeira.blogspot.com.br>.

VELTZ, Pierre. *Le nouveau monde industriel*. Paris: Gallimard, 2008.

D

Desenvolvimento

*Leandro Bruno Santos**
*Cássio Antunes de Oliveira***

As abordagens sobre o desenvolvimento comparecem em obras de economistas clássicos (François Quesnay, Adam Smith, David Ricardo e Stuart Mill), neoclássicos (Carl Menger, Leon Walras, Vilfredo Pareto, William Jevons), de Karl Marx (o desenvolvimento ocorre de maneira cíclica e, ao mesmo tempo, através do conflito distributivo entre capitalistas e trabalhadores) e nas obras de Joseph Schumpeter, defensor da ideia de que o desenvolvimento ocorre a partir de mudanças revolucionárias (com alterações irreversíveis em relação à situação anterior) e de novas combinações dos fatores de produção.

Mas é apenas a partir da década de 1950 que o desenvolvimento adquire notoriedade e se torna tanto um tema especificamente novo na Economia, quanto alvo de políticas públicas internacionais e nacionais. Em linhas gerais, os economistas clássicos compreendiam o desenvolvimento no longo prazo. Inicialmente, com François Quesnay, havia uma sobrevalorização dos produtos agrícolas e dos metais preciosos (ouro e

* Universidade Federal Fluminense, Angra dos Reis, RJ – Brasil.
** Pós-doutorando na Universidade Estadual Paulista, Presidente Prudente, SP – Brasil.

prata) para o desenvolvimento, em detrimento da indústria (a indústria e o comércio não passavam de desdobramentos da agricultura). Adam Smith, por outro lado, priorizou o trabalho produtivo, ao defender que a mercadoria pode produzir valor quando colocada no mercado a um preço superior ao seu custo de produção. Ele defendia a importância da indústria, do Estado e da "mão invisível do mercado", isto é, o homem, ao se voltar para seu egoísmo, ocasiona um bem-estar social coletivo. David Ricardo, discípulo de Smith, continuou a defender a ideia de que os preços das mercadorias são proporcionais ao volume de trabalho incorporado e se dedicou a compreender o papel exercido pelo crescimento demográfico na valorização das terras, quando elaborou a teoria da renda da terra. Para Ricardo, com o crescimento demográfico, cada vez mais as terras menos férteis são utilizadas para a produção de alimentos, de modo que as terras mais férteis e próximas às cidades (mercado consumidor) passam a ser mais valorizadas, provocando aumento da renda fundiária auferida pelos proprietários de terras. Ao arrendar as terras, os capitalistas desempenham importante papel no desenvolvimento, pois as taxas de salários e de lucros desse setor se refletem no restante da economia.

Os neoclássicos, ao priorizarem os elementos da microeconomia, buscavam a contemplação do desenvolvimento econômico, que ocorreria de maneira "harmoniosa e contínua", isto é, não haveria conflito entre os agentes econômicos. A eficiência alocativa levaria à justiça distributiva ou, em outras palavras, ao equilíbrio social e espacial. Por isso, o termo desenvolvimento tornou-se o grande *slogan* do século XX, podendo ser identificado tanto como ideologia quanto como objeto de políticas de governos. Fundiu-se, nesse século, a ideia de progresso e de desenvolvimento, de modo que este último passou a ser utilizado como sinônimo de crescimento, pois progresso e a expansão não eram, na verdade, virtudes intrínsecas a todos os países do mundo. Em outras palavras, o desenvolvimento era algo intrínseco às sociedades ocidentais. Em princípio, as políticas desenvolvimentistas dos governos estavam ligadas diretamente aos elementos *macroeconômicos*, como a geração de emprego e de renda *per capita*. É com o aumento das desigualdades inter-regionais que surgem proposições de desenvolvimento que visam uma maior equalização entre as regiões. O relativo atraso entre os países é visto pela existência de obstáculos ao crescimento, e a "etapa de decolagem", ou a passagem de uma sociedade tradicional para uma sociedade moderna, seria marcada pelo crescimento da indústria e pelo aumento do consumo de massa. Caberia aos países desenvolvidos a criação de programas que beneficiassem a passagem do "subdesenvolvimento" ao "desenvolvimento", sobretudo com os avanços tecnológicos ligados à indústria, os quais, invariavelmente, proporcionariam o crescimento econômico e, em consequência, o desenvolvimento. Essa visão simplista e linear de superação de estágios esqueceu o espaço nos seus aspectos naturais e humanos, ao mesmo tempo que desconsiderou o fato de que, de modo inevitável, o mundo implodiria se os países "subdesenvolvidos" chegassem ao estágio dos países desenvolvidos. Assim, cada país deveria passar pelas mesmas etapas de transformação histórica e o subdesenvolvimento seria explicado pelo fato de alguns países não crescerem economicamente, enquanto outros o faziam. No entanto, essa corrente teórica deixava uma lacuna na passagem das formas tradicionais de produção às formas industriais. Discutir as interpretações do subdesenvolvimento latino-americano é um caminho para debater essa problemática.

Em 1949 nasce a Comissão Econômica para América Latina (Cepal), com a publicação do livro *Estudo econômico da América Latina,* propondo a conscientização de que ocorreu um processo de industrialização em alguns países, entre 1914 e 1945. Os pressupostos cepalinos estavam assentados na ideia do desenvolvimento desigual do progresso técnico: de um lado, a existência de economias industriais compreendidas pelo centro dinâmico e, de outro, economias periféricas exportadoras de produtos primários. A relação de troca entre centro e periferia, mais tarde, passaria a ser denominada de *etapa do desenvolvimento para fora,* uma vez que, em primeira instância, o crescimento interno era dependente do mercado externo, sobretudo quando se tratava da exportação de produtos primários. Diferentemente dessa etapa de criação de uma renda interna dependente, os desequilíbrios engendrados pela Primeira Guerra Mundial, pela depressão na década de 1930 e pela Segunda Guerra Mundial ocasionaram uma nova etapa de desenvolvimento industrial brasileiro e latino-americano (teoria dos choques adversos), denominada *etapa do desenvolvimento para dentro.* Isso porque o pensamento cepalino caracterizava-se pela periodização histórica, isto é, num primeiro momento a economia colonial/nacional era dependente do *crescimento para fora* e, num segundo momento, com a industrialização ocorrida por meio do processo de substituição das importações, há uma *industrialização extensiva/intensiva*. Essa interpretação foi criticada com ênfase pela sobrevalorização de fatores puramente econômicos em detrimento dos condicionantes sociais e políticos. Como resposta, surge a teoria da dependência, assentada na interpretação global do desenvolvimento, isto é, no estabelecimento de conexões entre o sistema econômico e a organização social e política das sociedades subdesenvolvidas. Para os seus defensores, a análise global permite perceber que não existe um nexo indissociável entre a diferenciação do sistema econômico e a formação de centros de decisão. Em outras palavras, o forte crescimento industrial que ocorreu em alguns países latino-americanos na década de 1960 (Brasil, México e Argentina), paradoxalmente, reiterava a condição de dependência estrutural. No entanto, dois pontos tornaram-se discordantes na teoria da dependência e da modernização: 1) essa teoria referia-se, especificamente, aos países latino-americanos, deixando à parte países como a URSS (União das Repúblicas Socialistas Soviéticas), que, longe de ser dependente e subordinado, era uma potência mundial, e o Canadá, que, de certo modo, ao apresentar características de núcleo orgânico, podia ser caracterizado pela dependência estrutural; 2) conquanto baseadas em sistemas mundiais, essas teorias priorizavam os Estados-nações individualmente, mesmo abrindo brechas ao estabelecer análises globalizantes. Para isso, surge o conceito, conhado por Samuel Wallerstein, de "semiperiferia", aplicado a países que possuíam atividades mais ou menos iguais no núcleo orgânico, e periféricas, que podiam resistir à periferização. Assim, os pressupostos cepalinos são, marcadamente, influenciados por Max Weber e, marginalmente, por Karl Marx, enquanto os pressupostos de modernização são marcados por uma visão evolucionista ou etapista de estruturas econômicas. Wallerstein, por sua vez, estabelece uma leitura sistêmica marxista.

A teoria dos polos de crescimento, pertencente à escola da centralização (preocupada com as trocas inter-regionais), surge como condição para a condução à etapa de decolagem, sobretudo com a importação/instalação de máquinas. A escola da centralização surge como um contraponto às teorias clássicas da localização, ao considerar o mecanismo dinâmico do autorreforço endógeno (*self organization*) decorrente das externalidades da *aglomeração industrial*, ideia elaborada por Alfred Marshall. Em linhas gerais, essa escola concebia o desenvolvimento como um jogo de soma zero, isto é, uma região acumulava recursos à custa das demais. A abordagem dos polos de crescimento detinha-se no aumento das vendas e compras entre empresas motrizes, e o desenvolvimento, *grosso modo*, não ocorria de forma homogênea no espaço, pois se manifestava em pontos do território ou "polos de crescimento", com intensidade variável, difundindo-se por diferentes canais, com distintos efeitos sobre o conjunto da economia (Perroux, 1975). Em suma, as indústrias motrizes, ao aumentarem o produto e contribuírem para o crescimento das outras indústrias, mudavam o espaço geográfico.

A ideia de *causação circular e acumulativa*, de Gunnar Myrdal (1965), baseava-se na inter-relação causal e circular dos fatores ligados à questão do desenvolvimento, valorizando sobretudo aspectos sociais como a heterogeneidade no desenvolvimento entre os países e, internamente, entre as regiões. O livre jogo do mercado, em tese, aumenta as desigualdades existentes entre as regiões, isto é, o pobre fica mais pobre e o rico, cada vez mais rico. Diante disso, era necessária uma maior atuação do Estado na tentativa de se eliminar as desigualdades sociais, pois em vez da estabilização automática no sistema social, o que ocorria, na verdade, era o afastamento da posição de equilíbrio (defendido, sobretudo, pelos economistas neoclássicos). Em outras palavras, as transformações, em vez de engendrarem mudanças compensatórias, ocasionavam um processo social cumulativo.

A terceira abordagem, que pode ser identificada pelos *efeitos para frente e para trás*, de Albert Hirschmann, baseava-se na ideia de que o desenvolvimento econômico estava embasado em círculos entrelaçados, revelando a necessidade de se exercer pressões e se elaborar processos que incentivassem a mobilização e eclosão de um maior número possível de recursos escassos, a saber, capital e atividade empreendedora. Os efeitos para frente (*forward linkages*) e para trás (*backward linkages*) estão ligados às economias de escala necessárias à viabilização dos empreendimentos em regiões determinadas. Em linhas gerais, os efeitos para trás podem ser vistos pelo aumento de insumos a montante, ampliando as escalas mínimas de produção de outras indústrias (*externalidades*), enquanto os efeitos para frente podem ser vistos a partir da oferta de insumos que torna viável a produção de setores a jusante.

Essas três correntes de análise dentro da ciência econômica regional tornaram-se, aparentemente, mais atraentes do que as teorias clássicas da localização, chamando a atenção dos atores responsáveis pelo planejamento, no Brasil, durante os anos 1960 porque, embora os pressupostos da escola da descentralização tivessem produzido alguns resultados positivos, houve, na sua ampla maioria, o aumento das desigualdades regionais com a constituição de polos tanto de riqueza como de pobreza.

Numa outra extremidade, autores adeptos do materialismo dialético contribuem com uma postura crítica sobre as práticas regionais, com mais profundidade teórica sobre o Estado e o espaço do que na apresentação de proposições de planejamento regional. O Estado, nessa perspectiva, deveria coordenar uma nova divisão inter-regional do trabalho requerida pelos imperativos da acumulação. Alain Lipietz (1988) procura compreender as desigualdades espaciais do desenvolvimento a partir da divisão social e territorial do trabalho. Para melhor apreender as diferenciações de desenvolvimento nas escalas internacional e inter-regional, ele propõe a noção de ramo, rompendo com os pressupostos neoclássicos de empresa individual. O autor enumera três tipos de regiões: 1) regiões fortes em tecnologia ligadas, por sua vez, aos centros de negócios, aos centros de engenharia, aos centros de pesquisa e ensino tecnológico e científico, sendo importantes as relações entre ramos e valor e a qualificação da mão de obra; 2) regiões que apresentam densidade de trabalhadores qualificados (técnicos, operários qualificados), supondo uma tradição industrial, isto é, com a presença da grande indústria e valor médio da força de trabalho; 3) regiões com reserva de mão de obra com baixa qualificação e baixo valor de produção, sendo, em alguns casos, decorrente do declínio das indústrias.

Para Smith (1988), as tendências contraditórias para a diferenciação e para a igualização determinam a produção do espaço. Ou seja, as contradições do vaivém do capital, ao se inscreverem na paisagem, ocasionam o desenvolvimento desigual, promovendo o desenvolvimento de áreas com altas taxas de lucro, ao passo que proporcionam também o surgimento de áreas subdesenvolvidas, com baixas taxas de lucro. O desenvolvimento e o subdesenvolvimento, nesse sentido, ocorrem em todas as escalas espaciais (da internacional à urbana), e o vaivém do capital procura sempre as maiores taxas de lucro nas diferentes escalas, aproveitando-se dessa desigualdade de desenvolvimento. Uma ênfase necessária é o esclarecimento de como o autor trata a escala em relação ao seu conceito de desenvolvimento. Ele exemplifica e qualifica a sua argumentação a partir de um exemplo bem didático – a *suburbanização* – que ocorreu depois da Segunda Guerra Mundial, sobretudo nos Estados Unidos. A classe média procurou se deslocar das áreas centrais das cidades para áreas mais periféricas e distantes (subúrbios), de modo que as regiões centrais tornaram-se deterioradas e tiveram uma diminuição do preço do solo urbano (metaforicamente subdesenvolvidas), enquanto as áreas procuradas pelas pessoas tornaram-se, também, metaforicamente desenvolvidas, propiciando altas taxas de retorno de capital. Contudo, com a desvalorização do solo urbano das áreas centrais a um ponto em que renda potencial é maior do que a renda real, tem-se o retorno do capital para essas áreas, ou seja, o redesenvolvimento. Assim, o desenvolvimento desigual é produto do desenvolvimento capitalista (nas diferentes escalas) e, ao mesmo tempo, premissa para a exploração para a desigualdade geográfica para determinados fins sociais. Ou seja, a acumulação de capital e, por consequência, a expansão geográfica engendram um ambiente construído para a produção, que ocorre de maneira desigual, espacial e temporalmente.

Para Soja (1993), os lucros auferidos pelos capitalistas se devem, em primeira instância, às desigualdades regionais e espaciais, elementos nevrálgicos para a sobrevivência do capitalismo. As taxas de lucro, a produtividade do trabalho, os índices salariais etc. são, desse modo, distribuídos de maneira geograficamente desigual. Dito de maneira um pouco diferente, a permanência e a metamorfose do capitalismo devem ser entendidas, acima de tudo, a partir da produção e ocupação de um espaço, o que, fatalmente, leva à existência de espaços desenvolvidos e subdesenvolvidos. Isto é, o desenvolvimento geograficamente desigual advém da dinâmica de diferenciação e igualização espaciais no processo de internacionalização, dado que no processo de expansão uniforme do capital tem-se, sincronicamente, um processo de diferenciação.

Diante da polarização do debate entre o estruturalismo global e a teoria das etapas de desenvolvimento, surge a teoria do desenvolvimento endógeno afirmando que, em primeira instância, o desenvolvimento e o crescimento das regiões industriais se devem a aspectos internos. As teorias do desenvolvimento regional endógeno e do desenvolvimento sustentável emergem num contexto de crise econômica mundial na década de 1980, quando houve fortes mudanças nas regiões industrializadas. Com o declínio de áreas industriais tradicionais, tem-se a emergência de regiões portadoras de novos paradigmas (Benko; Lipietz, 1994; Amaral Filho, 1996).

O desenvolvimento sustentável, por sua vez, está ligado à relação dos homens com a natureza, pois preconiza a utilização racionalizada dos estoques de recursos naturais, bem como a preocupação com as gerações futuras e a necessidade de um desenvolvimento com equidade entre a sociedade e a natureza. O desenvolvimento regional endógeno tem como foco as regiões e suas desigualdades, assim como os elementos necessários para corrigir essa distorção. Conceitualmente, pode ser visto a partir do crescimento econômico, da ampliação de valor sobre a produção e da capacidade de absorção da região em reter o excedente produzido localmente ou em outras regiões, de modo a ampliar o emprego, o produto e a renda (Amaral Filho, 1996). Há semelhanças entre o desenvolvimento regional endógeno e o desenvolvimento local, sendo este último compreendido, sobretudo num contexto de globalização e descentralização: "o desenvolvimento local pode ser conceituado como um processo endógeno de mudança, que leva ao dinamismo econômico e à melhoria da qualidade de vida da população em pequenas unidades territoriais e agrupamentos humanos" (Buarque, 2002, p.25). O desenvolvimento está ligado tanto à exploração das potencialidades locais, para contribuir socialmente, quanto à conservação dos recursos naturais, e pensá-lo requer: valorizar os enraizamentos social, econômico e cultural da sociedade local, indo além de análises estritamente econômicas; priorizar as instituições públicas locais, a autonomia das finanças públicas e o investimento de excedentes em setores sociais estratégicos. Em outras palavras, pensar o desenvolvimento local requer não somente olhar para a eficiência econômica (agregação de valor), mas também para a melhoria da qualidade de vida das pessoas (diminuição da pobreza, por exemplo) (Buarque, 2002). Sinteticamente, os estudos acerca do desenvolvimento local priorizam a importância dos agentes locais como instituições específicas cuja intervenção visa o apoio às empresas (centros tecnológicos, escolas de formação profissional etc.). O desenvolvimento deriva de uma combinação de fatores favoráveis a algumas atividades específicas num determinado tempo, num determinado espaço, ou seja, os sucessos auferidos em um determinado espaço não podem ser reproduzidos pelas políticas de desenvolvimento.

Juntamente com a ideia de desenvolvimento local, têm surgido trabalhos defendendo o desenvolvimento a partir da liberdade, da expansão das capacidades humanas (Sen, 1993, 2000) e da autonomia (Souza, 1997, 2000, 2003; Castoriadis, 1983, 1987). Para Sen (2000), a ideia de desenvolvimento está associada à expansão das liberdades reais das pessoas, pois ele associa liberdade e capacidade como meios posteriores às necessidades, isto é, a necessidade é algo aparentemente temporário nas pessoas, e as capacidades/liberdades representam o que elas podem vir a ser (estado resultante de uma efetivação). Em outras palavras, a efetivação é uma conquista das pessoas. Sem (1883), ao estabelecer uma análise humanista, compreende o desenvolvimento como um processo de expansão das liberdades e, por isso, defende a participação política e a liberdade de expressão, além de outras capacidades essenciais para o desenvolvimento social. Ao mesmo tempo, critica a visão de desenvolvimento associada à riqueza, ou seja, ao crescimento do Produto Interno Bruto (PIB) e da renda *per capita*, pois uma pessoa pode ser demasiado rica mas, ao mesmo tempo, privada de se expressar livremente ou de participar de debates e decisões políticas. Em suma: a liberdade não é somente o objetivo primordial para se chegar ao desenvolvimento, mas também é o seu principal meio. A autonomia, aspecto abordado principalmente por Souza (1997, 2000, 2003), é entendida como um importante meio para reduzir as desigualdades sociais e garantir a legitimidade, sobretudo ao possibilitar a igualdade nas chances e tomadas de decisões entre as pessoas, inclusive no acesso à informação, algo extremamente importante num momento em que se fala de sociedade do conhecimento. Outros dois pontos merecem atenção: 1) a redução da mortalidade e a melhoria da qualidade de vida, na perspectiva do autor, só serão auferidas uma vez que o Estado priorizar os gastos com serviços sociais, como saúde e educação básica; 2) a importância das elites locais na promoção dos direitos básicos de cada cidadão (saúde e educação) e na difusão do acesso aos progressos do desenvolvimento econômico. Para Souza (2000, 1997), o desenvolvimento socioespacial deve ser compreendido a partir da *autonomia* individual e coletiva, envolvendo as tomadas de decisões e a participação efetiva das pessoas numa sociedade marcada pela heteronomia, por sua vez, visível nos *Lebenswelts* urbanos (favelas, periferias etc.). O desenvolvimento se concretizará com a minimização da injustiça social e das desigualdades no acesso a oportunidades aos meios de satisfação das necessidades. Para tanto, é necessário compreender o espaço na sua complexidade para evitar apriorismos e reducionismos. Mas ainda falta algo. É necessário espacializar o debate, ou melhor, construir pontes sólidas entre espaço, autonomia e desenvolvimento socioespacial. Souza (1997) procura, assim, desenvolver a sua defesa a partir das diversas acepções de espaço: espaço natural; espaço material (produto das relações sociais); espaço (inter)subjetivo e espaço enquanto localização. Ao mesmo tempo, ao trabalhar as acepções de espaço, o autor procura empreender uma crítica contundente à maneira como outras ciências abordam o espaço, como a Economia, a Arquitetura e também aos ambientalistas (defensores da relação sociedade natureza). Brevemente, eis o que significa cada um deles: 1) Espaço natural: importância dos recursos naturais e fontes de energia indispensáveis para o processo produtivo. Embora não advogue a ideia de desenvolvimento sustentável, o autor reconhece que, nos dias atuais, a minimização da degradação ambiental melhora a qualidade de vida; 2) Espaço material: pode facilitar ou dificultar os fluxos (de pessoas, de informações e de bens). Politicamente, os objetivos materiais servem como trunfo para o controle e à segurança. Culturalmente, a materialidade está impregnada de símbolos e signos que mantêm fortes vínculos das pessoas com o espaço; 3) Espaço (inter)subjetivo: é primordial por ser o reflexo da sociedade, isto é, das relações sociais mais a materialidade. Assim, o lugar deixa de ter uma importância somente objetiva e ganha importância ao ser vivenciado e territorializado por um grupo; 4) Espaço enquanto localização: valorizado pela proximidade geográfica e pela facilidade de difusão das informações. Num momento de globalização, pode-se dizer que, em vez de muitos mitos (fim do território, fim da geografia), as qualidades dos lugares (da infraestrutura ao clima social) tornam-se atrativas para recepcionar investimentos.

Para ler mais

ARRIGHI, G. *A ilusão do desenvolvimento*. Petrópolis: Vozes, 1998.

BARQUERO, A. V. *Desenvolvimento endógeno em tempos de globalização*. Porto Alegre: UFRGS, 2002.

BENKO, G. Organização do território: algumas reflexões sobre a evolução no século XX. In: SANTOS, M.; SOUZA, M. A. A.; SILVEIRA, M. L. (orgs.). *Território*: globalização e fragmentação. São Paulo: Hucitec, 1996, p.51-71.

BENKO, G.; LIPIETZ, A. O novo debate regional. Posições em confronto. In.: BENKO, G.; LIPIETZ, A. (orgs.). *As regiões ganhadoras*: distritos e redes os novos paradigmas da geografia econômica. Portugal: Celta, 1994, p.3-15.

BOISIER, S. *El desarrollo en su lugar (el territorio en la sociedad del conocimiento)*. Santiago: Pontificia Universidad Católica de Chile, 2003.

BUARQUE, S. C. *Construindo o desenvolvimento local sustentável*: metodologia de planejamento. Rio de Janeiro: Garamond, 2002.

CARDOSO, F. H.; FALETTO, E. *Dependência e desenvolvimento da América Latina*. Rio de Janeiro: Zahar, 1973.

CASTORIADIS, C. *As entrecruzilhadas do labirinto*. Rio de Janeiro: Paz & Terra, 1987.

CASTORIADIS, C. *Socialismo ou barbárie*: o conteúdo do socialismo. São Paulo, Brasiliense, 1983.

ESTEVA, G. Desenvolvimento. In: *Dicionário do desenvolvimento*. Guia para o conhecimento como poder. SACHS, I. (Org). Petrópolis: Vozes, 2000.

FURTADO, C. *Teoria e política do desenvolvimento econômico*. São Paulo: Editora Nacional, 1977.

HIRSCHMAN, A. *Estratégia do desenvolvimento econômico*. Rio de Janeiro: Fundo de Cultura, 1961.

LIPIETZ, A. *O capital e seu espaço*. São Paulo: Nobel, 1988.

MELLO, J. M. C. *O capitalismo tardio*. São Paulo: Brasiliense, 1982.

OLIVEIRA, F. *Crítica à razão dualista*. O ornitorrinco. São Paulo: Boitempo, 2003.

MYRDAL, G. *Teoria econômica e regiões subdesenvolvidas*. Rio de Janeiro: Saga, 1965.

PERROUX, F. Notas sobre o conceito de polo de crescimento. In: PERROUX, F.; FRIEDMANN, J.; TINBERGEN, J. *A planificação e os polos de desenvolvimento*. Porto: Rés, 1975.

RICHARDSON, H. N. *Economia regional*. Teoria da localização, estrutura urbana e crescimento regional. Rio de Janeiro: Zahar, 1975.

SANTOS, L. B. *Desenvolvimento local: Estudo e análise da indústria de cimento Lafarge*. 79f. Relatório Parcial de Bolsa Iniciação Científica, Faculdade de Ciências e Tecnologia – Universidade Estadual Paulista, 2005.

SEM, A. *Desenvolvimento como liberdade*. São Paulo: Companhia das Letras, 2000.

______. O desenvolvimento como expansão das capacidades. *Lua nova*, São Paulo, n.28/29, p.313-333, 1993.

SINGER, Paul. *Curso de introdução à Economia Política*. Rio de Janeiro: Forense--Universitária, 1987.

SMITH, N. *Desenvolvimento desigual*. Rio de Janeiro: Bertrand, 1988.

SOJA, E. W. *Geografias pós-modernas*. A reafirmação do espaço na Teoria Social Crítica. Rio de Janeiro: Jorge Zahar, 1993.

______. Uma concepção materialista da espacialidade. In: BECKER, B. K.; COSTA, R. H. da; SILVEIRA, C. B. (orgs.). *Abordagens políticas da espacialidade*. Rio de Janeiro: UFRJ, 1983.

SOUZA, M. L. de. Algumas notas sobre a importância do espaço para o desenvolvimento social. *Revista Território*, n.3, p.13 – 36, Jul./Dez., 1997.

______. *O desafio metropolitano*. Um estudo sobre a problemática sócio-espacial nas metrópoles brasileiras. Rio de Janeiro: Bertrand Brasil, 2000.

______. O território: sobre espaço e poder, autonomia e desenvolvimento. In. CASTRO, I. E. de. et al. (orgs.). *Geografia*: conceitos e temas. Rio de Janeiro: Bertrand Brasil, 2003.

______. *Urbanização e desenvolvimento no Brasil atual*. São Paulo: Ática, 1996.

Distrito industrial

*Denise Cristina Bomtempo**

O termo *distrito industrial* é muito utilizado tanto na literatura acadêmica, em áreas como Economia, Administração de Empresas, Engenharia, Arquitetura, Planejamento Regional e Geografia, quanto nos estudos aplicados, sobretudo naqueles ligados às políticas de desenvolvimento regional. No que concerne aos estudos aplicados, de acordo com o trabalho desenvolvido pelo Departamento de Planejamento Econômico e Social da Comissão Interestadual da Bacia Paraná – Uruguai (CIBPU, 1968), a concepção de distrito industrial parte de um plano elaborado por uma equipe de profissionais técnicos que devem ser capazes de urbanizar e lotear terrenos para a construção de edifícios destinados ao uso industrial. As propostas do plano executivo definem a construção de fixos como ruas, desvios ferroviários e rodoviários, canalizações de água, gás, esgotos, rede elétrica etc., com o objetivo de fornecer suporte para instalação de unidades fabris. Denominadas lotes, distritos, parques, zonas ou aglomerações industriais, essas áreas, em concordância com o zoneamento do município, são destinadas, principalmente, à

* Universidade Estadual do Ceará, Fortaleza, CE – Brasil.

instalação de pequenas e médias empresas. Enquanto *forma*, o primeiro distrito industrial foi estabelecido na Inglaterra, em 1896, na cidade de Manchester: o Trafford Park. Nos Estados Unidos, o Clearing Industrial District foi fundado em 1899, numa área próxima a Chicago. Ambos os distritos foram construídos por agentes privados. Já na Itália, em 1904, por iniciativa da municipalidade local, foi criada a Zona Industrial de Nápoles. Na União Soviética, em 1922, a industrialização foi fomentada unicamente pelo Estado, sendo que as primeiras grandes empresas industriais localizaram-se próximas aos rios Don e Dnieper. Ao longo do século XX, a forma do distrito industrial foi disseminada em escala global, a ponto de Madras, na Índia, sediar um seminário, em 1961, para discutir a viabilidade técnica dos distritos industriais como ferramenta capaz de promover o desenvolvimento industrial.

No Brasil, os distritos industriais, ainda tomados como forma, foram criados a partir da década de 1940 (Volta Redonda-RJ, Jaguaré-SP e Contagem-MG). A iniciativa de criação dos distritos era tomada principalmente pelo governo estatal sob a perspectiva de fixar, em seus territórios, recursos econômicos e mão de obra que migravam para os centros urbanos industriais consolidados, como a cidade de São Paulo. Para a instalação dos distritos, além dos estados do Rio de Janeiro e São Paulo, foram selecionadas cidades que apresentavam características urbanas e industriais em fase inicial e que ocupavam uma posição central na escala regional. A princípio, os estados que elaboraram políticas de organização dos distritos industriais foram Rio Grande do Sul, Paraná, Bahia, Paraíba, Pernambuco, Ceará e Espírito Santo, além de São Paulo, Minas Gerais e Rio de Janeiro.

Na literatura científica, os distritos industriais, entendidos a partir de sua *forma* e *função*, representam um eixo analítico que permite realizar leituras das relações estabelecidas entre economia, território e indústria. A partir do desenvolvimento de pesquisas baseadas em discussões teóricas e trabalho empírico, muitas foram as denominações e derivações, em alguns casos taxativas, atribuídas ao conceito de distrito industrial. Entre elas, temos distrito industrial localizado, sistema produtivo localizado, meio de inovação, *cluster*, sistema produtivo e inovativo local, arranjo produtivo local, entre outros.

O economista inglês Alfred Marshall, a partir de um trabalho empírico de observação das indústrias na Inglaterra, elaborou as primeiras reflexões sobre os distritos industriais, que *a priori* foram denominados *indústrias localizadas*. Entre seus estudos destacam-se *Princípios de economia política* (Marshall, 1988 – capítulo X do livro IV) e "Indústria e Comércio" (Marshall, 1988 – capítulo VI do livro II), que abordam diretamente questões relacionadas aos distritos industriais. Marshall verificou que as indústrias inglesas, em especial as pesadas, como as metalúrgicas, as carboníferas, as coureiras e as oleiras, elegeram fatores que definiram sua localização: características do clima e do solo, proximidade do mercado consumidor e da matéria-prima – a existência de minas, de pedreiras, o acesso à terra e à água. O espaço definido pelas indústrias e caracterizado pelos aspectos físicos se diferenciaria de outros de acordo com os ideais de vida, de religião e de posição política da população residente. A formação de regiões diferenciadas do ponto de vista industrial ocorreria a partir desses determinantes agregados. Em determinado espaço, a concentração de indústrias principais permitiu o aparecimento de subsidiárias. Elas foram responsáveis, por um lado, pela formação de um mercado de trabalho especializado e por empregar mão de obra feminina e infantil não utilizada nas indústrias pesadas, além de, por outro lado, diversificar os serviços atrelados à atividade industrial. Esse conjunto formado por uma empresa principal, inúmeras pequenas e médias empresas subsidiárias, população local qualificada e instituições, de acordo com Marshall, representava o princípio da formação de uma *atmosfera industrial* que imprimiu dinâmicas econômicas diferenciadas nas regiões em que a indústria se apresentava de maneira aglomerada. Segundo o autor, numa aglomeração industrial, diferente das indústrias, a *atmosfera industrial* não se desloca e, portanto, nesse ambiente existe uma intensa divisão do trabalho e "os segredos da indústria deixam de ser segredos, eles permanecem no ar, e as crianças que convivem nesse meio inconscientemente absorvem grande parte deles" (Marshall, 2000, p.123-48). Esse saber fazer é passado de geração em geração e se apresenta como princípio da formação de um distrito industrial especializado. Assim, a origem do distrito industrial se revela na existência de vantagens que podem ser internas, que se referem às características do meio social e cultural em que a empresa está inserida, e externas, permeadas pela interdependência técnica das atividades complementares do ramo produtivo. Essa interdependência de vantagens do mercado e dos agentes locais é a base sobre a qual se assentam os distritos industriais.

Desse modo, Marshall definiu o conceito de distrito industrial como "uma forma típica de organização produtiva territorializada no qual as relações entre as empresas são regidas por um conjunto de regras, implícitas ou explicitas, mediante normas do mercado e do código social" (Marshall, 1988). O distrito industrial funciona em conformidade com uma lógica territorial em que a hierarquia é substituída pela reciprocidade dos agentes, que possuem uma relação de vida própria com o local, muito além da simples relação de produção e comercialização.

Benko (1997) afirma que, durante o século XX, sobretudo na primeira metade, foi quase inexistente a produção de análises territoriais focadas nos distritos industriais. Isso se deve ao fato de o sistema capitalista estar pautado no fordismo, na produção em massa das grandes empresas industriais e na rígida divisão do trabalho fabril. Foi na década de 1960 e, com mais ênfase na de 1970, por causa das profundas mudanças e crises desse sistema de produção sentidas, principalmente, nos países em que a gestão e a produção industrial das grandes empresas estavam concentradas e centralizadas, que a discussão proposta por Marshall foi retomada. Isso porque os lucros das pequenas e médias empresas, estruturadas de maneira flexível, tornaram-se relativamente maior do que nas grandes atuantes no mercado de produção global. Primeiramente, a retomada dos trabalhos sobre os distritos industriais se deu por meio de interpretações de pesquisadores italianos, tais como Sebastiano Brusco, Carlo Trigilia, Arnaldo Bagnasco, Giacomo Becattini, entre outros, que estudaram uma região específica da Itália, denominada Terza Italia (Terceira Itália). Esses autores analisaram principalmente a ação das pequenas e médias empresas industriais instaladas em cidades médias, localizadas no Nordeste e no Centro (NEC) da Itália. Essas áreas gozavam de tradição agrícola e, até a década de 1960, forneciam mão de obra barata para as grandes empresas instaladas no norte do país. Num contexto de descentralização produtiva dos conglomerados industriais, de evolução da demanda de bens estandardizados e do papel das novas tecnologias, os lugares que possuíam determinada estrutura socioeconômica local, valores culturais e ação de instituições locais tornaram-se potenciais para o surgimento de uma rede de pequenas e médias empresas especializadas e articuladas às grandes, entre elas o NEC italiano. Os distritos industriais representavam uma possibilidade alternativa de desenvolvimento diante dos problemas da macroeconomia e, ao mesmo tempo, do ponto de vista da produção do conhecimento, permitiam uma análise econômica do território a partir da escala local, considerando a eficiência e a cooperação dos agentes envolvidos nessa atividade.

Becattini (1990, 1992) entende que as vantagens competitivas típicas das grandes empresas podiam ser obtidas a partir da produção industrial das pequenas e médias empresas (PME) concentradas territorialmente e especializadas em diferentes fases da produção. Tais empresas, formadas em grande medida por capital local e mão de obra qualificada também local, dispunham de condições para competir no mercado. Além disso, os trabalhadores empregados nos distritos industriais, diferentemente dos que predominavam no fordismo, eram flexíveis, autônomos, móveis e aceitavam desempenhar trabalhos desregulamentados, ou seja, sem receber todos os direitos trabalhistas. Desse modo, Becattini (1990), a partir de Marshall, definiu essas áreas de atuação das pequenas e médias empresas, com base na coletividade local, como *distritos industriais localizados*, entendidos como "uma entidade socioterritorial caracterizada pela presença ativa de uma comunidade de pessoas e uma população de empresas aglomeradas num dado espaço geográfico" (Becattini, 1990, p.38). Nesse sentido, a organização dos *distritos industriais localizados* se deve à existência de vantagens que se manifestam sobre a forma de externalidades não transferíveis, insubstituíveis e que preservam a competitividade e a posição das empresas locais no mercado externo. Tais vantagens específicas são construídas por meio de processos de aprendizagens passados de geração em geração.

De acordo com Pyke, Becattini e Sengenberger (1990), os distritos são geograficamente definidos como *sistemas produtivos* caracterizados por um grande número de empresas envolvidas em vários estágios da produção de um determinado produto. A constituinte marcante do distrito industrial é que grande parte das empresas é considerada média, pequena ou micro.

Os autores afirmam que os distritos industriais devem ser concebidos como um todo social, econômico, político e institucional que apresenta inter-relações entre tais esferas. Esse tipo de organização é parcialmente captado pela noção de descentralização vertical e, por isso, marcado pelas relações interempresariais; ou seja, existe cooperação e coesão entre os agentes envolvidos na atividade industrial. Esses agentes trabalham na perspectiva de resolver os conflitos que são de interesses do conjunto.

No caso italiano, para Becattini (1990, 1992), as condições necessárias para o surgimento, o funcionamento, o rápido crescimento e a consolidação dos distritos industriais localizados foram as seguintes: a) espírito e capacidade empreendedora dos agentes locais; b) proximidade com as atividades do campo; c) flexibilidade do ponto de vista da produção e do trabalho; d) presença de instituições locais; e) existência de mão de obra barata e qualificada no local.

Pyke, Becattini e Sengenberger (1990) assinalam que, nos distritos industriais italianos, predomina a adoção de trabalhadores locais, muitas vezes pertencentes à mesma família e dedicados aos afazeres do campo, que guardam um saber fazer especializado, passado de geração em geração, de modo que eles cooperem para vencer as demandas necessárias. Nesse contexto, muitas são as leituras com relação ao pagamento dos salários e às condições de trabalho a que estão submetidos os trabalhadores desses *distritos industriais localizados*. Para Trigilia (1986), os salários são subestimados em relação ao nível nacional; isso se deve ao fato de não haver, nessas áreas, uma forte atuação sindicalista, pois os distritos estão inseridos em áreas agrícolas e, portanto, de baixa tradição industrial e sindical. Brusco (1990), por sua vez, diz que os salários dos distritos são comparáveis à média paga pelas grandes empresas, embora a dispersão dos ganhos seja maior. Amin e Robins (1990) não têm uma visão otimista com relação à adoção de mão de obra qualificada e flexível nos distritos industriais. Para esses autores, o dito desenvolvimento teria ocorrido com base na adoção de trabalho barato. No mesmo sentido caminham as análises de Brutti e Calistri (1990), para quem as condições de trabalho eram, muitas vezes, intoleráveis, e a remuneração estava aquém do pretendido pelas pessoas. Azaïs (2000) afirma que as condições precárias de trabalho existentes nos distritos industriais italianos devem-se ao fato de o território ter se tornado subcontratado; ou seja, a identidade local, a autonomia, o trabalho qualificado e flexível, a ação das instituições locais, a cultura, a religião e a política endógena que predominavam na região em que os distritos estavam instalados, ao longo do tempo, passaram a ser controlados pelas grandes empresas que adotaram, como estratégia de ampliação dos lucros, a subcontratação das pequenas e médias empresas especializadas. Esse fato acentuou tanto a precarização das relações do trabalho como as políticas atreladas ao desenvolvimento regional. As instituições locais, que eram autônomas e atuavam do ponto de vista da inovação e gestão de acordo com os interesses da coletividade local, tiveram sua autonomia reduzida nesse novo contexto de articulação com os agentes externos.

Por se tratar de uma organização específica, caracterizada pela formação endógena, do ponto de vista territorial, social, econômico, político, cultural e ambiental, os autores italianos sugerem que uma das razões pelas quais os trabalhadores qualificados se submetem a receber baixos salários em relação à média nacional reside no fato de que, nos distritos industriais, o local de trabalho está intimamente articulado ao local de residência, que na percepção dos trabalhadores representa indícios de qualidade de vida. Isso porque esses trabalhadores se encontram próximos à comunidade em que possuem suas relações e práticas cotidianas vinculadas à habitação, ao meio ambiente, à cultura e à religião; ou seja, no ambiente do distrito industrial italiano não são apenas as relações econômicas que predominam. No entanto, Becattini (1990, 1992) observa que se tornou evidente a presença de migrantes estrangeiros nas áreas em que se concentram os distritos industriais. Esse fato favoreceu ainda mais o rebaixamento dos salários e a precariedade das condições de trabalho. A partir desses aspectos, conclui-se que a vida fora do ambiente do distrito industrial seria mais difícil, sobretudo para os trabalhadores locais, pois as relações sociais, culturais e de proximidade seriam desarticuladas.

Outro ponto que merece destaque, com relação aos distritos industriais italianos, é a questão da flexibilidade, parte integrante do sistema de acumulação flexível. Nesse contexto, ela não é entendida apenas pelas relações de trabalho, mas também pelas práticas cotidianas dos agentes locais. Desse modo, as experiências no tocante à predominância das relações flexíveis seriam de difícil mensuração, dado que a subjetividade é componente desse ambiente de produção industrial. Diante das especificidades dos *distritos industriais localizados* na Itália, autores como Piore e Sabel (1984) passaram a questionar a possibilidade de existência desses sistemas produtivos em outros ambientes que poderiam não apresentar as características endógenas do caso italiano. No trabalho intitulado *The Second Industrial Divide* [A segunda divisão industrial], Piore e Sabel (1984) afirmaram que os distritos industriais podem ser classificados como casos particulares de uma tendência mais geral. Ou seja, num contexto fordista, caracterizado pela produção em massa e estrutura rígida, sucedeu "um regime fundado na relação direta com o mercado, na introdução constante de tecnologia, na especialização flexível e na constante recombinação da produção", em que a "forma espacial seria os distritos industriais" (Piore; Sabel, 1984, p.29,30). Essa nova bifurcação industrial se manisfestou também nos lugares onde predominavam a "liderança de instituições regionais, cooperação e competição entre as firmas, presença de mão de obra qualificada, organização do trabalho e da produção flexível, inserção de tecnologias e sistemas de inovação descentralizados" (ibid., p.29). Além da Terza Italia, os pesquisadores consideram ambientes com características de distritos industriais especializados tais quais regiões dos Estados Unidos, como o Silicon Valley; Baden Nuremberg, na Alemanha; e várias áreas do território japonês, entre elas, Shizuoka, Gifu, Chiba, Osaka, Gifu etc.

Para Piore e Sabel (1984), uma das características centrais dos distritos consiste na relação social que as empresas estabelecem com o mercado, isto é, elas produzem uma gama de produtos altamente diferenciados para atender ao mercado regional e ao exterior. Para tanto, há uma constante alteração dos bens produzidos para conquistar novas parcelas do mercado. Esse fato justifica a renovação constante do portfólio dos produtos oferecidos pelas pequenas e médias empresas especializadas, que necessitam, diante do contexto, de uma intensa flexibilidade da produção, da adoção de novas tecnologias e força de trabalho, que deve ser polivalente, qualificada e disposta a atender às exigências. Desse modo, a utilização de tecnologias nessas empresas é amplamente flexível e aplicável em outras empresas que competem e ao mesmo tempo cooperam, retroalimentando sempre a *atmosfera industrial* do distrito. Por isso, as instituições tiveram como desafio criar um ambiente no qual habilidades e equipamentos pudessem ser constantemente recombinados, a fim de produzir uma variedade de mercadorias. Num local com tais características, a concorrência deixou de ser pela via do pagamento de baixos salários e redução de preços, e o que aflorou, de fato, foi a inovação de produtos e processos.

Em síntese, os distritos industriais localizados são caracterizados pela especialização setorial, predominância de PME, proximidade geográfica, cooperação e competição interfirmas determinada pela inovação, troca de informações baseada na confiança construída socialmente, organizações e instituições de apoio que oferecem serviços e parceria com o poder público local. Esse desenho de distrito é compatível com os *meios de inovação* e o *sistema local de inovação*. O estudioso que, de maneira pioneira, iniciou a discussão acerca dos meios de inovação foi o economista regional francês Phillipe Aydalot, com a publicação de um trabalho sobre os meios de inovação na Europa – *Les milieux inovateurs en Europe* [Os meios inovadores na Europa] (1986). Como consequência da discussão proposta por esse autor foi instituído, na década de 1990, o Groupe de Recherche Europeen sur les Milieux Innovaterus (Grupo de Pesquisa sobre os Meios Inovadores) – Gremi, formado por pesquisadores europeus e estadunidenses. Fundamentados nos estudos de Aydalot, mas também com interpretações próprias, tais teóricos realizaram suas reflexões acerca da inovação tecnológica e do desenvolvimento dos *sistemas produtivos de inovação*, considerando que a empresa não era o único agente capaz de produzir o *meio inovador*, mas o *meio*, caracterizado como um *território construído*, formado a partir da organização de agentes locais e, portanto, fundamentado no comportamento coletivo, era capaz de incitar a inovação e também estruturar redes que agregam agentes internos e externos. A tese levantada pelo Gremi é de que a "inovação é um processo coletivo no qual as relações interempresariais e de cooperação podem acelerar a competição e coordenação" (Fernandes, 2004, p.71). Esse processo foi denominado por Ayadalot (1986) como *meios que empreendem e inovam*. As constatações apresentadas pelos integrantes do Gremi demonstraram que as empresas inovadoras tendem a se concentrar principalmente em áreas metropolitanas, mas não descartam a localização em cidades médias ou pequenas ou, até mesmo, em áreas rurais, desde que a ação dos agentes locais em coletividade contribua para a constituição de um meio inovador capaz de atender, por um lado, às demandas da empresa e, por outro, à própria coletividade local. Nesse sentido, o conceito de meio inovador se assemelha, de certa maneira, ao de distrito industrial localizado, de Marshall, por estar atrelado à concentração e à acumulação de um saber fazer técnico, ou seja, qualificação de pessoal, existência de infraestrutura tecnológica presente nas universidades e centros de pesquisa de excelência. Além disso, a proximidade geográfica entre as empresas com potencial de inovação e instituições locais que cooperam e inovam permite que as externalidades positivas sejam geradas e facilitem as trocas de informação, bem como a mobilidade de profissionais, a realização conjunta dos projetos e a viabilidade de instalação de serviços avançados etc., garantindo, assim, a inovação (Gilly; Torre, 2000, p.10-33; Fernandes, 2004).

Para Courlet e Pecqueur (1998), a análise das dinâmicas, pautada na experiência dos *milieux innovateurs* (meios inovadores) ou dos *systèmes productifs localisés* (sistemas produtivos localizados), admite uma explicação renovada dos processos de industrialização e desenvolvimento. Ela ainda pode contribuir para elaboração de uma síntese que permite entender a simbiose entre dinâmica econômica e território. Essa perspectiva analítica da economia e do território pela via da indústria, da inovação e do mercado, enquanto construção social e dos agentes endógenos, foi tão significativa que possibilitou a estruturação da École de la Proximité (Escola da Proximidade) na França.

Nesse ponto de vista, defende-se a tese de que os meios inovadores não são formados apenas pela proximidade geográfica das empresas e dos agentes, mas também pela proximidade organizacional. Esta última não implica necessariamente que as firmas e os agentes estejam localizados num espaço contínuo, mas que estejam articulados de modo a estruturar uma relação contígua a determinado meio. Essa proximidade organizacional se concretiza pelo desenvolvimento de sistemas de informação e comunicação que favorecem o diálogo e a tomada de decisões dos agentes, sejam eles endógenos ou articulados ao meio pelas redes de inovação. Em continuidade ao entendimento das dinâmicas territoriais pela via da aglomeração espacial da indústria, pesquisadores estadunidenses fizeram uma releitura do conceito de distritos industriais marshallianos com o intuito de entender, a partir da década de 1970, a concentração industrial, principalmente nos Estados Unidos. Para tanto, eles se pautaram pela definição de *clusters*. Sandroni (2005) registra que, em inglês, *cluster* significa "blocos ou agrupamentos" e pode ser empregado em múltiplos contextos. Na informática, convém utilizá-lo para "designar conglomerados formados por computadores, em geral de médio porte, por servidores e periféricos". Na indústria, o termo pode ser utilizado quando se destaca o agrupamento de indústrias que possuem características comuns. Além dessas duas assertivas, o termo pode ser compreendido como

> uma concentração geograficamente delimitada de negócios independentes que se comunicam, dialogam e transacionam para partilhar coletivamente tanto oportunidades quanto ameaças, gerando assim conhecimento, concorrência inovadora, chances de cooperação, adequada infraestrutura, podendo atrair serviços especializados correspondentes e outros negócios correlacionados. (Sandroni, 2005, p.150-51)

Para Krugman (1991), antes de se entender o significado de *cluster*, é preciso compreender quais foram os requisitos básicos que levaram à concentração espacial de indústrias. E a condição *sine qua non* para formação de um *cluster* seria a existência de economias externas, uma vez que elas articulam as empresas aos fornecedores, aos prestadores de serviços e ao mercado, gerando um ambiente competitivo que permite cooperação. Porter (1998), por sua vez, afirma que o *cluster* pode ser uma nova possibilidade de entender a localização industrial, considerando o papel das instituições e do poder público como indutores do ambiente competitivo com vistas a promover o desenvolvimento econômico regional. Desse modo, para o referido autor, os *clusters* podem ser definidos enquanto aglomeração geográfica de empresas de vários portes, mas com predominância de pequenas empresas não verticalizadas, fabricantes de produtos iguais ou similares, prestadores de serviços e fornecedores.

Os *clusters* não apresentam uma forma organizacional homogênea porque se originaram em momentos oportunos e de maneira espontânea. Entre as configurações que foram produzidas, podemos citar: a) presença de empresas líderes que operam redes de pequenas empresas subcontratadas; b) redes autônomas de pequenas empresas; c) estruturas dominadas por grandes empresas externas de comercialização; d) predominância de alguma forma de governança pública ou privada local. De todo modo, alguma forma de coordenação – relações de mercado, estrutura de governança, liderança local – deve existir. Além disso, a proximidade geográfica entre agentes (empresas, instituições e centros de pesquisa) é essencial para a coordenação, bem como para o aproveitamento das economias externas locais e a disseminação de novos conhecimentos (Suzigan; Garcia; Furtado, 2005, p.289). A organização dos *clusters* se assemelha aos distritos italianos, aos sistemas produtivos especializados e ao meio inovador por estarem condicionados à construção histórica, pois a formação ocorre a partir da ação dos agentes, das instituições e da cultura local. Esses fatores condicionam a especialização produtiva entre agentes locais com base para ações conjuntas de cooperação e divisão de trabalho, para a criação de instituições de apoio às empresas e para a estrutura de governança prevalecente. Permitem também que os *clusters* combinem em proporções variáveis, caso a caso, elementos de cooperação e competição (ibid., p.290).

No Brasil, principalmente na década de 1990, o conceito de *cluster* foi traduzido como *arranjo produtivo local* (APL) ou *sistema produtivo e inovativo local*. Foi adotado por pesquisadores e gestores públicos, como possibilidade de elaboração de políticas públicas para fomentar o desenvolvimento regional. Em várias universidades brasileiras, entre elas a Universidade Federal do Rio de Janeiro (UFRJ), foram realizados discussões e trabalhos relacionando a concentração espacial de ramos industriais à formação de sistema produtivo e inovativo local. Nesse contexto, destaca-se a Rede de Pesquisa em Sistemas Produtivos e Inovativos Locais (Redesist), uma rede de pesquisadores com viés interdisciplinar, formalizada em 1997, com sede no Instituto de Economia, que conta com a participação de várias universidades e institutos de pesquisa no Brasil, além de manter parcerias com outras instituições da América Latina, da Europa e da Ásia. De acordo com a Redesist, compreende-se por *arranjo produtivo local* (APL) ou *sistema produtivo e inovativo local* um conjunto específico de atividades econômicas que possibilite e privilegie a análise de interações, particularmente aquelas que levem à introdução de novos produtos e processos.

Para isso são fundamentais as relações técnicas e outras, formais e informais, entre diferentes agentes visando adquirir, gerar e difundir conhecimentos. Tais arranjos apresentam fortes vínculos envolvendo agentes localizados no mesmo território; por sua vez, as interações referem-se não apenas a empresas atuantes em diversos ramos de atividade e suas diversas formas de representação e associação (particularmente cooperativas, mas também a diversas outras instituições públicas e privadas) (Lastres; Cassiolato, 2005, p.332).

Por fim, é importante ressaltar que o termo distrito industrial refere-se tanto à *forma* quanto à *função*. No que se refere à forma, considera-se um distrito industrial a aglomeração de unidades produtivas numa área definida a partir de um projeto de zoneamento urbano, elaborado por uma equipe de profissionais com perfil técnico, que conta com infraestruturas adequadas para instalação de unidades fabris, circulação de matérias primas, mercadorias, pessoas e informações. No que concerne à forma e à função, a interpretação acadêmica do termo distrito industrial foi realizada por muitos teóricos com a perspectiva de entender a localização industrial não apenas por uma visão estrutural dos modelos econômicos de interpretação da realidade, mas por considerar as escalas intermediária e local como possíveis promotoras do desenvolvimento regional, uma vez que, de maneira geral, a configuração dos distritos industriais está vinculada à aglomeração, sobretudo de pequenas e médias empresas especializadas envolvidas numa atmosfera particular, formada por agentes locais (instituições, associações, empresas, poder público, empresários, trabalhadores e comunidade em geral). Além disso, as empresas são alicerçadas na produção flexível, no emprego de mão de obra qualificada e flexível, principalmente de origem local, na cooperação e na competitividade entre as firmas, no desenvolvimento de tecnologias inovadoras por institutos de pesquisas e, principalmente, na produção especializada de mercadorias baseada no sistema flexível e na relação direta com o mercado.

Enfim, de acordo com Benko (2008), o paradigma dito marshalliano (Marshall foi quem primeiro elaborou a definição de distrito industrial) renovou a análise espacial da economia ao longo do século XX. E esse modelo se sustentará enquanto possibilidade de interpretação da economia, da indústria e do território em suas várias dimensões, num ambiente econômico e político em que a globalização se afirma enquanto processo e que os resultados são, entre outros, a dispersão industrial na escala global e a formação de circuitos produtivos complexos – ou seja, formados por múltiplos agentes que se articulam, em muitos casos, por intermédio de redes técnicas integradas pelos sistemas de comunicação.

Para ler mais:

AYDALOT, Philippe. *Les milieux innovateurs en Europe.* Paris: Gremi, 1986.

AMIN, Ash; ROBINS, Kevin. Industrial Districts and regional development: limits and possibilities. In: PYKE, Frank; BECATTINI, Giacomo; SENGENBERGER, Werner. *Industrial Districts and Inter-Firm Co-Operation in Italy.* Genova: International Institute for Labour Studies, 1990, p.185-219.

AZAÏS, Christian. Temps et travail. Une lecture de la dynamique territoriale. XXXVI Colloque de l'Association de Science Régionale de Langue Française. Crans Montana (Suisse), 6-9 set. 2000.

BECATTINI, Giacomo. The marshallian industrial district as a socio-economic notion. In: PYKE, Frank; BECATTINI, Giacomo; SENGENBERGER, Werner (dirs.). *Industrial Districts and Inter-Firm Co-Operation in Italy.* Genova: International Institute for Labour Studies, 1990, p.37- 51.

_____. Le district industriel: milieu creatif. *Espaces & Société,* v.66/67, 1992, p.147-63.

BENKO, Georges; DUNFORD, Mick; HEURLEY, J. Districts industriels: vingt ans de recherché. *Espaces et Sociétés,* v.88/89, 1997, p.305-27.

_____. La géographie économique: um siècle d'histoire. In: *Annales de Géographie.* Les espaces économiques de la Géographie. Paris: Armand Colin, 117e. année, n.664, nov.-dez., 2008.

BRUSCO, Sebastiano. The idea of the Industrial District: its genesis. In: PYKE, Frank; BECATTINI, Giacomo; SENGENBERGER, Werner. *Industrial Districts and Inter-Firm Co-Operation in Italy.* Genova: International Institute for Labour Studies, 1990, p.10-19.

BRUTTI, Paolo; CALISTRI, Franco. Industrial Districts and the unions. In: PYKE, Frank; BECATTINI, Giacomo; SENGENBERGER, Werner (eds.). *Industrial Districts and Inter-Firm Co-Operation in Italy.* Genova: International Institute for Labour Studies, 1990, p.134-59.

COMISSÃO INTERESTADUAL DA BACIA DO PARANÁ – URUGUAI / Departamento de Planejamento Econômico e Social. *Projeto de um distrito industrial:* Presidente Prudente. São Paulo: Imprensa Oficial do Estado, 1968.

COURLET, Claude; PECQUEUR, Bernard. Systèmes productifs localisés et développement: le cas des économies émergentes et en transition. In: PROULX, Marc-Urbain (dir.). *Territoires et développement économique*. Paris: L'Hamattan, 1998, p.49-63.

FERNANDES, Rui J. G. *Dinâmicas industriais, inovação e território*. Abordagem geográfica a partir do centro litoral de Portugal. Coimbra: Fundação Calouste Gulbenkian; Ministério da Ciência e do Ensino Superior, 2004.

GILLY, Jean-Pierre; TORRE, André. *Dynamiques de proximité*. Paris: L'Harmattan, 2000.

KRUGMAN, Paul. Increasing Returns and Economic Geography. *The Journal of Political Economy*, v.99, n.3, jun. 1991, p.483-499. Disponível em: <http://links.jstor.org/sici?sici=0022-3808%28199106%2999%3A3%3C483%3AIRAEG%20%3E2.0.CO%3B2-6>.

LASTRES, Helena M. M.; CASSIOLATO, José Eduardo. Desafios e oportunidades para o aprendizado em sistemas produtivos inovativos na América Latina. In: DINIZ, Clélio C.; LEMOS, Borges M. (orgs.). *Economia e território*. Belo Horizonte: Editora UFMG, 2005, p.287-320. Acesso em: 24 ago. 2017.

LÉVY, Jacques; LUSSAULT, Michel. *Dictionnaire de la géographie et de l'espace des sociétés*. Paris: Éditions Belin, 2003.

MARSHALL, Alfred. *Princípios de economia*. Coleção os Economistas. São Paulo: Nova Cultural, 1988.

______. Le district industriel d' Alfred Marshall. *Revue Géographie, Économie, Société*, v.2, n.1, 2000, p.123-48.

PIORE, J. Michael; SABEL, Charles F. *The Second Industrial Divide*. Nova York: Basic Books, Inc., 1984.

PORTER, Michael. Clusters and the economics and competition. *Harvard Business Review of Economy Policy*, v.14, n.2, 1998.

PYKE, Frank; BECATTINI, Giacomo; SENGENBERGER, Werner. *Industrial Districts and Inter-Firm Co-Operation in Italy*. Genova: International Institute for Labour Studies, 1990.

REVUE d'Économie Regionale & Urbaine. La proximnité: 15 ans déjà! *Revue d'Économie Regionale & Urbaine*, Paris, Armand Colin, n.3, 2008.

SANDRONI, Paulo. *Dicionário de economia do século XXI*. Rio de Janeiro: Editora Record, 2005.

SUZIGAN, Wilson; GARCIA, Renato; FURTADO, João. Sistemas locais de produção/inovação. Metodologia para identificação, estudos de casos e sugestões de políticas. In: DINIZ, Clélio C.; LEMOS, Borges M. *Economia e território*. Belo Horizonte: Editora UFMG, 2005, p.287-320.

TRIGILIA, Carlo. Small firm development and political subcultures in Italy. *European Sociological Review*, v.2, n.3, 1986, p.161-175.

E

Ecologia humana

*Oscar Sobarzo**

A ecologia humana, que se constituiu no primeiro esforço teórico-metodológico para a análise da cidade, surgiu na denominada Escola de Chicago que, a partir da Sociologia, construiu um modelo interpretativo para os fenômenos urbanos, com fortes influências em outras disciplinas, especialmente na Psicologia Social, na Geografia Urbana e na Economia Urbana. O termo *ecologia humana* é utilizado pela primeira vez por Robert Park em seu texto clássico de 1916, *A cidade: sugestões para a investigação do comportamento humano no meio urbano*, sendo definido como a ciência que procura descrever as constelações típicas de pessoas e instituições produzidas pelas forças que atuam nas comunidades urbanas. Em outras palavras, a ecologia humana procurava aplicar ao estudo das comunidades humanas o esquema teórico básico das ecologias vegetal e animal, sendo tributária direta dos postulados naturalistas de Darwin, Haeckel e Spencer. Nesse sentido, o fato de Park ter estudado em universidades alemãs deve ser levado em conta, especialmente pela posterior difusão dessas ideias no Departamento de Sociologia da Universidade de Chicago.

* Universidade Federal de Sergipe, Itabaiana, SE – Brasil.

Contudo, segundo Theodorson (1974), a ecologia humana tinha surgido muito antes da sistematização realizada pela Escola de Chicago, porém sem essa denominação. Merecem destaque, nesse sentido, os estudos sobre a distribuição da criminalidade e outros problemas sociais realizados no século XIX por Elmer, na França, e Levin e Lindesmith, na Inglaterra.

As reflexões da ecologia humana podem ser divididas em dois momentos: nas décadas de 1920 e 1930 predominou a chamada posição clássica (Theodorson, 1974) ou a da primeira geração da Escola de Chicago (Gottdiener, 1997); posteriormente à Segunda Guerra Mundial consolida-se uma postura crítica desse primeiro enfoque, surgindo o enfoque ecológico contemporâneo (Theodorson, 1974) ou a ecologia urbana contemporânea (Gottdiener, 1997 – que fala, indistintamente, de ecologia humana e urbana).

A ecologia humana clássica possuía uma clara orientação naturalista, reconhecendo como processo básico das relações humanas a competição, manifestada na luta pelo espaço. Contudo, em função da interdependência e da divisão do trabalho, reconhecia-se que a competição comportava certo grau de cooperação, tratando-se de uma cooperação competitiva baseada em relações de simbiose. Nesse contexto, os fatores econômicos ocupavam a base da organização espacial. Numa clara analogia biológica, a luta pela sobrevivência gerava a divisão funcional do trabalho, que por sua vez explicaria a ordem espacial da cidade, combinando forças competitivas e cooperativas. Os expoentes mais importantes dessa primeira ecologia humana foram Robert Park (1864-1944), Ernest Burgess (1886-1966), Roderick McKenzie (1885-1940) e Louis Wirth (1897-1952). Para Park, havia dois níveis na organização social: biótico e cultural. O nível biótico correspondia às relações de adaptação na luta pela existência. Em função dessa luta e das relações de cooperação competitiva, a sociedade se organizava e resultava numa certa distribuição espacial dos indivíduos; portanto, a distribuição espacial reflete a organização no nível biótico da sociedade. Nesse processo, as forças econômicas exerciam um papel fundamental, dado que a organização econômica da cidade estava determinada pela divisão do trabalho fundamentada nas capacidades dos indivíduos e na seleção em função da competição. O nível cultural, baseado na comunicação e no consenso, era concebido como uma superestrutura do nível biótico sem importância no campo da pesquisa urbana. Do ponto de vista da estruturação urbana, a cidade estaria organizada em áreas naturais ou regiões morais determinadas pelos gostos, conveniências pessoais, interesses vocacionais e econômicos que tenderiam a segregar e a classificar as populações das grandes cidades, de forma tal que estas adquirem uma organização e distribuição da sua população que não é nem projetada nem controlada. Burgess, influenciado por Von Thünen, desenvolveu o modelo de crescimento das cidades segundo círculos concêntricos, no qual destacava o domínio e a influência do distrito comercial central sobre a estruturação do espaço urbano, resultando a formação natural de áreas homogêneas de população e atividades em função da distância ao centro. O modelo dos círculos concêntricos foi apresentado num texto de 1925, no qual o autor desenvolvia outras ideias que ficaram um pouco ofuscadas pela difusão do esquema. Dentre essas ideias é relevante destacar a importância que Burgess dava ao entendimento da expansão urbana como um processo. Sua idealização num modelo concêntrico tinha por trás uma explicação que entendia a expansão urbana como uma sequência de invasões e sucessões, de dentro para fora, de cada zona na imediatamente adjacente. Da mesma maneira, Burgess tinha clareza que propunha um esquema analítico ao qual dificilmente se ajustariam todas as cidades, destacando como aspecto "complicador" a presença de rios e lagos, estradas de ferro, fatores históricos, resistências das comunidades à invasão etc. Contudo, como é característico da primeira Escola de Chicago, suas análises estavam fortemente determinadas pelos princípios biológicos, situação exemplificada no uso do conceito "processos metabólicos" para pensar a organização e desorganização social.

No caso de McKenzie, suas reflexões estiveram mais influenciadas pela Economia que pela Biologia, chegando a reconhecer como fatores ecológicos os fatores culturais e técnicos. Contudo, segundo Theodorson (1974), ele não criticou Park pela exclusão da cultura nas análises ecológicas e aceitou a competição como processo ecológico básico. Para McKenzie, a ecologia humana estudava o processo, enquanto a Geografia estudava o espaço. Essa ideia assume uma concepção de espaço como um fixo, um morto, um resultado final sem dinamismo, que era a concepção de espaço que caracterizou a Geografia em grande parte do século XX. Por isso, é importante destacar a preocupação de McKenzie com a dinâmica dos fenômenos urbanos, que pode ser identificada em seu tratamento da distribuição, mobilidade, fluidez e distância, mas especialmente na definição de cinco processos ecológicos: concentração, centralização, segregação, invasão e sucessão. No mesmo sentido, a identificação dos fatores ecológicos (geográficos, reduzidos a fatores físicos – econômicos, culturais e técnicos e político-administrativos) e a constatação da existência de uma base estrutural na qual os processos ecológicos se manifestavam contribuíram com o avanço das reflexões da Escola de Chicago, mesmo que num contexto altamente determinista e influenciado pelas analogias biológicas.

A Louis Wirth devemos a apresentação de balanços sobre a Escola de Chicago, que ajudam a entender as suas preocupações e seus limites. Com efeito, seus artigos de 1938, "Urbanism as a way of life" [O urbanismo como modo de vida], e de 1945, "Human ecology" [Ecologia humana], apresentam as ideias da ecologia humana num contexto em que tinham surgido as primeiras críticas à chamada abordagem clássica. No primeiro texto, Wirth discute aspectos que ajudam a valorizar a Escola de Chicago – sempre tendo em conta suas limitações – por apresentar aportes conceituais e metodológicos para o estudo da cidade. Sua análise do urbanismo o interpreta como o modo de vida peculiar das cidades e a urbanização como o processo de expansão desse modo de vida, que não se esgota na população das cidades, mas se difunde a partir delas. Isso leva à problemática da influência que as cidades exercem sobre a vida social além de seu território restrito. Nesse sentido, a preocupação do autor com a definição de cidade e com a elaboração de uma teoria do urbanismo supera, como é analisado no texto, as definições segundo tamanho demográfico, densidade de população, atividades econômicas, disponibilidade de equipamentos e de organização política. A definição útil seria aquela que não somente possibilita destacar as características essenciais de todas as cidades, mas que também está aberta a descobrir as diferenças entre elas. Assim, Wirth propõe uma definição sociológica de cidade que a considera como um núcleo relativamente grande, denso e permanente de indivíduos socialmente heterogêneos. Dessa forma, a análise da cidade poderia ser abordada empiricamente de três perspectivas: como uma estrutura física, como um sistema de organização social e como um conjunto de atitudes e ideias e uma constelação de personalidades. A preocupação metodológica de Wirth pretendia possibilitar abordagens mais integradas e sistêmicas, permitindo aos sociólogos escapar de uma prática enunciativa e fragmentária em suas análises. Na mesma época da publicação desse artigo (segunda metade da década de 1930) começaram a surgir críticas à primeira Escola de Chicago que incluíam discussões sobre a aplicabilidade dos modelos, reificação de conceitos, tratamento estatístico e, principalmente, pela desconsideração dos fatores culturais nas análises ecológicas humanas. Estas últimas críticas continuariam na década de 1940. Nesse contexto, em 1945, Wirth publica um artigo que faz um balanço da Escola de Chicago, reconhecendo de maneira muito sutil a importância da cultura na organização ecológica. "Human ecology" também destacou as contribuições alcançadas pela chamada posição clássica, entre elas a diferenciação entre áreas administrativas (definidas legalmente) e naturais (definidas pelos fenômenos e relações sociais), os subsídios dados pela teoria ecológica ao planejamento e ao estudo de fenômenos de escala mundial, como os modelos de urbanização, as migrações, as relações entre Estados nacionais, as funções das fronteiras e os problemas das minorias. Finalmente, é importante destacar certo reconhecimento de Wirth sobre as limitações da ecologia humana para análise da vida social, ao destacar no final do artigo que ela alcança uma visão fragmentária e que precisa do trabalho com outras disciplinas. Esse aspecto é destacado por Castells (2000), quando ele aponta a dificuldade da Escola de Chicago em propor uma teoria da estrutura urbana e sua dedicação quase exclusiva de analisar empiricamente realidades urbanas isoladas. O autor é categórico ao classificar a ecologia humana clássica como uma concepção materialista vulgar arraigada em concepções organicistas evolucionistas. Contudo, segundo Vasconcelos (1999), essas críticas à analogia (e ao reducionismo) com os processos biológicos não impedem o reconhecimento das contribuições que esses autores deram para o avanço no entendimento da cidade, especialmente para o desenvolvimento da sociologia urbana.

Depois da década de 1940 surge a chamada ecologia humana contemporânea, que significa uma renovação nos pressupostos teóricos, principalmente pela incorporação dos aspectos culturais nas análises. Entretanto, como aponta Theodorson (1974), essa aceitação não significou um consenso nem foi homogênea, de forma tal que, segundo o autor, é possível diferenciar três enfoques nessa renovação da ecologia humana: o neo-ortodoxo, o sociocultural e a análise social de áreas. Como seu nome indica, o enfoque neo-ortodoxo constituiu uma continuação da posição clássica. Embora tenha rejeitado a diferenciação de Park entre nível biótico e nível cultural, não reconhece a cultura como um conceito explicativo fundamental. O principal expoente dessa corrente é Amos Hawley, sendo seu livro *Human Ecology* [Ecologia humana], de 1950, uma obra básica para se entender o enfoque neo-ortodoxo. No livro citado, dividido em quatro partes, Hawley começa com uma caracterização da ecologia (animal e vegetal) e da ecologia humana, definindo esta última como o estudo da forma e do desenvolvimento da estrutura comunitária na população humana.

Para complementar essa definição, podemos acrescentar que, em 1944, Hawley tinha definido a ecologia humana como o estudo descritivo da adaptação das populações humanas às condições de seus respectivos meios físicos; essa adaptação se concretizaria na forma da comunidade humana ou estrutura comunitária, entendida como um mecanismo adaptativo dos seres humanos. O autor marca uma diferença com a ecologia humana anterior porque, segundo ele, as preocupações de seus antecessores se centraram em demasia na elaboração de inventários e na representação cartográfica das distribuições das variáveis analisadas. Entretanto, ele não rompe com as analogias biológicas, especialmente no tratamento de aspectos como as relações de simbiose e comensalismo, a comunidade biótica e a adaptação dos seres humanos às condições do meio. Nesse sentido, o rótulo de neo-ortodoxia pode ser entendido claramente, já que Hawley assume que as características culturais não passam de técnicas de adaptação da população com seu habitat, sendo comparáveis aos comportamentos instintivos dos animais para a sobrevivência e adaptação ao meio físico. Dessa maneira, Hawley reconhece que a cultura é um fator que deve ser considerado, mas ao mesmo tempo a reduz a uma simples técnica adaptativa. Ainda na primeira parte do livro, o autor realiza uma diferenciação entre a ecologia humana e outras ciências sociais: Demografia, Economia e Geografia Humana. As diferenças principais seriam que a Geografia Humana trata dos homens e suas atividades na perspectiva de fenômenos visíveis e com uma distribuição definida, sem preocupação com as inter-relações humanas; já a ecologia humana se concentra nas interdependências humanas que se desenvolvem na ação e reação de uma população com seu habitat. Em outras palavras, a Geografia estaria mais preocupada com a distribuição dos fenômenos num determinado momento, enquanto a ecologia humana procuraria descrever os processos e as formas da adaptação ao meio. Na segunda parte do livro, Hawley trata da população na perspectiva do seu habitat, crescimento, composição e equilíbrio. Na terceira parte, o autor analisa a organização ecológica, entendida como o complexo de inter-relações funcionais que permitem a vida do homem, analisando a diferenciação e a estrutura da comunidade, e as características espaciais e temporais da organização ecológica. Finalmente, na quarta parte do livro, são analisados aspectos da mudança e do desenvolvimento da organização ecológica, centrados na mobilidade da população e na expansão urbana, ambos tratados com um forte apelo às influências das tecnologias e dos custos de transporte.

A segunda abordagem da ecologia humana contemporânea, denominada enfoque sociocultural, difere diametralmente do anterior porque valorizou a cultura como o principal conceito explicativo nas suas análises. Nesse sentido, podem ser destacados estudos sobre o valor simbólico do espaço influenciado por elementos culturais; análises sobre grupos étnicos, imigrantes, minorias raciais e grupos religiosos, em que as características culturais significam relações espaciais específicas e diferenciadas. O enfoque denominado como análise social de áreas correspondeu, principalmente, a uma tendência de análise consolidada depois da Segunda Guerra Mundial, em função da disponibilidade de dados censitários desagregados e novas técnicas estatísticas que permitiam o tratamento e a correlação de uma série de variáveis que podiam ser sintetizadas, segundo os pressupostos desse enfoque, em índices ou fatores com alto grau de explicação da estruturação das cidades analisadas e facilmente mapeáveis. Shevky e Williams são considerados os pioneiros desse enfoque com seu trabalho de 1949 sobre a cidade de Los Angeles, mas a nova proposta consolidou-se em 1955 com a publicação do livro *Social Area Analysis* [Análise de área social], de Shevky e Bell. Baseados em Gottdiener (1997) podemos apontar as principais limitações da ecologia urbana contemporânea, especialmente sobre as colocações de Hawley. Em primeiro lugar, ele reduz as relações humanas aos seus aspectos biológicos, assumindo uma visão cooperativa e ignorando as influências de classe, *status* e poder político e a competição destacada pela primeira Escola de Chicago. Em segundo, possui um viés conservador pela importância dada aos processos de adaptação e integração funcional, além de não considerar as relações de conflito social. Em terceiro lugar, as explicações sobre as mudanças e os processos de expansão urbana demonstram um forte determinismo tecnológico, dependente das inovações nos sistemas de transportes e comunicações. Essas críticas são amplamente justificadas, especialmente pela tendência da ecologia humana, tanto a clássica como a contemporânea, a reduzir as relações sociais segundo princípios biológicos vindos da ecologia animal e vegetal. Porém, devemos reconhecer, como destaca Corrêa (1995), que parte de suas contribuições pode ser recuperada e analisada na perspectiva crítica, especialmente os conceitos de centralização, descentralização e segregação. Podem ser lembrados também os esforços para abordar a cidade como um processo; o entendimento de que o modo de vida urbano não se restringe às cidades; a procura por uma definição ampla de cidade; a consideração dos aspectos culturais nos estudos urbanos; e os avanços na utilização de técnicas estatísticas para o estudo das cidades, que não devem ser assumidas como um fim em si, mas como um meio e uma ferramenta potencialmente útil.

Para ler mais

CASTELLS, Manuel. *A questão urbana*. Rio de Janeiro: Paz e Terra, 2000 [1972].

CORRÊA, Roberto Lobato. *O espaço urbano*. São Paulo: Ática, 1995.

GOTTDIENER, Mark. *A produção social do espaço urbano*. São Paulo: Edusp, 1997 [1985].

GRAFMEYER, Yves; JOSEPH, Isaac. *L'École de Chicago*: naissance de l'ecologie urbaine. Paris: Aubier, 1990.

HAWLEY, Amos. *Human Ecology*: A Theory of Community Structure. Nova York: The Ronald Press Company, 1950 [Ed. esp.: *Ecología humana*. Madri: Tecnos, 1972].

PARK, R. The city: suggestions for investigation of human behavior. *The American Journal of Sociology*, v.XX, mar. 1916, p.577-612. [Ed. bras.: A cidade: sugestões para a investigação do comportamento humano no meio urbano. In: VELHO, Otávio Guilherme (org.). *O fenômeno urbano*. 3.ed. Rio de Janeiro: Zahar, 1976.]

______. *Human Communities*. Glencoe: Free Press, 1952.

______. *Race and Culture*. Glencoe: Free Press, 1950.

THEODORSON, G. A. (org.). *Estudios de ecología humana*. Barcelona: Labor, 1974 [1961].

VASCONCELOS, Pedro de A. *Dois séculos de pensamento sobre a cidade*. Ilhéus: Editus, 1999.

VELHO, Otávio Guilherme (org.). *O fenômeno urbano*. Rio de Janeiro: Zahar, 1976.

WIRTH, L. Human ecology. *The American Journal of Sociology*, v.L, maio 1945.

______. Urbanism as a way of life. *The American Journal of Sociology*, v.XLIV, n.1, jul. 1938.

Escola da regulação

*Lucas Labigalini Fuini**

A chamada *escola da regulação* (ou da regulamentação) tem uma origem que remete aos anos 1970 e a um grupo de autores franceses que procuraram compreender a crise do capitalismo a partir dos sinais de decadência do fordismo, o modelo de organização da indústria e da acumulação capitalista imperativo no mundo do pós-Segunda Guerra Mundial. De forma original, surgiram reflexões que se serviam de diferentes matrizes teóricas e que trouxeram uma compreensão ampla, coerente e comparativa sobre a sucessão de modos de acumulação, regulação e formas institucionais do capitalismo, tomando com mais atenção os exemplos dos países capitalistas centrais. No decorrer dos anos 1980 e 1990, essa corrente teórica se difunde por vários países e chega ao Brasil por meio de traduções de obras fundamentais do pensamento regulacionista e de oportunidades de pesquisa que professores brasileiros realizaram em instituições e centros de pesquisa franceses, trazendo os aportes regulacionistas para a explicação do processo de desenvolvimento nacional.

* Instituto Federal de São Paulo, São João da Boa Vista, SP – Brasil.

Segundo Benko (2002), no léxico da obra *Economia, espaço e globalização*, lançada em versão traduzida para o português em meados dos 1990, a escola da regulação foi formada por um conjunto de pesquisadores franceses, sob a influência dos pensamentos marxista e keynesiano, sem constituir um todo unificado, apesar do esforço de realizar a convergência entre correntes de pensamento. Os elementos de convergência dessa corrente seriam a afirmação da descontinuidade dos processos econômicos capitalistas e a colocação de quatro conceitos fundamentais: modos de produção, regimes de acumulação, modos de regulações e formas institucionais. Segundo Boyer (1990, p.68), o modo de produção influi na articulação entre relações sociais e organização econômica, designando "toda forma específica das relações de produção e de trocas, ou seja, das relações sociais que regem a produção e a reprodução das condições materiais necessárias para a vida dos homens em sociedade". O regime de acumulação – a primeira noção intermediária para o entendimento da acumulação capitalista – é um conjunto de regularidades que assegura uma progressão geral e relativamente coerente da acumulação do capital, permitindo repartir no tempo as distorções e os desequilíbrios que surgem ao longo do processo. As regularidades são explicadas pela análise das formas de concorrência, relação salarial e inserção nas relações internacionais. Os desequilíbrios da acumulação envolvem as crises cíclicas e os processos de ajustamento anticrises, sendo que a estabilização diz respeito ao aprofundamento dos regimes de acumulação e às crises estruturais que decorrem de seu esgotamento. Além disso – e inovando em relação à literatura marxista e estruturalista das formações econômicas –, Boyer (1990) assinala que várias pesquisas mostraram que os regimes de acumulação apresentam diversificações conforme o tempo (momento histórico) e o espaço (quadro nacional e subnacional). O modo de regulação compreende, conforme Boyer (1990), o conjunto de procedimentos e de comportamentos, individuais e coletivos, com a capacidade de

> reproduzir as relações sociais fundamentais através da conjunção de formas institucionais historicamente determinadas; sustentar e dirigir o regime de acumulação em vigor; garantir a compatibilidade de um conjunto de decisões

descentralizadas, sem que seja necessária a interiorização dos princípios de ajustamento do sistema como um todo por parte dos atores econômicos. (Boyer, 1990, p.80)

Todo modo de regulação é constituído por princípios de ação que compreendem: a) leis, regras e regulamentos como formas de coerção diretas ou mediatizadas; b) negociações e compromissos entre agentes privados e instituições coletivas que definem certo número de convenções, como as convenções coletivas de trabalho; c) sistema de valores e representações que estabelece as rotinas e expectativas dos agentes em uma relação social. As formas institucionais, mais uma das noções intermediárias, podem ser também entendidas como os compromissos institucionalizados pelo Estado ou as formas estruturais que dão regularidade à reprodução econômica em um período histórico dado. Trata-se de toda codificação de uma ou várias relações sociais fundamentais, sendo um tipo de caracterização do modo de produção dominante. Para Benko (2002), essas formas institucionais permitem a interligação entre coações econômicas associadas ao regime de acumulação e as estratégias dos grupos sociais.

Boyer (1990) agrupa cinco principais configurações institucionais: a) *formas de restrição monetária*: envolve as diferentes possibilidades de configuração da gestão monetária, modalidade que abarca, para um país e época dados, as relações sociais fundamentais que instituem os atores da economia mercantil; b) *configurações da relação salarial*: caracterizam as relações mútuas entre os diferentes tipos de organização do trabalho, modos de vida e modalidades de reprodução dos assalariados; em suma, compreendem as configurações históricas da relação capital/trabalho (tipos de meios de produção, divisão social e técnica do trabalho, mobilização e vínculo dos assalariados à empresa, determinantes da renda salarial, modo de vida assalariado conforme a aquisição de mercadorias e uso de serviços coletivos); c) *formas de concorrência*: dizem respeito às características de organização das relações entre centros de acumulação fracionados cujas decisões são independentes umas das outras, colocando-se entre as extremidades de um estágio concorrencial para um estágio monopolista; d) *modelos de adesão ao regime internacional*: definem se pelo conjunto de regras que organizam as relações entre o Estado-nação e o resto do mundo, tanto em termos de trocas de mercadorias como de localização das produções, por investimento direto e financiamento de fluxos e saldos externos; e) *formas de Estado*: natureza das relações entre o Estado, o capital e a acumulação, conforme a ideia de Estado como uma totalidade contraditória de um conjunto de compromissos institucionalizados. Essa modalidade abarca as diversas formas de política econômica e intervenção do Estado, bem como regras, normas e compromissos que permitem a reprodução das relações econômicas.

A fundação da corrente regulacionista é atribuída a Michel Aglietta em seu livro *Regulation et crises du capitalisme* [Regulação e crise do capitalismo], de 1976. Nessa obra, Aglietta realiza uma revisão das categorias marxistas fundamentais de valor do trabalho e de taxa de exploração, além de acrescentar os elementos moeda, crédito e inflação para analisar a história econômica e social dos Estados Unidos considerando dois aspectos explicativos fundamentais: a ideia de forma estrutural como codificação de um conjunto de relações sociais fundamentais e o entendimento da crise como divergência entre normas de consumo e de produção, sendo a inflação vista como forma particular de adiar os desequilíbrios. O impacto dessa obra sobre os círculos acadêmicos europeus e anglófonos foi vital para que fossem reconhecidos os trabalhos do grupo de pesquisadores do Centro de Estudos Prospectivos de Economia Matemática Aplicada ao Planejamento (Cepremap) (Boyer, 1990).

Outro autor que contribuiu decisivamente com os fundamentos da regulação foi Alain Lipietz. Benko (2002) cita dois importantes estudos de Lipietz, desenvolvidos em 1974 e 1977, que são considerados precursores do pensamento regulacionista: o primeiro, que tratou da renda predial urbana pelo viés da divisão social e econômica do espaço, elabora uma análise que considera as instituições de planejamento urbano e dois modos de regulação da produção do espaço urbano: o concorrencial e o monopolista, conforme as diferentes iniciativas de agências públicas ou de promotores privados sobre a divisão do espaço; e o segundo estudo, desdobrado nos anos 1980, tratava da "coexistência de vários tipos de regiões no espaço nacional" (Benko, 2002, p.94), como reflexos espaciais da difusão do paradigma tecnológico e do regime de acumulação fordista nos chamados circuitos de ramos.

Posteriormente, esclarece sua tese analisando as questões inerentes à regulação e à ação do Estado.

É possível agrupar as influências teóricas da escola da regulação, conforme Benko (2002), em determinados horizontes analíticos, de influência inicial e de imbricações ao longo do desenvolvimento do conjunto teórico, recebendo aportes da Economia, Sociologia, Ciência Política, Direito e Geografia Econômica.

Quadro 1 – Principais influências teóricas da corrente regulacionista

Influências	Autores	Elementos importados
Teoria marxista	Marx e sucessores	Visão histórica dos modos de produção, os movimentos longos da acumulação capitalista e os conflitos de interesses entre agentes econômicos.
Macroeconomia heterodoxa	Joan Robinson, Michael Kalecki, Nicholas Kaldor	O crescimento forte e estabilizado e o pleno emprego são exceções, e não regras.
Escola dos Anais	Ernest Labrousse, Fernand Braudel	As sociedades têm crises e desenvolvem as conjunturas políticas e sociais apropriadas às suas estruturas econômicas.
Crítica do Direito e Ciência Política	Antoine Jeammaud, Charles Lyon-Caen	As regras e instituições jurídicas não são simples tecidos de relações econômicas pré-existentes, mas lhes permitem serem concebidas e se desenvolver.
Economia institucional	Thorstein Veblen, John Kenneth Galbraith	Observância das inovações institucionais e os determinantes da difusão de novas formas de organização, a distinção entre mudanças locais e globais e a localização da compatibilidade estrutura das mutações em curso.
Perspectiva radical da Social structure of accumulation	Samuel Bowles, David Gordon e Thomas Weisskopf	Análise da crise por meio da coerência geral das instituições e relações sociais do capitalismo americano e seu êxito.
Teoria do habitus	Pierre Bordieu	*Habitus* corresponde à disposição dos indivíduos socialmente construída para "jogar o jogo" em um modo de regulação. O campo é o espaço de luta permanente, envolvendo história e estrutura e se transformando e se reestruturando permanentemente.
Economia das convenções	D. K. Lewis, Robert Salais, André Orléan, Olivier Favereau, Michael Storper	Interessa-se pela convergência das antecipações que dão base aos cálculos dos atores e pela existência de convenções que permitam estruturar as trocas. Os recursos de coordenação provêm de dispositivos coletivos, convenções e objetos.

Influências	Autores	Elementos importados
Teoria da acumulação flexível	Alfred Piore; Charles Sabel, Alain Lipietz, Allen Scott, Michael Storper, Richard Walker, Georges Benko	Com forte influência da Geografia, estudou as transformações tecnológicas, organizacionais, sociais e espaciais associadas a cada grande modelo de desenvolvimento e buscou esclarecer a questão dos novos sistemas produtivos capazes de substituir o fordismo.
Evolucionistas	Freeman, Perez, Clark, Soete, Nelson e Winter	Com forte influência da teoria das ondas longas de Schumpeter, analisam que os ciclos longos correspondem a uma sucessão de paradigmas tecnoeconômicos. Construíram a noção de sistema nacional de inovações para tratar da associação dos fatores tecnológicos, sociais e econômicos que explicam a inovação.

Fonte: Benko (2002, p.87-90).

Os regulacionistas sempre perseguiram duas hipóteses de pesquisa que se apresentam da seguinte forma: a) Como explicar a crise do fordismo e como interpretar as inovações em direção a um novo paradigma? B) Existiria apenas um modo de produção capitalista ou coexistem diferentes quadros nacionais de regulação da acumulação capitalista que se desenvolvem de diferentes formas, conforme seus dispositivos institucionais? Quanto ao primeiro postulado, estudos de Lipietz e Leborgne, publicados no Brasil em 1988, analisavam o quadro pós-fordista sob a ótica da emergência de um novo modelo de desenvolvimento, dotado de certo paradigma de industrialização ou tecnológico, com características específicas de regulação, acumulação e organização espacial. O pós-fordismo seria o modelo de transição diante da crise do fordismo. O sucesso do fordismo, durante boa parte do século XXI, decorreu, segundo Lipietz e Leborgne (1988), da construção de um modelo de industrialização que engendrou ganhos de produtividade e retornos salariais crescentes.

O esforço regulacionista de entender o modelo de desenvolvimento e sua expressão em países de industrialização recente gerou o termo "fordismo periférico". Segundo Lipietz (apud Benko, 2002), o fordismo periférico pode ser compreendido como a experiência fordista de acumulação intensiva e o crescimento do mercado de bens de consumo duráveis em países periféricos; no entanto, com a permanência de ramos produtivos, postos de trabalho e produções qualificadas (engenharia) exteriores ao país. O aumento da demanda social não é institucionalmente regulado em uma base nacional, nem associado aos ganhos de produtividade dos ramos fordistas, mas por meio da instalação de um modelo baseado no consumo de classes médias modernas locais e exportações de produtos manufaturados a baixos preços para países centrais. A derrocada do fordismo, já notada em fins dos anos 1960 e bastante evidente nos anos 1980, decorreu de uma desaceleração da produtividade do capital e do trabalho e da lucratividade, apresentando como consequências a crise do modelo de consumo de massa, a crise do emprego e a crise do Estado providência. Aparecia, então, o termo flexibilidade como uma resposta à crise, sobretudo no aspecto da lucratividade. No entanto, a ideia de acumulação flexível está cercada de ambiguidades, devido ao caráter multidimensional do termo. Para Benko (2002, p.123),

> se certas formas de flexibilidade são contraditórias – produção flexível, trabalho flexível, emprego flexível, salários flexíveis, medidas flexíveis de seguridade social, conexões interempresas flexíveis, taxas de câmbio flexíveis –, as possibilidades de combinação das diferentes formas de flexibilidade são muito numerosas. Por causa dessas diferenças é prematuro querer identificar modelos específicos de flexibilidade. Ademais, as ambiguidades que envolvem o termo tornam particularmente espinhosa a tarefa de demonstrar que o caráter flexível ou não flexível de um modelo de desenvolvimento caracteriza uma ordem econômica ou social ou um período.

Leborgne e Lipietz (1994) colocam em evidência dois tipos de flexibilidade nas estratégias sociais de produção de novos espaços econômicos. Trata-se da flexibilidade defensiva, ou via inferior, e da flexibilidade ofensiva, ou via superior. Geralmente as duas estratégias ocorrem simultaneamente em determinados modelos de desenvolvimento territorializados, mas para fins didáticos e como hipótese de pesquisa essa separação foi feita para se obter uma interpretação do conjunto (sistêmica) em relação às políticas e aos projetos territoriais conduzidos em nome da flexibilidade, os quais correspondem a blocos sociais diferentes em formação, que localmente assistem ao movimento de flexibilidade em equipamentos produtivos, nas relações de trabalho e nas relações entre empresas. É possível também que ocorra em dado recorte territorial, com o passar do tempo, a substituição gradual de estratégias ofensivas por defensivas e vice-versa, conforme os pactos firmados e opções de concorrência adotadas. Pode ocorrer ainda a adoção de estratégias defensivas travestidas de um discurso modernizador com aparência de estratégia ofensiva, a fim de se acobertar práticas socialmente danosas, como aquelas voltadas à exploração de trabalho informal, desqualificado e de baixo custo. A flexibilidade defensiva, ou via inferior da flexibilidade, está pautada nos aspectos negativos de se utilizar a flexibilidade do trabalho para superar pontos de rigidez e favorecer mercados ameaçados. Baseia-se em uma visão de curto prazo dirigida por um bloco de empresários/proprietários que buscam anular as conquistas sociais ligadas aos contratos salariais, propondo a flexibilização da legislação trabalhista. Além disso, predominam relações oportunistas entre grandes empresas e pequenas empresas subcontratadas, proclamando-se o imperativo da "modernização" em contraposição ao arcaísmo das "conquistas sociais adquiridas". O Estado central, nessa via, adota planos de forma desconectada e se envolve em uma tensão instável, ao efetuar as decisões macroeconômicas e delegar às regiões a gestão das consequências sociais, passando as regiões a reivindicar apoio desse mesmo Estado central. Nega-se a diferença de interesses entre capital e trabalho diante do ideário da concorrência mundial, exacerbando-se a concorrência entre os trabalhadores e as empresas subcontratadas e locais, negociando-se caso a caso os acordos entre empresas. Parte-se de tradições fordistas que se pautam em baixos custos de mão de obra, no trabalho desqualificado e na exploração do trabalho de mulheres, jovens e imigrantes. O patronato contorna as regalias sociais pela deslocalização e arrasa a ação sindical, pautada em antigos compromissos, em prol da recuperação. Ocorre a destruição de localizações industriais obsoletas, com perdas de cultura técnica e *know how* historicamente existente, com a polarização do aparelho produtivo territorial, cada vez mais dependente de importações e de segmentos e polos de competitividade, levando ao abandono de setores e segmentos arcaicos. Nota-se, no crescimento urbano, a especialização de áreas metropolitanas nas atividades de terciário superior, com forte dualismo social e a sobrevivência de zonas produtivas especializadas em atividades terciárias ou industriais pouco qualificadas. Entre os sintomas possíveis de identificar nessa opção, coloca-se certa "mitologia" ou adjetivação positiva às pequenas empresas e a multiplicação de projetos de tecnopolos no planejamento administrativo (Leborgne; Lipietz, 1994). A opção ofensiva, por outro lado, pauta-se em uma visão de médio e longo prazo dos interesses coletivos e da comunidade territorial, tendo em vista a possibilidade de se desenvolver novas tecnologias e explorar novos mercados. Ainda que se apoie em uma hegemonia de bloco de empresários e produtores, como na outra alternativa, busca desenvolver a polivalência e iniciativa dos trabalhadores em contratos salariais estáveis, remetendo a uma tradição fordista que suscitava o *know how* em engenharia e fabricação qualificada.

O novo modelo de desenvolvimento propõe uma relação de forças que faz pactuar um sindicalismo mobilizador com um patronato que procura compensar regalias sociais, negociando com os trabalhadores. No quesito capital, concebem-se relações de parcerias de grandes empresas com empresas especializadas e com investimento de poupança local no capital produtivo local. No âmbito institucional e ideológico, constroem-se redes de informação e diálogo a partir de acordos estabilizados pela gestão conflituosa, com o envolvimento de Estados, sindicatos e empresas em adaptação aos projetos territoriais, a fim de se negociarem compromissos mutuamente vantajosos, articulando modernização com os problemas sociais suscitados. Predominam acordos bilaterais/trilaterais em âmbito territorial mais vasto (nacional), como as convenções coletivas de ramo, mobilizando recursos humanos locais em acordos entre empresas. Há reforço de laços intersetoriais e intrassetoriais, com domínio de mercados internos e de conhecimentos tecnológicos em virtude da mobilização, adaptação e reciclagem de competências técnico-profissionais. No crescimento urbano, há o desenvolvimento de áreas produtivas e zonas especializadas em atividades industriais e terciárias ou complementares, para a constituição de sistemas produtivos locais, com sintomas de adensamento de redes de empresas especializadas em torno de multinacionais emergentes e a formação de sistemas produtivos localizados por reforço de parcerias entre empresas, universidades e administrações territoriais. Em relação ao segundo postulado, Pires (2002) caracteriza as mudanças na relação salarial como forma institucional nos países em processo de integração econômica regional, considerando o impacto das transformações nos níveis das empresas, dos setores e dos espaços nacionais e locais. Realizando uma análise comparativa entre Itália, França, Brasil e Argentina, conclui-se que esses países adotam diferentes formas de regulação das relações de trabalho e emprego que se expressam em: legislação de proteção do emprego, organização do trabalho, modo de fixação dos salários, mobilidade do emprego, políticas ativas de emprego, seguro-desemprego e proteção social. Por sua vez, a regulação local das relações salariais, apesar de importante, não pode ser mais do que uma regulação parcial da regulação do conjunto.

Na Geografia, a atenção dada à perspectiva regulacionista foi enfatizada por David Harvey (2009), em sua obra *Condição pós-moderna*, quando afirma que a melhor linguagem para tratar da economia política do capitalismo do final do século XX é a da escola da regulamentação, pois ela trata dos eventos recentes como uma transição no regime de acumulação e no modo de regulamentação social e política a ele associado. Essa linguagem é útil por dois motivos principais, reconhece o autor: 1) como recurso heurístico, pois seu enfoque se coloca sobre as complexas inter-relações, hábitos, práticas políticas e formas culturais que permitem ao sistema capitalista, dinâmico e instável em essência, funcionar de forma coerente por um dado período de tempo; 2) quanto à organização da força de trabalho para propósitos de acumulação de capital em épocas e lugares particulares:

> a virtude do pensamento da escola da regulamentação está no fato de insistir que levemos em conta o conjunto total de relações e arranjos que contribuem para a estabilização do crescimento do produto e da demanda agregada da renda e de consumo em um período histórico e em lugares particulares. (Harvey, 2009, p.118)

Fuini (2010) retoma a análise das formas institucionais, utilizando aportes de regulacionistas como Boyer e Sallard (1995) e Colletis et al. (1999), buscando adaptá-las ao âmbito territorial local e regional de análise. Essa conjugação de diferentes modalidades institucionais (relação salarial local, modo de coordenação entre empresas e centros de pesquisa, modo de intervenção dos atores públicos, posicionamento do espaço local na divisão espacial do trabalho, modo de exercício do constrangimento monetário e financeiro) no nível local pode ser denominada de governança dos territórios, mecanismo de regulação parcial local e regional do conjunto internacional e nacional da acumulação capitalista. Para esse autor,

> a definição de uma estrutura de governança territorial se compõe, pois, de um determinado contexto territorial – podendo ser um município, uma rede de municípios ou uma região –, onde os atores locais entram em relação e concebem instituições que as representam neste acordo, além do próprio ambiente institucional pré-existente. Configura-se em torno de esquemas diversos, podendo ser uma governança de tipo variável, entre o público e o privado. Neste contexto estabelecido buscar-se-á mobilizar recursos territoriais locais, atendendo ao objetivo de se incrementar a competitividade territorial local e se chegar em determinado nível de desenvolvimento econômico e social. (Fuini, 2010, p.18)

O conceito de governança aparece também como um importante elemento explicativo das novas dinâmicas dos territórios na construção de um bloco social alicerçado em redes de atividades econômicas. Benko (2002) já ressaltava a importância dessa abordagem no final dos anos 1980 e início dos 1990, momento em que as regiões urbanas estavam envoltas em experiências de regulação intermediárias entre a materialidade da aglomeração urbana e o governo, a legislação e a ação estatal, formas de regulação estas que não eram nem estritamente mercantis, nem estatais; ou seja, eram baseadas em pactos e acordos de coordenação das relações de poder envolvendo a sociedade política local, unidades regionais e municipalidades.

Para ler mais

BENKO, Georges. *Economia, espaço e globalização na aurora do século XXI*. São Paulo: Hucitec, 2002.

BOYER, Robert. *Teoria da regulação*: uma análise crítica. São Paulo: Nobel, 1990.

______; SAILLARD, Yves. Avant-propos. In: BOYER, Robert; SAILLARD, Yves (orgs.). *Théorie de la regulation*: l'état des savoirs. Paris: Éditions La Découverte, 1995.

COLLETIS, Gabriel; GILLY, Jean-P. et al. Construction territoriale et dynamiques productives. *Revue Sciences de la Societé*, n.48, out. 1999.

FUINI, Lucas L. *Manifestações da governança territorial no Brasil*: uma análise do "Circuito das águas paulista" e do "Circuito das malhas do sul de Minas Gerais". (Tese de Doutorado), Programa de Pós-graduação em Geografia, Unesp-Rio Claro, 2010.

HARVEY, David. *Condição pós-moderna*: uma pesquisa sobre as origens da mudança cultural. São Paulo: Loyola, 2009.

LEBORGNE, Daniele; LIPIETZ, Alain. Flexibilidade ofensiva, flexibilidade defensiva: Duas estratégias sociais na produção dos novos espaços econômicos. In: BENKO, Georges; LIPIETZ, Alain (orgs.). *As regiões ganhadoras*. Distritos e redes: os novos paradigmas da Geografia econômica. Oeiras: Celta, 1994.

LIPIETZ, Alain; LEBORGNE, Danièle. O pós-fordismo e seu espaço. *Espaço e Debates*, n.25, 1988.

PIRES, Elson L. Crise da regulação e possibilidades da relação salarial no capitalismo contemporâneo. In: SILVA, Josué P.; SANTOS, Myrian S.; RODRIGUES, Iram J. (orgs.). *Crítica contemporânea*: cultura, trabalho, racismo e política. São Paulo: Annablume, 2002.

Espaço

*Eliseu Savério Sposito**

O espaço pode ser compreendido como categoria e como conceito. Como categoria, ele é uma essência ideal da realidade, mesmo que haja diferentes formas de defini-la. Como conceito, o espaço é uma construção teórica em diferentes momentos do pensamento universal e teve transformações de acordo com onde foi elaborado, por quem foi elaborado e quando foi elaborado. Como categoria, o espaço tem sua componente natural. Por exemplo, as companhias operadoras de telefonia celular utilizam o espaço como recurso. Elas utilizam esse bem como um estrato da atmosfera. Para isso, é necessário utilizar objetos técnicos resultantes de conhecimentos específicos acumulados, produzidos por pessoas que, nos limites da razão científica, foram experimentando e estabelecendo as leis que permitem sua compreensão. A atmosfera é um meio com pouco atrito que é excelente para a transmissão das ondas de radiofrequência, que são disseminadas na escala das micro-ondas, cuja potência define a capacidade do tipo de serviço prestado e influencia o grau de satisfação dos usuários da telefonia celular, os quais, por sua vez, beneficiam a

* Universidade Estadual Paulista, Presidente Prudente, SP – Brasil.

companhia ao pagar pelos serviços disponibilizados. Na relação sociedade--natureza, a atmosfera comporta a capacidade de ser meio para a propagação de ondas e se torna recurso econômico para uma empresa que se baseia em comerciar objetos técnicos ligados à telefonia celular e, consequentemente, acumular parte da mais-valia social que será repassada para seus dirigentes e para seus acionistas.

O conceito de espaço foi elaborado por inúmeros pensadores. Para Gottdiener (1993, p.120), Lefebvre "desenvolveu uma teoria marxista do espaço a fim de moldar o que ele denomina uma práxis socioespacial". Já para Castells, em seu livro *A questão urbana*, "analisar o espaço como uma expressão da estrutura social equivale [...] a estudar sua formação por elementos do sistema econômico, do sistema político e do sistema ideológico, e por suas combinações e pelas práticas sociais que derivam deles" (1977, p.126, apud Gottdiner, 1993, p.121). Para ele, é preciso "que se volte à questão teórica colocada pela natureza do espaço urbano – isto é, a *forma* de espaço específica da sociedade moderna, onde o próprio espaço abrange apenas as relações sociais subjacentes em ação que o produzem" (ibid., p.121). Em resumo, Castells elabora sua teoria do espaço aplicando a abordagem de Althusser para "uma explicação da produção do ambiente construído" e produz uma "tentativa de resgatar o termo 'urbano', definindo-o teoricamente como uma unidade espacial dentro do sistema estrutural que produz o ambiente construído" (ibid., p.123).

Lefebvre tem, como abordagem, a preocupação de "afirmar que a natureza (essência) de qualquer sociedade particular pode ser caracterizada como urbana, em oposição à concepção marxista que identifica as sociedades de acordo com seu modo de produção" (apud Gottdiener, 1993, p.122). Para Lefebvre, a "práxis espacial" pode ser "elevada a uma atividade radical ao lado de esforços para reorganizar as relações sociais", formulando uma "teoria marxista do espaço" (ibid., p.126). Gottdiener, lendo Lefebvre, afirma que o "espaço é uma localização física, uma peça de bem imóvel, e ao mesmo tempo uma liberdade existencial e uma expressão mental. O espaço é ao mesmo tempo o local geográfico da ação e a possibilidade social de engajar-se na ação" (ibid., p.127). Não se pode reduzir o espaço aos domínios da produção, do consumo e da troca, mas eles precisam ser levados em conta como atividades e localizações que podem constituir "um *quarto* domínio de relações sociais, ou seja, a produção de riqueza ou mais-valia. Isto é, deve-se considerar o espaço um elemento das forças produtivas da sociedade, especialmente através da atuação da forma ou *design*" que é, por sua vez, "ele próprio um aspecto das forças produtivas da sociedade" – "juntamente com a tecnologia, o conhecimento humano e a força de trabalho, contribuem para nosso 'potencial de produção'" (ibid., p.127-8). Para Lefebvre, "o espaço não é apenas parte das forças e meios de produção, constitui também um produto dessas mesmas relações". Para ele, "além de haver um espaço de consumo ou, quanto a isso, um espaço como área de impacto para o consumo coletivo, há também o consumo de espaço, ou o próprio espaço como *objeto* de consumo" (ibid., p.129). Além do mais,

> o espaço tornou-se, para o Estado, um instrumento político de importância capital. O Estado usa o espaço de uma forma que assegura seu controle dos lugares, sua hierarquia estrita, a homogeneidade do todo e a segregação das partes. É, assim, um espaço controlado administrativamente e mesmo policiado. (Lefebvre, 1976, p.288, apud Gottdiener, 1993, p.130)

Por isso, "a organização espacial [...] representa a hierarquia de poder" (ibid., p.130). Segundo Lefebvre (1976), o conflito de classes se desenvolve no espaço, "como se fosse conflito social e luta entre interesses econômicos".

> Esse conflito nasce em razão da contradição fundamental do espaço capitalista: sua pulverização pelas relações sociais da propriedade privada, pela "demanda de fragmentos intercambiáveis e pela capacidade científica e técnica de tratar o espaço em níveis cada vez mais vastos". (Lefebvre, 1976, p.289, apud Gottdiener, 1993, p.130)

Isso produziu uma "explosão de espaços". Lefebvre mostra, de maneira resumida e sintomática, as bases de sua teorização do espaço e expõe algumas teses para discutir sua teoria. A primeira delas diz que

> o espaço é a forma pura, a transparência, a inteligibilidade. Seu conceito exclui a ideologia, a interpretação, a não sapiência. [...] é uma essência, uma ideia absoluta análoga à cifra platônica. A filosofia cartesiana e, incluso, a crítica filosófica kantiana conservam dita noção. (ibid., p.28)

Ele mesmo apresenta as objeções a essa premissa, que "implica a liquidação do tempo histórico assim como do tempo vivido e, por demais, de forma muito desigual", com uma "tendência ao cientificismo abstrato", porque o espaço assim concebido é "vazio e puro, lugar por excelência dos números e das proporções" (ibid., p.29). Sua segunda tese é a afirmação de que "o espaço social é um produto da sociedade, comprovável e que depende antes de tudo da constatação, por consequência da descrição empírica, antes de toda teorização", sendo "consequência do trabalho e da divisão do trabalho" e "objetivação do social e, consequentemente, do mental" (ibid., p.30). A essa tese, Lefebvre não coloca nenhuma objeção.

A terceira tese baseia-se na premissa de que o

> espaço não seria nem ponto de partida (mental e social ao mesmo tempo, como na hipótese filosófica), nem ponto de chegada (um produto social ou o ponto de reunião dos produtos), mas um intermediário em todas as acepções desse vocábulo; isto é, um procedimento e um instrumento, um meio e uma mediação. (Lefebvre, 1976, p.30)

Ele é, aí, um "instrumento político intencionalmente manipulado" por "alguém" ou por uma "classe dominante", enquanto "mediação". Essa concepção torna o espaço ao mesmo tempo ideológico e sapiencial, podendo ser denominado racional-funcional e funcional-instrumental. A essa tese, Lefebvre (1976) coloca as seguintes objeções: "essa vinculação do espaço em geral e do espaço urbano em particular com a produção implica, unicamente, a reprodução dos meios de produção do que faz parte a força de trabalho". E continua:

> essa reprodução das relações de produção não coincide já com a reprodução dos meios de produção; ocorre através do cotidiano das coisas, através dos

> ócios e da cultura, através da escola e da universidade, através das extensões e proliferações da cidade antiga; isto é, através da totalidade do espaço. (ibid., p.33)

Sua quarta hipótese é a seguinte: "do espaço não se pode dizer que seja um produto como qualquer outro, um objeto ou soma de objetos, [...] uma mercadoria ou um conjunto de mercadorias, [...] ou que seja simplesmente um instrumento". Na realidade, o espaço "estaria essencialmente vinculado com a reprodução das relações (sociais) de produção", tomando como base não a noção de produção restringida, mas "a reprodução das relações de produção" como ampla acepção. Assim, o "espaço constituiria uma espécie de esquema em um sentido dinâmico que seria comum às atividades diversas, aos trabalhos divididos, à cotidianidade, às artes, aos espaços criados pelos arquitetos e pelos urbanistas" (ibid., p.34). Esse espaço seria "abstrato-concreto, homogêneo e desarticulado" porque se trata da produção no mais amplo sentido da palavra: "produção das relações sociais e reprodução de determinadas relações" (ibid., p.34).

O espaço como reprodução das relações sociais de produção tem propriedades que se situam na articulação da forma e do conteúdo, corresponde a um tempo que possui idênticas "propriedades", pois o tempo, "bem supremo, mercadoria suprema, vende-se e se compra: tempo para o trabalho, tempo para o consumo, tempo para o ócio, tempo para circular etc.". Lefebvre baseia essas premissas e conclusões na fórmula trinitária de Marx: "o capital e o benefício do patrão"; "a propriedade do solo com as múltiplas rendas que proporcionam o subsolo, a água, o terreno edificado etc."; e "o trabalho com salário correspondente que vai parar nas mãos da classe operária" (ibid., p.37). Para o pensador francês, o "espaço é imediato e mediato; isto é, que pertence a uma certa ordem próxima, a ordem da adjacência, e a uma ordem mais distante, a sociedade, o Estado" (ibid., p.38). E conclui: "a totalidade do espaço se converte no lugar da reprodução das relações de produção" (ibid., p.39).

O espaço assim compreendido, "ao ser lugar e âmbito da prática social no seio da sociedade neocapitalista (isto é, da reprodução das relações de produção) marca nitidamente os limites de tal sociedade" (ibid., p.39). Procurando explicar o que entende por lógica do espaço, Lefebvre afirma que "ora o espaço depende de uma lógica preexistente, superior e absoluta, quase teológica; ora é a lógica personificada, o sistema da coerência; ora, finalmente, permite a coerência, autorizando a lógica da ação (praxeologia ou estratégia)" (ibid., p.41), e é um espaço do qual "se serve a sociedade para intentar constituir-se em sistema" (ibid.). Finalmente, ele afirma que há *contradições do espaço* que

> não são produto de sua forma racional tal como se depreende nas matemáticas; são produto do conteúdo prático e social e, mais especificamente, do conteúdo capitalista. Efetivamente, esse espaço da sociedade capitalista pretende ser racional quando, de fato, na prática, está comercializado, despedaçado, vendido por parcelas. Assim, é ao mesmo tempo global e pulverizado. Parece lógico e está absurdamente recortado. (ibid., p.42)

Por isso, o espaço está sujeito a um duplo poder: o da classe dominante – "através da propriedade privada do solo, que se estende à totalidade do espaço" – e o da "globalidade, a saber, do conhecimento, da ação do Estado propriamente dito". Isso permite deduzir que há "conflitos inevitáveis entre esses dois aspectos, e especialmente entre o espaço abstrato (concebido ou conceitual, global e estratégico) e o espaço imediato, percebido, vivido, despedaçado e vendido" (ibid., p.42). Falando de maneira mais geral, Lefebvre afirma que "o espaço não é um *objeto científico* desgarrado da ideologia e da política; sempre foi político e estratégico". E se ele "tem um aspecto neutro, indiferente com respeito ao conteúdo, portanto 'puramente' formal, abstraído de uma abstração racional, é precisamente porque já está ocupado, condicionado, porque já é objeto de estratégias antigas", isto é, o "espaço é político e ideológico" (ibid., p.46). Assim, não "deixa de existir relação entre a produção das coisas e a do espaço" e, se se procura um método para analisá-lo, "não pode consistir unicamente em um método formal, lógico ou logístico; deve e pode ser igualmente um *método dialético* que analise as contradições do espaço dentro da sociedade e da prática social" (ibid., p.49).

Finalmente, para se estudar o espaço nos diferentes países que já possuem relações capitalistas de produção mais avançadas, é necessário considerar três estratos de fenômenos: 1) a natureza, ou "o que sobra das obras e trabalhos dos períodos em que predominavam o campo e a agricultura, isto é, as paisagens, os países, as regiões"; a transformação histórica, "em especial durante o período industrial"; e, finalmente, "as estratégias atuais que reviram ou debilitam as produções anteriores, pelo menos no que concerne ao tempo e ao espaço" (ibid., p.58).

Para Milton Santos (1996), "as técnicas são um conjunto de meios instrumentais e sociais, com os quais o homem realiza sua vida, produz e, ao mesmo tempo, cria espaço" (ibid., p.25). No entanto, a "difusão dos objetos técnicos [não] se dá uniformemente ou de modo homogêneo. Essa heterogeneidade vem da maneira como eles se inserem desigualmente na história e no território, no tempo e no espaço" (ibid., p.32). Há uma "lógica da instalação das coisas", de modo que "a realização das ações se confunde com a lógica da história, à qual o espaço assegura a continuidade" (ibid., p.34). As técnicas entram como traço de união entre tempo, espaço e mundo e permitem definir a idade de um lugar, ou seja, é um tempo definido, sensível, empiricizado e conformável. Assim, o espaço é um conjunto de fluxos e fixos, interagindo e expressando uma realidade geográfica (ibid., p.50). "O espaço reúne a materialidade e a vida que a anima" (ibid., p.51). O espaço é um sistema de objetos, resultados do trabalho humano (ibid., p.52), e um sistema de ações, próprias do homem, porque só ele tem objetivo, finalidade (ibid., p.67); ou seja, só ele tem necessidades, naturais ou criadas – materiais, imateriais, econômicas, sociais, culturais, morais, afetivas. As ações desembocam nos objetos. A isso acrescenta-se a intencionalidade, pois "as ações se convertem em trajetórias espaço-temporais da matéria" (ibid., p.75), porque há inseparabilidade entre os objetos e as ações. Ao falar em evento, ele o coloca como medida do tempo e do espaço, pois "os eventos históricos supõem a ação humana" (ibid., p.117). Para Milton Santos, "as formas asseguram a continuidade do tempo mas o fazem através da sucessão de eventos, que mudam o seu sentido" (ibid., p.124). O geógrafo brasileiro parafraseia Leibniz, dizendo que "o espaço é a ordem das coexistências possíveis" (ibid., p.127). O espaço constitui-se como meio técnico-científico informacional por causa de "uma cientifização e de uma tecnicização da paisagem" (ibid., p.191).

O período técnico-científico-informacional – conceito-chave de Milton Santos – é caracterizado, assim, não somente pela inter-relação entre ciência e técnica, mas pelo estreitamento dessa inter-relação, tendo a ciência como elemento dinâmico do modo capitalista de produção, além da informação, assim como o conjunto de ações e de objetos a ela imbricados, que ganham relevância na conjuntura atual, possibilitando maior relação e conhecimento do mundo por meio das redes de comunicações (informatização, internet...). A espacialização do período técnico-científico-informacional é denominada de meio técnico-científico-informacional, sendo formada, principalmente, pela ação conjunta de dois elementos: 1) a tecnoesfera, resultado da crescente artificialização do meio ambiente, sendo a esfera natural cada vez mais substituída por uma esfera técnica, tanto na cidade como no campo; e 2) a psicoesfera, resultado de crenças, desejos, vontades e hábitos que inspiram comportamentos filosóficos e práticos, as relações interpessoais e a comunhão com o universo (Santos, 1994, p.32).

Milton Santos estabelece as bases de sua teorização na obra *Por uma Geografia nova*, publicada em 1978. Na terceira parte do livro, o geógrafo analisa os conceitos de espaço e de tempo. Para trabalhar o conceito de tempo, lança mão do artifício de analisar criticamente a teoria da difusão de inovações, disseminada por Abler, Adams e Gould, que a resumem como mistura do espaço com o tempo, "numa espécie de casamento realizado entre as formas e a sociedade em movimento, por intermédio, exatamente, das ondas de difusão" (Santos, 1978, p.204). Aí, Milton Santos afirma que "uma mesma inovação pode se instalar um dia aqui e amanhã em outro lugar bem distante; ela pode atingir uma pessoa hoje e amanhã uma outra bem longe da precedente" (ibid., p.204). A teoria difusionista serviu, para ele, "à formulação e à renovação de teorias espaciais e de planificação baseadas no 'contágio' ou na difusão hierárquica: teorias dos lugares centrais, dos polos de crescimento, do centro-periferia, do crescimento e da planificação urbana e regional" (ibid., p.205). No enfoque espaço-temporal, Milton Santos afirma que "tudo o que existe articula o presente e o passado, pelo fato de sua própria existência [...] e articula igualmente o presente e o futuro porque não se pode falar em enfoque espacial ou enfoque temporal isoladamente" (ibid.). A noção de espaço relativo é assim explicada: o espaço relativo é o "espaço considerado como um sistema de relações ou como um campo de forças; assim o tempo se impõe como uma dimensão essencial", pois "o espaço social não pode ser explicado sem o tempo social". Assim, "o fato de que os eventos sejam ao mesmo tempo espaciais e temporais não significa que se pode interpretá-los fora de suas próprias determinações ou sem levar em conta a totalidade da qual eles emanam e que eles reproduzem" (Santos, 1978, p.206).

Aqui podemos deduzir algumas características da elaboração teórica de Milton Santos. Ele já adianta a conexão e interdependência necessária entre espaço e tempo, além de esboçar as suas primeiras defesas da construção sistêmica de sua teorização. Em seguida, afirma que: a) "o tempo não é um conceito absoluto, mas relativo, ele não é o resultado da percepção individual, trata-se de um tempo concreto; ele não é indiferenciado, mas dividido em secções, dotado de características particulares"; e b) "as relações entre os períodos históricos e a organização espacial também devem ser analisadas" (Santos, 1978, p.207).

Outro termo utilizado por Milton Santos que precisa ser notado como parte de sua construção teórica é "organização", que pressupõe hierarquia, mas também tensão entre elementos de uma estrutura. Essa concepção fica mais clara com a afirmação: "é a partir da mudança do conjunto, do todo, que as mudanças qualitativas adquirem expressão real, isto é, cada variável passa a ter, em relação às outras variáveis, um significado diferente" (ibid., p.208). Aqui se enfatiza o uso do termo *variável* e a relação entre a parte e a totalidade como características da elaboração de uma teoria baseada na ideia de estrutura. Para Santos (1978), o espaço é a "acumulação desigual de tempos": em cada "sistema há uma combinação de variáveis a escalas diferentes, mas também de 'idades' diferentes" e o "subespaço receptor é seletivo: nem todas as variáveis 'modernas' são acolhidas e as variáveis acolhidas não pertencem todas à mesma geração" (Santos, 1978, p.210). Em consequência, "não se trata apenas de uma superposição no tempo", mas uma "superposição, a um mesmo tempo, de influências originárias de múltiplos pontos ou múltiplos espaços", pois se pode falar em um "*tempo espacial* próprio a cada lugar" (ibid.). Aqui ele introduz a noção de lugar como "o resultado de ações multilaterias que se realizam em tempos desiguais sobre cada um e em todos os pontos da superfície terrestre" (ibid., p.211), considerando o espaço como total e como pontual. A confrontação entre assincronia e sincronia – que são complementares e não opostas no contexto espaço-temporal – pode ser compreendida ao se relacionarem as variáveis de cada sistema histórico (que muda assincronicamente) com o sistema geográfico (que muda sincronicamente) (ibid.). Os condicionantes das mudanças são introduzidos por Milton Santos nessa altura da teorização, quando ele fala das "rugosidades do espaço", que se comportam como elementos de tensão entre fluxos novos e formas antigas em um determinado lugar: "se o crescimento cria formas, as formas limitam o crescimento", afirma ele, citando Boulding (1956).

Mais forte que o tempo, acreditamos que o espaço possa ser compreendido com a seguinte reflexão de Milton Santos (1978, p.162): "o ato de produzir é igualmente o ato de produzir espaço", sendo que a "produção é a utilização consciente dos instrumentos de trabalho com um objetivo definido, isto é, o objetivo de alcançar um resultado preestabelecido". O papel do trabalho na produção do espaço está, portanto, confirmado. Aí reside também a importância dos instrumentos como elementos de intermediação entre a força e a vontade humanas e as ações que ele exerce na domesticação e transformação da natureza. A tendência é de uma espacialização dos instrumentos de trabalho, da sofisticação de sua conformação e objetivação, obtida por meio do conhecimento cada vez mais profundo da natureza, ao mesmo tempo que se instaura uma importância muito grande dos recursos imóveis em um momento em que as pessoas se tornam cada vez mais móveis (Santos, 1978, p.173). Milton Santos "fecha" sua construção teórica quando estabelece a relação entre estrutura, processo, função e forma. Para ele, o "*Ser* é a sociedade total; o tempo são os *processos*, e as funções, assim como as formas, são a *existência*" (ibid., p.176). Além disso, "a noção de totalidade é inseparável da noção de estrutura" e, como a totalidade é social, "as estruturas correspondentes são as estruturas sociais" (ibid., p.177). Em outra obra, *Espaço e método*, de 1985, o geógrafo define e relaciona esses componentes do espaço que ele chama, então, de *categorias*: "*forma* é o aspecto visível de uma coisa"; *função* "sugere uma tarefa ou atividade esperada de uma forma, pessoa, instituição ou coisa". Por sua vez, *estrutura* implica a inter-relação de todas as partes de um todo; o modo de organização ou construção. *Processo* pode ser definido como uma ação contínua, desenvolvendo-se em direção a um resultado qualquer, implicando conceitos de tempo (continuidade) e mudança. (Santos, 1985, p.50)

***

O espaço é forte constituinte do pensamento geográfico. Com forte base empírica e partindo do eurocentrismo geográfico, Deffontaines afirma que o nome *Mediterrâneo* "deveria sempre ser empregado no plural porque ele se compõe de um complexo de mares separados, de bacias circunscritas que se sucedem de oriente a ocidente, 'como as contas de um rosário'". Confirmando essa proposta, Braudel afirma que "existem muitos potenciais mediterrâneos, mares semelhantes quase completamente circundados pelo relevo, mais de uma série de 'planuras líquidas que se comunicam por vias de porte mais ou menos largo" (apud Farinelli, 2003, p.98).

Para demonstrar que não há unanimidade na leitura e interpretação das dinâmicas territoriais, diferentemente, Yves Lacoste (apud Farinelli, 2003, p.99) afirma que existem apenas dois Mediterrâneos, "aquele do Sudeste Asiático não reentrando na categoria porque diferentemente dos outros não resulta interposto entre dois grandes blocos continentais". No entanto, há que se considerar que mediterrâneo significa *medium*, "meio de comunicação entre terras", isto é, um "nome próprio que designa diretamente um papel: aquele de um intenso 'espaço-movimento', de um único sistema de circulação no qual vias de terra e vias de mar se fundem ao ponto de resultarem indistinguíveis", como dizia Braudel (apud Farinelli, 2003, p.99). Voltando ao passado, para Hegel, o "Mediterrâneo euro-africano é o 'eixo da história universal', o único centro geográfico do mundo", quando ele trata da Europa como "a meta final do processo histórico, da definitiva realização do 'espírito do mundo'" (apud Farinelli, 2003, p.97).

A primeira construção sobre o conceito de espaço pode ser atribuída a Von Thünen que publicou, em 1826, *Dier Isolierte Staat* [O Estado isolado]. Para ele, o "constructo ideal", que é o Estado isolado, "é combinado com observações empíricas rigorosas, produzindo um relato fascinante sobre o ordenamento espacial da produção agrícola" (Harvey, 2005, p.102). Essa construção teórica é uma

> ferramenta para analisar de que maneira se mantêm a estabilidade, a continuidade e a harmonia social numa sociedade civil cada vez mais ameaçada por desordens sociais, originárias dos crescentes antagonismos de classe e da progressiva pobreza das massas. (ibid.)

Ainda segundo Harvey, Von Thünen "rejeita a ideia de que a mão oculta do mercado pode refrear o egoísmo universal em benefício de todos", negando as contribuições anteriores de Adam Smith e Friedrich Hegel. Ele já admitia a alienação entre o trabalhador e o produto do trabalho, reconhecendo que o trabalho e o capital têm cooperação numa relação antagônica e necessária (Harvey, 2005, p.103). Além disso, "os salários e os juros que se produzem na fronteira do Estado isolado fixam a norma para todo o Estado", sendo que "salário se forma pela relação entre as necessidades mínimas de subsistência do trabalhador e o produto de seu trabalho" (Dempsey apud Harvey, 2005, p.105).

A importância da teorização de Von Thünen, portanto, pode ser assim resumida: 1) trata-se de uma primeira tentativa de sistematização teórica ou, em outras palavras, de se estabelecer um modelo explicativo para a dinâmica territorial de um Estado; 2) o autor considera a contradição entre capital e trabalho como antagônica e necessária para a criação de valor; 3) leva em consideração a relatividade da distância entre o centro e as fronteiras de um Estado, o que demonstra sua leitura espacial de um território delimitado; 4) mantém a ideia de equilíbrio, muito cara às teorias da Economia clássica, como forma de inibir movimentos fortes nas tensões entre trabalhadores e capitalistas, o que redundou, em muitas ocasiões, em greves e revoluções.

Vasconcelos (1999) fez uma prospecção sobre a utilização do tempo e do espaço no pensamento geográfico. Esse autor afirma que a "questão espacial deve ser sempre a principal, enquanto a temporal deve ser considerada como um dos enquadramentos complementares", defendendo a tese de que é preciso, para estudar a cidade, "partir das principais mudanças espaciais", e não "dos eventos históricos". Para exemplificar, ele lembra as transformações da cidade no tempo, de acordo com a utilização do espaço e do tempo: 1) a cidade do pedestre; 2) a cidade dos transportes coletivos; 3) a cidade dos transportes coletivos modernos; e 4) a cidade do automóvel. Para se compreender essas etapas, é preciso levar em conta, segundo Vasconcelos, "a divisão do tempo longo (periodização), em diferentes escalas (do mundo ao local)"; "os principais agentes sociais, segundo seus interesses, poderes, organização, espaços de ação e temporalidades; e as diferentes mudanças tecnológicas, sobretudo as dos transportes" (Vasconcelos, 1999, p.86-8).

***

Espaço e tempo, no início da era da ciência moderna, dizem respeito a uma realidade que, por sua vez, refere-se, desde o início do Renascimento, à expansão da "territorialidade europeia" por meio do mercantilismo. Isso resulta, em termos de apropriação dos territórios, na imposição de um modo de produção, o capitalista, que se instaura pouco a pouco, substituindo modos primitivos ou pré-capitalistas, eliminados pela utilização de grandes invenções que se tornaram símbolos dessa expansão: a pólvora, para as armas; a bússola, para a orientação das navegações; as caravelas, para transportar pessoas e mercadorias; e a imprensa, para registrar, desde o século XV, o conhecimento que se tornava laico e se desprendia das amarras da Igreja.

Milton Santos (1978) resume da seguinte maneira o que foi exposto:

> o fim do século XV, com o progresso da navegação, a implantação da segurança no mar e a introdução do comércio e da colonização da América recém-descoberta, é um marco importante na transformação do Ecúmeno. O fim do século XIX, com a formação dos grandes impérios, marca um momento fundamental nesse desenvolvimento. A estrada de ferro, o navio, o vapor, o telégrafo sem fio, a revolução bancária mudam completamente a noção de distância e, como consequência, as escalas de tempo e de espaço. Nessa definição de momentos marcantes da história da humanidade, chegamos à época atual comandada pela revolução científico-tecnológica. (Santos, 1978, p.166)

Enfim, não há como desvincular a definição do conceito de espaço no mercantilismo (ou revolução comercial) que só pode "ser olhado como um redimensionamento radical da territorialidade europeia" (Santos, 2002, p.101) porque "novos territórios foram sendo incorporados à realidade europeia", fazendo que o "discurso copernicano vença o ptolomaico porque incorpora as novas certezas e dúvidas da burguesia emergente" (ibid., p.102). Uma das formas de representação da extensão do espaço que se torna, pouco a pouco, europeu são os mapas. Algo que vai das cartas-portulano, que estabelecem as rotas preferenciais para os navegadores, tendo o Mediterrâneo como referência principal, até as projeções de Mercator, cujo princípio básico é situar o observador no centro da esfera, isto é, "num lugar em que, de fato, ele não pode estar, o que lhe permite precisar qualquer ponto sem, na verdade, estar em nenhum". Essa mudança na noção de observador e observado pode ser considerada como um avanço que se faz com a "diferença entre a geometria dos planos em relação à dos sólidos" (ibid., p.103). Para esse autor,

> diferentemente do tempo, cuja imagem mais forte é a transição da ampulheta para o relógio mecânico [...] o espaço se expressará na imagem cartografada multiescalar do mundo e na realocação do imaginário quanto à localização das cidades, rios, continentes e planetas. (ibid., p.160)

Outra conclusão é importante: "a maturidade desse processo define-se, portanto, pela internalidade conceitual do tempo – no controle do processo de trabalho – e pela externalidade do espaço – no controle da condição do trabalho" (ibid.). Como características da sociedade burguesa, a localização torna-se fundamental porque se expressa nas medidas e na divisão dos novos territórios: "a delimitação geométrica da propriedade privada – condição produtiva objetiva – e do Estado – condição produtiva no plano jurídico-político" (ibid.).

A matematização do mundo, dessa maneira, é uma condição fundamental tanto para que as imagens da superfície terrestre sejam desenhadas e redesenhadas na elaboração dos mapas, quanto para a divisão da superfície, o que vai permitir, pouco a pouco, a sua apropriação para se controlar os meios de produção. E o que, quando o modo capitalista de produção se instaura de forma inexorável, viabilizará a exploração da mais-valia, tanto absoluta quanto social.

No século XX, o espaço não pode ser concebido sem o tempo. Os físicos, por exemplo, chegaram a algumas descobertas: primeiro, "que o tempo e o espaço são curvos e inseparáveis"; segundo, "a insignificância do nosso próprio planeta na vastidão do universo"; terceiro, "que o universo [espaço] estava se expandindo e que teve um começo no tempo" (Hawking, 2002, p.89). Todas as teorias da Física que procuram explicar o tempo baseiam-se no fato de que a quarta dimensão – o tempo – é finita em extensão – assim como o espaço. Toda a cosmologia esbarra na ideia de que "o espaço-tempo é homogêneo e praticamente plano". Por isso, qualquer teorização que tem esse fundamento se esboroa no *big bang*, pois uma das premissas para sustentar essa teoria é de que o espaço não é plano, mas possui curvatura infinita. Além disso, tudo (o espaço) o que vem antes do *big bang* não pode ser considerado no tempo que faz parte dos modelos já elaborados para representar o universo. A compreensão da complexidade das teorias físicas que procuram explicar a origem, o desenvolvimento, os movimentos, a expansão e a possível contração do universo tem controverso paralelo com as ciências humanas, porque é uma demonstração de que se levou ao extremo da capacidade de raciocínio do homem a possibilidade de utilizar e explicar tudo com a linguagem matemática.

Para ler mais

BURTT, Edwin A. *as bases metafísicas da ciência moderna*. Brasília: UnB, 1991.

CAPEL, H. *Filosofia y ciencia en la Geografía contemporánea*. Barcelona: Barcanova, 1981.

CARLOS, Ana Fani A. *O espaço urbano*: novos escritos sobre a cidade. São Paulo: Contexto, 2004.

CASTELLS, M. *A sociedade em rede*. São Paulo: Paz e Terra, 1999.

CASTRO, Iná E. de, GOMES, Paulo César da C., CORRÊA, Roberto L. *Geografia*: conceitos e temas. Rio de Janeiro: Bertrand Brasil, 1995.

FARINELLI, Franco. *Geografia*: un'introduzione ai modelli del mondo. Torino: Giulio Einaudi, 2003.

GOTTDIENER, Mark. *A produção social do espaço urbano*. São Paulo: Edusp, 1993.

HARTSHORNE, Richard. O conceito de Geografia como uma ciência do espaço, de Kant e Humboldt para Hettner. *Caderno Prudentino de Geografia*. Presidente Prudente: AGB, n.29, 2006 (no prelo).

HARVEY, David. *A produção capitalista do espaço*. São Paulo: Annablume, 2005.

______. *Condição pós-moderna*. São Paulo: Loyola, 1992.

HAWKING, Stephen. *Uma nova história do tempo*. Rio de Janeiro: Ediouro, 2005.

KANT, Immanuel. *Crítica da razão pura*. São Paulo: Brasil, 1979.

LEFEBVRE, Henri. *Espacio y politica*. Barcelona: Edicions 62, 1976.

______. *Lógica formal/Lógica dialética*. Rio de Janeiro: Civilização Brasileira, 1983.

NICOLAS-OBADIA, G. *L'espace originel*. Berna: Peter Lang, 1984.

PATY, Michel. Construção matemática e realidade do espaço-tempo da teoria da relatividade. In: ÉVORA, Fátima R. R. (ed.). *Espaço e tempo*. Campinas: Unicamp, 1995, p.13-40.

RAY, Christopher. *Tempo, espaço e filosofia*. Campinas: Papirus, 1993.

SANTOS, Douglas. *A reinvenção do espaço*. São Paulo: Unesp, 2002.

SANTOS, Milton. *A natureza do espaço*. São Paulo: Hucitec, 1996.

______. *Espaço e método*. São Paulo: Nobel, 1985.

______. *Por uma Geografia nova*. São Paulo: Hucitec/Edusp, 1978.

SPOSITO, Eliseu S. *Geografia e filosofia*. São Paulo: Editora Unesp, 2004.

VASCONCELOS, Pedro de A. Como estudar a cidade na longa duração (a noção do tempo na geografia). *Formação*. Presidente Prudente: PPGG/FCT, n.6, 1999, p.75-90.

VIRILIO, Paul. *O espaço crítico*. Rio de Janeiro: 34, 1993.

Espaço público

*Oscar Sobarzo**

No *Dictionnaire de l'urbanisme et de l'aménagement*, organizado por Merlin e Choay (1988), o espaço público se constitui por um tipo de propriedade e por uma possibilidade de uso. A partir dessa definição, considerando o primeiro aspecto – a propriedade –, podemos definir o espaço público formalmente como o espaço que não é de propriedade privada, ou seja, o espaço de domínio ou propriedade das instituições públicas. Nesse sentido, o Código Civil brasileiro de 1916 diferenciava os bens públicos e particulares, estabelecendo que um bem é público quando pertence a qualquer esfera da administração (federal, estadual ou municipal) e é privado em todos os outros casos – a distinção centrada sempre na propriedade. O Código Civil de 2002 manteve essa distinção e introduziu alguns elementos, mas sempre no mesmo espírito do código anterior. No segundo aspecto – o da possibilidade de uso –, a definição formal e legal baseada na propriedade perde a sua precisão porque nem todos os bens públicos estão disponíveis para o uso público (aberto a todos) e também porque existem espaços privados que possibilitam, pelo menos hipoteticamente,

* Universidade Federal de Sergipe, Itabaiana, SE – Brasil.

a apropriação pública ou coletiva. Em ambos os casos, fica claro que qualquer esforço para entender ou definir o espaço público precisa considerá-lo na sua relação com o privado. Essa relação tem variado com o tempo e chega até nós influenciada pelos processos históricos.

A dicotomia entre público e privado não é um problema exclusivo de hoje, nem tampouco nasceu ontem. Consideramos que, para entender as suas particularidades atuais, necessariamente devemos analisar as características que essas duas esferas e esses dois conceitos assumiram em diferentes momentos. Realizar essa retrospectiva faz-nos entender as características que o público e o privado têm hoje. Habermas (1984) mostra como as esferas pública e privada vão se transformando na História. Na Grécia existia uma forte valorização da vida pública, que se materializava na *polis*, em oposição à vida privada do lar ou do *oikos*. A esfera pública representava o reino da liberdade e da continuidade, enquanto a esfera privada era o reino da necessidade e da transitoriedade. Nesse panorama idílico é preciso ressaltar que a vida pública estava reservada aos cidadãos, ou seja, restrita aos homens livres – e ao dizer homens nos referimos mesmo somente ao sexo masculino –, com a exclusão das mulheres. A participação do homem na vida pública dependia da sua autonomia privada como senhor da casa (Habermas, 1984, p.15). Segundo Amorós (1994), essa independência do homem baseava-se na dependência do lar que tinha a mulher e demonstra como, historicamente, tem correspondido a esta o âmbito privado, sem destaque, e como principalmente o homem tem ocupado os papéis públicos. Assim, para os gregos, a dicotomia público/privado correspondia à oposição entre o mundo público da realização do homem e o mundo privado do lar, ou seja, das necessidades. Nessa mesma perspectiva, Arendt (2000, p.40) afirma que a vitória do homem sobre as necessidades do mundo do lar, da esfera privada, permitia e criava as condições para a vida pública, que se traduzia na liberdade na *polis*. Na Roma antiga, o conteúdo profundo da esfera pública grega foi modificado, dando passagem a elementos de espetáculo e cerimonial. Como aponta Sennett (2001, p.101), "reduzida a diversidade, o antigo centro de Roma passou a ser um lugar dedicado ao cerimonial, onde o poder vestia a indumentária e desempenhava os papéis pacificadores da pantomima". Na mesma perspectiva, acrescenta que "com a expulsão dos negócios, do sexo clandestino e de outras atividades sem maiores compromissos, o velho centro urbano assumiu um aspecto formal, dignificado, porém sem vida" (Sennett, 2001, p.104).

Na Idade Média, não é possível distinguir esfera pública e esfera privada usando critérios institucionais, mas os atributos da soberania do senhor feudal passam a ser chamados de públicos. Com isso a representatividade pública começa a ser relacionada aos atributos das pessoas: insígnias familiares, hábitos, gestos, retórica, ou seja, códigos de comportamento "nobre" (Habermas, 1984, p.20). Para Arendt (2003, p.44), a figura do senhor feudal, que encarnava o poder na Idade Média, representou a transferência para a esfera privada das atividades humanas e, consequentemente, o surgimento da noção de "bem comum" como uma instância administrada por uma pessoa, enquanto todos os demais cuidam dos seus assuntos na privacidade. Assim se produz um esvaziamento da dimensão política da esfera pública. No século XVI, o termo *privat* referia-se a estar excluído ou privado do aparelho do Estado, já que o "público" começa a ser relacionado com o Estado, formado com o Absolutismo e materializado na pessoa do soberano (Habermas, 1984, p.21). Nos séculos XVI e XVII, com o desenvolvimento de um primitivo capitalismo financeiro e mercantil, a identificação do público com o estatal, o surgimento da imprensa e a constituição de uma sociedade civil burguesa, surge também o que Habermas (1984) identifica como a esfera pública burguesa:

> A esfera pública burguesa pode ser entendida inicialmente como a esfera das pessoas privadas reunidas em um público; elas reivindicam esta esfera pública regulamentada pela autoridade, mas diretamente contra a própria autoridade, a fim de discutir com ela as leis gerais da troca na esfera fundamentalmente privada, mas publicamente relevante as leis do intercâmbio de mercadorias e do trabalho social. (Habermas, 1984, p.42)

Essa definição mostra claramente a dificuldade de diferenciar de forma precisa o que é público e privado, mas já é possível identificar uma primeira privatização da esfera pública, já que ela corresponde à esfera das pessoas privadas reunidas em um público, tratando fundamentalmente de seus interesses particulares ante a autoridade. Num primeiro momento, a esfera pública burguesa correspondia a uma esfera pública literária, representada na reunião de pessoas em cafés e salões para a crítica literária e política. Num segundo momento, a esfera pública literária dá lugar à "esfera pública política", que inclui o surgimento de instituições (por exemplo, clubes partidários), a circulação de órgãos de imprensa política diariamente e o princípio de publicidade dos atos do governo. Nas palavras de Habermas (1984, p.93),

> a esfera pública com atuação política passa a ter o *status* normativo de um órgão de automediação da sociedade burguesa com um poder estatal que corresponde às suas necessidades. O pressuposto social dessa esfera pública "desenvolvida" é um mercado tendencialmente liberado que faz da troca na esfera da reprodução social, na medida do possível, um assunto particular das pessoas privadas entre si, completando assim, finalmente, a privatização da sociedade burguesa.

Notamos, aqui, como o desenvolvimento capitalista influenciou diretamente as características do público e do privado. A partir do século XVIII, fica evidente que, na esfera pública política, somente são admitidas ou podem participar as pessoas que têm propriedade (donos de mercadorias) e as pessoas cultas. Assim, o termo "privado" ganha um sentido positivo ao se referir a quem dispõe livremente de propriedade que funciona capitalisticamente e a quem pode participar da esfera pública.

Na teoria econômica clássica, supõe-se que todos terão a possibilidade de acesso à propriedade e à formação, daí que todos podem se tornar "cidadãos burgueses"; por isso, somente burgueses deviam ter acesso à esfera pública politicamente atuante. A prática demonstrou que a chamada "igualdade de oportunidades" era uma ficção. Com a entrada de grupos de não proprietários na esfera pública burguesa, à medida que começaram a participar da imprensa, dos partidos e do Parlamento, ganha destaque a publicidade (entendida como o julgamento público e a revisão das decisões políticas perante a opinião pública) contra a própria burguesia que a criou (Habermas, 1984, p.152). Como uma resposta e adaptação ante as contradições que essa situação significava, o liberalismo gera uma "esfera pública ampliada" através da expansão dos direitos de igualdade política para todas as classes sociais, com o objetivo de garantir a reprodução social e reduzir os conflitos de interesse. Para Habermas (1984, p.158),

> os conflitos, até então contidos na esfera privada, estouram agora na esfera pública; necessidades grupais que não podem esperar serem satisfeitas por um mercado autorregulativo, tendem a ser reguladas pelo Estado; a esfera pública que, agora, precisa mediatizar essas exigências, torna-se campo de concorrência de interesses nas formas mais brutalizadas da discussão violenta.

Na segunda metade do século XIX, verifica-se um crescente intervencionismo estatal que se manifesta numa socialização do Estado e uma estatização progressiva da sociedade (Habermas, 1984, p.170). Arendt (2000, p.79) identifica um processo similar, embora utilize outras denominações para os fenômenos. Para ela, a partir dos primeiros estágios da era moderna, produz-se uma espécie de extinção das esferas pública e privada, por meio do surgimento da esfera do social, na qual a esfera pública se torna função da esfera privada e a esfera privada se torna a única preocupação comum que sobrevive. Resumindo as colocações de Arendt (2000), podemos identificar três momentos-chave na evolução da relação entre o público e o privado: 1) na Antiguidade existia uma esfera pública política da qual participavam aqueles que tinham propriedade privada; 2) com a Modernidade, surge a esfera social que relegou para a intimidade a capacidade de ação dos homens, através da normatização das pessoas e seus comportamentos e da abolição das ações espontâneas e das reações inusitadas; 3) atualmente (sem esquecer que o livro de Arendt foi publicado em 1958), produz-se um forte enriquecimento da esfera privada através do individualismo que valoriza a propriedade privada não como uma condição para participar da vida pública, mas como uma forma de acumular riqueza particular. Temos, então, que, tanto para Habermas (1984) como para Arendt (2000), é fundamental o impacto da Modernidade e do desenvolvimento capitalista na relação público-privado.

Nessa mesma perspectiva, Sennett (1978, p.86 e 110-111) mostra como as mudanças no capitalismo, a partir do século XVIII, introduziram transformações nas esferas pública e privada. No século XVIII, os principais locais de convívio social eram espaços fechados (cafés, teatros, salões, clubes) e, em se tratando de espaços abertos, como parques públicos, havia o código do vestuário que permitia facilmente identificar a posição social de cada pessoa. Esses códigos facilitavam o ato de observar estranhos. Havia também outro elemento que valorizava um certo contato com as diferenças no espaço público. No século XVIII, a esfera do privado era considerada a esfera natural do homem, enquanto a esfera pública correspondia a uma criação cultural. Ou seja, tratava-se de "condição humana" *versus* "criação humana"; assim o público tinha a missão de corrigir certas deficiências naturais que o homem possuía (Sennett, 1978, p.126). Esse panorama muda radicalmente no século XIX com a irrupção do capitalismo industrial. Sennett (1978, p.29-35) identifica três forças que contribuíram para mudar a relação entre o público e o privado. A primeira refere-se à relação que o capitalismo industrial teve com a vida pública urbana; a segunda é a reformulação do secularismo que afetou a forma de interpretar o estranho e o desconhecido; e a terceira força corresponde ao enfraquecimento da vida pública como esfera da realização do ser social.

A relação do capitalismo industrial com a vida pública urbana encontra-se em dois aspectos: 1) uma forte pressão para a privatização da sociedade burguesa que resultou do medo com relação a um sistema econômico em forte transformação, situação que levou, em função do medo do "lá fora", a erigir a família como um refúgio ante os terrores da sociedade – as pessoas começaram a perceber o domínio público como moralmente inferior à família, que representava a estabilidade; desse modo a vida pública perdia a sua legitimidade; 2) a possibilidade de produção de vestimentas em massa ocasionou, no domínio público, que muitos adquirissem uma aparência semelhante, de forma tal que os traços públicos perderam suas formas diferenciadoras. Essa situação acarretou a ideia de que compartilhar espaços abertos com outros fosse percebida como um risco, já que não se tinha noção de quem era ou podia ser o outro. Relacionado com este ponto, encontra-se a segunda mudança que afetou a relação público-privado. Refere-se ao secularismo do século XIX que levou as pessoas a aceitarem as coisas por si mesmas. Assim, em público, as aparências deviam ser levadas a sério porque podiam indicar o tipo de pessoa que estava por trás delas. Nesse sentido, se era difícil distinguir uma pessoa em público pela sua vestimenta, havia o risco de se errar na interpretação de quem era o outro, de tal forma que o público virou um espaço de dúvidas e de possíveis erros. A terceira consequência da industrialização foi a perda do caráter da vida pública como possibilidade de realização do ser social. No século XIX, o público passou a ser concebido como um domínio no qual era permitida a violação moral, um domínio imoral; a vida pública perdeu seu sentido como uma esfera moralmente legítima para a família e o lar, no qual se vivia num "ideal moral". Para escapar da imoralidade do público, a pessoa devia passar entre os estranhos e continuar sendo estranho ao resto, ou seja, evitar o convívio e a relação social. Em outra obra, Sennett complementa essa visão com outros elementos: o movimento e a velocidade, valorizados principalmente a partir do século XIX. Na seguinte citação, esses elementos são relacionados diretamente com o espaço urbano:

> a tecnologia da locomoção – dos automóveis às grandes rodovias – permitiu que as pessoas se deslocassem para áreas além da periferia. O espaço tornou-se um lugar de passagem, medido pela facilidade com que dirigimos através dele ou nos afastamos dele. [...] Transformado em um simples corredor, o espaço urbano perde qualquer atrativo para o motorista, que só deseja atravessá-lo. (Sennett, 2001, p.17-8)

A análise apresentada por esse autor inscreve-se no processo da Modernidade e por ele se explica. Levantaremos, a seguir, as principais características desse processo.

Com base em Weber, Habermas (1990) destaca que a Modernidade se relaciona diretamente com a racionalidade e "com a desintegração das concepções religiosas". Para ele,

> as modernas ciências empíricas, a autonomização das artes e as teorias da moral e do direito fundamentadas a partir de princípios levaram aí à formação de esferas culturais de valores que possibilitaram processos de aprendizagem segundo as leis internas dos problemas teóricos, estéticos ou prático-morais, respectivamente. (Habermas, 1990, p.13)

A organização social, por sua vez, adquire dois novos referenciais: a empresa capitalista e o aparelho burocrático do Estado, que, como vimos nas colocações de Habermas, Arendt e Sennett, têm diretas consequências na relação público-privado: surgimento da esfera pública política e, posteriormente, da esfera pública ampliada (Habermas); irrupção da esfera social (Arendt); aparição de novos espaços de socialização, privatização da sociedade, produção de vestimentas em massa e desmoralização da esfera pública em relação à moralidade do lar (Sennett). Outro elemento levantado por Habermas (1990), baseado em Hegel, refere-se à subjetividade:

> para Hegel os tempos modernos são caracterizados de uma forma geral por uma estrutura de autorrelação a que ele chama de subjetividade [...] [A] expressão subjetividade implica, sobretudo, quatro conotações: a) individualismo: no mundo moderno a peculiaridade infinitamente particular pode fazer valer as suas pretensões; b) direito à crítica: o princípio do mundo moderno exige que o que deve ser reconhecido por cada um se lhe apresente como algo legítimo; c) autonomia do agir: é característico dos tempos modernos o fato de nos querermos responsabilizar pelo que fazemos; d) por fim, a própria filosofia idealista: Hegel considera ser tarefa dos tempos modernos que a filosofia apreenda a ideia que sabe de si própria. (Habermas, 1990, p.28)

A subjetividade – que tem como marcos a Reforma, o Iluminismo e a Revolução Francesa – pode ser identificada na ciência (que tira a magia da natureza e dá ao homem a capacidade de explicá-la e entendê-la), nos conceitos morais (adaptados à liberdade dos indivíduos) e na arte moderna (caracterizada pela interioridade) (Habermas, 1990, p.28).

Como já foi ressaltado, Sennett (1984, p.418-9) mostra como a importância adquirida pelo "indivíduo" – que se enquadra no princípio da subjetividade de Hegel – vai se refletir na vida pública, especialmente a partir do século XIX. Outro aspecto que já foi destacado e que merece ser retomado é a relação entre a esfera pública e o Estado da Modernidade. Habermas (1984) mostra como a esfera pública burguesa – reunião de privados em público para defender seus interesses frente à autoridade – evoluiu para uma esfera pública política – que, baseada em princípios liberais, incluía somente os proprietários e os cultos – e, depois, para uma esfera pública ampliada, na qual o Estado patrocina a expansão dos direitos de igualdade política para todas as classes sociais, com a finalidade de garantir a reprodução social e reduzir os conflitos.

Nesse sentido, Gomes (2002) destaca que são dois os valores em que o Estado Moderno vai se basear: liberdade e igualdade. "Estes dois valores dividem duas esferas da vida social, a esfera privada dos indivíduos, a quem cabe o exercício da liberdade, e a esfera pública, asseguradora das condições de igualdade" (Gomes, 2002, p.149). Na mesma perspectiva, ele completa: "na base da ideia de liberdade e de igualdade, de um regime político que pretende estabelecer um valor isonômico entre as pessoas, há uma condição espacial importantíssima e absolutamente necessária, a concepção de um espaço público" (ibid., p.159). O espaço público surge, então, como uma condição para o desenvolvimento do novo sistema político – o Estado Moderno – toda vez que representa a materialização da igualdade perseguida. No século XX, há elementos que levam àquilo que Sennett chama de "destruição da esfera pública" pela perda do "valor da impessoalidade" (Sennett, 1978, p.419). A impessoalidade, na perspectiva do espaço público, deve ser entendida como a possibilidade de encontros anônimos, civilizados e indiferentes, ou seja, não significa que as pessoas reunidas no espaço público tenham a obrigação de um convívio e de uma sociabilidade profundas. Nesse sentido, o espaço público moderno deve ser contextualizado como uma instância que possibilita o encontro das diferenças, mas sem cair numa idealização de uma sociabilidade intensa; pelo contrário, deve ser pensado no sentido de um convívio civilizado nos parâmetros da sociedade moderna, que do ponto de vista político persegue a isonomia, embora seja socialmente desigual.

A necessidade da contextualização é destacada por Caldeira (2000, p.336), ao criticar as posturas que falam da morte do espaço público, sem se questionar se o que se está produzindo é uma transformação de um tipo de espaço público em outro. Essa transformação estaria abandonando os ideais modernos da vida urbana (ruas abertas, circulação livre, encontros impessoais e anônimos, presença dos diferentes grupos sociais consumindo, observando-se, participando da política, divertindo-se etc.)

e assumindo um espaço público que consolida a desigualdade e a separação dos segmentos sociais.

Nesse contexto, uma primeira contextualização faz-se necessária para entender a nossa realidade. Existe um elemento central sobre o qual refletiremos: as características da Modernidade no Brasil, período que imprimiu grandes transformações na esfera pública, mas cujo ideário não foi completamente realizado porque se encontrou com uma realidade de país colonial. Segundo Martins (2000), a nossa Modernidade resulta de um híbrido, do encontro do passado e do presente: do tradicional e conservador com o moderno, com a racionalidade e com o transitório. A nossa Modernidade é incompleta. "O inacabado e inconcluso, a Modernidade que não se completa, produziu no Brasil uma consciência social dupla, o diverso segmentado e distribuído nos compartimentos da cultura e da vida" (Martins, 2000, p.24-5). A Modernidade, que renovou as relações econômicas com o sistema capitalista, aqui manteve a escravidão. A Modernidade que renovou as relações políticas com o Estado moderno, aqui se adaptou às velhas estruturas. "Politicamente, somos de vocação liberal, mas de um liberalismo fundado nas tradições do poder pessoal e do clientelismo" (Martins, 2000, p.31). Procurar a isonomia do modernismo nas bases de uma sociedade colonial baseada na desigualdade requereria uma transformação que no Brasil (e na América Latina, em geral) não aconteceu. A nossa Modernidade resulta híbrida, incompleta, superficial e, também, aparente: "Este é o ponto: parecer moderno, mais do que ser moderno. A Modernidade se apresenta, assim, como a máscara para ser vista. Está mais no âmbito de ser visto do que no do viver" (ibid., p.39). E como se relacionam estes aspectos com o público e o privado? Segundo Martins (1994, p.21-2),

> no Brasil a distinção entre o público e o privado nunca chegou a se constituir, na consciência popular, como distinção de direitos relativos à pessoa, ao cidadão. Ao contrário, foi distinção que permaneceu circunscrita ao patrimônio público e ao patrimônio privado. Portanto, uma distinção relativa ao direito de propriedade e não relativa aos direitos da pessoa. Mesmo aí, distinção que nunca ganhou clareza e contornos nítidos. Durante todo o período colonial, os direitos se superpuseram, o público e o privado. A grande distinção era

de outra natureza e se sobrepunha a todas as outras: o que era patrimônio do rei e da Coroa e o que era patrimônio dos municípios, isto é, do povo. E aí a própria concepção de pessoa, como sabemos, estava limitada aos brancos e católicos, puros de sangue e puros de fé. Os impuros, isto é, os mestiços, os escravos indígenas, os escravos negros, mas também os mouros e judeus, estavam sujeitos a uma gradação de exclusão que ia da condição de senhor de patrimônio à condição de patrimônio de senhor. Essa relação, baseada no clientelismo e no patrimonialismo, permanece desde a Colônia até os nossos dias.

***

Nos séculos XVI e XVII, o público era personificado pelo privado. O rei delegava aos homens bons (sem mácula de sangue nem de ofício) parte de sua autoridade, que possibilitava a administração das vilas e municípios. Em troca, a Coroa exigia o pagamento de tributos, a organização de expedições de guerra ao índio, a construção de caminhos e pontes etc.

> Portanto, as relações entre o vassalo e o rei ocorriam como troca de favor. A lealdade política recebia como compensação retribuições materiais, mas também honrarias, como títulos e privilégios, que, no fim, resultavam em poder político e, consequentemente, em poder econômico. (Martins, 1994, p.23)

O que surge deste processo é

> um Estado não igualitário e patrimonial, mutilado por uma categoria povo bem distinta da do Estado moderno, porque povo estamentalmente dividido entre grupos sociais com direitos desiguais, além daqueles que não tinham nenhum direito, que eram os escravos, de modo algum incluídos na categoria povo. (Martins, 2000, p.27)

A Modernidade brasileira, portanto, privilegiou a distinção entre público e privado como relativa ao direito de propriedade, e não como atinente aos direitos das pessoas. Assim se entende porque na legislação brasileira o espaço público se define exclusivamente em função da sua propriedade.

Voltando às análises sobre a evolução do conceito de espaço público, devemos abrir outra frente de análise, já que considerar que as mudanças no espaço público, no decorrer do século XX, encontra explicação somente pela perda do "valor da impessoalidade" ou pelo "medo à exposição" das pessoas – como sugere Sennett (1978) – não deixa transparecer a grande influência que teve o urbanismo progressista nesse campo. O urbanismo progressista foi resultante, nas primeiras décadas do século passado, da aplicação da racionalidade do projeto modernista ao plano da organização urbana, tal como tinha sido aplicada na produção industrial com o sistema fordista. As propostas do ideário progressista, inspiradas na estandardização e mecanização da indústria, procuravam uma divisão rígida da cidade, conhecida como zoneamento, em razão de "quatro grandes funções humanas: habitar, trabalhar, locomover-se, cultivar o corpo e o espírito" (Choay, 2002, p.21). O mais influente arquiteto do urbanismo progressista, Le Corbusier (como destaca Choay, 2002, p.185-90), posicionou-se a partir de uma tipificação das necessidades humanas, a favor da estandardização, igualando a cidade a uma máquina que precisava de ordem e eficácia – representados num modelo que pregava a prevalência de linhas retas, o que no plano das ruas facilitaria a circulação automotora. A cidade ideal de Le Corbusier devia ser construída geometricamente e respeitar, sobretudo, a circulação, num modelo segregado do ponto de vista da habitação – "a moradia de uma pessoa dependia da atividade por ela exercida" (Hall, 2002, p.246). As críticas aos postulados do urbanismo progressista podem ser exemplificadas com o livro de Jane Jacobs de 1961, de empolgante nome, *The Death and Life of the Great American Cities* [Vida e morte nas grandes cidades americanas]. A crítica de Jacobs, na perspectiva da rua, é fundamental, pois um espaço público tão importante, a partir do ideário do urbanismo progressista, sofre um forte esvaziamento da vida, dos pedestres, e perde terreno para a circulação motorizada. Assim, ao panorama do século XX, ligado à perda da impessoalidade e ao medo da exposição, acrescentamos um novo urbanismo, que, através da estandardização e da separação funcional e social, tende a afastar as diferenças e, ao privilegiar a circulação, diminui os espaços para o pedestre.

As tendências atuais de transformação do sentido dos espaços públicos se inserem no contexto da globalização, que se apresenta como uma tendência homogeneizante, ao mesmo tempo que realçam as particularidades dos lugares e exigem deles uma série de características para integrá-los. Contudo, esse processo integrador é pontual, já que somente uma parte da cidade – aquela que serve aos interesses globais – é integrada. Competitividade, integração seletiva, planejamento estratégico, enobrecimento (*gentrification*) e fragmentação dos lugares são aspectos que se materializam no espaço urbano – especialmente nas metrópoles e nas grandes cidades – como consequência da concorrência entre cidades para conseguir formar parte do circuito global. Em função dessa lógica, surgem intervenções urbanas de renovação ou requalificação de bairros, com manifestações no espaço público a partir de uma perspectiva cenográfica – feita para ser vista e fotografada, especialmente por turistas –, de características não inclusivas e padrão estético *clean* e nostálgico.

Outro elemento que a globalização traz é a tendência à privatização da economia (e da sociedade também). Oliveira (1999, p.57) destaca que a globalização "expressa a privatização do público, ou, ideologicamente, uma experiência subjetiva de desnecessidade, aparente, do público". Para esse autor, o processo de privatização do público não se esgota nas privatizações das empresas estatais, mas amplia-se à "privatização da esfera pública, sua dissolução, a apropriação privada dos conteúdos do público e sua redução, de novo, a interesses privados" (Oliveira, 1999, p.58). No plano urbano, Damiani (1999, p.54-5) mostra como, na cidade atual, há a tendência à geração de espaços neutros, espaços mostrados como espetáculo, espaços desérticos com conteúdos restringidos. No nível da representação, o público é privatizado e sustenta o domínio dos interesses privados, processo justificado no discurso da racionalidade dominante. Para Carlos (2001, p.33, 36-7), essas transformações produzem nos espaços urbanos – principalmente nas metrópoles – o estranhamento, pela constante renovação e transformação do espaço que modifica os modos e os tempos da vida urbana e que rompe as relações com os lugares, especialmente com os espaços públicos, que na vida cotidiana são perdidos e substituídos por outras instâncias: espaços semipúblicos, associados ao consumo e com normas de funcionamento e limites para a diversidade.

Finalmente, a análise anterior precisa de outra contextualização. Esse processo atual, que pode ser visto como o esvaziamento do público, exige esforços redobrados para entender que, embora o caráter do espaço público esteja em transformação ou em crise, nem por isso ele teria morrido ou desaparecido das práticas cotidianas. Nesse sentido, na perspectiva da Geografia Urbana, devem ser analisados os espaços públicos (por excelência) da cidade – aqueles que combinam a propriedade ou domínio público e a possibilidade de uso – como são as ruas, praças e parques, mas sem esquecer a relação deles com a esfera do privado, especialmente a potencial transformação do seu caráter no processo de produção da cidade capitalista contemporânea.

Para ler mais

AMORÓS, Celia. Espacio público, espacio privado y definiciones ideológicas de "lo masculino" y "lo femenino". In: *Feminismo, igualdad y diferencia.* México: Unam-Pueg, 1994, p.23-52. Disponível em: <www.laneta.apc.org/cidha/lectura/ identidad/texto6.htm>. Acesso em: 27 maio 2002.

ARENDT, Hannah. *A condição humana*. Rio de Janeiro: Forense Universitária, 2000 [1958].

CALDEIRA, Teresa P. do R. *Cidade de muros*: crime, segregação e cidadania em São Paulo. São Paulo: Edusp, 2000.

CARLOS, Ana Fani A. *Espaço-tempo na metrópole*: a fragmentação da vida cotidiana. São Paulo: Contexto, 2001.

CHOAY, Françoise. *O urbanismo*: utopias e realidades, uma antologia. São Paulo: Perspectiva, 2002. [1965]

DAMIANI, Amélia L. As contradições do espaço: da lógica (formal) à (lógica) dialética, a propósito do espaço. In: ______; CARLOS, Ana Fani Alessandri; SEABRA, Odette Carvalho de Lima. *O espaço no fim de século*: a nova raridade. São Paulo: Contexto, 1999, p.48-61.

GOMES, Paulo César da C. *A condição urbana*: ensaios de geopolítica da cidade. Rio de Janeiro: Bertrand Brasil, 2002.

HABERMAS, Jürgen. *Mudança estrutural da esfera pública.* Rio de Janeiro: Tempo Brasileiro, 1984 [1962].

______. *O discurso filosófico da modernidade.* Lisboa: Dom Quixote, 1990 [1985].

HALL, Peter. *Cidades do amanhã.* São Paulo: Perspectiva, 2002 [1988].

JACOBS, Jane. *Morte e vida de grandes cidades.* São Paulo: Martins Fontes, 2001 [1961].

MARTINS, José de S. As hesitações do moderno e as contradições da modernidade no Brasil. In: *A sociabilidade do homem simples*: cotidiano e história na modernidade anômala. São Paulo: Hucitec, 2000. p. 17-54.

______. *O poder do atraso*: ensaios de sociologia da história lenta. São Paulo: Hucitec, 1994.

MERLIN, Pierre; CHOAY, Françoise (orgs.). *Dictionnaire de l'urbanisme et de l'aménagement*. Paris: PUF, 1988.

OLIVEIRA, Francisco de. Privatização do público, destruição da fala e anulação da política: o totalitarismo neoliberal. In: ______; PAOLI, Maria Célia (orgs.). *Os sentidos da democracia: políticas do dissenso e hegemonia global*. Petrópolis: Vozes, 1999, p.55-81.

SENNETT, Richard. *Carne e pedra*: o corpo e a cidade na civilização ocidental. Rio de Janeiro: Record, 2001 [1994].

______. *El declive del hombre público*. Barcelona: Península, 1978 [1974].

G

Globalização

*Clerisnaldo Rodrigues de Carvalho**

O termo globalização faz parte do vocabulário das ciências humanas (Economia, Geografia, História e Ciência Política etc.), pelo menos desde os anos de 1980, mas muito mais intensivamente a partir da década de 1990. É um termo surgido nas academias norte-americanas – escolas de Administração e Negócios, as chamadas *business schools* – com o objetivo de plasmar um leque de possibilidades em explorar novas fronteiras e formas de incrementar negócios e comércio pelos agentes econômicos numa suposta "economia de espaço global". Aliás, o termo que inicia essa ideia é o adjetivo "global" e depois surge a propalada ideia de "globalização", veiculada pela mídia financeira e setores acadêmicos norte-americanos.

É um termo muito confuso e nebuloso, que passou a ser adotado como um "passe de mágica" para encurtar o caminho do desenvolvimento dos países subdesenvolvidos, defendido por "gurus" da administração, jornalistas, economistas e políticos de vários matizes (conservadores e social-democratas), sem contar o universo acadêmico, muito afeito aos modismos de época e solícitos a tudo o que é produzido nas capitais do

* Universidade Estadual Paulista, Ourinhos, SP – Brasil.

mundo, tanto na Europa ocidental quanto na América do Norte. O economista John K. Galbraith (economista liberal norte-americano vinculado ao Partido Democrata dos Estados Unidos), em uma visita ao Brasil, no ano de 1997, disse:

> Globalização é um termo que eu não uso. Não é um conceito sério. Nós, os americanos, o inventamos para dissimular nossa política de entrada econômica nos outros países. E para tornar respeitáveis os movimentos especulativos de capital, que sempre são causa de graves problemas. (Galbraith, 1997, p.8)

A globalização, conforme defendida por seus entusiastas e ideólogos mais fervorosos, nada mais é que a dominação imperialista travestida. A finalidade das conexões entre governos, empresas/mídia, bancos – a "corporatocracia" em geral – é justamente estabelecer na escala mundial o controle dos estoques de recursos e criar um *imperial system* sob comando do condomínio anglo-saxão através das agências multilaterais, promovendo inclusive a condução da política econômica internacional e criando diretrizes gerais para tal empreendimento. Claro, tudo isso com a facilitação dos avanços técnico-científicos da Terceira Revolução Industrial em vários segmentos da atividade econômica, mas essencialmente devido ao desenvolvimento das tecnologias da informação (setor de informação, telecomunicação, bancos etc.).

As medidas de desregulamentação e liberdade ofertadas aos capitais (economia financeira) e medidas liberalizantes para ação da grande corporação (os chamados oligopólios da economia real) produzidas pelos governos conservadores de M. Thatcher (Inglaterra) e R. Reagan (EUA), respectivamente no final dos anos 1970 e início dos 1980, proporcionaram uma velocidade tremenda da ação predadora dos mercados financeiros e sua operacionalização numa escala maior que aquela que havia antes de tais medidas, sem contar a expansão dos investimentos corporativos na economia-mundo. Essas medidas tomadas pelos países anglo-saxões na década de 1980 e com fortes repercussões na década de 1990, no entanto, foram justamente para debelar as crises de financiamento (o déficit público americano) e enquadrar os sócios menores do condomínio capitalista em benefício das finanças dos países centrais do sistema mundial – além da manutenção da ordem hierárquica do sistema mundial, agora balizada pela nomenclatura da Terceira Revolução Industrial e todo o departamento da economia mais avançada em termos de tecnologia agregada à produção dos países desenvolvidos.

A globalização é um dogma mântrico propalado como verdade axiomática num bombardeio constante por porta-vozes do *mainstream* liberal-conservador, forjado como "consenso" nos anos 1990 em vários segmentos e setores econômicos e políticos, com respaldo das organizações estabelecidas nos Estados Unidos e países do mundo dito desenvolvido e alhures, que afinal acabou servindo como álibi de plataforma econômica institucional de agências multilaterais. Tais organismos, como o Fundo Monetário Internacional (FMI), o Banco Mundial (BIRD), a Organização para Cooperação e Desenvolvimento Econômico (OCDE), o Banco Interamericano de Desenvolvimento (BID), a Organização Mundial do Comércio (OMC), apoiados pelos EUA, consolidam essa doutrina como estratégia de política econômica internacional regulada pela ideologia dos mercados livres a ser respaldada *in totum*. Sua ambição é estancar o quadro hemorrágico das crises econômicas nos países periféricos e manter em estado de solvência os países subdesenvolvidos e/ou em desenvolvimento (mercados emergentes no jargão do FMI) para pagamento dos seus compromissos externos, a malfadada dívida externa com os credores privados internacionais.

Foi essa ideia que o economista Chossudovsky (1999) expressou, comentando o cenário da América Latina e da crise financeira global do capitalismo: "A 'agenda oculta' de Washington deverá assumir o controle dos ativos produtivos e recolonizar o continente".

FMI e bancos globais de investimentos, especuladores e manipuladores das moedas nacionais atuam ora como agentes da intermediação financeira – embora também sejam credores de fundos financeiros –, ora como conselheiros, ao passo que também são grandes especuladores, como analisa Chossudovsky (1999, p.292):

> os maiores [bancos] e corretoras do mundo são credores e especuladores institucionais. No presente contexto, eles contribuem (com seus ataques

especulativos) para desestabilizar as moedas nacionais e, com isso, aumentar o volume da dívida em dólar. Em seguida, reaparecem como credores com vistas a cobrar essas dívidas. Finalmente, são convidados a participar, na qualidade de "conselheiros políticos" ou de consultores nos "programas de falências" patrocinados pelo FMI dos quais são os beneficiários últimos.

É por isso que a nomenclatura de "conselheiro econômico" é uma terminologia suave e metafórica para a ação dos ilustres senhores dotados de conhecimentos, da econometria e de cálculos estatísticos sofisticados, que, segundo John Perkins (2005), são mais bem caracterizados como "assassinos econômicos":

> "Assassinos econômicos" (A. E.) são profissionais altamente remunerados cujo trabalho é lesar países ao redor do mundo em golpes que se contam em trilhões de dólares [...]. Eles praticam o velho jogo do imperialismo, mas um tipo de jogo que assumiu novas e aterradoras dimensões durante este tempo de globalização. Eu sei do que estou falando, eu fui um A. E. (Perkins, 2005, Prefácio, p.9)

Não foi à toa que o Consenso de Washington, sob a égide do economista inglês John Williamson, entre outros, deu o tom em termos de ajuntar *staffs* dos bancos centrais e ministérios de Fazenda e Economia dos países em desenvolvimento da América Latina e o *board* de agências multilaterais (governança econômica global) sediadas em Washington D. C. para trocas de informações e definição de novas diretrizes sobre o desenvolvimento e a dívida externa dos respectivos países latino-americanos no ano de 1989.

As políticas econômicas traçadas a partir dessas reuniões em Washington (final dos anos 1980 e início dos 1990), sob o comando de organismos internacionais e o Federal Reserve (FED), passaram a ser reconhecidas como políticas de ajustamento estrutural sob o prisma neoliberal associadas à globalização nos seus variados espectros. As ditas reformas estruturais seguiam as proposituras orquestradas dentro dos condicionamentos estabelecidos pelo Banco Mundial (BIRD) e FMI. Ei-las, conforme nos indica Fiori (1997, p.12): "Liberalização financeira e comercial, desregulação dos mercados e privatização das empresas estatais". Essa era a plataforma econômica estabelecida a partir das reuniões que se sucederam, no princípio dos anos 1990, do Consenso de Washington. Uma delas, de 1993 – cuja base provém de um escrito de John Willianson, "In Search of a Manual for Technopoles" [À procura de um manual para polos tecnológicos], que originou o livro *The Political Economy of Policy Reform* [A economia política da reforma política] –, estabelecia, conforme Fiori (1997, p.11, 12), "circunstâncias e regras de ação que poderiam ajudar um *technopole*, economistas capazes de somar o manejo de seu *mainstream* à capacidade de implementar a mesma agenda do Consenso de Washington em seus respectivos países". Trata-se de um plano muito bem arquitetado e azeitado por FMI e Banco Mundial, constituindo um programa ambicioso que defendia a estabilização econômica, com vistas a alcançar um superávit fiscal primário robusto, a reestruturação do sistema de previdência pública, seguidas das reformas estruturais (liberalização financeira e comercial, desregulamentação dos mercados, privatização das empresas estatais) e, finalmente, a retomada dos investimentos e do crescimento com poupança externa (Fiori, 1997).

***

Pode-se afirmar com veemência que a ideologia da globalização é um "canto de sereia para enganar incautos" com forte apoio nos países sem projeto nacional cujas elites internas são sempre cordiais com o capital financeiro externo e as lógicas de manipulação econômicas forâneas; é um discurso potente assimilado pela periferia do mundo e tonificado pelos formadores de opinião dos países do núcleo central do capitalismo (mídia, acadêmicos e governos), especialmente do mundo anglo-saxão (EUA e Inglaterra), e que passou a ser a verdade axiomática, absoluta e inquestionável. Por exemplo, numa reunião do G-7 em Florença, no ano de 1999, o presidente dos Estados Unidos, Bill Clinton, e sua parte associada na Europa (Grã- Bretanha), sob a batuta de Tony Blair, formularam a propositura de que no contexto atual não teremos guerra, mas a punição das forças dos mercados àqueles que não cumprirem à risca as recomendações dos mercados livres: "em caso de desobediência não haverá guerra, mas o castigo dos mercados será inevitável" (Fiori, 2001, p.147).

Contudo, M. Thatcher já havia vaticinado, na década de 1980, o mote que adentraria os anos 1990 sem muitos questionamentos, principalmente por conta dos intelectuais, dada a preguiça mental e a falta de apetite em se debruçar sobre a análise da teoria da história dos sistemas econômicos mundiais. "*There is no alternative* [Não há alternativa]", disse Thatcher. E assim seguimos reproduzindo nos territórios periféricos do mundo, com algumas exceções (mas, pouco ouvidas), o refrão da dama de ferro britânica dando crédito e vazão política ao processo em curso da propaganda mistificadora da globalização. Apesar disso, não podemos esquecer que agentes internos (meio acadêmico, político e econômico) dos países latino-americanos tiveram um papel fundamental na aplicação de todo esse arsenal de propositura neoclássica. Alguns exemplos podem ser apresentados, como na Argentina de Carlos Menem e Domingo Cavallo, os quais promoveram a completa dolarização. Rudiger Dornbusch, germano-americano, era um dos entusiastas da ideia de dolarização das economias latino-americanas, não só da nossa vizinha Argentina. Ele escreveu muitos artigos sobre essa temática em jornais brasileiros, entre eles a *Folha de S.Paulo*, e era uma das vozes do *mainstream* liberal norte-americano, bem como especialista em "flutuações de preços", além de *expert* no trato sobre "taxas de câmbio". Trabalhou no Departamento de Economia do MIT (EUA) até o início de 2002 para a privatização dos ativos públicos da economia doméstica. No Brasil, Gustavo Franco, lotado no Banco Central do Brasil durante o governo FHC, dizia que não era importante exportar, o que importava era importar e a chegada massiva do "estado da arte" incorporada ao processo produtivo só seria proporcionada com a aquisição dos ativos nacionais pelas grandes corporações internacionais – só elas seriam os acicates propulsores do desenvolvimento do capitalismo industrial brasileiro via abertura econômica. O presidente Cardoso também propagandeou na mídia que o processo de privatização em curso no Brasil daria capacidade ao Estado brasileiro para financiar as políticas públicas, em especial as de saúde e educação, sem contar o retorno do Estado para ampliar os investimentos na infraestrutura logística. Nada mais mobilizava para justificar o processo de privatização de seu governo, almejava apenas obter apoio popular, já que a economia brasileira apresentava muitos retrocessos a despeito da concordância do governo com as políticas traçadas pelo FMI.

Conforme Cano (2012, p.173),

> a economia apresentou medíocre desempenho, como se pode ver pelas taxas médias anuais de crescimento do PIB e da Formação Bruta de Capital Fixo (FBKF), que entre 1970 e 1980 haviam sido de, respectivamente, 8,7% e 10,2% e entre 1980 e 1990 caíram para 1,6 e -2,6%. Entre 1989 e 2003, a taxa média anual do PIB foi de apenas 1,8% e a relação FBKF/PIB em 2003 apresentou um dos mais baixos valores de nossa história recente (17,8%).

A questão da carga tributária no Brasil é entendida da seguinte forma: "No Brasil, o grande salto da carga, dos 27,8% de 1990 aos 37,7% de 2005, se deve, quase exclusivamente, ao colossal aumento dos pagamentos dos juros da dívida pública, que oscilam hoje em torno de 8% do PIB" (cf. Cano, 2012, p.135).

Fattorelli (2013, p.22, 23), sobre a questão da dívida brasileira, diz que:

> o endividamento público transformou-se num mecanismo de transferência de recursos públicos para o setor financeiro privado. A isso cunhamos um termo: existe um sistema da dívida. [...] As metas do nosso modelo econômico são superávit primário, metas de inflação. Quem se beneficia? O sistema da dívida. [...] O sistema da dívida garante também um aparato legal que privilegia seu pagamento em detrimento de todos os outros gastos sociais. Aqui, no Brasil, para isso foi votada a Lei de Responsabilidade Fiscal. [...] a [LRF] aplica o Código Penal, criminaliza o gestor público que não priorizar o pagamento da dívida. Isso tudo é *modus operandi* do sistema da dívida. E é assim no mundo inteiro.

Em 2008 (no governo Lula),

> A medida provisória [MP] dizia que toda a sobra no orçamento de qualquer rubrica que não for gasta durante o ano, no final do ano pode passar o rodo e pagar a dívida. [...] Foi a MP 435 e MP 450. [...] Hoje, a dívida está

> consumindo R$ 2,3 bilhões por dia. É isso que explica: o Brasil é a sexta potência mundial hoje, e ano passado a ONU nos classificou em 84º lugar no Índice de Desenvolvimento Humano. [Governo Lula e o pagamento da dívida com o FMI...] Quando Lula pagou era de 4% de juros ao ano [...]. Então o que o Lula fez? Pagou a dívida financeira e 4% antecipadamente – e, diga-se de passagem, para pagar a dívida com o FMI foram emitidos títulos da dívida interna, que na época pagavam juros de 19,3%. Então, não pagamos a dívida. (Fattorelli, 20163, p.22-3)

O que se sabe é que os Estados nacionais na América Latina passaram a ser administrados e monitorados, em função de suas respectivas políticas econômicas, pelos organismos multilaterais sediados em Washington e mesmo pelo Tesouro americano. As elites nacionais, por sua vez, em especial o setor financeiro interno dos países, e a elite política pseudomodermizante se mantiveram fiéis à doutrina globalizante como eixo axial da geoeconomia e geopolítica do centro do sistema, o que não é novo na história econômica e política desses países da periferia sistêmica.

Sem embargo, a ideia basilar que envolve a globalização tem como premissa a tese iluminista dos mercados livres perseguida pela Inglaterra no século XIX e pelos Estados Unidos no século XX. Isso é feito com o esquecimento de que um livre-mercado não existiu em tempo algum, exceto na Inglaterra da era vitoriana do século XIX (1840 a 1870) por condições muito específicas da economia inglesa, inclusive com um atrelamento das moedas de outros países à moeda de câmbio internacional do século XIX – a libra inglesa e o sistema de *currency board* (conselho da moeda).

> Um *currency board* é um regime monetário e cambial no qual o país se compromete a converter, sob demanda, sua moeda local em outro ativo líquido de aceitação internacional, a uma cotação fixa. Originalmente, foi introduzido pela Inglaterra em algumas de suas colônias. (Canuto, 1999)

Como explica Batista Júnior (cf. 2002, p.83-96), o *currency board* foi um expediente concebido no século XIX para as colônias africanas, asiáticas e caribenhas da Inglaterra e outras metrópoles europeias. A paridade se estabeleceu com as moedas do império inglês e outras praças financeiras atreladas ao papel da libra esterlina em termos de câmbio e gestão monetária internacional.

Por conseguinte, esse paradigma que visou alicerçar o livre-mercado do século XX (1980/1990) e tornou-se um objetivo a ser alcançado pelas organizações multilaterais (OMC, FMI, OCDE etc.), com o apoio explícito do governo dos Estados Unidos, baseia-se na assertiva de que

> os Estados Unidos são a última grande potência a basear suas políticas na tese iluminista. De acordo com o "consenso de Washington", o "capitalismo democrático" será logo aceito no mundo inteiro. Um livre-mercado global se tornará realidade. A diversidade dos sistemas e culturas econômicas que o mundo sempre comportou será supérflua. Eles se fundirão num único mercado livre. (Gray, 1999, p.10)

Ressalte-se que a assimilação do termo globalização na periferia do sistema econômico mundial não se deu com a mesma intensidade em todos os lugares e regiões. Os países e elites dirigentes nacionais que não conseguiram amalgamar um projeto de desenvolvimento nacional foram aqueles que mais aderiram à fábula e ao mito da globalização, todos acorrentados pela lógica do endividamento externo e do prolongamento do subdesenvolvimento, em função de um engajamento passivo na ordem internacional vigente. Ainda que o Brasil tenha aderido aos ditames do Consenso de Washington, mais tardiamente, nos anos 1990, os estragos não foram menores no país.

***

Praticamente toda a América Latina vivenciou diversas crises econômicas na década de 1980, como resultado do ajuste exportador imposto pelo governo americano por conta da crise financeira dos anos 1970 e dos déficits orçamentário e fiscal daquele país. De 1979 para 1981, a taxa de juros americana tem um aumento exponencial e passa de 7% para 21%, levando países endividados a serem obrigados a realizar a estatização da dívida. A imposição do ajuste exportador (rebaixar a demanda interna e aumentar o superávit externo) pelos credores privados internacionais sob a batuta do FMI tinha por objetivo gerar receitas para pagamento da dívida pública. No entanto, o endividamento continuou a crescer. Para o conjunto da América Latina (principais países), a dívida pública externa tinha as seguintes características, conforme Cano (2012, p.118):

> em 1956 somava 3,9 bilhões de dólares (dos quais 1,4 do Brasil, 0,4 da Argentina, 0,5 do México), em 1965 já totalizava 11 bilhões dos quais cabiam 2,8 ao Brasil, à Argentina 1,9, e ao México 2,0. [...] Somados os anos do período de 1982-1990 – o da "crise da dívida" –, a América Latina transferiu recursos líquidos para o "resto do mundo", em um total de US$ 221 bilhões (dos quais 75 no Brasil, 33 na Argentina e 72 no México), mas o saldo acumulado de sua dívida externa passou de US$ 116 bilhões, em 1979, para US$ 574 bilhões em 1995.

A estatização da dívida significa transferência das responsabilidades dessa mesma dívida para o governo brasileiro, no caso a instituição responsável passa a ser o Banco Central – tratou-se de uma exigência do comitê dos bancos privados internacionais monitorados pelo FMI. No momento da renegociação dessa dívida, que ocorreu no Canadá, em 1992, e encerrou-se no paraíso fiscal de Luxemburgo, alguns consultores internacionais, conhecidos depois pelo povo brasileiro, participaram intensamente dessa negociação sem ter nenhum cargo tanto no governo do Brasil e mesmo nas instituições internacionais; todos eles serviram ao governo de Fernando H. Cardoso (1994-2002): Pedro Malan (Ministro da Fazenda), Murilo Portugal (chefia do Tesouro) e Armínio Fraga (presidente do Banco Central) (Cf. Fattorelli, 2013, p.22).

A globalização financeira (desregulamentação e liberalização dos mercados) significa para o Brasil (e todos os latino-americanos) transferência de renda dos cidadãos para os maganos do mercado financeiro (interno e externo). Números mais recentes são estarrecedores, já que, além da dívida absurda, parcela significativa da famosa dívida interna é de domínio dos principais bancos de investimentos do mundo (operadores privilegiados da dívida pública):

> Em 2011, a dívida pública absorveu R$ 708 bilhões, o equivalente a 45% do orçamento da União e, em 2012, a previsão orçamentária calcula que tenha sido em torno de 48%. A dívida paga por todos os cidadãos brasileiros já supera o valor de R$ 3 trilhões [...]. Se somarmos a dívida interna, que está em R$ 2,637 trilhões, e a dívida externa, que está em 422 bilhões de dólares, superamos os R$ 3 trilhões [...]. Se olharmos na página do tesouro nacional, os *dealers* são um conjunto de doze instituições que têm o privilégio de comprar dívida em primeira mão, logo que o tesouro nacional lança os títulos. Estão lá o Citibank, o JP Morgan, o Barclays, o Deutsche Bank, o Royal Bank of Scotland e por aí afora. (Fattorelli, 2013, p.20)

Todavia, a discussão sobre a temática da globalização é muito complicada em países que sofrem o peso colonial da dominação, e para seus asseclas a visão extremada impede qualquer debate racional sobre a mesma. Nos anos de apogeu da dogmática visão da globalização, o economista brasileiro Batista Júnior (1998, p.179), ao desconstruir a ideologia e os mitos da globalização, afirmou:

> para países como o Brasil, que ainda carregam laços acentuados do seu passado colonial, um debate como esse é sempre problemático. A ideologia da "globalização", principalmente nas suas vertentes mais extremadas, constitui um reforço considerável e falsamente moderno para a arraigada subserviência de muitos setores das camadas dominantes a colaborar para uma integração subordinada à economia internacional. Nesse contexto, a "globalização" funciona como álibi para algumas posições tradicionais das elites locais.

O economista francês Chesnais comenta que a própria adoção do termo inglês *globalization* em detrimento da expressão francesa *mondialisation* se deve ao fato de a língua inglesa ser o veículo linguístico por excelência do capitalismo. Chesnais (1996, p.24-5) acrescenta:

> "o termo 'mundialização' tem o defeito de diminuir, pelo menos um pouco, a falta de nitidez conceitual dos termos 'global' e 'globalização'". [...] a globalização é a expressão das 'forças de mercado', por fim liberadas (pelo menos parcialmente, pois a grande tarefa da liberalização está longe de concluída)

> dos entraves nefastos erguidos durante meio século. De resto, para os turiferários da globalização, a necessária adaptação pressupõe que a liberalização e a desregulamentação sejam levadas a cabo, que as empresas tenham absoluta liberdade de movimentos e que todos os campos da vida social, sem exceção, sejam submetidos à valorização do capital privado.

Por conseguinte, não importa a terminologia, todas elas são marcadas por vulgaridades e simplificações em torno da economia, sem contar muitos outros aspectos da vida social e cultural das nações. Quem se debruçar sobre os dados de gastos públicos nos países da OCDE, por exemplo, verá que os gastos estatais não sofreram grandes mudanças ao longo do período de domínio do discurso da globalização e do fim do Estado-nação (ideia essa que acompanhou a propaganda ideológica da globalização). A relação gasto público e PIB, ao contrário do que afirmam aqueles que apregoam o fim do poder estatal, com base em dados estatísticos das organizações internacionais, aumentou nos países mais industrializados do mundo, inclusive computando dados dos entes subnacionais. Assim,

> nos EUA passou de 31,2% do PIB em 1978-1982 para 33,6% em 1991-1995. No Japão, de 31, 8% para 33,2%. Na Alemanha, de 48% para 48,9%. No Grupo dos 7 (G-7) [...] a média ponderada da relação despesa pública/PIB aumentou de 36,3% para 39,4%. [...] Em um subconjunto de 19 países da OCDE, que respondem por mais de 90% do PIB dos países da entidade, a relação despesa pública/PIB aumentou de 37,3% em 1978-1982 para 40,7% em 1991-1995. (Batista Júnior, 1998, p.158)

A perversidade desse mantra apologético tão poderoso nos faz crer que fora dessa máquina mortífera (a *matrix virtual* não da economia-mundo, mas agora da economia global) não haverá salvação e, com isso, pode-se afirmar que "é uma forma de totalitarismo muito forte e insidiosa, porque se baseia em noções que parecem centrais à própria ideia da democracia – liberdade de opinião, de imprensa, tolerância" (Santos, 2000, p.45).

As ciências humanas, de uma forma geral aquelas mais aparelhadas para o esclarecimento dos fatos econômicos, foram as que mais instrumentalizaram tal discurso (em especial a economia) num caminho de empobrecimento das mesmas e sem teleologia (motivadas pelas lógicas dos instrumentos e das finalidades abjetas). Santos (2000, p.47) traduz essa reflexão com a seguinte assertiva: "a Ciência Econômica se torna, cada vez mais, uma disciplina da Administração das coisas ao serviço de um sistema ideológico". Portanto, há vários mitos sobre a globalização, entre eles o fim do Estado nacional. Mas há muitos outros, como a integração econômica atual, apesar de um ex-presidente da República, Fernando H. Cardoso, ter afirmado que o Brasil e o mundo passavam por um "novo renascimento", tal era a potência do discurso da globalização nos anos 1990.

Entre outras vulgaridades sobre o tema apontamos as seguintes: a) tendência em termos de um sistema econômico supranacional verdadeiramente integrado, com isso decreta-se o fim das fronteiras, sem contar que os mercados nacionais seriam diminuídos e/ou diluídos no bojo da economia global; b) fim do Estado nacional dado o acicate mobilizador da potência dos mercados globalizados por meio das grandes corporações e a logística de investimentos inabilitaria as políticas públicas de Estado diante dos mercados livres; c) o predomínio avassalador das empresas transnacionais operando na escala global sem entraves e normas públicas nacionais e completamente livres em termos alocativos de estruturação do capital; e) as empresas transnacionais operando na escala global derrubariam qualquer prática estatal-territorial tanto de políticas nacionais no âmbito territorial, quanto o domínio da moeda interna por meio de bancos centrais (aliás, os mesmos desapareceriam, pois perderiam a finalidade de controle da moeda nacional).

Rudiger Dornbusch escreveu muita coisa sobre essa temática, em especial sobre o desmantelamento dos bancos centrais latino-americanos e os benefícios com a dolarização submetidos ao FED norte-americano – nada mais é que uma visão neocolonialista e uma doutrina hegemônica. Para tal empreendimento, Dornbusch propunha que o melhor para a América Latina era a dolarização completa de suas economias nacionais e a volta do *currency board* para o continente, agora atrelado ao dólar norte-americano para conter o quadro inflacionário e o gasto público equilibrado (receita-despesa). É uma polêmica interessante a que se estabeleceu com o processo de dolarização na Argentina encampado por Menem-Cavallo na década de 1990. A estratégia geoeconômica americana está consoante historicamente com a evolução das técnicas nos seus vários aspectos no contexto capitalista e a assunção do domínio capitalista pelo país hegemônico. Robert Kurz alertou para a associação simbiótica entre as forças produtivas capitalistas e o armamentismo desde a assunção da modernidade, um vínculo que continua em vigência nas formas abstratas de produção material da riqueza capitalista atual.

> as ditaduras burocráticas da "modernização tardia" no leste e no sul, com seus aparatos centralizados, não foram os antípodas, mas os agentes reincidentes da economia de guerra da história ocidental, sem, contudo, poderem alcançá-la. As sociedades mais burocratizadas e militarizadas são ainda, do ponto de vista estrutural, as democracias ocidentais. Também o neoliberalismo é um filho serôdio dos canhões, como demonstraram o gigantesco programa armamentista da *Reaganomics* e a história dos anos 1990. A economia da morte permanecerá o inquietante legado da sociedade moderna fundada na economia de mercado até que o capitalismo-assassino destrua a si próprio. (Kurz, 1997)

Com efeito, para completar a falsificação da história, o próprio Marx já havia interpretado que o modo de produção capitalista, na sua gênese, desde os séculos XV e XVI, a partir da dominação europeia, já nasce com o "espírito" de atingir a escala do planeta, o que nos leva a refutar veementemente a tese de que estamos vivenciando uma tendência nova do sistema econômico na atualidade. Não há nada de novo na lógica capitalista de expansão dos mercados e busca de novas fronteiras e espaços geográficos para acumulação e apropriação da riqueza produzindo a destruição nos moldes schumpeterianos (destruição criativa) e/ou em seu estágio último – a guerra.

Mas, para que fique claro para os porta-vozes do sistema, aquilo que é muito antigo na aquisição de novas áreas geográficas e modernização dinâmica das forças produtivas passa a ser novo com uma nova costura e os remendos das organizações de controle capitalista em nível mundial. A globalização tal qual é defendida pelos expoentes mais ardorosos desse credo não passa no escrutínio bem examinado de que suas teses e mesmo tendências estão em franco processo de subsunção como ideologia diante do real concreto dos eventos nas escalas diversas dos Estados nacionais e seus respectivos territórios. Os Estados nacionais continuam sendo o principal ator nas relações internacionais e, mesmo em termos de coordenação de políticas domésticas, o mais sofisticado sistema de ação para as relações entre o capital e forças sociais diversas.

Finalmente, acrescentamos, em conformidade com a análise crítica de Hirst e Thompson (1998, p.20), que "a 'globalização' é um mito conveniente a um mundo sem ilusões, mas um mito que rouba a esperança". Por isso, cabe ao analista crítico desvendar os "mistérios" embutidos nessa lavagem cerebral já que "o brasileiro tem alma de cachorro de batalhão: aparece uma palavra nova e sai todo mundo atrás" (Nelson Rodrigues apud Batista Júnior, 1998, p.9).

Para ler mais

BATISTA JÚNIOR, Paulo Nogueira. Mitos da "globalização". *Estudos Avançados*, São Paulo, IEA/USP, v.12, n.32, jan.-abr. 1998, p.125-186.

______. Argentina: uma crise paradigmática. *Estudos Avançados*, São Paulo, IEA/USP, v.16, n. 44, jan.-abr. 2002, p.83-96.

CANO, Wilson. *Introdução à economia*: uma introdução crítica. 3.ed. São Paulo: Editora Unesp, 2012.

CANUTO, Otaviano. *O Estado de S. Paulo*, 26 de jan. de 1999.

CHESNAIS, François. *A mundialização do capital*. Trad. Silvana F. Foá. São Paulo: Xamã, 1996.

CHOSSUDOVSKY, Michel. *A globalização da pobreza*: impactos das reformas do FMI e do Banco Mundial. Trad. Maria C. França. São Paulo: Moderna, 1999.

FATTORELLI, Maria Lúcia. Dívida pública consome metade do orçamento. Entrevista. *Caros Amigos*, São Paulo, n.180, jan. 2013, p.20-23.

FIORI, José Luis. *Moedeiros falsos*. 4. ed. Petrópolis: Vozes, 1997.

______. *O Brasil no espaço*. Petrópolis: Vozes, 2001.

GALBRAITH, J. K. Entrevista. *Folha de S.Paulo*, São Paulo, 2 nov. 1997, p.8.

GRAY, John. *Falso amanhecer: os equívocos do capitalismo global*. Trad. Max Altman. Rio de Janeiro: Record, 1999.

HIRST, Paul; THOMSPON, Graham. *A globalização em questão*: a economia internacional e as possibilidades de governabilidade. Trad. Wanda C. Brant. Petrópolis: Vozes, 1998.

KURZ, Robert. Canhões e Capitalismo: a revolução militar como origem da modernidade. *Blog Controvérsia*. Disponível em: <http://wwwcontroversia.com.br/boletim/boletim_109.html>. Acesso em: fev. 2013.

PERKINS, John. *Confissões de um assassino econômico*. Trad. Henrique A. R. Monteiro. São Paulo: Cultrix, 2005.

SANTOS, Milton. *Por uma outra globalização*: do pensamento único à consciência universal. 3.ed. Rio de Janeiro: Record, 2000.

Inovação

*Sandra Lencioni**

A inovação, como o próprio nome diz, refere-se a algo novo. Dizemos que há *inovação* quando se cria um produto ou um processo novo. Essa ideia pode estar relacionada a um bem ou a um serviço tecnologicamente inédito ou, pelo menos, bastante aprimorado. Inovação pode se referir a algo novo para um mercado no geral ou então a uma novidade restrita a uma empresa, quando ela passa a adotar determinado procedimento ou tecnologia já existente – é o caso, por exemplo, de uma empresa que adquire uma máquina nova e, com isso, muda sua forma de produzir.

Em síntese, a inovação pode se dar em relação a um produto ou a um processo. O que importa é que o produto ou o processo seja inédito para a empresa, mesmo que não o seja para outras companhias. A inovação também pode resultar de novas combinações de tecnologias já existentes ou de novos conhecimentos que uma empresa desenvolveu ou adquiriu. Nesse sentido, não se restringe à tecnologia, mas pode se referir, por exemplo, a serviços, a forma organizacional de uma empresa ou mesmo ao marketing.

* Universidade de São Paulo, São Paulo, SP – Brasil.

Em 1997, a OCDE (Organização para a Cooperação e Desenvolvimento Econômico) produziu um documento denominado *Manual de Oslo*, que define inovação e dá os parâmetros para medi-la em uma empresa. Esse documento já está em sua terceira edição e vem sendo modificado e aprimorado. Antes, considerava apenas a inovação tecnológica na indústria manufatureira, hoje examina a inovação organizacional e dos serviços. Isso ocorre porque a fronteira entre indústria e serviços foi se tornando opaca, como no caso do *software*, que muitas vezes aparece como inovação de uma indústria, não sendo, contudo, basicamente gerado na indústria. O que importa é captar, de fato, o que é realmente inovação. Pode ser técnica ou não, e pode dizer respeito a bens materiais ou não. Tomemos um exemplo no âmbito do turismo. Pacotes de turismo com novas chamadas temáticas, por exemplo, turismo na selva, turismo de aventura e turismo cultural não constituem inovações. Mas o serviço de venda de passagens *on-line* constitui uma inovação. Interessante é o caso do desenho industrial. Se o novo aparece apenas para melhorar o aspecto do produto, sem nenhuma alteração objetiva no seu desempenho, não se trata de inovação; mas, se implicar um produto ou processo novo ou mesmo aprimorado, trata-se de inovação, tal qual uma inovação técnica relativa a um método novo de purificação da água que a transforma em água potável.

O *Manual de Oslo* classifica as empresas em três grupos. As de inovação máxima, quando se trata de algo inédito no mercado em geral; as de inovação intermediária, quando se refere a algo novo em uma região ou um país; e as de inovação mínima, quando a novidade se limita à empresa. Esse manual tornou possível fazer a comparação do nível de inovação das atividades desenvolvidas em vários países, pois trouxe uma referência que permite medir o grau de inovação em cada país do mundo.

No Brasil, quem mede a taxa de inovação da indústria é a Pesquisa Industrial de Inovação Tecnológica (Pintec), realizada pelo Instituto Brasileiro de Geografia e Estatística (IBGE) com apoio da Financiadora de Estudos e Projetos (Finep). Desde 2008, a Pintec não restringe o conceito de inovação à determinante técnica, mas considera também as questões organizacionais e o *marketing*. Isso porque a

> implantação de novidades organizacionais pode melhorar o uso do conhecimento, a eficiência dos fluxos de trabalho ou a qualidade dos bens ou serviços para as empresas, enquanto inovações de *marketing* podem melhorar a capacidade da empresa de responder as necessidades dos clientes, abrir novos mercados ou reposicionar o produto no mercado para incrementar as vendas. (IBGE, 2008)

Pela análise da Pintec (IBGE, 2008), é possível conhecer as empresas que implementaram inovação de produto e/ou processo, as que implementaram apenas projetos incompletos e/ou que foram abandonados e, ainda, aquelas que implementaram apenas inovações organizacionais e/ou de *marketing*.

Especificamente em relação às empresas industriais com trinta ou mais pessoas ocupadas, o estudo de David Kupfer e Frederico Rocha (2005) distingue as indústrias em três categorias: as que inovam e diferenciam produtos, as especializadas em produtos padronizados e as que não diferenciam produtos e têm produtividade menor. A inovação em produtos e processos envolve uma gama muito ampla de atividades científicas e tecnológicas. Por isso, em todo mundo há uma relação direta entre o tamanho de uma empresa e o grau de inovação. Quanto maior ela é, tende a haver mais condições de captar recursos e maior possibilidade de investimento e de financiamento das áreas de P&D (pesquisa e desenvolvimento), que são a chave para a inovação. Há também uma relação direta entre o preço de um produto e seu conteúdo tecnológico. Por exemplo, para o Brasil importar uma tonelada de circuitos integrados, ele precisa exportar 21.445 toneladas de minério de ferro (MDIC, 2010). Desproporcional? Sim, simplesmente porque um produto incorpora tecnologia e inovação, enquanto o outro, não.

Os países ricos não medem esforços para garantir a produção de inovações por meio de maciços investimentos em P&D. Os Estados Unidos gastaram, em 2008, 2,8% do seu Produto Interno Bruto (PIB) em P&D, o equivalente a 398,2 bilhões de dólares. Essa mesma taxa para o Japão, em 2008, foi de 3,4% – 148,7 bilhões de dólares. Já para a China foi 1,54% – 120,6 bilhões de dólares e para a Alemanha, em 2009, o percentual correspondeu a 2,82%, o equivalente a 84 bilhões de dólares.

Para efeito de comparação, o Brasil, em 2009, gastou 1,9% do seu PIB, correspondendo a 2 bilhões de dólares (OCDE; MSTI, 2010). Todos os países têm de enfrentar o desafio da produção do conhecimento, da produção da inovação, um desafio colocado pela sociedade em que vivemos, a sociedade do conhecimento. Ao dizer isso, significa que alguma outra não foi uma sociedade do conhecimento? Não, porque o conhecimento é implícito ao desenvolvimento da humanidade e, nesse sentido, qualquer sociedade desenvolve o conhecimento. O que está posto na ideia de sociedade do conhecimento tem outro sentido: especificamente, o sentido de que o conhecimento se constitui na principal força de produção dessa sociedade. Isso significa, também, que o conhecimento se distancia da ideia de constituição do espírito humano. Como afirmou Lyotard (1986, p.4-5),

> o antigo princípio segundo o qual a aquisição do saber é indissolúvel da formação do espírito, e mesmo da pessoa, cai e cairá cada vez mais em desuso. Esta relação entre fornecedores e usuários do conhecimento e o próprio conhecimento tende e tenderá a assumir a forma que os produtores e os consumidores de mercadorias têm com estas últimas, ou seja, a forma valor. O saber é e será produzido para ser vendido, e ele é e será consumido para ser valorizado numa nova produção, nos dois casos, para ser trocado [...].

Portanto, trata-se de conhecimento produzido e consumido como mercadoria. É nesse sentido, de coisa da produção e não de coisa do espírito, que o conhecimento se define. Isso é novo, próprio da sociedade contemporânea. As pesquisas de Geografia encontram, assim, o desafio de incorporar o tema inovação porque ele não comparece, com muita frequência, nos estudos clássicos da disciplina, estudos de outra época, com outros desafios.

Para ler mais

IBGE – Instituto Brasileiro de Geografia e Estatística. *Pintec – Pesquisa de inovação tecnológica – 2008*. Disponível em: http://www.ibge.gov.br/home/estatistica/economia/industria/pintec/2008/pintec2008.pdf>. Acesso em: 30 nov. 2011.

KUPFER, D., ROCHA, F. Determinantes setoriais do desempenho das empresas industriais brasileiras. In: NEGRI, J. A. de; FREITAS, F., SILVA, G. C. A. (orgs.) *Inovações, padrões tecnológicos e desempenho das firmas industriais brasileiras*. Brasília: Ipea, 2005. p.253-98.

LYOTARD, J.-F. *O pós-moderno*. Rio de Janeiro: José Olympio, 1986.

MINISTÉRIO do Desenvolvimento, Indústria e Comércio (MDIC). *Alice Web – Sistema de Análise das Informações de Comércio Exterior*. Brasil, 2010. Disponível em: <http:// aliceweb.desenvolvimento.gov.br>. Acesso em: 20 jan. 2012.

NEGRI, J. A. de; FREITAS, F., SILVA, G. C. A. (orgs.). *Inovações, padrões tecnológicos e desempenho das firmas industriais brasileiras*. Brasília: Ipea, 2005.

NEGRI, J. A. de; ALVES, P. Tipologia das firmas integrantes da indústria brasileira. In: NEGRI, J. A. de; FREITAS, F., SILVA, G. C. A. (orgs.). *Inovações, padrões tecnológicos e desempenho das firmas industriais brasileiras*. Brasília: Ipea, 2005, p.689-710.

ORGANIZAÇÃO para Cooperação Econômica e Desenvolvimento (OCDE). *Main Science and Technology Indicators (MSTI)*: 2010. 2.ed. Disponível em: <http://www.oecd.org/document/26/0,3746,en_2649_37437_1901082_1_1_1_37437,00.html>. Acesso em: 4 fev. 2012.

______. *Manual de Oslo*. Diretrizes para coleta e interpretação de dados sobre inovação. 3.ed. 2004.

Interação espacial

*Rodrigo Giraldi Cocco**
*Márcio Rogério Silveira***

O *mainstream* da ciência econômica (assim como de correntes quantitativas da Geografia) traz consigo postulados clássicos na abordagem e aplicação da noção de *interação espacial*. Em linhas gerais, trata-se de uma abordagem que representa as interações espaciais mediante modelos de gravitação, por analogia aos modelos da física newtoniana, referindo-se a elas como deslocamentos *no* espaço – mensurados em fluxos – a ocorrer entre espaços localizados e uma área de atração que os polariza (Camagni, 2005). A "teoria dos grafos", entre outras abordagens, foi grandemente utilizada na mensuração de padrões e intensidades de interações, dentro dos postulados da Geografia Teorética, por diversos autores. Ainda no âmbito da Geografia anglo-saxã, caracterizada pelo corte quantitativo de suas análises – mas com algumas diferenças importantes na dosagem desse quantitativismo, com maior consideração da realidade concreta, isto é, sem balizar-se tão somente em matrizes e cálculos que muitas vezes distorciam a realidade –, Edward Ullman

* Universidade Federal de Santa Catarina, Florianópolis, SC – Brasil.
** Universidade Federal de Santa Catarina, Florianópolis, SC – Brasil.

(1972) adota a definição das interações espaciais como sendo os fluxos que se constituem mediante a *diferenciação de áreas*, partindo do conceito empregado por Richard Hartshorne (1978) e que confere às barreiras geográficas mais do que um atributo de cerceador de interações pré-estabelecidas; ou seja, paradoxalmente, são essas mesmas barreiras geográficas que, ao diferenciar espaços, constituirão diferenciações produtivas mobilizadoras da necessidade de interação, caso haja entre elas ofertas e demandas complementares. Antes de Hartshorne, a expressão *diferenciação de áreas* foi introduzida por Karl Sauer em 1925, a partir das bases conceituais de Alfred Hettner. Posteriormente, muitos geógrafos estadunidenses iriam empregar o termo "diferenciação de áreas", devido a sua melhor adequação à língua inglesa, pois se compõe de apenas duas palavras comuns da língua inglesa (*areal differentiation*), o que de outro modo exigiria uma maior quantidade de palavras. A essência do conceito de diferenciação de áreas provém dos estudos de Karl Richthofen sobre os pontos de vista de Humboldt e Ritter (Hartshorne, 1959). A despeito de sua importância, os críticos interpretaram a expressão "diferenciação de áreas" como um conceito que limitava a Geografia a estabelecer diferenças entre uma área e outra, o que não é o caso. Assim, discutindo as proposições de Hettner (1905) sobre as relações entre as áreas e entre fenômenos, isto é, das relações complexas existentes entre diferentes fenômenos em um mesmo lugar e as conexões de fenômenos entre lugares diferentes, Hartshorne sai em defesa da expressão, destacando seu caráter *dinâmico*. As relações entre a noção empregada por Ullman (1972) e a disposição de Hartshorne (1978) não se deram sem certos atritos entre ambos os lados. No entendimento de Hartshorne, Ullman alvitrara a "diferenciação de áreas" como um subconceito em favor da definição da Geografia como "ciência das interações espaciais", sendo que, na visão do primeiro autor, os fenômenos de lugares diferentes postos em interação – quer estejam eles no mesmo lugar, quer estejam em movimento – constituem parte do caráter de cada área em questão, ou seja, tratar-se-ia do oposto:

> são as variações de características estáticas, ou formas, e as variações de características de movimento, ou funções, quer na mesma área, quer entre

ela e outra área, incluem-se ambas, no conceito de variação espacial ou diferenças entre áreas. (Hartshorne, 1959, p.20)

O próprio Ritter apregoa, em seus escritos, que ambos os aspectos são essenciais à Geografia. Na verdade, não se trata de um exagero de Ullman (1972), pois o realce sobre a "interação espacial" foi uma reação importante à ênfase exacerbada à morfologia, às formas e aos padrões em detrimento dos fluxos e funções evidenciados, principalmente, na Geografia de seu tempo, o que fora reconhecido pelo próprio Hartshorne (1978). Ullman (1972) contribuiu para o desenvolvimento da "Escola" de Washington (sob a liderança de William Garrison) e a subsequente "revolução quantitativa". Ele foi o geógrafo incumbido da responsabilidade de renovar a Geografia (sobretudo aquela desenvolvida nos Estados Unidos) e resgatá-la do desprestígio pelo qual essa ciência passava frente às outras. Essa proposição o levaria, então, à construção da concepção da Geografia como "ciência espacial", enfatizando o *movimento* em suas análises, ideia que iria, nos Estados Unidos, competir com a caracterização da Geografia elaborada pela Escola de Chicago, cuja vocação seria o estudo da *região funcional* (Sugiura, 1999).

A partir da diferenciação de áreas, Ullman (1972) lança as bases para a edificação de seu conceito de interação espacial, cujo tripé seria alicerçado pelas noções de complementaridade (*complementarity*), distância ou capacidade de se superar as distâncias (*transferability*) e oportunidade interveniente (*intervening opportunity*). Mediante alguns exemplos concretos, Ullman (1972) vai definindo o caráter necessário dessas três qualidades que seriam inerentes às interações espaciais. No caso da complementaridade, é importante ressaltar que somente a diferenciação de áreas não é capaz de erigi-la; antes, somente a constituição de ofertas e demandas complementares e específicas (*supply and demand*) entre essas áreas diferentes pode fazê-lo, vencendo inclusive grandes distâncias mesmo em se tratando de produtos de baixo valor. Não obstante, culturas semelhantes podem estabelecer interações mesmo estando em espaços diferentes. Com relação às oportunidades intervenientes, trata-se de um conceito utilizado por Stouffer e que estabelece o caráter necessário da permuta de um destino mais distante por um destino mais próximo para fluxos diversos que, por características similares, pode substituir o primeiro. Para Ullman (1972), as oportunidades intervenientes podem levar à concretização de interações espaciais entre áreas complementares distantes, a partir de origens-destino mais próximas, mas que podem viabilizar economicamente as rotas mais distantes, *a posteriori*. Por fim, Ullman destaca a distância (ou *tranferability*) como o oposto da oportunidade interveniente, ou seja, em vez de se substituírem áreas, substituem-se produtos, dada a impossibilidade do translado por diversos fatores.

Nos dias atuais, sabemos que é inconcebível estudar o espaço sob o capitalismo sem considerar o caráter móvel expresso pelo próprio capital, na medida em que este busca ao máximo a fluidez para sua efetiva reprodução e furta-se – sempre que possível – da imobilização no espaço. Em outras palavras, estudar o espaço capitalista atualmente exige especial atenção sobre as interações (entre elementos dentro de uma formação material e entre duas ou mais formações materiais), sob pena de se perder a essência dos fatos. O próprio Edward Ullman (1972), apesar de pouco contato com o marxismo (Sugiura, 1999), atestava que a *interação* possuía uma propriedade transformadora, pois elementos de diferentes espaços eram "transportados" a outros, transformando os ou intensificando características pré-existentes. Destarte, torna-se imperiosa a necessidade de qualificar a noção de *interação* sob as bases categoriais do materialismo histórico dialético, revisitando seu desenvolvimento na história da Filosofia enquanto "causa transformadora" e, ao mesmo tempo, justificando seu adjetivo *espacial*, uma vez que a ideia de interações espaciais tem sido utilizada, equivocadamente, como sinônimo de simples deslocamento no espaço.

A importância da noção de *interação* remonta à Filosofia clássica, imbricando-se diferentemente ao conceito de causalidade segundo as diferentes concepções filosóficas que se sucederam no devir histórico. O primeiro filósofo a relacionar a causalidade à interação foi Platão, concebendo o aparecimento das coisas particulares como decorrentes da interação do "não ser" (matéria) com o "limite" (categoria platônica que expressa a limitação matemática). Para os pré-marxistas, a ideia de causa ainda não se distinguia do *apeiron* (a causa inicial de todas as coisas) e, mesmo para Aristóteles, a causa do surgimento das coisas, das formações materiais, provinha de outras coisas, de outras formações materiais. Mesmo Hegel, que recusara essas concepções afirmando que causa e efeito estão em interação, não obteve resposta definitiva à questão, concebendo a causa como uma "substância ativa" que age sobre uma "substância passiva", ocasionando um retroefeito em ambos (Cheptulin, 1982). Na concepção hegeliana, a causa enquanto substância ativa age sobre a substância passiva e acarreta nela mudanças, mas a substância passiva retroage e anula a ação da substância ativa, transformando-se ela própria em ativa, interferindo na substância ativa inicial. Esse movimento dialético de interação já é concebido por Hegel, mas sabemos que esse autor prevê a formação da matéria a partir das categorias, da ideia, o que não corresponde ao mote do materialismo histórico dialético. Assim, o pensamento pré-marxista reduzia os laços de causa e efeito às ligações exteriores, à "superfície" das formações materiais, ignorando as interações entre aspectos internos e essenciais nas formações materiais. Os pré-marxistas também se equivocaram ao identificar a causa a algo possuidor de substância, enquanto a "causa" representa a interação de dois ou mais corpos, ou a interação de elementos ou aspectos de um mesmo corpo e que incorre em transformações nos corpos, elementos ou aspectos que interagem, sendo o efeito definido como a *mudança* manifestada nesses corpos devido à sua interação. Ademais, o próprio Engels definiria que a interação, enquanto "ação recíproca", seria a verdadeira *causa finalis* das coisas (Cheptulin, 1982).

Assim, a *interação* é a causa do surgimento e transformação das coisas, e não a *substância*. O fato contundente é que a interação, enquanto causa, possui um duplo caráter que pode ser contingente ou necessário, segundo os diferentes aspectos ou coisas que se põem a interagir. Nesse sentido, diferentemente do materialismo metafísico, o materialismo dialético concebe a existência do *acaso*, ou seja, do caráter contingente de determinadas interações. Contudo, há também interações *necessárias* (que ocorrem necessariamente). Mesmo fenômenos (efeitos) e eventos contingentes têm causas que os produzem, mas a ligação desses fenômenos com as causas que os engendraram não é contingente. Há uma interação necessária entre causa e efeito tanto em fenômenos contingentes como em fenômenos necessários; ou seja, os fenômenos podem ou não entrar em interação (nisso reside seu caráter contingente), mas, ao entrarem, haverá necessariamente transformação, um efeito novo. A interação conduz à transformação dos corpos ou aspectos que entram em interação, assim como ao aparecimento de novos fenômenos e à passagem de um estado qualitativo a outro. Como exemplo, na sociedade capitalista, o fato de o operário vender ao empregador sua força de trabalho e de ser explorado não é nem contingente nem devido a circunstâncias exteriores, mas, sim, *necessário*; ou seja, isso é necessariamente condicionado pelo modo de produção dominante na sociedade capitalista, pela situação econômica do proletariado e da burguesia. Esses aspectos são determinados pela própria natureza dos aspectos em interação, sendo *contingente* apenas o fato de que o operário trabalhe justamente para esse capitalista e justamente com esses operários, e não com outros (Cheptulin, 1982).

Assim sendo, fica claro o caráter espacial de algumas interações, isto é, mostra-se cabível a aplicação da noção de *interações espaciais* reestruturada sob as bases categoriais do materialismo histórico dialético, como um conceito geográfico, ainda que o autor não destaque seu caráter espacial específico. É necessário também destacar o caráter *contraditório* das interações, isto é, a contradição existente entre aspectos e elementos cujo sentido de desenvolvimento é oposto um em relação ao outro e cuja interação supõe "luta", contradição entre os mesmos. A *contradição* representa a interação de tendências e aspectos contrários e condiciona com maior força as transformações daqueles que interagem, como o exemplo da interação entre produção e consumo, aspectos contrários da sociedade. Na produção e consumo de bens, os homens transformam-se, suas necessidades se tornam mais amplas, igualmente exigindo que a produção se modifique para atender a essas novas necessidades. A interação entre produção e consumo é uma problemática para a Geografia, uma vez que compõe relações inerentes ao espaço geográfico. Fica evidente seu conteúdo dialético, dado que a interação em questão leva a um estado novo, qualitativamente mais "elevado", que se manifesta como novos objetos técnicos componentes do espaço geográfico. Trata-se, portanto, do próprio espaço em transformação.

Milton Santos (2008) desenvolve a ideia de que a Geografia poderia ser constituída a partir da consideração do espaço como um conjunto de fixos e fluxos, com os elementos fixos permitindo ações que modificam o lugar, e fluxos novos (ou renovados) que por sua vez redefinem cada lugar. Para ele, os fluxos resultam direta ou indiretamente das ações que transpassam ou se instalam nos fixos, modificando seus valores e significados ao mesmo tempo que se modificam. Nas palavras de Santos, "fluxos e fixos *interagindo* expressam a realidade geográfica e é desse modo que conjuntamente aparecem como objeto possível para a Geografia" (Santos, 2008, p.62). Esse interagir entre fluxos e fixos – com o fluxo entre fixos e subespaços representando a própria *interação espacial* se manifestando – é a causa de novos fenômenos, de transformações dos elementos que compõem os fluxos, mas também dos fixos, dos objetos espaciais e subespaços que se comunicam. No movimento de transformação em direção ao desenvolvimento, fluxos e fixos se complexificam, com as interações entre formações materiais se diversificando e os objetos técnicos se tornando cada vez mais artificiais (Santos, 2008). Assim sendo, é possível perceber que Santos (2008), em seus trabalhos, já deixava clara a necessidade de conceber em nível de igualdade tanto fixos quanto fluxos, assim como a relação retroativa existente entre eles. Do mesmo modo, podemos conceber o espaço como a *totalidade*, como a extensão das formações materiais particulares associadas uma à outra, cuja duração e relação com as formações anteriores e posteriores tornam concretos, a um só momento, espaço e tempo (Cheptulin, 1982).

Nesse sentido, fica evidente a ideia de ligação indissolúvel do espaço e do tempo com a matéria (o "todo") em movimento, uma vez que esta só pode se por em *movimento* (transformação) quando encarnada em suas formações materiais particulares (que são as "partes" do "todo"). A categoria *movimento* representa aqui o movimento ascendente das formações materiais em direção ao *desenvolvimento*, o qual, por sua vez, representa a mudança de um estado qualitativo a outro, mediante o rompimento das medidas quantitativas (seu "extrapolar"). Esse movimento não se dá sem contradições, ao contrário, só é possível pela resolução de contradições existentes entre formações materiais ou aspectos internos a uma formação material, na qual há negação do velho, afirmação do novo (primeira negação), reafirmação do velho sob novas bases e negação do novo preexistente (negação da negação) (Cheptulin, 1982). Este movimento é também espacial, na medida em que pode expressar a própria produção do espaço e, mais amplamente, a Formação Socioespacial enquanto metaconceito da Geografia. Desse modo, o espaço é formado por um conjunto indissociável, solidário, mas também contraditório, de sistemas de objetos e sistemas de ações, ou seja, de relações dialéticas entre esses objetos e entre objetos e ações, postas em curso mediante *interações espaciais* (Santos, 2008).

Roberto Lobato Corrêa (1997) também busca qualificar a noção de interações espaciais, reputando-a como componente do espaço geográfico enquanto amplo e diverso deslocamento multidirecional de mercadorias, pessoas, capitais e informações, com diversas densidades de fluxos e velocidades, segundo os propósitos a partir dos quais se estabelece e os meios com os quais se efetiva. Não se trata, contudo, de um simples deslocamento *no espaço*, mas parte *integrante do espaço*, pois atenua e intensifica processos pré-estabelecidos. Vale ressaltar que Corrêa (1997) também contribui para o desenvolvimento da noção, ao relacioná-la ao movimento circulatório do capital e à interescalaridade de interações espaciais que este mobiliza.

Conclui-se, portanto, que a interação entre formações materiais compõe a categoria de *causalidade* dentro da dialética materialista e possui a qualidade de transformar essas formações. Como não é plausível aplicar diretamente uma categoria ao objeto de estudo – antes, devemos utilizar conceitos e categorias menores e que medeiam a relação entre a categoria mais ampla (filosófica) e as categorias menores (conceitos utilizados pelas ciências particulares) –, lançamo-nos ao uso qualificado da noção de interações espaciais no caso particular da ciência geográfica, para expressar processos de comunicação e transformação entre subespaços e seus fluxos (Santos, 2008).

Por fim, devemos destacar que o materialismo dialético vai além do entendimento da interação entre elementos, objetos e formações materiais exteriores uma à outra, como geradores de transformação. Afirma haver na própria natureza interna dos objetos, isto é, em sua essência, contradições que interagem redundando em transformação, ou seja, não se limita a considerar as interações entre elementos de espaços diferentes, mas contempla elementos que interagem e formam/transformam mesmo um único espaço (Cheptulin, 1982).

Vale destacar ainda que as interações espaciais não se restringem a este ou aquele modo de produção, o que nos habilita a remeter a outras épocas, pois, diferenças estabelecidas por barreiras espaciais já em época muito anterior ao capitalismo deflagravam interações entre os espaços (Ullman, 1972). A civilização Inca, por exemplo – cujas cidades se fixavam em pontos extremamente montanhosos –, edificou uma série de rotas, pontes e estradas pavimentadas, a despeito da dificuldade do transporte, com a finalidade de facilitar as trocas entre áreas com diferentes características, produtoras de determinados bens. O fato contundente é que, sob o modo de produção capitalista, as interações espaciais ganham uma nova tônica, servindo exponencialmente à lógica de acumulação capitalista e manifestando desníveis nas trocas empreendidas (a teoria das trocas desiguais de Marx), na medida em que se efetuam em um contexto de divisão social e territorial do trabalho, com rebatimentos espaciais que manifestam profundas desigualdades em suas densidades de fluxos, em suas direções, padrões etc.

Finalmente, deve-se reforçar que as *interações espaciais* não constituem atualmente um conceito fechado, antes trata-se de uma noção em construção, requalificação, que, sem renegar totalmente suas bases teoréticas, deve, devido às demandas objetivas atuais, expressar uma realidade objetiva em transformação.

Para ler mais

CAMAGNI, Roberto. *Economia urbana*. Barcelona: Antoni Bosch, 2005, p.21-162.

CHEPTULIN, Alexander. *A dialética materialista*: leis e categorias da dialética. São Paulo: Alfa-Ômega, 1982.

CORRÊA, Roberto Lobato. Interações Espaciais. In: CASTRO, Iná Elias de. GOMES, Paulo César da Costa. CORRÊA, Roberto Lobato (orgs.). *Explorações geográficas*. Rio de Janeiro: Bertrand Brasil, 1997, p.279-314.

HARTSHORNE, Richard. *Propósitos e natureza da Geografia*. São Paulo: Hucitec, 1978.

SANTOS, Milton. *A natureza do espaço*: técnica e tempo, razão e emoção. São Paulo: Edusp, 2008.

______. Sociedade e espaço: a formação social como teoria e como método. In: *Espaço e sociedade*. Petrópolis: Vozes, 1982, p.9-27.

SUGIURA, Yoshio. Edward Ullman, a geographer searching for spatial science. *Jimbun Chiri Academic Journal*, Tóquio, 1999. Disponível em: <http://wwwsoc.nii.ac.jp/hgeo/> Acesso em: 8 mai. 2009.

ULLMAN, Edward. Geography as spatial interaction. In: HURST, Michael Eliot (org.). *Transportation Geography*. Londres: Macgraw Hill, 1972, p.29-39.

L

Localização industrial*

*Diana Lan***

O espaço industrial não se reduz à fração restrita do território ocupado pelas indústrias, mas se trata da produção de uma rede de fluxos visíveis (mercadorias) e invisíveis (capital, informação, tecnologia) que se materializam nas relações de produção e de gestão. A indústria, por seu uso do território e pela mobilização da força de trabalho, foi considerada, por muito tempo, como a base do desenvolvimento econômico dos lugares. A política de localização das indústrias varia em função da evolução dos mercados e da estrutura mesma das empresas. As teorias clássicas de localização espacial foram um padrão de localização espacial relativamente aceito até os anos 1960. Desde então, tiveram dificuldade para representar a realidade industrial, sobretudo com o aparecimento das novas tecnologias.

Depois do começo da revolução industrial, economistas e geógrafos dedicaram-se a construir os fundamentos da localização das empresas. É no começo do século XIX que nasceu a economia espacial, quando Von

---

* Traduzido do espanhol por Eliseu Savério Sposito.

** Universidad Nacional del Centro de la Provincia de Buenos Aires, Tandil – Argentina.

Thünen (1826) apresentou a teoria de localização das atividades agrícolas. A passagem de uma economia rural para uma economia industrial suscitou a aparição de novas teorias, como as de Weber, Christaller, Lösch e Isard. Os fatores de localização industrial são múltiplos nas teorias clássicas e partiram de postulados simplificadores: uma superfície plana; custos de transporte proporcionais à distância; distribuição equitativa da população no espaço para aqueles que possuem ingressos idênticos; produtores e consumidores tendo um comportamento racional (Lloyd; Dicken, 1977, p.9). Em outras palavras, cada teoria adapta mais ou menos esses princípios simplificados, e cada autor toma partido delas.

Johann H. von Thünen (1826) elabora uma explicação que vai fazer escola. Tomando o caminho dedutivo, elabora uma verdadeira teoria das localizações que postula a maximização da renda em função da distância e dos custos de transporte. O modelo que propõe é simples e se baseia nos seguintes postulados: 1) área homogênea, economicamente ilhada, com as mesmas condições naturais e de transporte; isso significa que os custos de produção por unidade ficam iguais; 2) a demanda de bens agrícolas está concentrada na cidade; 3) no mercado, há uma competição viva entre produtores de tal maneira que eles mesmos não podem determinar os preços; 4) a oferta de bens agrícolas está dispersa em uma planície uniforme. Para Von Thünen, os cultivos se repartem em áreas concêntricas especializadas em atividades agrícolas, em função da distância da vila, e a competição pela terra determina a renda máxima que pode pagar um produtor agrícola. A vantagem diminui na medida em que nos distanciamos do mercado, ocasionando a baixa da renda. O que preocupa Von Thünen é, sobretudo, o efeito da localização sobre a atividade econômica. A renda é determinada pela distância em relação à cidade que se localiza no centro de uma planície indiferenciada. Quanto mais nos distanciamos do centro, mais se encarece o transporte, motivo pelo qual ele introduz novos componentes a esse modelo: a existência de uma via navegável, a existência de várias cidades e a fertilidade diferencial da terra (Castells, 1985, p.23). Na medida em que se introduzem modificações nesses postulados, mais é necessária a sua revisão. De toda maneira, essa proposta foi tomada como referência nas localizações industriais.

Alfred Weber, economista alemão, foi o primeiro a desenvolver uma teoria global da localização industrial. Seu ponto de partida é a empresa e supõe, no começo, um espaço homogêneo e uma mão de obra fixa. A repartição das matérias-primas e dos mercados está dada. O mercado de cada produtor é ilimitado e a empresa se instala no lugar onde seu preço de venda é o mais baixo (Manzagol, 1980, p.25). Esse problema se resolve em três etapas: 1) para obter o ponto mínimo de taxas de transporte, Weber assimila ao custo desse item o peso e a distância. Utiliza um índice material que sugere a localização relacionando o quociente do peso das matérias-primas localizadas sobre o peso do produto terminado. O problema de localização é mais complexo se, por exemplo, se deve fabricar um produto utilizando duas matérias-primas provenientes de duas fontes diferentes. É necessário encontrar o lugar ótimo para situar a fábrica (Miller, 1971, p.5). Essa situação está representada pelo triângulo de localização de Weber, conhecido como *solution Varignon*: em um dos extremos se coloca o mercado e, nos outros dois, as fontes de matérias-primas. Encontra-se a localização ótima localizando a fábrica (entre as duas fontes de matérias-primas) no lugar que provocará o menor custo de transporte; 2) tendo em conta os custos de trabalho, o ótimo de localização segundo o fator transporte pode ser confirmado ou modificado porque Weber criou dois conceitos: *isotim* (uma linha de custo de transporte igual para qualquer produto e matéria-prima) e *isodapane* (uma linha dos custos de transporte totais). O *isodapane* é encontrado agregando-se todos os *isotims* em uma localização. A razão de usar *isodapanes* é introduzir, sistematicamente, o componente de trabalho na teoria locacional; 3) as forças aglomerativas são as vantagens de produção ou de mercado resultantes da concentração. Essas forças podem provocar um deslocamento do ótimo, desde que se tenham algumas indústrias já instaladas que gerarão uma área em comum que atrairão outras. Nesse caso, Weber apresenta um conceito de aglomeração confuso e sua posição foi muito criticada. Falou-se que Weber não levou em conta a variação geográfica na demanda de mercado, o que se considera um fator locacional de influência suprema. Ele reduz os custos de transportes ao peso e à distância. O trabalho não está sempre disponível em quantidade ilimitada em nenhuma localização e pode ser formado, geralmente, por uma migração direta absolutamente móvel. Ademais, a maioria das instalações das empresas obtém grande quantidade de matérias-primas e produz uma ampla gama de produtos para diversos mercados. Em síntese, essa teoria não foi aplicada facilmente, mas serviu de base para muitos autores que a reformularam e elaboraram um marco teórico diferente.

August Lösch (1939) propõe o desenvolvimento de uma teoria geral do equilíbrio das localizações no sistema econômico. Em contraposição a Weber, que definia a localização ótima pela minimização dos custos de transporte, Lösch disse que o produtor vai se localizar no lugar de maximização dos ganhos. É o ganho que guia a localização. O acento está posto sobre a demanda e a interdependência das firmas. O campo de localização está definido como um conjunto de áreas hexagonais ao redor de localidades-centros que encerram uma quantidade suficiente de fatores de produção que desenvolverão uma área de mercado de maneira monopólica. Sua teoria das regiões faz depender a eleição da empresa de um equilíbrio espacial condicionado à interdependência dessas localidades-centros. Lösch está de acordo com a forma hexagonal de áreas de mercado que apresenta Christaller, mas não crê nos princípios rígidos de *k=3, 4 ou 7*, dado que considera que não se pode separar as áreas em hierarquias fixas do mercado, pois a superposição é o que dá, como resultado, a paisagem econômica. A hierarquia dos lugares centrais encontra-se modificada porque o equilíbrio de um sistema de localizações se representa ao menos em cinco equações. Assim, a paisagem econômica se mostra corresponde à superposição dos sistemas hexagonais por ramo industrial, existindo um recorte do mercado em áreas hexagonais. O tamanho dessas áreas varia segundo o custo de transporte e o cone da demanda. Para Lösch, há uma relação estreita entre preço, demanda e localização, mas ele conclui dizendo que nenhum fator em particular alcança a localização ótima, com exceção de uma localização provocada por um fator técnico (Castells, 1985, p.28).

Depois da Segunda Guerra Mundial, o espaço começa a suscitar grande interesse. Por isso, a partir desse momento se aprofundam todas as teorias existentes. Walter Isard (1956) realiza numerosos estudos para estabelecer as condições de equilíbrio de um sistema de localização industrial. Sua teoria geral é um pouco a continuação, mas também a combinação dos modelos apresentados por Von Thünen, Weber e Lösch. Além disso, Isard é reconhecido como um dos fundadores da Ciência Regional. Ele continua as ideias de Lösch desenvolvendo suas equações gerais nas quais introduz elementos variados em seus postulados, como o salário, a demanda e a formação de áreas de mercados com hexágonos irregulares. Paralelamente, realiza diversas investigações empíricas (por exemplo, estuda a localização de um complexo petroquímico em Porto Rico) que tomam uma marcha sequencial levando-o a integrar várias teorias a ponto de ser qualificado como neoweberiano. Assim, as empresas elegem as localizações que maximizam seus benefícios e os indivíduos elegem as localizações que maximizam sua utilidade.

As teorias clássicas foram questionadas cada vez mais a partir da década de 1960, por sua atitude de querer explicar uma realidade complexa a partir de postulados rígidos que representam um modelo demasiado racional e um quadro de competição perfeita. As críticas se baseiam na interpretação dos comportamentos dos agentes econômicos. Paralelamente, desenvolve-se um pensamento crítico que entende o espaço como um produto das relações sociais; por outro lado, a posição behaviorista ou comportamental questiona o homem racional que se apresenta na teoria econômica. As decisões humanas, individuais ou coletivas, passam pela eleição daquilo que importa para suas satisfações. Geralmente, a eleição ótima não tem nada que ver com a eleição de suas satisfações, pois aquele que decide se contenta com os benefícios monetários, mesmo em detrimento de suas preferências, das condições de prestígio, de segurança etc. Essas eleições são fortemente tributárias de seu conhecimento e de sua percepção do espaço e dependem de sua localização; isto é, seu *status* socioeconômico, seu nível de instrução, sua idade, suas aspirações etc. As localizações também são modificadas pelo desenvolvimento das grandes organizações. Não se trata mais de companhias que têm um estabelecimento, mas de grandes empresas com localizações e produtos múltiplos. De fato, essas correntes funcionalistas se enfrentam com o problema de poder encontrar a melhor localização de uma nova unidade em função do conjunto do sistema. Devem ter em conta também a complexidade dos processos de decisão que dependem da informação disponível, do tamanho e dos objetivos das grandes empresas. A mudança de tamanho engendrou uma transformação da natureza da empresa, e é aqui que a mundialização da economia das multinacionais modifica os horizontes e as práticas, bem como questiona as teorias de localização (Manzagol, 2003). Contudo, enfatizando a crítica radical, remarcamos como toda a perspectiva clássica é um processo ideológico que desfigura a realidade, ainda que se sustente o carácter científico dessa enunciação. Harvey (1973) defende a ideia de que os modelos *a la* Von Thünen são uma desconcertante mescla da apologia do *status quo* e de maquilagem contrarrevolucionária. O espaço industrial deve ser estudado à luz do modo de produção sem esquecer que as relações indústria-espaço são relações de produção. Por isso, a organização espacial atual é o resultado das contradições entre as relações de produção, o desenvolvimento das forças produtivas e a ação dos trabalhadores.

As teorias clássicas de localização industrial são um claro exemplo do que David Slater (1975) denominou *metodologia invertida,* uma vez que a seleção de marcos teóricos foi derivada dos resultados empíricos obtidos pela análise de dados que partiram da descrição de um conjunto de relações abstratas e rígidas convertidas no fato central da análise. Obviamente, esse esquema não explica a realidade social, mantendo-nos encerrados em um modelo reducionista que para na superfície de tal realidade e é definido por padrões espaciais que não compreendem os processos originais. Por exemplo, Doreen Massey (1974) demonstrou, claramente, a natureza acrítica da teoria de localização industrial, a qual está baseada em suposições errôneas da economia neoclássica. Realizam-se transladações de outras disciplinas, congelando a explicação geográfica em um nível trivial. As empresas determinam sua radicação espacial com o objetivo de explorar a força de trabalho, contribuindo, assim, com a divisão internacional do trabalho e a descentralização industrial. As críticas dirigidas às teorias clássicas da localização industrial mostram claramente seus limites e, por isso, é importante analisar o que sucedeu na realidade dos anos 1960-1970.

Os grandes complexos de indústrias pesadas, como as grandes refinarias de petróleo ou de siderurgia, têm necessidade de dispor, cada vez mais, de espaço para se desenvolver e, assim, começam a realizar inversões em outros lugares. Dessa maneira é que assistimos a uma migração para os espaços litorais. Essas indústrias estão ligadas aos recursos naturais e à disponibilidade de energia. A maioria delas utiliza matérias-primas de diferentes fontes, e cada um desses materiais se caracteriza por seu peso, pelo volume que ocupa e pelos custos de transporte. Nesses casos, o transporte é decisivo para as localizações, por isso a teoria weberiana é a que mais se aproxima da resolução dos problemas de localização, de tal modo que se diz, frequentemente, que se trata de *indústrias weberianas*.

Diferentes autores (Dezert; Verlaque, 1978) identificam para a década diferentes tipos de indústrias: a) as indústrias *liées* (ligadas) são aquelas pesadas, de tipo siderúrgico, cuja localização obedece às necessidades de se prover de energia; b) as indústrias induzidas são aquelas cuja localização depende da atração de um mercado ou da polarização de um meio industrial. Essas indústrias geralmente têm necessidade de grande disponibilidade de mão de obra, já que o mercado pelo qual são atraídas será urbano ou industrial; c) as indústrias livres são aquelas que não se veem condicionadas por nenhum fator de localização em particular, pois sua localização resulta de diversos fatores que não são sempre os mesmos para todos os casos. Entra em jogo o avanço técnico, sobretudo nos transportes, as tendências à homogeneização das tarifas e dos salários, que fazem que essas indústrias se tornem muito mais livres que há um século. Atualmente, as indústrias pesadas ocupam somente um lugar menor nas estruturas industriais, o que tornou a perspectiva weberiana um aporte limitado. Para o momento analisado, a grande concentração metropolitana das indústrias atraídas pela presença de um mercado e de mão de obra especializada estabeleceu uma revanche para a ótica de Lösch, que dava ênfase à demanda. De todo modo, dos anos 1950 em diante, assistimos a uma descentralização industrial que se materializa na escala nacional em direção à periferia e, em escala internacional, para os países subdesenvolvidos ou em vias de desenvolvimento. As razões que provocam essas tendências revelam uma busca por trabalhadores menos custosos. É conhecido o caso de empresas que buscam mão de obra não especializada e barata nos países periféricos. Esta está alocada na cadeia de montagem, isto é, na última etapa da fabricação do produto, enquanto a direção, a pesquisa e o trabalho qualificado se reservam para os países industrializados. Ademais, trata-se de produtos que estão na fase de estandarização dentro do ciclo do produto. A melhora das técnicas de transporte se converte em um fator muito importante para a modificação do comportamento espacial da indústria. Os custos de fricção baixam, os produtos são fabricados em massa e já não são mais pesados. À difusão das redes deve se agregar a importância do avião nos contatos pessoais e no transporte de mercadorias, sem se esquecer do papel cada vez mais preponderante das telecomunicações, que asseguram a eficácia das organizações multinacionais.

É importante assinalar como as tendências reveladas nos anos 1960-1970 mostram a caducidade das teorias clássicas. Por isso, a partir dos anos 1970, com as grandes mudanças ocorreridas naquela década, aprofunda-se ainda mais a separação entre teoria e realidade. Constatamos, nas tendências de desconcentração espacial das indústrias entre 1960-1970, que a evolução das técnicas, dos custos de transporte, acompanhados pela expansão das firmas multinacionais, e a mundialização da economia questionaram as localizações existentes. A crise dos anos 1970 e a irrupção das inovações aprofundam ainda mais os questionamentos: "a crise é um estado do conflito, em que aparece a ambiguidade das teorias, das rupturas profundas, da irreversibilidade do tempo e da aparição de novos sistemas" (Lorenzi et al., 1980, p.1). A crise nascida no final da década de 1960 indica que as modalidades de acumulação e de distribuição mudaram. A existência da crise é a manifestação dos limites encontrados pelo sistema econômico. A economia mundial se encontra em um período de transição entre grandes desequilíbrios na fase de acumulação do capital (há uma sobreacumulação) e um desemprego estrutural crescente.

Robert Boyer (1986) discute um caminho possível pela teoria da regulação reconhecendo a existência da crise, apoiando-se na história para mostrar que existe um modo de regulação particular que acompanha cada regime de acumulação. A inovação é um dos vetores no sistema de explicação. As causas da crise se baseiam no fato de que o sistema econômico não se pode reproduzir se há desemprego crescente, inflação, baixa da produção por causa do baixo consumo (existe uma saturação nas necessidades do consumo de bens duráveis) e uma competição maior.

O regime fordista de acumulação capitalista foi posto em discussão a partir da metade do século XX, mas é no final dos anos 1970, quando a acumulação flexível suplanta o regime fordista de acumulação, que se modifica a maneira de fazer negócios. O imenso processo de reestruturação da competitividade tendeu a invalidar as teorias do capitalismo monopólico (Harvey; Scott, 1988). A aparição de indústrias de alta tecnologia, o arrefecimento das organizações sindicais, a segmentação dos mercados de trabalho e de produtos e o esforço das pequenas e médias empresas formam parte da caracterização da nova fase de descolamento do capitalismo, que é marcado pela flexibilidade. A mobilização de espaços industriais para regiões antes ignoradas pelo capital industrial requer que se preste atenção nessa teoria global de localização imposta pelo capitalismo flexível. Há maior liberdade aparente dos fatores de localização integrando a divisão do trabalho produtivo, a estrutura organizacional das empresas e as diferentes economias de aglomeração (Scott; Storper, 1987).

A instalação de novos centros de crescimento de alta tecnologia funda-se sobre: a) A organização da produção integrada (concentrada verticalmente) – a extensão do mercado permite realizar economias internas em relação à gama de fabricações que se faz em uma empresa apenas – e da produção desintegrada (desconcentrada verticalmente), que se remete às economias externas de escala no nível da produção feitas através da formação de um complexo produtivo (empresas ligadas a transações comerciais) – isso se produz quando as economias internas de integração são deficientes, e os diferentes níveis da fabricação se realizam por diferentes empresas especializadas (Scott, 1988); b) A evolução dos mercados locais de trabalho dos complexos tecnológicos teve papel importante na aparição desses sistemas industriais. Sobretudo nos Estados Unidos, os complexos industriais mobilizaram uma mão de obra particular, composta de dois segmentos: os trabalhadores científicos, técnicos, engenheiros que se especializam em pesquisa e desenvolvimento; e trabalhadores não especializados, debilmente remunerados (imigrantes) que realizam numerosas tarefas, como a montagem dos componentes eletrônicos.

Analisados desde as posturas neoclássicas, novos nichos de oportunidade geográfica surgem com novas localizações que logo se convertem em nós pujantes e atrativos. As empresas de alta tecnologia sempre quiseram se instalar em regiões novas, onde não existem os sindicatos, porque se apoiam em mão de obra segmentada. Por um lado, requerem trabalhadores qualificados, mas, por outro, requerem não qualificados, compostos geralmente por mulheres e imigrantes. Existem diferentes exemplos para mostrar que a implantação inicial de indústrias novas provocou um crescimento fundado sobre processos como a desintegração vertical da produção, a especialização, a diversificação e a multiplicação das transações com empresas estrangeiras (Scott, 1988). Até finais dos anos 1960, as grandes empresas que queriam escapar da congestão e dos altos custos das grandes cidades começam a se instalar em novos lugares – a gestão e o controle eram feitos no exterior. Podemos dizer que a organização da produção estava integrada verticalmente porque empregava grande quantidade de trabalhadores e realizava em suas plantas toda a gama de fabricação de seus produtos. Sem dúvida, com os grandes avanços tecnológicos dos sistemas de comunicação a serviço de indústrias, produziram-se muitas dificuldades no nível de gestão. Aparece uma multiplicação de empresas subcontratistas, que são aquelas que sustentaram o complexo industrial por desintegração vertical. Essa desintegração da produção é o resultado da otimização das transações e da exploração de um mercado de trabalho segmentado (Manzagol, 1990).

Allen Scott (1988) mostrou como as minorias tiveram papel fundamental na produção industrial, sobretudo nas indústrias *high-tech* que recorreram à subcontratação de mão de obra local. Dessa maneira, a desintegração vertical se produz localmente e leva a uma diminuição rápida das empresas medianas, com a consequente aparição de PME (pequenas e médias empresas) que utilizarão mão de obra barata e dócil, proveniente das minorias, e estarão a serviço das novas empresas. Segundo Scott e Storper (1986), há duas grandes tendências para a localização dessas novas indústrias de alta tecnologia que demonstram como a ação globalizada se transforma em uma norma. Elas se derivam de duas estratégias opostas em matéria de tecnologia e de organização da produção. A primeira é uma tendência à concentração geográfica sobre a base de uma organização flexível da produção. A segunda é uma tendência à descentralização fundada na falta de originalidade dos processos de produção e de estandartização de seus componentes. Assim, a corrente de base de inovação tecnológica está baseada na informação e, primordialmente, porque o resultado está orientado aos processos, e não ao produto.

Depois da Segunda Guerra, o perfil das empresas industriais, sobretudo nos Estados Unidos e na Europa, mudou significativamente. A maioria delas, no período anterior, entre as duas guerras, ou mesmo nos anos 1950, caracterizaram-se pela importância da mão de obra, pelo peso dos fatores de localização, por uma organização racional do trabalho em grande escala. As empresas foram se alterando e, nos anos 1980, a fábrica tem uma configuração bem distinta. O peso da mão de obra não qualificada se reduziu diante da escalada de trabalhadores qualificados como os engenheiros, técnicos, cientistas, frequentemente conhecidos como *white-collars*, em clara contraposição à cor do uniforme que usavam os trabalhadores do chão da fábrica, os *blue-collars*. As modificações introduzidas na natureza da produção, como a mecanização e a robotização das operações, trouxeram consigo a redução da mão de obra. Por exemplo, as empresas de informática, nucleares e de armamentos destronaram as empresas dos setores motores como a siderurgia e as montadoras de automóveis. Com efeito, como seu mercado é nacional e/ou internacional, essas companhias têm poucos contratempos de localização. Sua dependência das matérias-primas e de produtos intermediários é pequena e sua principal riqueza repousa em trabalhadores especializados – ainda que não se trate de uma mão de obra fácil de encontrar ou fácil de substituir, porque se nutrem de profissionais fortemente qualificados e menos concentrados geograficamente que a mão de obra tradicional. As inovações tecnológicas nas empresas são, em si mesmas, um elemento de mudança para os fatores de localização, pois tornam possível a eliminação das distâncias físicas entre a produção e a pesquisa. A introdução da técnica no que se refere tanto à produção como às questões organizacionais lhes oferece possibilidades diferentes em sua escolha de localização.

***

Profundas mudanças afetam, atualmente, as estruturas e as localizações industriais em razão da utilização da informática, a transmissão de dados à distância (telemática), a robotização etc. Segundo Dezert (1986), daí derivam três aspectos: 1) as novas tecnologias provocam um uso espacial diferente porque priorizam um meio ambiente tecnocientífico e a proximidade de redes de transporte e, especialmente, dos aeroportos; 2) o ambiente urbano multifuncional e o ambiente cultural tornam-se indispensáveis e explicam o desenvolvimento dos parques tecnocientíficos; 3) a dependência tecnológica tende a se converter em um elemento estruturante dos grandes aparatos econômicos e industriais com uma divisão do trabalho nacional e internacional. Então, o que se comprova das novas atividades é que elas não se caracterizam por um tipo de produto determinado, mas por uma forma particular de produzir. Por um lado, vê-se uma combinação produtiva na qual o fator informação científica e técnica é essencial e, por outro, um processo de produção no qual a inovação incide tanto no processo de produção como na natureza dos produtos. O conhecimento tecnológico responde a fortes investimentos, e a empresa, por meio da inovação, introduz relações novas entre a produção e o conhecimento. Algumas questões são comuns nessas empresas na hora de defini-las, tais como (Freeman, 1985): 1) a intensidade de P&D, ou seja, a proporção de recursos investidos em atividades de pesquisa e desenvolvimento; 2) empregos que exigem uma alta qualificação de seus trabalhadores (cientistas, engenheiros); 3) tecnologias de ponta (alto nível de inovação). Dessa forma, a localização da produção de empresas de alta tecnologia é considerada como móvel em relação aos fatores de localização tradicionais.

Não existe um modo único de localização, expressa Benko (1986), pois a importância e a combinação dos fatores de localização não são idênticas para cada ramo industrial, nem para cada empresa de diferente tamanho. Assim, aparecem algumas aproximações para sua interpretação, como a teoria da *pépinière* ou de incubadoras de empresas – que analiza as condições geográficas que favorecem a implantação de novos setores de produção: há lugares que tendem a funcionar como incubadores, que dão a novas empresas as melhores oportunidades de desenvolvimento porque são importantes para economias de aglomeração, que se estabelecem por ser possível a formação de novas empresas a partir de empresas já existentes; a teoria do ciclo de produto – segundo a qual cada setor industrial percorre um ciclo que compreende uma fase de desenvolvimento, uma de amadurecimento e outra de estandartização, de acordo com Vernon (1979). No caso das indústrias de alta tecnologia, o ciclo de vida do produto se reduz pela ausência da fase de estandartização, porque não há uma produção em massa no longo prazo. A utilização da mão de obra qualificada e da inovação dos produtos é contínua, e a dedicação do pessoal para conceber produtos baseados em P&D, permanente. Em vez de realizar protótipos, as empresas realizam um novo produto de substituição, e as diferentes enumerações dos fatores que apresentam certas regiões (que se convertem em elementos de atração para essas indústrias) completam a lógica da localização industrial.

Tradicionalmente, os novos ramos industriais se desenvolviam em polos urbanos por causa da mão de obra qualificada e pela proximidade com o mercado, mas a fase de montagem e estandarização do produto (técnicas estabilizadas e mão de obra barata e menos qualificada) os desloca para a periferia. Esse esquema é questionável porque se observa uma tendência à descentralização das funções de P&D e à criação de centros locais de apoio à nova tecnologia. O ciclo da produção depende do nível de sofisticação da indústria que desenvolve o produto. A primeira fase (desenvolvimento) é a concepção, que requer forte utilização de capital e de mão de obra altamente qualificada para lidar com as questões de P&D. Esse tipo de produção está ligada, em geral, a uma aglomeração industrial com vinculação entre o departamento de P&D e a sede social no mesmo espaço. Na segunda etapa (amadurecimento: as vendas alcançam o máximo), o produto já se aperfeiçoou, então a mão de obra em P&D está em baixa e cresce a mão de obra profissional. Na terceira fase (estandartização), o produto é considerado móvel e sua fabricação transferível para os espaços periféricos para se ter uma redução de custos. Na medida em que o mercado se estende e que a produção se torna mais mecânica e mais estandartizada, a mão de obra utilizada é menos qualificada. Em consequência, a estrutura espacial da indústria passa da centralização e da concentração territorial para a descentralização e a dispersão. Dessa maneira, os fatores de localização dessa nova realidade não se baseiam nos custos de transportes elevados das matérias-primas, mas nas necessidades de comunicação que fazem nascer os setores tecnológicos. Os produtos a transportar são de materiais leves de grande valor agregado; então, os envios ocorrem a grandes distâncias e para destinos pontuais. Em muitos casos é o avião que se tornou o meio de transporte adequado por causa da rapidez das viagens. Sem embargo, as novas atividades industriais não são totalmente *footloose* (indústrias que podem se instalar não importa onde), por mais que os custos de transporte sejam baixos e as empresas multinacionais que realizam esses produtos não tenham uma coesão particular. Há claros direcionamentos quanto a seus interesses específicos, a saber, a busca de disponibilidade de mão de obra, as taxas vantajosas que oferecem diferentes espaços locais e regionais, a facilidade de transporte e o acesso ao mercado. Milton Santos (1996, p.155) explicava o papel dos lugares dizendo que "o mundo é apenas um conjunto de *possibilidades*, cuja efetividade depende das *oportunidades* oferecidas pelos lugares". A competitividade exige que os lugares (previamente escolhidos pelo capital) sejam capazes de se adaptar para atribuir-lhes uma produtividade maior. É importante que as condições locais brindem os lugares que garantam a eficácia dos respectivos processos, ainda que existam lugares que não estão dispostos a responder às ações desterritorializadas no sentido de que separam geograficamente a causa eficiente e o efeito final. Fica clara a ação do capitalismo flexível que visa impor a todos os lugares uma única racionalidade; mas há lugares que respondem segundo suas próprias racionalidades. A ação globalizadora utiliza uma população dispersa de objetos regidos por essa lei única que os constitui em sistema, enquanto os processos locais se associam a uma população que está regida pela interação de objetos contíguos que estão reunidos pelo território e como território: "assim, os equilíbrios precedentes se rompem e o conteúdo dos lugares e do território muda em bloco, evidenciando novos fatores de localização" (Silveira, 2010, p.182). Na ordem global, persegue-se um espaço que está formado por pontos no território cuja existência funcional depende de fatores externos, enquanto a ordem local é o espaço que reúne, em uma mesma lógica interna, todos seus componentes.

Para ler mais

BOYER, Robert. *La Théorie de la Régulation*: une analyse critique. Paris: La Découverte, 1986.

CASTELLS, Manuel. High technology economic restructuring, and the urban--regional process in the United States. In: CASTELLS, Manuel (ed.). *High Technology and Society*. California: SAGE Publications, 1985. p.11-40.

DEZERT, Bernard; VERLAQUE, Christian. *L'Espace industriel*. Paris: Masson, 1978. p.120-49.

______. Les mutations technologiques et le changement industriel. *Bulletin Association Géographique Française*, Paris, v.3, 1986, p.211-5.

FREEMAN, Christopher. *The Economic Industrial Innovation*. Cambridge: MIT Press, 1985.

HARVEY, David. *Social Justice and the City*. Londres: Arnold, 1973. p.193-4.

HARVEY, David; SCOTT, Allen. La pratique de la géographie humaine: Théorie et spécificité empirique dans le passage du fordisme à l'accumulation flexible. *Cahiers de Géographie du Québec*, Québec, v.32, n.87, 1988, p.291-301.

ISARD, Walter. *Location and Space Economy*: a general theory relating to industrial location, market areas, land use, trade and urban structure. Cambridge: MIT Press, 1956.

LLOYD, Peter; DICKEN, Peter. *Location in Space*. Nova York: Harper & Row, 1977.

LORENZI, Jean-Hervé; PASTRE, Olivier; TOLEDANO, Joëlle. *La Crise du XXe siècle*. Paris: Economica, 1980.

LÖSCH, August. *Die räumliche Ordnung der Wirtschaft. Eine Untersuchung über Standort, Wirtschaftsgebiete und internationalen Handel*. Jena: Gustav Fischer, 1940.

MANZAGOL, Claude. *La Mondialisation. Données, mécanismes et enjeux*. Paris: Armand Colin (Collection Campus), 2003.

______. Problématique de la sous-traitance industrielle. In: MANZAGOL, C. (comp.): *La Sous-Traitance industrielle, nouveaux chantiers de développement régional*. Dossier de développement régional. Governo de Québec, 1990. p.3-58.

MANZAGOL, Claude. *Logique de l'espace industriel*. Paris: Presses Universitaires de France (PUF), 1980. p.13-59.

MASSEY, Doreen. *Towards a Critique of Industrial Location Theory*. Londres: Centre for Environmentsl Studies, 1974.

MILLER, Willard E. *A Geography of Industrial Location*. Brown: Dubuque, 1971.

SANTOS, Milton. *De la totalidad al Lugar*. Barcelona: Oikos-tau, 1996.

SCOTT, Allen; STORPER, Michael (eds.). *Production, Work, Territory*: The Geographical Anatomy of Industrial Capitalism. Boston: Allen & Unwin, 1986.

SCOTT, Allen; STORPER, Michael. Industries de haute technologie et développement régional: revue critique et reformulation théorique. *Revue Internationale des Sciences Sociales*, v.39, n.112, 1987, p.237-55.

SCOTT, Allen. *Metropolis*: From the Division of Labor to Urban Frm. University of California Press, 1988. p.160-202.

SILVEIRA, María Laura. Globalisation, spécialisations territoriales productives et diversité. Une réflexion sur les facteurs de localisation. In: CARY, Paul; JOYAL, André (dirs.). *Penser les territoires*. En hommage à Georges Benko. Québec: Presses de l'Université du Québec, 2010, p.181-96.

SLATER, David. The poverty of modern geographical inquiry. *Pacific Viewpoint*, v.16, n.2, 1975, p.159-76. (Tradução ao espanhol por J. J. Rojas Lopez.)

THÜNEN, Johann Heinrich von. Der Isolierte Staat. In: *Beziehung auf Landtschatf und Nationalökonomie*. Hamburg, 1826. (Traduzido para o inglês em HALL, P. [ed.]: *Von Thünen's Isolated State*. Londres: Pergamon, 1842. Reimpreso por WARTENBERG, C. M. (ed.). *Von Thünen's Isolated State*. Oxford: Pergamon Press, 1966.)

VERNON, Raymond. The product cycle hypothesis in a new International environment. *Oxford Bulletin of Economics and Statistics*, v.41, 1979, p.255-67.

Logística

*Márcio Rogério Silveira**

Etimologicamente, a definição mais antiga para logística está relacionada ao grego *logistikós*, do qual o latim *logisticus* é derivado, ambos relacionados à lógica aritmética. A logística é tão antiga quanto o transporte, o armazenamento e a comunicação por representar, *a priori*, estratégia, planejamento e gestão destes. Esses três atributos fundamentais da conceituação de logística estão contidos, portanto, na história da humanidade. A logística, mesmo sem existir como conceito e sem a consciência dos que a praticavam, estava contida no planejamento de rotas e de outras estratégias utilizadas numa caravana de camelos pelas rotas comerciais da Ásia e no acondicionamento de água, trigo etc., em urnas de barro no Egito Antigo. A expressão, tal como a conhecemos hoje, tornou-se conceito na França, onde foi formulada a partir do termo francês *logistique* (por volta de 1873) para expressar a parte da arte militar referente ao transporte e ao alojamento (do francês *loger*, que significa alojar) de suprimentos e das tropas em batalha. A palavra se difundiu, também, com o nome dado a um posto militar, ou seja, *Maréchal Général de Logis*, patente atribuída na

* Universidade Federal de Santa Catarina, Florianópolis, SC – Brasil.

França, por volta de 1670, ao comandante responsável pelo planejamento de transportes e armazenamento. Seguidamente, foi utilizado pelo general prussiano Carl von Clausewitz. A palavra logística, como atributo militar, passou a representar a estratégia, o planejamento e a gestão de diversas atividades militares, como materiais, pessoal, serviços, deslocamento, armazenamento e desempenho de funções militares. Referia-se, portanto, a planejamento e realização de: 1) projeto e desenvolvimento, obtenção, armazenamento, transporte, distribuição, reparação, manutenção e evacuação de materiais; 2) recrutamento, incorporação, instrução e adestramento, designação, transporte, bem-estar, evacuação, hospitalização e desligamento de pessoal; 3) aquisição ou construção, reparação, manutenção e operação de instalações e acessórios destinados a ajudar o desempenho de qualquer função militar; 4) contrato ou prestação de serviços. O termo, por conseguinte, apresentou aspectos muito genéricos e difundiu-se sem muito critério para representar tudo aquilo que não estava diretamente relacionado ao ato de batalha.

Posteriormente, com mais propriedade, a logística (do inglês *logistics*) foi desenvolvida pela inteligência americana (CIA), juntamente com os professores de Harvard, durante a Segunda Guerra Mundial. Podemos citar todo o preparo para o desembarque na Normandia através da *logística progressiva* (equipamentos militares e alimentos para os aliados) e a *logística reversa* ou *regressiva* (retorno de soldados mortos e feridos e de equipamentos). Na década de 1960, nos Estados Unidos e na Alemanha, a logística focava somente a distribuição física. Posteriormente, o conceito adequou-se ao mundo dos negócios, surgindo como matéria nas *Business Schools*, sobretudo nos cursos de Administração de Empresas e de Engenharia, devido à acirrada competição entre companhias, principalmente as que procurariam alcançar o *status*, segundo Porter (1986), de "empresas globais". Na década de 1980, o conceito de logística foi reformulado para o mundo dos negócios e assumiu importante papel a partir do desenvolvimento das estratégias adotadas pelas "empresas globais" para alcançarem novos mercados, ou seja, a logística passou a atender às demandas corporativas e a favorecer a aceleração contemporânea. Na década de 1980, a logística deixou de ser vista somente como transporte, armazenagem e embalagem e passou a ser entendida como uma abordagem de sistema mais integrado para coordenar os diferentes subsistemas logísticos funcionais. Foi a partir desse momento que os serviços de logística envolveram diversos segmentos e se espalharam por vários espaços do mundo, acompanhando a grande "onda global", *id est*, a "mundialização do capital", como afirma Chesnais (1996).

A expressão *logística* também é apresentada como: 1) um conceito novo e revolucionário que pode explicar as diversas mudanças nos sistemas produtivos e de consumo; 2) atividades capazes de resolver diversos problemas e explicar, inclusive, a evolução da sociedade mundial; e 3) sistemas de movimento (infraestruturas e meios de transportes) e fluxos. Todas essas definições são equivocadas. Por mais que a logística tenha se destacado nas últimas duas décadas, a atual importância dela está reduzida ao atendimento dos interesses corporativos sobre o território, no intuito de aumentar a velocidade e de encurtar os movimentos circulatórios do capital, de possibilitar uma maior mobilidade geográfica do capital e de *seletivizar* os territórios pela diminuição da viscosidade e pelo aumento da fluidez.

Entrementes, para um entendimento mais substancial sobre a contribuição da logística, dos meios e vias de transportes, dos fixos de armazenamento e comunicações e dos fluxos diversos na história, é necessário conhecer as revoluções logísticas. Através delas podemos verificar não só as estratégias logísticas, mas também as invenções e inovações nos meios e vias de transportes, nos sistemas de armazenamento e comunicações e seus impactos sobre os grupos humanos. Ake Anderson (1990) fez uma rica avaliação a esse respeito, mas desassociada temporalmente e espacialmente das principais "acelerações civilizatórias", como as revoluções industriais atreladas aos ciclos econômicos de caráter tecnológico (Kondratieff). As revoluções logísticas, para Anderson (1990), estão associadas às grandes mudanças de hegemonia no cenário global, ou seja, sua visão está coligada à tradição braudeliana (*Civilisation matérielle* e *Économie et capitalisme*) incorporada por Giovanni Arrighi (1996) e Immanuel Wallerstein (sistema-mundo), quer dizer, os ciclos sistêmicos de acumulação capitalista.

As revoluções logísticas associam-se às mudanças de hegemonia na seguinte ordem: 1) A tomada de hegemonia ocorre quando o processo de acumulação capitalista se solidifica. Esse sistema altera o centro hegemônico até que na fase seguinte, ou seja, na fase de financeirização, se inicia a transição de poder (Arrighi, 1996); 2) A mudança de hegemonia ocorre quando o Estado – ou cidade(s)-Estado ou região(ões) – hegemônico entra na fase de financeirização e passa a financiar a fase produtiva de outro(s) candidato(s) à hegemonia global. Para Arrighi (1996, p.27), "ao longo de toda era capitalista, as expansões financeiras assinalaram a transição de um sistema de acumulação em escala mundial para outro. Elas são aspectos integrantes da destruição recorrente de 'antigos' regimes e da criação simultânea de 'novos'". A concretização ocorre quando esse financiamento toma formas produtivas, tecnológicas e, em especial, bélicas. O esgotamento tem a ver com conservadorismo, oligopólio, estagnação tecnológica etc. Estamos falando, portanto, da medida em que prevalece a vantagem do atraso para a tomada de hegemonia, ambas no sentido trotskista e gramscianiano.

Assim, as revoluções logísticas acompanhariam a mudança de hegemonia, *id est*, sobretudo a permanência de uma nova hegemonia: *primeira* – inicia-se na Itália, no século XI, e termina nos países do Norte Europeu, no século XVI; *segunda* – inicia-se na Itália, no século XVI, e termina nos países do Norte Europeu, no século XIX; *terceira* – inicia-se na Inglaterra, por causa da revolução industrial, no século XVIII, e termina no século XXI; *quarta* – inicia-se no Japão, nos Estados Unidos, na Suíça, na Suécia e na Alemanha Ocidental no final do século XX.

Todavia, a melhor forma para se entender as revoluções logísticas é através das invenções e das inovações nos sistemas de movimento. Mesmo existindo antes das revoluções industriais, é a partir delas que há readequação na sua formatação e na sua periodicidade. Portanto, em vez de utilizar os ciclos de acumulação e de troca de hegemonia braudelianos, o ideal é a utilização dos ciclos de caráter tecnológicos (Kondratieff) e, por conseguinte, a mudança de hegemonia advinda, por um lado, do esgotamento tecnológico de uma potência e, por outro lado, do amadurecimento de outra em formação. Assim, as revoluções logísticas se apresentam em cinco estágios subdivididos em revoluções (mais intensas) e evoluções (menos intensas), ou seja, "as cinco revoluções e evoluções logísticas" (Silveira, 2009), conforme apresentado no quadro 1.

Quadro 1 – Localização, época e tecnologias das revoluções logísticas.

Fator	Localização	Tempo	Tecnologias (meios e vias)
Primeira revolução e evolução logística	Mesopotâmia, Egito, Grécia e Roma etc.	Expansão das grandes civilizações – Idade Antiga (4.000 a. C. – 476 d. C.).	Caravanas, rotas comerciais, uso contínuo da tração animal combinada com o uso da roda.
Segunda revolução e evolução logística	Europa católica (em contato com novos espaços – Cruzadas e rotas terrestres e marítimas) e Europa protestante (rotas marítimas).	Séculos XI ao XVI.	Logística de guerra, transporte de armamentos (catapultas etc.), rotas comerciais e caravanas por terra, rotas marítimas e a evolução tecnológica dos navios intercontinentais.
Terceira revolução e evolução logística	Europa, especialmente Inglaterra.	Final do século XVIII e parte do século XIX.	Abertura de canais, calçamento de estradas (pedágios), a locomotiva e o navio a vapor e os cabos submarinos telegráficos intercontinentais.
Quarta revolução e evolução logística	Europa e América, sobretudo Alemanha e Estados Unidos.	Final do século XIX e parte do século XX.	Velocidade nas trocas, motor a combustão e comunicações via cabo.
Quinta revolução e evolução logística	Japão, Estados Unidos e partes da Ásia.	Final do Século XX e início do século XXI.	Maior integração comercial, infovias, autoestradas, telemática, trens de alta velocidade, fibra ótica, comunicação via satélite etc.

Fonte: Silveira (2009).

Caso esteja ocorrendo mudança de hegemonia, o centro de gravidade, localizado nos Estados Unidos, como tudo indica, está se direcionando para a Ásia, especialmente para a China e para os Tigres Asiáticos. Outra possibilidade é esse centro se consolidar espacialmente em multipontos, ou seja, ser multifocado (diversas regiões ganhadoras do globo).

As revoluções logísticas são capazes de reverter a ordem socioeconômica vigente a ponto de repercutirem ao longo das décadas e dos séculos futuros (vide o caso de uma série de invenções e inovações chinesas nos transportes que não são levadas em conta pela visão eurocentrista). De tal modo, o conceito de revolução, neste caso, soma-se ao de logística para expressar um conjunto de estratégias, planejamento, gestão e transformações tecnológicas no setor de transportes e comunicações a ponto de ampliar as interações espaciais e mudar a ordem socioeconômica vigente. Assim, em cada revolução logística, tanto a divisão territorial do trabalho quanto as integrações territoriais foram ampliadas. Novos espaços comerciais surgiram e se especializaram, novas formas de produção foram disponibilizadas e as trocas culturais consolidadas (Silveira, 2009). Por outro lado, a logística, como uma atividade do setor de serviços, é importante, especialmente quando falamos das estratégias adotadas para a integração e gerenciamento da cadeia de abastecimento (*supply chain management*). Ela descreve uma visão multifuncional de ponta a ponta, uma cadeia de eventos interligados para atender desde os setores iniciais do processo produtivo até o cliente (fornecedor primário, fornecedor, fabricante, armazéns, transporte, cliente e consumidor).

A logística, portanto, é uma auxiliar na transformação que sofre a natureza para se tornar mercadoria. Ela perpassa as relações de produção e de força de trabalho e contribui para o movimento circulatório do capital. A logística não substitui esse processo, nem é mais importante que ele. Ela contribui para a aceleração e até mesmo para o encurtamento do movimento circulatório do capital, ou seja, contribui para que o capital se realize o mais rápido possível através do consumo. Por mais que a logística afete as relações de produção e de trabalho, interferindo na produção de valor e da mais-valia, esse não é o fator condicionante, nem o principal fator de alteração das mesmas; ou seja, existem outros atributos em jogo, responsáveis pela evolução e pela aplicação da logística na sociedade capitalista. A logística, apesar de ser utilizada para tornar a produção mais eficiente, não modifica a importância da produção e da organização do trabalho, como a ergonomia, a organização do chão da fábrica, a flexibilidade do trabalho, o trabalho em células, o sistema *kanban* (fluxo puxado), MRP (fluxo empurrado) etc. É um exagero a ideia de que a logística exerce influência sobre o projeto do produto, as parcerias, as alianças e a seleção de fornecedores e outros processos de negócios e de que é a nova inteligência da empresa. A logística é uma importante determinante dos novos tempos que contribui para o conjunto das estratégias de conquista de mercados e de diminuição de custos pelas firmas.

Obviamente, uma empresa pode "quebrar" caso a logística não seja bem aplicada, mas isso pode ocorrer também por outros motivos.

A logística é supervalorizada como a responsável pelas grandes transformações produtivas e comerciais. De qualquer forma, ela é uma das determinações importantes. A logística não é nem a circulação, nem o armazenamento e não é nem um meio, nem uma via de transporte, mas, sim, a estratégia, o planejamento e a gestão de transportes, de armazenamento e de comunicações. Pensar em realizar eficientemente essas tarefas e em utilizar as tecnologias possíveis significa pôr em prática a verdadeira noção de logística para superar alguns equívocos a ela atribuídos: 1) dar à logística o mesmo peso da produção é atribuir a ela um caráter concreto, como se ela substituísse outras formas de estratégias, de planejamento e de gestão. Os meios de produção e a força de trabalho, o *marketing* e as linhas de produção são tão importantes para o capitalismo quanto a logística; 2) a logística não é nem via de transporte, nem meio de transporte, ou seja, não se caracteriza como sistemas de movimento. Todavia, ela pode contribuir para se planejar adequadamente um fixo de transportes e, por conseguinte, melhorar a eficiência destes últimos; 3) logística não é transporte, nem circulação (movimentos contínuos e circulares que procuram realizar tanto as necessidades do consumo quanto do capital no espaço). Tanto o transporte como a circulação podem sofrer interferências desta última e, com isso, há possibilidade de se melhorar a eficiência dos transportes e da circulação. Não obstante, nem toda a aplicação logística é eficiente, dado que ela é um atributo humano (da mente) e por isso pode ser ineficiente.

A noção de estratégia abordada neste verbete não corresponde àquela tradicionalmente apropriada pelo segmento militar (produzir e coordenar com eficiência e destreza a ação de conflito, seja de ataque ou de defesa, a ponto de gerar vantagens sobre o adversário), mas, sim, sua derivação: planejamento, realização e gestão logística capazes de proporcionar vantagens na movimentação de produtos, serviços e informações com maior rapidez e segurança a um custo reduzido e capazes de encurtar a distância entre o produtor e o cliente. Para isso, utilizam-se recursos disponíveis (tecnologia da informação, tecnologias em transportes e em armazenamentos) e criam-se condições favoráveis para se alcançarem determinados objetivos.

Por que a diminuição do tempo (supressão do espaço pelo tempo) e dos custos, um dos atributos fundamentais da logística, é tão fundamental para a concorrência intercapitalista? A empresa que utilizar melhor a logística acelerará a circulação do capital, inclusive sua expansão geográfica (mobilidade geográfica do capital) e terá maior lucratividade a ponto de ter maior vantagem na concorrência intercapitalista. Quer dizer, não adianta ter uma logística eficiente e um produto de baixa qualidade. Produtos perecíveis, como hortifrutigranjeiros, se chegarem ao mercado rapidamente e com eficiência poderão ter preços diferenciados e ficar mais tempo à disposição dos consumidores. Desse modo, a diminuição do tempo de percurso e a eficiência no transporte e no armazenamento aumentam os lucros e diminuem os custos de produção (redução do ciclo existente entre o pedido e a entrega). Para isso, a administração da cadeia de suprimentos é extremamente importante.

Como arquétipos, podemos citar as exportações de frutas do Vale do São Francisco, na Bahia, para a Europa e os Estados Unidos. A manga é colhida previamente, com cuidado, embalada e acondicionada devidamente e transportada por rodovias até um aeroporto, onde é embarcada para outros países. Além da rapidez do processo, ele é eficiente de acordo com a mercadoria a ser transportada e a exigência do cliente. A logística de suprimento, produção e distribuição, *id est*, a cadeia logística, é mais complexa na medida em que as cadeias produtivas também o são, como a produção de aviões de grande porte com fornecedores e clientes nos mais diversos países e regiões. Nesse caso, tanto a cadeia produtiva quanto a logística são convergentes (as matérias-primas, os componentes fabricados em diversos lugares são montados em outro lugar e distribuídos para o cliente).

Quando um jornalista afirma no noticiário que há um "apagão logístico" e/ou que a logística brasileira está "sucateada", o que se quer dizer com isso? Significa, em linhas gerais, que há sucateamento e falta de infraestruturas de transportes e armazenamento, ou seja, há uma demanda maior de fixos que a oferta. Todavia, o que a expressão representa é que a falta de estratégia, planejamento e gestão eficientes para transportes e armazenamentos levou a um estrangulamento dos fixos de transportes e armazenamento, como a falta de modernização dos portos, a falta de construções de armazéns, de estradas, de ferrovias, de silos etc. Assim, o que o jornalista quis dizer é que há um "apagão" nas infraestruturas de transporte e armazenamento, uma vez que a logística não é o principal problema na distribuição de mercadorias. A logística, que é "comum aos nossos olhos", é utilizada para atender aos interesses corporativos.

Por outro lado, o grau de sofisticação da logística no âmbito militar foi apresentado ao público global através das guerras do Iraque e do Golfo e, por conseguinte, consistiu em um dos principais atributos para a rápida conquista militar do território afegão e iraquiano. Fato expresso pelas estratégias de armazenamento e transportes para abastecimento das tropas e para retorno (logística reversa) de feridos, mortos, tropas e sobras de guerra. A logística invade o campo de batalha contribuindo, inclusive, com o apoio da geoinformação e das comunicações, como as estratégias de localização e de movimentação das tropas (rotas mais eficientes aliviam a pressão sobre toda a cadeia de abastecimento de guerra, tornando-a mais eficiente).

***

A logística que nos interessa, no momento, é a que está associada aos interesses corporativos. Isso não exclui a indústria, o comércio e os serviços de guerra, já que eles foram quase completamente terceirizados, ou seja, para muitas economias do mundo a guerra é o principal indutor do PIB (keynesianismo bélico), e para as empresas, a única e/ou principal fonte de lucro – e conveniente em tempos de "globalização econômica". Como o conceito de logística evoluiu consideravelmente para atender às demandas corporativas, o termo estratégia também seguiu os mesmos passos. Michael Porter, na década de 1980, no livro *Estratégias competitivas: técnicas para análise da indústria e da concorrência*, enfatiza expressões importantes, como a estratégia, o planejamento e a gestão, para atender às novas demandas corporativas globais e deixa claro que a logística é um desses atributos conceituais que, reformulada, é capaz de ampliar a eficiência das empresas multinacionais para que elas deem o próximo passo na conquista de mercados, ou seja, se transformem em empresas globais. As condições estão dadas, isto é, o início do neoliberalismo com as desregulamentações, as liberalizações e as terceirizações, entre outras. A logística evolui também juntamente com a terceirização e, inclusive, como consequência dela, ou seja, enquanto a logística aumenta a velocidade e facilita a mobilidade geográfica do capital, a terceirização encurta o movimento circulatório do capital.

A logística, mais do que no passado, está utilizando novas tecnologias (tecnologias da informação para transportes) para auxiliar, como ferramenta, o planejamento e a gestão de atividades tanto no âmbito público quanto privado (Sistema Inteligente de Transportes, radiofrequência, GPS, *softwares* de simulação e roteirização, tráfego, SIG, SIG-T, Internet-car, entre outros). A utilização da TIG (tecnologia de informação geográfica) já é destaque no âmbito geográfico, principalmente através da disciplina Geographic Information Science, que tem como principal ferramenta o SIG-T, o SIG para transportes. O SIG-T visa a utilização de bases de dados navegáveis para facilitar o acesso, a recuperação, a análise e a representação de elevados volumes de informação em tempo real. O objetivo é facilitar as tarefas de inventário, planejamento e gestão de infraestruturas de transportes (condições das vias, rotas etc.), de fluxos, de demandas e demais serviços. Assim, toda essa tecnologia serve para: 1) planificação de rotas e intermodalidade (com o uso do SIG-T); 2) sistemas de navegação assistida de veículos (SIG e GPS – Sistema de Posicionamento Global – e internet-car); 3) Controle de riscos meteorológicos (SIG para condições meteorológicas); 4) Controle de trânsito (SIG e técnicas multimídias); 5) Gestão emergencial (GPS e telefonia móvel) (Pons; Reynés, 2003). Para esses autores,

> *las redes de transporte se construyen sobre el territorio y sobre ellas se desplazan flujos de personas, de materia y de energía. Los SIG aplicados al área de transporte son más que un simple dominio de funcionalidad genérica. Dada la importancia que han adquirido sus aplicaciones en este área, en el ámbito anglosajón, se le ha dado una nomenclatura específica conocida como SIG-T (GIS for transport, GIS-T). Estos integran procesos de modelización, manipulación y análisis de datos no siempre incluidos en los SIG convencionales.* (Pons; Reynés, 2003, p.11)

A modernização tecnológica inovacional só foi possível devido ao aparato tecnológico, especialmente, aos microprocessadores (capazes de revolucionar a forma como se produz e se distribui a informação) da Terceira Revolução Industrial e Tecnológica (Coutinho, 1992). Ao serem aplicadas a favor da logística, essas tecnologias expuseram a diferenciação entre os diversos serviços da cadeia de suprimentos (transportadoras, agenciadoras e operadoras logísticas) e em seguida os igualaram (operadores de transporte intermodal). As empresas de transportes se limitavam a movimentar as mercadorias entre dois pontos. As operadoras logísticas planejam fluxos de diversos setores, atuam nos requerimentos normativos dos processos de fabricação e adaptação aos padrões de entrega do cliente. Um exemplo é o caso da Coca-Cola, que não permite, por medida de segurança, que suas cargas sejam expostas, ou seja, só circulando em compartimentos fechados, com temperatura equilibrada e, em alguns casos, com a logística reversa (retorno de vasilhames, por exemplo). Nesse sentido é que as Estações Aduaneiras de Interior (EADIs) – mais conhecidas como portos secos – atuam na liberação alfandegária antes de a carga chegar ao porto, facilitando o embarque imediato. As EADIs também servem de local de transbordo de mercadorias valorizando em muitos casos a aplicação da multimodalidade. Outro atributo da logística é contribuir para a eficiência: 1) em *just in time* – entregas fracionadas e frequentes, com o intuito de reduzir os estoques; 2) no abastecimento por terceiros direto na linha de montagem (*line-feeding*); 3) na coleta seletiva (*milk-run*); 3) no transbordo direto (*cross-docking*); 4) no fornecimento de componentes entregues nos fabricantes de conjuntos maiores, que por sua vez entregam o sistema completo (sistemistas); 5) nos fabricantes de grandes conjuntos ou sistemas que entregam e montam o produto do cliente (moduleiros); e 6) na utilização de caixas padronizadas (*bins*) entregues diretamente na linha de montagem.

Os serviços se especializaram e um operador de transporte logístico passou ser o responsável (transporte, eficiência, segurança, burocracia etc.) pela carga desde a origem até o destino, incluindo-se as etapas de armazenamento. Para isso, há necessidade de velocidade que deve estar no planejamento, na transmissão dos dados e na execução. O que há de novo é que, diferentemente do passado, isso fez que a logística se destacasse na atualidade com visão sistêmica da cadeia logística. Tais atributos destacam a Quinta Revolução Logística (Silveira, 2009). A logística aumenta a capacidade de cargas e de armazenamento, e isso acaba servindo como um atributo especial para prolongar a vida dos fixos de transportes e armazenamento. Com o aumento do comércio internacional e, por conseguinte, da divisão internacional do trabalho, alguns países são chamados a participar mais e seletivamente do comércio internacional. Foi isso o que aconteceu com o Brasil nos últimos anos: o país participou mais ativamente do comércio internacional de produtos básicos e semimanufaturados. Portanto, houve praticamente uma mudança, quase repentina, na matriz de desenvolvimento brasileiro voltada para a exportação de produtos com baixo valor agregado, alto peso e volume. Os fatos citados remetem à avaliação de que as infraestruturas brasileiras não estavam e não estão preparadas para um súbito aumento do volume e do peso nas rodovias, nas ferrovias, nos portos etc., porque tanto o planejamento quanto a execução das infraestruturas, pelo Estado brasileiro, são concretizados a médio e, principalmente, no longo prazo (levando em conta a incapacidade do Estado em financiá-las). Já a mudança na matriz de desenvolvimento, na tentativa de acompanhar a demanda global, ocorre num tempo menor. Tal situação, ou seja, tanto o planejamento e a execução dos fixos de transportes quanto de armazenamento estão fora de sintonia com a mudança na matriz de desenvolvimento. Assim, a maior demanda por fixos do que a oferta gera um "apagão" infraestrutural. Entretanto, a baixa fluidez territorial ocorre sazonalmente, no Brasil, devido aos períodos de safra. As melhorias infraestruturais priorizaram as linhas e os pontos nodais da rede de transportes, que estão conectados aos corredores de exportação para o acolhimento das grandes corporações. Por outro lado, a manutenção dos estoques de capitais criados pelo Estado foi entregue à iniciativa privada, através das concessões de uma série de fixos públicos (caso mais comum nos eixos de desenvolvimento do estado de São Paulo e em outras partes do território brasileiro). A logística, portanto, mesmo que eficiente, não substitui e/ou ameniza por muito tempo as necessidades infraestruturais.

O planejamento e a gestão estratégica de rotas, de *just in time*, de armazenamento etc. aumentam a capacidade de carga circulando; portanto, a circulação do capital está se ampliando (inclusive geograficamente) sem a necessidade de se viabilizarem, no mesmo ritmo, as infraestruturas. Os meios de transportes, geralmente sob a responsabilidade da iniciativa privada, sofreram alterações relacionadas às modernizações tecnológicas (TGV; Maglev; navios de contêineres como o Emma Maesrsk; superpetroleiros; caminhões biarticulados etc.), tornando-se mais eficientes e contribuindo para desafogar as infraestruturas. Por outro lado, a modernização tecnológica dos meios de transportes pressiona os fixos; ou seja, exige deles maior calado e berço de atracamento nos portos, rodovias de alta velocidade e com capeamento de qualidade, guindastes mais rápidos e com maior capacidade de carga, EADI, estradas de ferro com bitolas largas e mais retilíneas para alto peso e maior velocidade, aeroportos maiores, entre outros.

Na continuação, as outras formas de comunicações, crescentes após o *boom* das fibras óticas e das comunicações por satélites, têm ampliado a eficiência logística. As infraestruturas (linhas e pontos nodais, como as plataformas logísticas, estações aduaneiras, armazéns de mercadorias, portos etc.) e a circulação são de extremo interesse para as corporações que têm por objetivo a ampliação dos corredores de fluxos. Estes representam, juntamente com os sistemas de fluxos, um elemento estratégico para o desenvolvimento capitalista que é atribuído (de forma desigual e especializada) ao território. Portanto, os fixos, que propiciam a melhora da fluidez territorial, não são implementados aleatoriamente no espaço. Eles são escolhidos pelas corporações que se lançam na vanguarda de um novo mundo produtivo e de consumo. Geralmente os espaços escolhidos pelas corporações já são tecnificados, com uma base infraestrutural, mão de obra adequada e mercado consumidor próximo; principalmente nos grandes e médios centros urbanos, onde o acesso a elas é fácil. Essas corporações se fragmentam no espaço conforme vão adotando sistemas de terceirização e se estruturam em redes (*clusters* industriais, logística convergente e divergente) em busca de um ótimo locacional. Por conseguinte, alteram o espaço, auferindo a ele uma feição de território corporativo. A escolha produtiva estabelece uma seletividade entre os territórios e, por conseguinte, estabelece padrões políticos, econômicos e sociais.

Nesse sentido é que se definem as estratégias logísticas, as infraestruturas e a gestão das mesmas através das políticas públicas e da iniciativa privada. Ou seja, o planejamento será diferenciado conforme a especialização do território: centro de gestão, centro de alta tecnologia, de produção, de consumo, de alimentos, de minerais etc. Apesar de haver sobreposições de estratégias logísticas no mesmo território, cada uma das especializações necessitará de estratégias diferenciadas de transportes, armazenamento e comunicações. A logística é, portanto, territorial, pois está vinculada a mudanças, especialmente de ordem econômica, que por sua vez estão interligadas com o território. Podemos afirmar, portanto, que a logística é um conjunto de estratégias, planejamento e gestão capaz de orientar, em conjunto com as tecnologias informacionais, a movimentação e o armazenamento de mercadorias (lembramos que a mão de obra também é uma mercadoria) e informações dentro de uma rede bastante complexa, especialmente a produtiva. A logística deve ser entendida como uma estratégia complexa que procura reduzir as barreiras físicas e operacionais da montante à jusante do sistema circulatório e geográfico do capital, ou seja, do complexo sistema de movimento do suprimento-produção-distribuição até sua concretização final, qual seja, o consumo. Assim, a função mais específica da logística tem sido encurtar o tempo de circulação do capital em prol das demandas corporativas globais a ponto de influírem no espaço e redefinirem os territórios.

Para ler mais

ANDERSON, Ake. Les quatre révolutions logistiques. *UHT 2001 (Urbanisme et techologies de l'habitat)*. Paris: Ministère de l'Équipement du Logement, dês Transports et de la Mer, n.15, p.1-14, maio 1990.

ARRIGHI, Giovanni. *O longo século XX*. Rio de Janeiro: Contraponto; São Paulo: Editora Unesp, 1996.

CHESNAIS, François. *A mundialização do capital*. São Paulo: Xamã, 1996.

COUTINHO, Luciano. A terceira revolução industrial e tecnológica: as grandes tendências de mudança. *Revista Economia e Sociedade*, n.1, p.69-87, ago. 1992.

PONS, Joana Maria Seguí; REYNÉS, Maria Rosa Martínez. Pluralidad de métodos y renovación conceptual en la geografía de los transportes del siglo XXI. *Revista Scripta Nova*, Barcelona, v.VII, n.139, abr. 2003. Disponível em: <http://www.ub.es/geocrit/sn/sn-139.htm>. Acesso em: 20 jan. 2009.

PORTER, Michael. *Estratégia competitiva*: técnicas para a análise de indústrias e da concorrência. Rio de Janeiro: Campus, 1986.

SILVEIRA, Márcio Rogério. As cinco revoluções e evoluções logísticas. In: SILVEIRA, Márcio Rogério; LAMOSO, Lisandra Pereira; MOIRÃO, Paulo Fernando Cirino. *Questões nacionais e regionais do território brasileiro*. São Paulo: Expressão Popular, 2009.

______. *Estradas de ferro do Brasil*: das primeiras construções às Parcerias Público-Privadas. Rio de Janeiro: Interciência, 2007.

M

Meio técnico-científico-informacional

*Antonio Henrique Bernardes**
*Eliseu Savério Sposito***

Conceito elaborado pelo geógrafo brasileiro Milton Santos que se refere à construção de um discurso que retrate o período atual da sociedade no mundo contemporâneo caracterizado, por sua vez, cada vez mais pelo seu conteúdo de ciência, tecnologia e informação, em que a ciência passa a preceder a técnica como elemento dinâmico do modo capitalista de produção. A informação, assim como o conjunto de ações e de objetos a ela imbricados, ganham mais relevância na conjuntura atual, pois possibilitam maior relação e conhecimento do mundo por meio das redes de comunicações. Uma vez conhecidos, esses elementos podem ser apreendidos pelo estudo do espaço, especificamente o espaço geográfico, segundo a concepção de Milton Santos. A categoria espaço, então, passa a ter um papel privilegiado na construção do discurso, uma vez que é nele, enquanto elemento empírico, que se cristalizam os momentos anteriores e é onde se encontram o passado e o futuro, mediante as relações sociais do presente que aí se realizam. Assim, o que se chama de

* Universidade Federal Fluminense, Campos dos Goytacazes, RJ – Brasil.
** Universidade Estadual Paulista, Presidente Prudente, SP – Brasil.

meio técnico-científico-informacional é a espacialização de certas formas e processos que se manifestam do atual momento histórico, erigido com um crescente conteúdo de ciência, técnica e informação. A constituição e posterior expansão do meio técnico-científico-informacional se realiza no meio natural, ou seja, há um processo constante e contínuo de tecnificação da natureza. Entretanto, o meio natural, hoje, refere-se ao meio modificado e cada vez mais meio técnico, não havendo, assim, a necessidade de separação entre meio ecológico e infraestrutura, pois esta compõe a base do trabalho humano pela superposição das técnicas.

Para se chegar à constituição do atual período e sua espacialização, é necessário remeter-se aos períodos precedentes ao atual, os quais, tendo suas especializações cristalizadas, imprimiram diferentes feições resultantes da utilização de diferentes paradigmas. Isso porque cada período é conformado pelo conjunto de ações e relações que se manifestam no espaço de modo diferenciado, mediado por um conjunto de técnicas características e específicas que levam a diferentes processos de transformação, produção e apropriação do espaço geográfico. Desse modo, Milton Santos propôs uma periodização histórica do espaço geográfico, do ponto de vista da incorporação da ciência aos objetos e às ações, denominando-o e determinando-o da seguinte maneira: meio natural, meio técnico e meio técnico-científico-informacional. A periodização do espaço geográfico em *meio natural, meio técnico* e *meio técnico-científico-informacional* está baseada na obra do mesmo autor intitulada *A natureza do espaço: técnica e tempo, razão e emoção,* o que não exclui a necessidade de discorrer sobre o meio técnico-científico que comparece em algumas obras precedentes do referido autor.

O primeiro período concerne à passagem do meio *natural* ao meio *artificial.* O meio natural pode ser identificado pela fase histórica na qual o homem colhia da natureza aquilo que era fundamental ao exercício da vida e valorizava, diferentemente, essas condições naturais que, sem grandes modificações, constituíam a base material de sua existência. A principal diferenciação entre o homem e as outras formas de existência é o trabalho, expresso em extensões corpóreas no espaço através de dispositivos mecânicos. Entretanto, o homem inventa e não apenas repete (Santos, 1988, p.87); ou seja, o homem, ao se relacionar com o meio é capaz, pela reflexão desse meio e sobre si próprio, cunhar objetos independentemente das coisas existentes; isto é, o conhecimento tem como princípio a experiência, mas nem tudo dela deriva (Kant, 2005, p.44). Nesse sentido, "a relação entre o homem e seu entorno é um processo sempre renovado que tanto modifica o homem quanto a natureza" (Santos, 1988, p.88), em que toda produção se dá no espaço por meio do trabalho, passando a natureza a adquirir diferentes feições correspondentes a diferentes períodos, por incorporar a ação humana a fim de melhor suprir as condições necessárias à manutenção da espécie humana. Aí se estabelece um paradoxo, em que "a natureza se socializa e o homem se naturaliza" (Santos, 1988, p.89), assim como o processo de naturalização da natureza torna-se, cada vez mais, o processo de sua tecnificação, em que o homem produz uma natureza mais adaptada aos seus fins, pois os objetos criados pelo avanço das técnicas substituem cada vez mais as coisas naturais. É possível, desse modo, deduzir que as técnicas têm como meio e fim o intuito de dominar a natureza, por exemplo, pela domesticação de plantas e animais, que são transformações impostas e mediadas pelas técnicas. No entanto, nesse período os sistemas técnicos (sem objetos técnicos) não tinham existência autônoma, pois sua simbiose com a natureza era total e suas motivações de uso eram essencialmente locais (Santos, 1996, p.235-236).

No período seguinte, o meio *técnico*, que tende a substituir o meio *natural*, compreende a fase posterior à invenção e ao uso das máquinas que dão novas dimensões de análise ao espaço, pois ele é provido de objetos que não são somente culturais, mas também técnicos. Então, "desde que a produção se tornou social, pode-se falar em meio técnico" (Santos, 1985, p.37), em que as técnicas têm como objetivo primeiro o comando da natureza, podendo se falar em período técnico-científico somente quando há o desenvolvimento da ciência das técnicas (tecnologia). Nesse período, como afirma Santos (1996, p.237), a "razão comercial" emerge e busca seu firmamento em detrimento da razão pautada nos aspectos naturais, pois os tempos sociais tendem a se superpor e contrapor os tempos naturais. O homem se sente, então, capaz de enfrentar a natureza em que os objetos não são mais prolongamentos do corpo, mas prolongamentos do território, como se fossem próteses. Utilizando novos materiais e transgredindo as distâncias, o homem começa a fabricar um tempo novo pautado no referencial de um novo tempo. Os lugares, assim como áreas, regiões, países etc., passam a se diferenciar pela quantidade do meio técnico manifestado, ou seja, eles contêm a capacidade de substituir os objetos, as coisas naturais e os objetos culturais por objetos técnicos. No entanto, esse fenômeno era limitado, pois não era em qualquer fração do espaço que os progressos técnicos podiam se instalar, assim como seu efeito, ou melhor, seu raio de ação, era igualmente limitado. Ao fim do período técnico, limiar do período técnico-científico, inicia-se o processo de unificação das técnicas e, com ele, a ciência torna-se uma força produtiva direta, precedendo a técnica e o conhecimento. Com a predominância do trabalho intelectual, acelera-se o processo de unificação do trabalho; ou seja, os indivíduos, para produzirem mais, precisam estar sob um mesmo comando, o que requer também a concentração de bens e de pessoas, havendo a diferenciação do trabalhador das atividades diretamente produtivas daqueles encarregados de atividades terciárias, o que acaba por refletir na própria ocupação do espaço, especificamente do espaço urbano.

Um terceiro período é aquele que se refere ao meio *técnico-científico*. A diferenciação entre esse período e o seguinte, chamado de *meio técnico-científico-informacional*, pode ser vista em algumas obras de Milton Santos, senão de modo implícito, ou seja, o meio técnico-científico, a espacialização do período técnico-científico, é precedente e difere do período técnico-científico-informacional basicamente por considerar, ao retratar o atual período, o elemento *informação*. Em algumas obras de Milton Santos, como *A natureza do espaço: técnica e tempo, razão e emoção*, essa distinção não fica clara (Santos, 1996, p.234). Entretanto, a diferenciação pode ser localizada, principalmente, quando se refere ao meio técnico-científico, como nas obras *Espaço e método: metamorfoses do espaço habitado* e *Urbanização brasileira*. Nestas obras, assim como em outras que precedem a construção efetiva do conceito de meio técnico-científico-informacional e em alguns artigos que podem ser encontrados, como no livro *Técnica, espaço e tempo*, o autor trata da espacialização do atual período como meio técnico-científico. No discurso que se remete a ele, o elemento informação não é retratado em sua mesma dinâmica como em obras posteriores. É preciso salientar também que Milton Santos trabalha com a construção do conceito de meio técnico-científico tomando-o como processo de desenvolvimento intelectual que desemboca no conceito de meio técnico-científico-informacional desde 1980, quando sua proposta teórica foi apresentada em uma comunicação durante o Encontro Nacional dos Geógrafos, em 1982, em Porto Alegre.

A própria nomenclatura dos conceitos evidencia uma diferenciação que se entende como resultado do enriquecimento do conceito, em que o autor passa a considerar a relevância adquirida pelo elemento informação em sua relação com a sociedade. Aí ele tece o conceito de *período técnico-científico-informacional* baseado no conceito precedente de período técnico-científico, incorporando ao período anterior o elemento informação, que já vinha se desenhando em relação a outros conceitos trabalhados por Milton Santos: fixos e fluxos, conjunto de sistema de ações e conjunto de sistema de objetos (que passam a ser praticamente sinônimos). A diferenciação nominal e de certo modo conceitual das periodizações é vislumbrada ao se tomar as obras de Milton Santos como um todo, assim como pela análise do desenvolvimento intelectual do autor. Essa abordagem permite confrontar ambas as periodizações e compreender que elas se superpõem, pois na atualidade verifica-se a dinâmica dos objetos e ações referentes aos dois períodos, o que confere ao espaço geográfico a coexistência de tempos diferentes. Assim, o meio técnico-científico é compreendido como momento histórico no qual a construção ou reconstrução do espaço se dará com crescente conteúdo de ciências e de técnicas mediado pelo desenvolvimento da tecnologia, o que não ocorria no período precedente. Sua geografização se dá de forma diferencial, isto é, de forma contínua em algumas áreas e de modo disperso em outras áreas. Entretanto, a tendência é a conquista rápida por mais áreas, o que não se evidenciava no meio técnico, que se desenvolvia em ritmo mais lento e mais seletivo. Por outro lado, há as especializações das tarefas no território com grande diferenciação das produções, que se aprimoram, cada vez mais, como produções estritamente capitalistas, criando necessidades de circulação e aumentando o número de fluxos sobre o território. A especialização de funções propicia a hierarquização funcional das cidades, o que pode ser compreendido como uma "complementaridade" de produção regional.

A tendência à generalização do meio técnico-científico, tanto na composição técnica do território pelos aportes maciços de investimentos em infraestrutura, como na composição orgânica do território, se dá graças à cientifização do trabalho, sendo tal dinâmica imposta tanto no meio rural quanto no meio urbano. Essa maior cientifização do trabalho impõe e expõe uma hierarquia dos espaços de produção, que acaba por se refletir na ocupação, produção e transformação do espaço, especialmente do urbano. Desse modo, o conteúdo técnico-científico do espaço permite a produção de um mesmo produto em quantidades maiores e em tempo menor, rompendo os equilíbrios preexistentes e impondo outros. Na atualidade, é preciso falar em *meio técnico-científico-informacional* que se trata, teoricamente, da sobreposição de todos os meios anteriores. A partir da Segunda Guerra Mundial generaliza-se esta tendência que traz mudanças importantes tanto na composição técnica como na composição orgânica do território, paralela à sua informatização e à maior cientifização do trabalho. O período técnico-científico-informacional é caracterizado não somente pela inter-relação entre ciência e técnica, o que já era percebido no período precedente, mas pelo estreitamento dessa inter-relação, levando a ciência a preceder a técnica como elemento dinâmico do modo capitalista de produção. Isso ocorre considerando-se também o papel da informação e do conjunto de ações e de objetos a ela relacionados que ganham relevância na conjuntura atual, com o decorrente maior relacionamento e conhecimento do mundo por meio das redes de comunicações, tornando-se elementos amplos que tratam o território como potencialidade, o que propicia a noção de instantaneidade contida na obra de Milton Santos.

A espacialização do período técnico-científico-informacional é denominada de *meio técnico-científico-informacional* e formada, principalmente, pela ação conjunta de dois elementos, conforme Santos (1994, p.32): 1) A *tecnoesfera*, resultado da crescente artificialização do meio ambiente, sendo a esfera natural cada vez mais substituída por uma esfera técnica, tanto na cidade como no campo; 2) A *psicoesfera*, resultado de crenças, desejos, vontades e hábitos que inspiram comportamentos filosóficos e práticos, as relações interpessoais e a comunhão com o universo. As noções de psicoesfera e tecnoesfera são congruentes, respectivamente, às noções de conjunto indissociável de sistema de ações e sistema de objetos, podendo o próprio espaço geográfico ser chamado de meio técnico-científico-informacional (Santos, 1994, p.123), em que seus elementos são produtos da criatividade humana, ou seja, da técnica. A espacialização da tecnoesfera é paralela à da psicoesfera, sendo ambas o sustentáculo com o qual o *meio técnico-científico-informacional* introduz a racionalidade dos atores hegemônicos no próprio conteúdo do território. No entanto, a psicoesfera apoia, acompanha e, por vezes, antecede a expansão do meio técnico-científico-informacional. Como exemplo dessa dinâmica, podemos destacar o papel de empresas que criam demanda que antecede a oferta, ou seja, que fomentam o desejo com o intuito de se criar a necessidade para que a demanda desemboque no consumo, anteriormente à própria comercialização do produto ou ao estabelecimento de uma relação empírica do cliente com o objeto. Desse modo, o discurso e a informação precedem os objetos técnicos para facilitar e naturalizar a sua inserção nos lugares que, carregados de intencionalidades, artificializam o espaço geográfico impondo suas ações, normalmente estranhas ao lugar, pois atualmente "as ações não são exclusivamente conforme aos fins, mas conforme ao meio, isto é, conforme aos objetos" (Santos, 1994, p.102), o que propicia a mudança da escala de valores culturais e favorece o processo de alienação das pessoas em sua relação com o meio e com outras pessoas. Assim, a psicoesfera, como um elemento do espaço mais presente, consolida a base social da técnica e a adequação comportamental da interação moderna entre tecnologia e valores sociais, visto que os objetos criados pelas atividades hegemônicas são dotados de intencionalidade específica, o que não era obrigatoriamente um fato nos períodos anteriores. Dessa maneira, o número de fluxos sobre o território se multiplica no atual período, fazendo com que os valores de uso, transformados em valores de troca, ampliem a economicização da vida social. A busca de homogeneização do espaço geográfico que responde aos interesses dos atores hegemônicos dá-se de modo centralizado, enquanto se consideram os lugares de gestão do território. Esses lugares se restringem às áreas com maior conteúdo de ciência, tecnologia e informação, com a psicoesfera e a tecnoesfera densificadas e entrelaçadas. Essas parcelas do espaço são encontradas, principalmente, nos grandes centros urbanos.

O principal elemento difusor do discurso, amparado nos interesses dos atores hegemônicos, está na publicidade, que produz imagens simbólicas que compõem e direcionam nosso entendimento de mundo, tendo nos publicitários a figura de um verdadeiro demiurgo contemporâneo. O reforço desse processo está intimamente ligado ao desenvolvimento das telecomunicações, mola mestra nesse período que propicia a expansão e a veiculação do discurso e da informação de modo quase instantâneo em qualquer parte do globo. Por essa razão, no intuito de atingir novas áreas, a tendência de homogeneização do espaço geográfico, no âmbito da psicoesfera, realiza-se de modo esparso. Assim, a publicidade serve como um "lubrificante" que busca diminuir o atrito entre o mercado e a sociedade, transformando desejos em necessidades, sendo gerida de modo centralizado e operando de modo esparso, determinando o território como potencialidade.

Os lugares mais dotados de conteúdo técnico-científico-informacional são mais fluidos, ou melhor, mais racionais com relação às ordens dos atores hegemônicos, formando o que Santos (1994, p.93) denomina de *verticalidades*, ou seja, pontos no espaço, separados uns dos outros, que asseguram o funcionamento global da sociedade e da economia em uma determinada lógica (a lógica dos atores hegemônicos), confirmando, desse modo, a tendência de fluxos mais numerosos e qualitativamente diferentes em diferentes lugares, em diferentes intensidades mas diretamente inter-relacionados. Por outro lado, a existência de lugares em que as relações são realizadas de modo íntimo ao território decorre também da interdependência solidária entre os atores. Esses lugares são tidos como irracionais ou "desobedientes" às ordens dos atores hegemônicos, pois são dotados de conteúdo mínimo de tecnologia, ciência e informação, além das relações se darem de modo menos rígido e hierarquizado; ou seja, com relações mais horizontalizadas. A interseção de *verticalidades* e *horizontalidades* propicia que o mundo se realize no lugar, possibilitando a interdependência e interinfluência entre o lugar e o todo.

O lugar, dispondo de certa autonomia, contém algumas especificidades que o tornam singular, e a coexistência de elementos de períodos diferentes que sintetizam a evolução da sociedade não permite que a pretensa homogeneização do espaço geográfico se realize apenas como metáforas

– simultaneidade, instantaneidade, universalidade, flexibilidade, globalização etc. Isso explicita as situações atuais que podem ser fatores de resistência ao novo, pois cada lugar é marcado por uma posição técnica e por diferentes componentes de capital. No atual período, todos os espaços são alcançados por certo número de modernizações, o que, de certo modo, pode desconfigurar a organização anterior do espaço. Contudo, nem todos os lugares são capazes de receber modernizações; por exemplo, devido às defasagens atreladas à resistência ao novo, há lugares que se revigoram ou que sucumbem à presença de elementos ditos modernos. É possível, portanto, que as modernizações alcancem os espaços de forma heterogênea, o que induz à diferenciação entre eles. Assim, as modernizações vêm acompanhadas de uma especialização de funções, o que propicia uma hierarquização funcional pautada no princípio da informação, pois as áreas que acolhem as modernizações ou seus principais efeitos são aquelas mais capazes de acolher outras modernizações. Nesse sentido é que as cidades, cada vez mais, se tornam diferentes entre si, contendo suas especificidades, mesmo com a presença de elementos semelhantes, pois ocorre a distribuição de funções produtivas entre as cidades e uma centralização da atividade gestora do território. A distribuição das funções produtivas entre as cidades assim como a centralização da atividade gestora estão pautadas nos paradigmas do período técnico-científico-informacional, em que a tecnologia, precedida pela ciência, e os mecanismos de informação – virtuais e não virtuais – tanto na sua criação como na sua difusão, baseados na evolução dos meios transportes e, por consequência, das redes viárias, propiciam a confluência de frações do espaço. Essa dinâmica atribui às diferentes frações do espaço diferentes valores e lhes proporciona uma posição no "espaço-mundo", como racional ou irracional, de acordo com os ditames do atual período. As modernizações relativas a cada período são impostas e procedem do centro para periferia, ou melhor, das áreas mais racionais para as áreas menos racionais, a fim de propiciar o aumento da complexidade do sistema.

Nessa conjuntura, as cidades de porte médio passam a acolher maiores contingentes de classe média, um número crescente de letrados, indispensáveis à produção material (industrial e agrícola) que se intelectualiza, em contraposição à redistribuição dos pobres, que as grandes cidades atraem. Por outro lado, nas regiões de agricultura moderna o crescimento econômico é maior que nas metrópoles. No campo há enorme concentração de capital velho e as substituições de uma composição orgânica de capital e composição técnica de espaço se dá mais facilmente que nas cidades. E a migração dos pobres do campo modernizado leva à recriação de condições para a utilização dos velhos valores econômicos. Em suma, cada sistema temporal, na escala mundial, coincide com um período histórico, e a sucessão dos sistemas promove as modernizações; com isso, a dimensão temporal no estudo da organização do espaço ganha relevância e se realiza em escala mundial.

Para ler mais

KANT, Immanuel. *Crítica da razão pura*. São Paulo: Martin Claret, 2005.

SANTOS, Milton. *A natureza do espaço*: técnica e tempo, razão e emoção. São Paulo: Hucitec, 1996.

______. *Espaço e método*. São Paulo: Nobel, 1985.

______. *Metamorfoses do espaço habitado*. São Paulo: Hucitec, 1988.

______. *Por uma economia política da cidade*. São Paulo: Hucitec; Editora USP, 1994.

______. *Técnica, espaço, tempo*: globalização e meio técnico-científico-informacional. São Paulo: Hucitec, 1994.

Mobilidade geográfica do capital

*Márcio Rogério Silveira**
*Ana Paula Camilo Pereira***

Este tema insere-se num contexto analítico em que as conceituações e discussões permeiam um amplo campo de análises, relacionando-o às diversas dinâmicas socioeconômicas do sistema capitalista de produção. A esfera em que se sobrepõe o termo configura uma linguagem concomitantemente histórica, mas ao mesmo tempo atual, considerando-se as analogias relacionadas às processualidades dos elementos constantes no capitalismo, ou seja, fatores como o trabalho, a produção, os meios de transporte, o comércio etc. As profundas transformações de ordem econômica e social que atingem as economias em âmbito mundial são reflexos da mobilidade geográfica do capital. Tal fato alude à composição técnica dos territórios que perfaz um sentido próprio para a reprodução e acumulação do capital.

Alguns teóricos, dos mais diversos ramos das ciências humanas, enveredaram-se na discussão sobre a mobilidade geográfica do capital. Antes de iniciar nossa argumentação, é importante destacar que o tema

* Universidade Federal de Santa Catarina, Florianópolis, SC – Brasil.
** Universidade Estadual de Mato Grosso do Sul, Jardim, MS – Brasil.

foi analisado por diversos autores que não utilizam a mesma nomenclatura evidenciada neste texto, mas que incide sobre o mesmo conceito. Numa visão fisiocrática, baseada na economia clássica do século XVIII, Adam Smith (1983 [1776]) traz grande contribuição com análises sobre a circulação do capital. Ele examina a discussão relacionando tal processo ao funcionamento do sistema capitalista de produção. Sua abordagem parte do entendimento da mobilidade geográfica do capital, a qual chama de "circulação da moeda", referindo-se à importância da relação entre os vários setores de produção, distribuição da riqueza e de renda, do comércio, dos processos de formação dos preços e ainda do processo de crescimento econômico. Para Adam Smith, a necessidade de acumulação do capital propicia uma vertiginosa expansão geográfica da sociedade capitalista. Nesse contexto, a expansão geográfica do capital é proporcionada pelo capital produtivo. Portanto, "a mobilidade do capital circulante durante surtos de desvalorização rápida torna-se um meio não para a igualização geográfica, mas uma diferenciação sobre a qual a sobrevivência do capital é firmada" (Smith, 1983 [1776], p.188).

As análises sobre a "teoria dos preços", baseadas na economia clássica de Adam Smith, permitem identificar que suas formulações partem da rejeição do valor de uso e do valor de troca, que em si contribuem para a compreensão da mobilidade geográfica do capital. Na medida em que o capital, sujeito à personificação da mercadoria, passa a circular no espaço, ele incorpora em si um valor de utilidade, de consumo, de troca, capaz de fazer o capital circular. Assim, consequentemente, quando a mercadoria circula, ou seja, quando ela entra no processo de venda-compra-consumo, ela engendra sua materialização, isto é, passa a ter um valor de uso e um valor de troca e isso também acontece com o dinheiro, seja ele real ou fictício. Adam Smith (1983 [1776]), ao tratar a concepção da mercadoria a partir do valor de uso e do valor de troca, revela que a palavra valor pode possuir dois significados, ou seja, a *utilidade de determinado objeto* e o *poder de comprar outros bens*, conferido pela posse desse objeto, traduzidos como o *valor de uso* e o *valor de troca*, respectivamente. As considerações de Smith (1983 [1776]), em sua maioria, estão mais correlacionadas à produtividade do trabalho, isto é, à teoria do trabalho que justificava todo o processo ulterior à produção e à circulação. Para o autor, a acumulação de capital, obtida a partir do trabalho produtivo, faria a produção circular. Essa seria a ordem natural do desenvolvimento econômico. As bases teóricas de Adam Smith foram marcadas como um nexo para a análise da crítica dos estudos posteriores as suas formulações. Apesar de terem conceituações divergentes, suas análises influenciaram pensadores que partiram delas para compreender os processos correlatos ao sistema capitalista de produção.

Entre os estudiosos que se debruçaram sobre a temática, destacam-se as formulações de David Ricardo (1985 [1817]), para quem a circulação, ou seja, a mobilidade do capital, está relacionada ao valor e à utilidade do produto, o que gera acumulação de capital. Para tanto, tinha como premissa a teoria do valor-trabalho, acrescentando, posteriormente a essa teorização, o conceito da teoria do *valor-utilidade*, que contribui para a compreensão da mobilidade geográfica do capital. Nesse sentido, era mediante o trabalho incorporado à produção e à utilidade do objeto produzido que seriam computados seus valores. Embora David Ricardo partisse dessa formulação, reconhecia a complexidade das circunstâncias que modificavam os valores da mercadoria no tempo e no espaço onde o capital circulava e estes fatores eram verificados por ele como sendo decorrentes da própria composição do capital.

O termo continuou em voga, fomentando diversas análises que partem principalmente das conotações iniciais sobre a circulação do capital. Karl Marx (1970 [1859]) insere a discussão sobre a mobilidade geográfica do capital numa análise que associa a teoria da acumulação conjuntamente com o ciclo de reprodução ampliado do capital, no qual são abordados tanto o tempo de rotação como os custos de circulação, tendo como premissa a configuração do sistema capitalista daquele momento. Dessa forma, os estudos sobre circulação tiveram maior respaldo teórico conceitual na formulação das análises de Karl Marx (1970 [1859]), que identifica em *O capital* a circulação do capital como um vetor associado a todo processo de produção das mercadorias, estando intrinsecamente relacionado à acumulação e reprodução do capital, ao processamento da mais-valia e à conformação dos ciclos de acumulação capitalista (como os ciclos de *Kondratieff*, de *Juglar* e de *Kitchen*). Assim, tem-se como princípio uma contextualização geográfica da circulação, a qual possui funções específicas desempenhadas no circuito total da economia capitalista. Ainda segundo as análises de Marx (1970 [1859]), a mobilidade geográfica do capital está atrelada ao circuito total da economia capitalista e pode ser caracterizada de acordo com a circulação produtiva e a circulação mercantil e monetária. Para tanto, compreende-se que a análise da circulação geográfica do capital é imprescindível para o processo de rotação, movimentação, acumulação e reprodução do capital. Nessa perspectiva, a mobilidade em si é considerada uma atividade produtiva na medida em que cria valor e gera mais-valia, pois ao dar ação ao movimento das mercadorias, das pessoas, das informações, do capital etc., a circulação relacionada aos transportes está produzindo valores de uso. Em outras palavras, significa dizer que o transporte de qualquer objeto, seja ele tangível ou intangível, está se constituindo em tarefas produtivas, ainda que nada acrescentem à substância ou à conformação física do objeto que circula. Portanto, na concepção de Marx, não são somente as transformações de coisas tangíveis (pelo setor de transformação industrial) que produzem valor e mais-valia.

Consubstanciando a concepção marxista sobre a mobilidade geográfica do capital, tem-se que a produção material está intrinsecamente ligada à relação geral entre a produção, distribuição, troca e consumo. Nesse sentido, Marx (1970 [1859]) julga que esses condicionantes correspondem à circulação do capital e, consequentemente, a sua reprodução. Para esse autor, o metabolismo da circulação, que engendra a mobilidade do capital mundialmente, realiza-se na alteração das formas das mercadorias, ou seja, no desdobramento da natureza da mercadoria em valor de uso e valor de troca, assim como sua própria cristalização na forma de dinheiro. Com isso, a visão marxista sobre a mobilidade do capital está associada à circulação do dinheiro, o que em outras palavras pode ser interpretado como a mobilidade geográfica do capital. Dessa forma, nas palavras de Marx (1970 [1859], p.114),

> a mercadoria e o dinheiro andam, portanto, em direções opostas, e essa troca de lugar, que consiste na passagem da mercadoria para um lado e do dinheiro para outro, se realiza a um mesmo tempo em número indefinido de pontos de toda a superfície da sociedade burguesa.

Com base na configuração da sociedade capitalista, Marx (1970 [1859]) considerava que as condições históricas eram inerentes para a correspondente compreensão da circulação simples de mercadorias, de pessoas e de dinheiro. Para isso, seu interesse correspondia à natureza histórica e social específica ao capital como um elemento gerador de lucro e renda, pois no capitalismo o valor de uso se dá mediante a venda da mercadoria para o fim único da troca pelo dinheiro, portanto, para a acumulação de capital. Contudo, é importante enfatizar que, embora o capitalismo, *a priori*, fomente em seu interior a reprodução do capital, para Marx (1970 [1859]) a mais-valia não é encontrada na esfera da circulação, mas sim na esfera da produção. "A circulação ou a troca de mercadorias não gera valor algum" (Marx, 1970 [1859], p.163). Para ele, a circulação do dinheiro, ou seja, a mobilidade geográfica do capital se dá quando da metamorfose da mercadoria, isto é, quando a mercadoria se transforma em dinheiro mediante a venda e a compra. Em outras palavras, quando o valor de uso se torna necessário para que o valor de troca (mercadoria por dinheiro) se materialize. Nas interpretações de Marx (1970 [1859]), tal processo deriva da circulação da mercadoria, que nada mais é do que a mobilidade geográfica do capital. Na economia capitalista a mercadoria tem que constantemente se transformar em um novo valor de uso e progressivamente o dinheiro se transforma em uma nova mercadoria para, dessa forma, se concretizar o circuito geral da circulação. O capital, desse modo, é renovado e retorna ao movimento da circulação. É nesse sentido que a análise marxista está impregnada do entendimento das condições essenciais para a mobilidade geográfica do capital. E é nessa perspectiva que se inserem as análises sobre os meios de transportes como objetos que conduzem a mobilidade, a circulação e o movimento geral do capital pelo mundo. Ainda referenciando as formulações de Marx (1970 [1859]), admite-se que o capital faz parte de um círculo vicioso, no qual são desenvolvidas etapas para a reprodução do capital que transforma a mercadoria em dinheiro e o dinheiro em mercadoria num processo rotativo (cf. Figura 1).

Figura 1 – Esquema geral da relação mercadoria-dinheiro

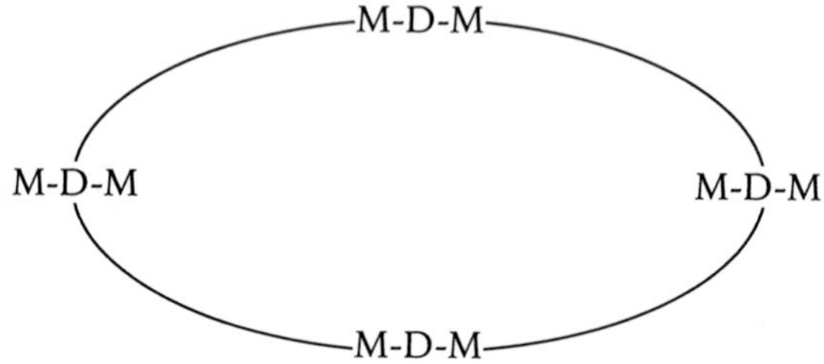

Para isso, o capitalista transforma o dinheiro em mercadoria e, na medida em que atribui força de trabalho às atividades produtivas, tira desse processo a mercadoria (e também a mais-valia) que é transformada em dinheiro no momento de sua venda, dinheiro este que retorna às mãos do capitalista que novamente o transforma em mercadoria e assim segue-se a rotatividade do capital (D – M – D' – M' – D'' – M''- D'''....). Nessas condições, "o capital passa, portanto, em seu movimento circulatório, por três fases: fase dinheiro, fase produtiva, fase mercadoria. O conjunto destas três fases constitui o movimento circulatório do capital" (Lapidus; Ostrovitianov, 1979, p.54). A análise marxista sobre a natureza da circulação do dinheiro, isto é, da mobilidade do capital, permitiu interpretações coerentes com a progressiva expansão do sistema capitalista. Suas abordagens, que partiram de um contexto histórico da definição do capitalismo, possibilitaram as análises sobre a reprodução e acumulação do capital.

Numa análise oposta às elucidações da circulação do capital feitas por Marx, Rosa Luxemburgo (1976 [1913]) levanta críticas à análise realizada pelo referido autor em relação ao processo de circulação do capital. Luxemburgo traz uma grande contribuição para a discussão, pois permite compreender o processo geral da circulação do capital a partir da crítica da teorização marxista. Ela destaca que a mercadoria e o dinheiro trocam constantemente de lugar, pois fazem parte de um mesmo processo lógico da acumulação de capital, ou seja, o processo geral da circulação segue uma ordem processual, o qual conforma as bases do sistema capitalista de produção. Para Luxemburgo (1976 [1913], p.71),

> isso é perfeitamente aplicável a todo ato individual da troca de mercadorias, sob cuja forma se realiza a circulação social. Ela, porém, é mais que troca de

mercadorias: é circulação de capital e lhe é característico e essencial não só que volte às mãos dos capitalistas o capital, como grandeza de valor, aumentado pela mais-valia, como também que, ao mesmo tempo, sirva à reprodução social, isto é, que assegure a forma natural do capital produtivo (meios de produção e trabalho).

Enfatizando a conformidade da investigação de Luxemburgo (1976 [1913]) sobre a circulação do capital e acentuando as explicações elucidativas de Marx (1970 [1859]), tem-se que esse processo é constantemente renovado na mesma forma. Ainda que possa gerar valores de uso e de troca de diferentes dimensões, na essência trata-se de um mesmo ciclo da economia capitalista em que há a rotatividade do processo de transformação do dinheiro em mercadoria e da mercadoria em dinheiro, engendrando um movimento circular. Luxemburgo (1976 [1913]) toma a concepção da circulação mediante o problema da reprodução do capital e potencializa a discussão da circulação do dinheiro a partir da crítica aos manuscritos de Marx, propondo para isso uma análise esquemática como solução. Suas orientações seguem a compreensão do encadeamento da reprodução e da circulação do capital social a partir das proposições que se enquadram nas relações de trabalho e de produção. Ela acredita que a circulação do dinheiro se baseia na reprodução simples do capital, considerando o dinheiro como meio de troca. No entanto, Luxemburgo (1976 [1913]) nega que a circulação do capital esteja ligada a um círculo vicioso da economia capitalista. É aí que as suas conceituações expressam a necessidade de uma análise, que é preenchida com o retorno à abordagem de Marx (1970 [1859]).

Marx contribui para o entendimento do processo de circulação do capital – ou seja, da mobilidade geográfica do capital –, com análises complexas que procuram compreender a lógica do movimento geral do capital como um processo interminável, que perpassa a esfera da produção e a esfera da circulação, configurando um processo de realização geral do capital em si.

De acordo com Marx (1970 [1859]), a circulação do capital engendra a formação de duas instâncias que se complementam, isto é, a instância da produção e a instância da circulação de mercadorias. O produto final desse processo tem como resultado a mobilidade geográfica do capital, que assim se realiza na economia capitalista. Embora as análises tragam considerações múltiplas, que ora divergem entre si, ora se complementam, de modo geral a mobilidade geográfica do capital, em suas diversas denominações, decorre do resultado da produção. Esta associa o valor de uso ao valor de troca e, por conseguinte, gera a reprodução e a acumulação do capital que se confirmam mediante a circulação e, assim, perfazem a significação de que a circulação do capital é responsável pela realização do valor produzido. Em tese, o capital é materializado pela evolução do processo de circulação, ou seja, por meio dos fluxos de pessoas, de mercadorias, de informações etc., que se dão por meio dos fixos. O capital circula e se reproduz atrelado à magnitude da fluidez, da porosidade territorial, das viscosidades e das vicissitudes (Santos, 2002). Tal fato pode ser confirmado pela abordagem de Marx (1970 [1859]) quando diz que a circulação do capital perpassa as exigências que se impõem em meio às inúmeras flutuações e que dá ao movimento geral do capital uma forma cíclica. Para o autor,

> quanto mais são ideais as metamorfoses da circulação do capital – isto é, quanto mais se torna o tempo de circulação = zero, ou mais se aproxima de zero – tanto mais funciona o capital e tanto maiores se tornam sua produtividade e a produção da mais-valia. (Marx, 2005 [1885], p.140)

Podemos ver, nessa citação de Marx, o quanto é importante a Geografia dos Transportes, da Circulação e da Logística considerar todas as nuances que circundam o transporte e a logística relacionados ao movimento circulatório e geográfico do capital.

Embora as abordagens sobre a mobilidade geográfica do capital tivessem uma analogia com os meios de transportes, mediante a circulação tangível e intangível, essa configuração se torna latente mais recentemente. O estudo sobre os meios de transportes tem incorporado, numa escala de análise abrangente, um conjunto de vertentes que buscam contribuir com a Geografia, tendo como base os estudos relacionados à dinâmica territorial mediante a circulação do capital. Como exemplos, há importantes discussões travadas no âmbito das estruturações e reestruturações econômicas (produtivas e de consumo) que afetam o território e, por conseguinte, só são possíveis com a mobilidade geográfica do capital e com os sistemas de transportes que as viabilizam em escalas cada vez mais significativas. Dessa forma, podemos citar os processos de desconcentração produtiva e de consumo ocorridos no Brasil, mais especificamente no estado de São Paulo, e a formação de sistemas de engenharias eficientes (autoestradas, canais de fibras óticas, gasodutos etc.), que são importantes para a formação de eixos de desenvolvimentos.

Numa perspectiva mais recente sobre o conceito da mobilidade geográfica do capital, David Harvey (2006) traz uma caracterização atual sobre tal processo, a partir da reconstrução da teoria marxista. Para tanto, assevera que a circulação está conectada à interpretação do movimento físico, desde o lugar de produção até o lugar de consumo, e que também está relacionada ao custo do tempo desprendido para a circulação. Assim, o autor compreende que os transportes vendem mudança de localização, o que em outras palavras quer dizer que engendram a circulação geográfica do capital. Ainda de acordo com ele, a mobilidade geográfica do capital produz valor na medida em que economicamente influi na condição espacial que o capital produz. A mobilidade do capital possui elementos que podem favorecer ou inviabilizar sua otimização; esses elementos constituem a materialização da circulação, como os meios de transportes, o comércio, o crédito e a expansão dos mercados, o que necessariamente implica a base material (rodovias, portos, aeroportos, ferrovias, hidrovias e outros). Enfim, a circulação faz parte do processo de produção propriamente dito do capital.

Ao se tratar a circulação no viés dos fluxos e dos fixos, isto é, dos meios de transportes, tem-se um processo resultante de combinações múltiplas que são realizadas pelos diversos meios de transportes, ou seja, pela ferrovia, pela hidrovia, pela rodovia, pela navegação marítima, entre outros. Em síntese, esses sistemas de comunicação perfazem um complexo "emaranhado" de redes que permitem tanto o capital circular, como também as pessoas, as mercadorias e as informações. É também através dos sistemas de transportes (meios e vias com invenções e inovações tecnológicas) que gradativamente se expandiu a produção, o comércio, os fluxos e, principalmente, a circulação geográfica do capital. Na medida em que os limites geográficos se tornaram transponíveis, o capital passou a conhecer novos territórios e, com isso, permitiu a territorialização, a desterritorialização e a (re)territorialização mediante sua base material, ou seja, mediante os fixos (portos, aeroportos, rodovias, ferrovias, hidrovias e outros). É nesse contexto que os meios de transportes funcionaram e hoje, sobretudo, se consubstanciam como um elemento catalisador da divisibilidade espacial do capital que, articuladamente, engendra a concretização dos fluxos e a modernização dos fixos, assim como o que é produzido. Para isso, demanda a especialização dos circuitos espaciais de produção que são, por ora, os atributos principais da mobilidade geográfica do capital.

Segundo Santos e Silveira (2001), atualmente só a produção não basta, é necessário pôr a produção em movimento, pois a circulação passou a presidir a produção. A circulação do capital ocorre no espaço, ou seja, novos territórios são primeiramente estruturados (incorporados pelo capital a partir do momento em que há necessidade de expansão geográfica do capital, na tentativa de superar o esgotamento tecnológico do país líder de uma revolução industrial) e/ou, em seguida, reestruturados (espaços que ampliam sua especialização e/ou mudam de função para acolher novas lógicas) para atender às diversas demandas corporativas. Exemplo bastante claro ocorre quando as potências imperialistas expandem seus territórios comerciais e geopolíticos na tentativa de manter a lucratividade diante do esgotamento tecnológico (Joseph Schumpeter) de seus produtos e diante da competição com uma nova potência tecnológica (Nicolai Kondratieff). A crise de superprodução e de subconsumo força uma mobilidade geográfica do capital na direção da periferia do sistema capitalista (força-se, por conseguinte, a ampliação da divisão internacional do trabalho tornando, em muitos casos, a periferia revolucionária em oposição às imposições reacionárias do centro do sistema capitalista) e, para isso, há necessidade de "aplicações de destacáveis invenções" em transportes; ou seja, inovações em transportes que ampliem e intensifiquem territorialmente as trocas comerciais.

Os espaços, atualmente tecnificados e informatizados, necessitam de fixos por onde circulem pessoas, mercadorias, informações e capitais. Por conseguinte, sempre há necessidade de sistemas de movimento mais especializados. Quanto mais há necessidade de mobilidade geográfica do capital, mais haverá expansão e aprimoramento de fixos e de fluxos de transportes, armazenagem e comunicações. Nesse mesmo processo, o próprio movimento circulatório e geográfico do capital é alterado com o aumento da velocidade da circulação, tornando mais rápida sua realização pelo consumo. Isso é realizado por meio de alguns atributos muito comuns na atual fase de reestruturação econômica (baseada no neoliberalismo): a terceirização (encurtamento das fases antes realizadas pelo capitalista industrial que são cada vez mais repassadas para outros capitalistas do comércio e dos serviços) e a ampliação técnica dos sistemas de transportes e da logística (propiciando a ampliação geográfica e incremento da velocidade – a compressão do espaço pelo tempo). Lapidus e Ostrovitianov (1979, p.54) esclarecem tal processo afirmando que

> no fim da fase produtiva, o capital industrial já toma forma de capital mercadoria e é acrescido de toda a soma de mais-valia. O capital produz essa massa de mercadorias, não para o seu consumo, mas para a venda. Agora ele deve reaparecer no mercado na qualidade de vendedor de mercadorias produzidas. Abre-se o período da venda ou a realização das mercadorias; terminada esta, o capital deve abandonar novamente o seu invólucro mercantil e revestir a brilhante forma de dinheiro para se transformar em seguida, uma vez mais, em meio de produção e força de trabalho, e recomeçar seu incessante movimento circulatório.

As redes de transportes e comunicações multimodais (flexibilidade, competência e complementaridade entre os modais) ao mesmo tempo que são fundamentais, também têm que ser flexíveis para superarem as restrições (fixidez, viscosidades etc.) do território e propiciarem maior fluidez ao capital. Não basta somente a existência de fixos, isto é, há necessidade de um *ótimo* entre o custo, a velocidade, o conforto, a acessibilidade, a frequência, a seguridade, a descrição, a eficiência e, destacadamente, um sistema de normatização capaz de viabilizar aqueles. A logística, como atributo organizacional, providencia isso. Destarte, as redes de transportes eliminam constantemente as descontinuidades espaço/temporais no território.

Apesar de o movimento circulatório do capital não ser restrito ao momento histórico que chamamos de modo capitalista de produção, especialmente com o advento da grande indústria (segunda metade do século XVIII), é nesse período que o movimento circulatório do capital (inclusive geograficamente) se consolida como fundamental para o entendimento do capitalismo, especialmente de suas fases (comercial, industrial e financeira), de seus regimes de acumulação (fordista e pós-fordista) e, sobretudo, de suas oscilações cíclicas (ciclos longos, médios e curtos). Os transportes – tanto na esfera da produção como na esfera da circulação – são fundamentais para a evolução do capitalismo por meio do complexo processo de circulação do capital. Ele está em todas as fases, ou seja, desde a montante até a jusante, tanto nas relações sociais puras quanto nas relações econômicas (suprimentos, produção, distribuição e consumo).

Para ler mais

CHEPTULIN, Alexander. *A dialética materialista*: categorias e leis da dialética. São Paulo: Alfa-Ômega, 1982.

HARVEY, David. *A produção capitalista do espaço*. São Paulo: Annablume, 2006.

LAPIDUS I.; OSTROVITIANOV, K. *Princípios de economia política*. Belo Horizonte: Aldeia Global, 1979.

LUXEMBURGO. Rosa. *A acumulação do capital*: estudo sobre a interpretação econômica do imperialismo. Rio de Janeiro: Zahar Editores, 1976 [1913].

MARX, Karl. *O capital*: crítica da economia política. Rio de Janeiro: Civilização Brasileira, 2005 (Livro II) [1885].

______ *Crítica da economia política*: o processo de circulação do capital. Livro Segundo. Rio de Janeiro: Civilização Brasileira, 1970 [1859].

RICARDO, David. *Princípios de economia política e tributação*. São Paulo: Nova Cultural, 1985 [1817].

SANTOS, Milton. *A natureza do espaço*: técnica e tempo – razão e emoção. São Paulo: Edusp, 2002.

______; SILVEIRA, Maria Laura. *O Brasil: território e sociedade no início do século XXI*. Rio de Janeiro: Record, 2001.

SILVEIRA, Márcio Rogério. As cinco revoluções e evoluções logísticas. In: SILVEIRA, Márcio Rogério; LAMOSO, Lisandra Pereira; MOURÃO, Paulo Fernando Cirino. *Questões nacionais e regionais do território brasileiro*. São Paulo: Expressão Popular, 2009.

SMITH, Adam. *A riqueza das nações: investigação sobre sua natureza e suas causas*. São Paulo: Abril Cultural, 1983 [1776].

Morfologia urbana

*Maria Encarnação Beltrão Sposito**

Se o termo morfologia designa aquilo que se refere à forma, o conceito de morfologia urbana vai muito além da análise das formas urbanas em si, embora a contemple. O próprio sentido dado ao termo "forma urbana" é variado e, apenas para ilustrar, vale lembrar o apreço que arquitetos e urbanistas têm em relação ao estudo e ao projeto das formas urbanas. Num primeiro sentido, poderíamos identificar forma ao aspecto visível de uma coisa, ao arranjo ordenado de objetos ou a um padrão (Santos, 1985, p.50). Em outras palavras, forma refere-se à aparência externa que um dado objeto tem e, ainda, como ressalta Serra (1987, p.51 et seq.), apoiando-se nas ideias de Locke, ao contorno de um dado objeto ou de um espaço, associando, assim, a forma às partes externas ou limítrofes de uma extensão, bem como ao que está circunscrito a esses limites. Assim pensado, o conceito de morfologia urbana, compreendendo o estudo da forma urbana, deveria se voltar à análise da extensão urbana.

Talvez, por isso, não sem frequência, o estudo da forma urbana remete à apreensão da planta urbana e à elaboração de tipologias, segundo as

* Universidade Estadual Paulista, Presidente Prudente, SP – Brasil.

quais se procuram classificar diferentes planos urbanos e reconhecer as formas que as cidades têm em função desses planos ou mesmo da ausência deles, quando a configuração resultante da disposição das vias e de outros espaços da cidade é desordenada e/ou resulta de um processo em que o desenho prévio ou o planejamento não ocorreu.

Considerando-se a forma como um dos elementos constitutivos da morfologia e o plano urbano como arcabouço dessa forma, poderíamos reconhecer a extensão urbana como designativa da morfologia de uma cidade, já que a extensão do plano ou da planta urbana é o que, via de regra, orienta a expansão territorial urbana e dá materialidade real ou potencial à redefinição da morfologia urbana. Por outro lado, Beaujeu-Garnier (1980, p.17) lembra que a consideração do plano não é suficiente, pois para se apreender a "estrutura e as etapas do desenvolvimento da cidade" é preciso considerar a "espessura da ocupação do solo, do volume das construções", ou seja, considerar, também, o que denominamos (Sposito, 1991) de reprodução territorial ampliada. Desse ponto de vista, o conceito de morfologia urbana não se referiria a uma dada forma urbana (extensão e volume), tal como ela se apresenta configurada espacialmente, mas ao processo de sua gênese e desenvolvimento, segundo os quais podemos explicar essa morfologia e não apenas descrevê-la ou representá-la gráfica ou cartograficamente. Aceitando-se essa perspectiva, a morfologia urbana refere-se não apenas à forma, mas também aos conteúdos que orientam essa forma e são por ela redefinidos continuamente. É, por essa razão, que o estudo da morfologia vem, com frequência, associado ou identificado com o estudo da paisagem (cf. Capel, 2002, p.19 e seg.) ou da fisionomia, (cf. George, 1983, p.63), concepções que contemplam o que é formal, mas também os conteúdos e dinâmicas que designam ou determinam essa forma e por ela são determinados.

Considerando-se que o espaço natural tem sua fisionomia e se constitui como paisagem natural, poderíamos partir da ideia de que diferentes formas espaciais (campo, cidade) resultam da transformação do espaço natural, segundo interesses, finalidades e valores que colocam em movimento uma sociedade, moldam sua visão de mundo e o ideário que sustenta suas práticas socioespaciais. Desse ponto de vista, as formas espaciais e, por conseguinte, a forma urbana resultariam da maneira como se articulam, no decorrer do tempo, determinações sociais que orientam a maneira como uma sociedade vai ocupar o espaço natural e dele se apropriar. Como esse não é um movimento de sentido único, as formas espaciais pretéritas, naturais ou não, influenciam diretamente a configuração das novas formas. Assim, elementos constitutivos de uma forma natural repercutirão continuamente sobre as formas que resultam de sua transformação. Uma superfície geomorfológica com seus cursos d'água alterada por uma implantação do tipo urbana ou a retirada da cobertura vegetal decorrente de sua efetiva ou potencial ocupação geram dinâmicas que determinarão, também, as formas urbanas produzidas, porque dela fazem parte.

Serra (1987, p.101-102) sintetiza esse movimento destacando que

> a forma adaptada, produzida, implica sempre uma violência na destruição de outra forma, eventualmente nas formas da natureza. Mas, ao mesmo tempo, o trabalho evidencia uma forma implícita na anterior. [...] A forma, aqui, não é apenas o contorno exterior, mas a substância de que é constituído esse espaço, e, portanto, as suas características físicas, os seus materiais, a possibilidade de ser matéria-prima. [...] A forma urbana é, entretanto, decorrente da aglomeração das adaptações no espaço, as quais terminam por compor uma grande adaptação. Cada uma das adaptações individuais do espaço teve o seu projeto, o seu desígnio; a adaptação resultante da aglomeração, contudo, só excepcionalmente é o produto de um desígnio adrede concebido, e, mesmo assim, o controle do processo de geração da forma urbana é, frequentemente, tênue. O projeto é social e decorre das relações de poder existentes no modo de produção social no espaço-tempo no qual a forma urbana surge. Mas, na dinâmica das relações sociais, a obsolescência das adaptações agrega-se à deterioração e ao desgaste para promover a contínua reciclagem das formas construídas. O projeto coletivo, definido através das relações de poder na sociedade, está, ele mesmo, em contínua modificação. O espaço urbano está sendo, portanto continuamente produzido e consumido. Tudo ocorre, entretanto, dentro dos parâmetros do espaço natural, da paisagem. Esta é a matéria-prima, a fonte dos materiais e dos instrumentos que conforma uma tecnologia.

Esse enfoque não é destoante da concepção de Capel (2002, p.20), para quem a morfologia urbana refere-se ao espaço construído e reflete a organização econômica, a social, as estruturas políticas e os objetivos dos grupos sociais dominantes. Capel (2002, p.56) frisa que o estudo da morfologia urbana converteu-se em novo campo disciplinar, voltado à compreensão das relações entre formas urbanas e as prescrições que se referem à gestão da paisagem, com destaque para o estudo: das mudanças nas áreas residenciais de baixa densidade; das mudanças físicas, internas e externas, das casas individuais; e do exame das atitudes dos residentes de uma cidade diante dos processos de planificação de suas áreas locais. Para ele, os aspectos que interessam ao estudo geográfico da morfologia urbana têm sido o plano, as edificações, os usos de solo e o estudo morfológico integrado das áreas concretas da cidade. Segundo essa ótica, a análise da morfologia é inseparável do estudo da estrutura urbana.

Reforçando o interesse em compreender a gênese dos processos e valorizando o tempo como dimensão necessária à compreensão da morfologia urbana, Santos (1980, p.173) inicia seu capítulo sobre morfologia do tecido urbano, apresentando os elementos necessários a essa análise. Faz, então, referência à paisagem urbana, afirmando que esta compreende "os dados do presente e os do passado recente ou mais antigo, mas também compreende elementos inertes (patrimônio imobiliário) e elementos móveis (as pessoas e as mercadorias)". Esse autor relaciona também o conceito de morfologia urbana ao da paisagem urbana sem, de fato, como os outros autores citados, afirmar que sejam sinônimos. Roncayolo (1990, p.90) ressalta que a "noção" de paisagem urbana jamais foi formulada com rigor, ao contrário da "noção" de paisagem agrária.

O conceito de morfologia, na acepção defendida por Roncayolo (1990, p.90), baseia-se na ideia de "noção", que é mais conveniente se não se reduzir à descrição dos objetos urbanos e seus arranjos ou configurações, mas for capaz de compreender também a distribuição dos grupos sociais e das funções na cidade. Sintetizando, podemos afirmar que a compreensão das formas urbanas passa pelo estudo da maneira como as sociedades as produzem e delas se apropriam, no espaço e no tempo. Lefebvre (1983, p.124-5) destaca que o urbano é forma pura e que

> Esta forma não tem nenhum conteúdo específico, sem dúvida tudo se acomoda e vive nela. É uma abstração, porém contraditoriamente a uma entidade metafísica, é uma abstração ligada à prática. Esta forma urbana é cumulativa de todos os conteúdos, seres da natureza. Resultados da indústria, técnicas e riquezas, obras da cultura, dos modos de viver, das situações, das modulações ou rupturas do cotidiano. Mas é algo mais e algo distinto de somente acumulação. Os conteúdos (casas, objetos, indivíduos, situações) excluem-se enquanto diversos, incluem-se e se supõem enquanto congregados. Se pode dizer do urbano que é forma e receptáculo, vazio e plenitude, superobjeto e não objeto, supraconsciência e totalidade das consciências. De uma parte se vincula à lógica da forma, e de outra parte à dialética dos conteúdos (às diferenças e contradições do conteúdo).

A consideração das relações entre forma e processo, como vem sendo defendida nessa caixa, deve, entretanto, ser cuidadosa, pois, como afirma Castells (1983, p.24), há o perigo de "fazer corresponderem formas ecológicas e um conteúdo cultural [...] ou [...] sugerir uma ideologia da produção de valores sociais a partir de um fenômeno 'natural' de densificação e de heterogeneidades sociais", razão pela qual esse autor preferia tratar o tema da urbanização como "produção social das formas espaciais", para evitar que se tome a forma pelo processo, impossibilitando que este se revele ou que ele se reduza à forma produzida.

A nosso ver, o perigo de se tomar a forma pelo processo é muito menor quando se considera a dimensão temporal contida na morfologia urbana. Carlos (2001, p.46) refere-se ao

> tempo presente, impresso na forma da metrópole como morfologia que revela o entrecruzamento de tempos impressos nas formas, presentes nos hábitos, portanto um tempo que se refere a um espaço, e, com isso, diz respeito a uma história humana como realização da vida no espaço e através dele. Por outro lado, a morfologia urbana não revela a gênese do espaço, mas aparece como caminho para a análise do modo como passado e presente se fundem em determinado momento, revelando as possibilidades e os limites do uso do espaço pelo habitante.

Embora a autora esteja se referindo à metrópole, podemos, sem dúvida, ampliar essa análise e considerar a necessidade de se buscar a gênese dos processos mais amplos. Desse ponto de vista, urbanização e cidades articulam-se para dar compreensão à morfologia urbana como "fusão do passado e do presente em determinado momento".

Para ler mais

BEAUJEU-GARNIER, Jacqueline. *Geografia urbana*. Lisboa: Fundação Calouste Gulbenkian, 1980.

CAPEL, Horacio. *La morfología da las ciudades*. Barcelona: Ediciones del Serbal, 2002.

CARLOS, Ana Fani Alessandri. *Espaço-tempo na metrópole*. São Paulo: Contexto, 2001.

CASTELLS, Manuel. *A questão urbana*. Rio de Janeiro: Paz e Terra, 1983.

GEORGE, Pierre. *Geografia urbana*. São Paulo: Difel, 1983.

LEFEBVRE, Henri. *Lógica formal/Lógica dialética*. Rio de Janeiro: Civilização Brasileira, 1983.

RONCAYOLO, Marcel. *La ville et ses territoires*. Paris: Gallimard, 1990.

SANTOS, Milton. *Espaço & método*. São Paulo: Nobel, 1985.

SERRA, Geraldo. *O espaço natural e a forma urbana*. São Paulo: Nobel, 1987.

SPOSITO, Maria Encarnação Beltrão. *O chão arranha o céu*: a lógica da (re)produção monopolista da cidade. 1991. Tese (Doutorado em Geografia) – FFLCH/USP, São Paulo, 1991.

Movimentos sociais urbanos

*Xisto Serafim de Santana de Souza Junior**

Para conceituar os movimentos sociais urbanos (MSUs) e compreender como deixam suas marcas no tempo e no espaço, recorremos aos princípios etimológicos do conjunto das palavras que fornecem a identidade desse segmento da sociedade civil organizada, que tem sua matriz no latim: *movere* (movimento) + *sociale* (social) + *urbanu* (urbano). De acordo com o Dicionário Aurélio, *movimento* significa "ato ou processo de mover-se; deslocamento [...], série de atividades organizadas por pessoas que trabalham em conjunto para alcançar determinado fim" (Ferreira, 2004, p.1367). A palavra *social* estaria relacionada àquilo que interessa a uma sociedade e, por sua vez, *urbano* corresponde a algo relativo à cidade (Ferreira, 2004, p.1864; 2022). No *Dicionário da Mirador* (*Dicionário da Língua Portuguesa* – DLP) e no *The New Michaelis – Illustrated Dictionary*, a palavra *movimento* ganha uma expressão mais próxima das questões sociais ao ser relacionada a "agitação política [...] produzida por uma multidão que se move em diferentes sentidos". Por outro lado, *social* corresponderia a algo que pertence à sociedade, termo também observado em Abbagnano (2012, p.1080), e *urbano*

* Universidade Federal de Campina Grande, Campina Grande, PB – Brasil.

como algo pertencente à cidade (DLP, 1977, p.1176; 1615; 1782), sendo tais termos concebidos como sinônimos por Fernandes (1963, p.739; 797). A relação com "pertencimento" expressa, por sua vez, a noção de identidade, sendo, portanto, o tipo de organização (ação + trabalho organizado a partir de planejamento) que se identifica coletivamente com os interesses de um espaço (a cidade) caracterizado por hábitos urbanos. Em termos acadêmicos, a expressão movimento social urbano está relacionada a "reivindicações coletivas a partir de contradições que se situam fora da área imediata da produção" (FGV, 1986, p.790).

O fato é que a origem dos movimentos sociais urbanos está relacionada ao próprio surgimento da vida urbana, originada segundo o princípio grego de democracia que valorizava, a partir da estruturação política da cidade, a propriedade da terra como algo pertencente a famílias independentes. Assim, foi proporcionado o direito de residência e da classe social a que se encontra vinculada, uma vez que possibilitou não apenas a moradia das grandes famílias agrárias, mas das famílias dos artesãos e dos comerciantes emergentes que passaram a migrar e disputar poder com essas famílias, instituindo os centros urbanos. Estabeleceu-se, assim, a luta de classes entre proprietários (grandes famílias agrárias), artesãos, comerciantes e a massa assalariada da população urbana, ou seja, os não proprietários ou pobres (Chaui, 2005). Tais conflitos resultaram na reestruturação dos espaços urbanos, a exemplo do que ocorreu com a pólis, em Atenas, que passou a ser dividida em unidades (*demos*), nas quais todos os naturais desse espaço possuíam direito de participar diretamente do poder (Chaui, 2005). Com o advento do capitalismo e sua influência no habitat urbano, dando ao Estado um papel superior nas definições sobre o futuro das cidades, originam-se as contradições de residência nesse espaço reproduzindo as contradições, a exemplo dos espaços segregados. Nesse contexto, os MSUs adquirem maior expressividade, sendo relacionados não apenas pelos sociólogos, mas por outros pesquisadores da sociedade, como segmentos ativistas da sociedade civil organizada, preocupados com a reestruturação (reforma) e mobilidade dos espaços urbanos.

A busca pela definição científica da concepção de MSU justifica-se, portanto, pelas diversas contradições inerentes à sua origem no tempo e no espaço. Isso se deve especialmente por parte dos teóricos que se dedicaram ao estudo das práticas e organizações desses sujeitos sociais, utilizando suas contribuições como subsídio para entender as particularidades dos mesmos enquanto consequência do processo de exclusão social decorrente dos impactos da globalização que desperta, na sociedade, o desejo de se organizar e lutar por direitos sociais. Os MSUs possuem, assim, a sua raiz epistêmica na difusão do modo de vida urbano decorrente da organização capitalista, especialmente a dos países ocidentais ao reproduzirem espaços de exclusão, criando no seio da sociedade a necessidade de se organizar em contraposição "à ordem imposta". Pelo fato desse impacto ter se efetivado de forma diferenciada, especialmente nos países ocidentais, tem-se a associação do surgimento dos MSUs como uma expressão diacrônica dos tempos – a partir de eventos que marcam mudanças na estrutura e funcionalidade do espaço urbano – e da sincronia dos espaços no contexto da superposição escalar – relação multiescalar das ações desses sujeitos como atores sociais.

Temporalmente, há a hipótese de que esses atores tenham surgido de forma mais expressiva na década de 1970, quando diversos países da América Latina, entre eles o Brasil, vivenciavam um momento de pressão do autoritarismo militar, o que despertou na sociedade o anseio pela obtenção de autonomia e inclusão social. Essa situação proporcionou o surgimento de movimentos institucionalizados: sindicatos, pastorais, representantes de bairros etc. (Souza Junior, 2008). Há, também, a hipótese de que, no Brasil, os MSUs tenham surgido entre as décadas de 1980 e 1990 a partir do processo de redemocratização política (especialmente no Brasil) e das inquietações sociais decorrentes da difusão da política neoliberal e do impacto da globalização. Tais eventos despertaram em segmentos da sociedade (população mais carente) o interesse pela conquista dos direitos sociais, especialmente os relacionados aos direitos à moradia digna e mobilidade urbana por meio da luta pela reforma urbana. Dessa forma, tais atores são originados dos segmentos da sociedade que lutam por justiça social e qualidade de vida (condições de habitabilidade, emprego, moradia etc.).

Quanto ao espaço, as divergências pairam em torno da hipótese de que esses sujeitos sociais tenham, como princípio, a articulação multiescalar, desenvolvendo atividades territoriais bem definidas a partir de uma agenda comum de ação, ou estejam presentes em diversas cidades realizando encontros nacionais, por meio de formas de ação bem diferenciadas.

O aspecto comum entre eles é que todos os movimentos que atuam na cidade são urbanos, se entendermos como verdade o fato de que estão presentes em espaços urbanos. As diferenças existem quando o sentido de urbano passa a ser relacionado com a complexidade socioespacial decorrente dos conflitos resultantes das relações de produção do espaço (Lefebvre, 1999), se concebermos o urbano como algo que "designaria então uma forma especial de ocupação do espaço por uma população, o aglomerado resultante de uma forte concentração e de uma densidade relativamente alta" (Castells, 2000, p.40). Nas palavras desse autor, o urbano corresponde ao espaço onde se efetivam as contradições sociais. Abrange, assim, uma dimensão, densidade e heterogeneidade e corresponde ao campo em que as relações sociais, enquanto sistema de atores (Castells, 2000), se encontra em "ebulição", ou seja, ao local nos quais as relações se tornam mais complexas: um "campo de tensões altamente complexo [...] um possível-impossível que atrai para si o realizado, uma presença-ausência sempre renovada, sempre exigente" (Lefebvre, 1999, p.47).

Com base nesses pressupostos, há movimentos que, embora presentes no espaço urbano, não participam diretamente dos processos que envolvem a produção desse espaço, uma vez que não influenciam nas transformações do terreno, mesmo que tanto um como outro produzem território ao delinear relações de poder decorrentes das próprias práticas socioespaciais. Contudo, as concepções de território são diferentes. Para os movimentos que, presentes no urbano, não interferem nas redefinições espaciais, o território é simbólico (produto das relações de poder), embora dialeticamente seja real, uma vez que é bem delimitado por tais sujeitos sociais. Já para os movimentos que, também atuantes no espaço urbano, interferem nas redefinições espaciais, o território é real, ou seja, é materialmente conquistado e delimitado sendo expresso, principalmente, na escala da moradia com rebatimento no reordenamento de outros setores da dinâmica urbana (Souza Junior, 2008).

A influência dos MSUs na produção do espaço (Gohn, 1991) está condicionada à própria natureza do movimento, a qual se encontra diretamente relacionada com os fatores ideológicos conduzidos por eventos históricos de natureza cultural, social, econômica e política. Como agentes produtores do espaço, os MSUs apropriam-se dele de forma diferenciada, segundo os elementos presentes no contexto urbano, decorrente de suas relações com as práticas sociais e com os problemas urbanos (Castells, 2000, p.376). Como sujeito coletivo, os MSUs representam, de acordo com Silva (1983, p.13), "as mais diversas formas de expressão, mobilização, organização e luta dos setores populares urbanos" cujas reivindicações estão pautadas na elaboração de discursos que passam a interferir na própria concepção de cidadania e sociedade.

Assim como ocorre com a compreensão do processo da organização do espaço urbano, os MSUs podem ser compreendidos a partir de três perspectivas: a) a política – representada pelos movimentos de bairros que emergiram na cidade em meados dos anos 1970; b) a cultural – representada, predominantemente, pelos movimentos que passaram a se preocupar com a igualdade e a liberdade, especialmente de gênero e raça; c) a ideológica – pautada na busca pela autonomia e pela luta em defesa da descentralização administrativa e melhorias em infraestrutura e equipamentos urbanos. Essa descentralização fez os atores substituírem as reivindicações socioambientais por reivindicações que transformassem, de fato, a estrutura social (urbana), o que resultou no surgimento de novas demandas como o debate sobre o par público-privado e a luta pela cidadania, atualmente reconhecida como direito à cidade (Gohn, 2004). Por outro lado, as transformações políticas, associadas às mudanças econômicas e sociais, passaram a influenciar as mudanças nas relações sociais, tornando cada vez mais fragmentada a ação dos movimentos, uma vez que eles se confundem com os interesses individuais de seus membros. Assim, a concepção de território (produção e apropriação) torna-se limitada. Isto foi determinante para que, na década de 1990, houvesse um descrédito quanto à importância dos movimentos sociais, especialmente no que diz respeito aos debates sobre o processo de formação espacial (disputa por territórios). Esta situação se modificou apenas na metade da década de 1990 por conta de uma alteração na forma de se pensar politicamente o espaço.

Nesse contexto, representantes da sociedade civil passaram a ter uma importância maior, foram valorizados por parte do poder público, que passou a desenvolver um discurso para sustentar uma administração mais participativa e transparente. Esse processo acabou reduzindo o número de movimentos preocupados com mudanças em fatores estruturais, assim como o surgimento de outros preocupados com a cidadania; ou seja, a luta pelo direito à cidade representada pela participação na produção, consumo e apropriação espacial. A dicotomia inerente à concepção de território (produção e apropriação) assume, então, uma nova importância ao aproximar as lutas ao cotidiano da sociedade, associando as ações ao discurso proferido por sujeitos que representariam uma determinada coletividade definindo, assim, o perfil do que se considera como Movimento Social Urbano.

Tal concepção está baseada em formulações já elaboradas por Touraine (1994, 1973, 1969), Castells (1999; 2000), Lojkine (1997) e Borja (1975) que desenvolveram importantes análises sobre a origem dos movimentos sociais, inclusive os urbanos, e suas principais características. Alan Touraine aproxima a concepção de sujeito à noção de movimento social ao afirmar que o "sujeito só existe como movimento social" (Touraine, 1994, p.249), tendo como objetivo a contestação da ordem. Embora o autor não aborde diretamente a questão dos movimentos urbanos, sua análise se pauta nas expressões deixadas pela sociedade industrial, concebida como sociedade moderna, a qual resgata o valor do sujeito (social) cujo fator cultural apresenta-se como principal elemento identificador. Touraine (1994) compreende, assim, a própria impossibilidade de se separar sujeito e ator social (ser produtor da vida social) do indivíduo (ser consumidor de normas e instituições sociais), que se torna sujeito na medida em que passa a assumir uma nova posição diante da insatisfação do que é imposto pela sociedade de massa (moderna). Assim, o movimento surge como "um ator coletivo cuja orientação maior é a defesa do sujeito, a luta pelos direitos e a dignidade dos trabalhadores" (Touraine, 1994, p.254), tendo como objetivo questionar uma relação que se materializa nas instituições e organizações. Para o autor, o que identifica esses novos atores é o fato de que a luta deixa de ser voltada para questionar o sistema de produção, mas as finalidades do sistema de produção, caracterizando-se por uma tripla qualificação: identidade, oposição e totalidade (Mouriaux; Beroud, 2005, p.165).

***

Em *Production de la société* [Produção da sociedade] (1973), Touraine entendeu que a essência dos movimentos sociais não se encontraria orientada por valores expressos de forma consciente, uma vez que estariam localizados no nível do sistema de ação histórica, definindo-se pelo confronto de interesses opostos para o controle das forças de desenvolvimento. Assim, os movimentos não seriam uma simples expressão de intenção ou concepção de mundo. Touraine considera que o desenvolvimento técnico, científico e informacional, tal como caracterizado a partir da década de 1970, obrigou os movimentos a terem que se definir em relação aos conflitos sociais que passaram a colocar em xeque o desenvolvimento social, fato que conduziu os movimentos a pautarem suas ações a partir dos princípios mencionados anteriormente (identidade, oposição e totalidade), sendo, assim, um ator histórico (Touraine, 1969; 1973). Apesar de considerar o movimento como expressão de uma coletividade, Touraine deixa evidente que há diferença entre movimento social e condutas coletivas, posicionamento este corroborado por outros autores contemporâneos adeptos da análise social na perspectiva do materialismo histórico e dialético. Outra observação relevante nas considerações de Touraine é a relação do movimento social na conjuntura política. Para o autor, os movimentos sociais não seriam a matéria-prima da ação política, embora contraditoriamente ele afirme que sejam a razão disto. A relação entre o movimento social e a ação política depende das condições de formação e organização social do movimento. Um movimento grande pode exercer uma expressão política, mas se for pequeno e tiver pouca expressão, pode ser usado pelas forças políticas. Castells (2000, p.375) define movimento social como "organização do sistema dos agentes sociais (conjuntura das relações de classe), tendendo a produzir um efeito qualitativamente novo sobre a estrutura social". Ou seja, esse efeito é expresso qualitativamente no nível das estruturas e das práticas. Para o autor, a observação das contradições inerentes à estrutura urbana se apresenta como um elemento-chave na análise dos movimentos sociais, uma vez que põe dúvidas sobre a ordem estabelecida (Ammann, 1991). Ao observar a relação entre movimentos sociais e estrutura urbana, Castells concebe os movimentos urbanos como um conjunto de atores sociais resultante da articulação de um sistema de agentes urbanos que interferem na transformação estrutural do sistema urbano. Assim, para Castells (2000, p.390), "[há] Movimento Social Urbano quando há correspondência entre as contradições estruturais do sistema urbano e uma linha exata de uma organização formada a partir da cristalização de outras práticas". As considerações de Castells remetem a um impacto desses atores sociais não apenas na sociedade, mas, simultaneamente, na estrutura urbana.

Borja aprofunda o debate sobre o papel dos movimentos sociais urbanos, definindo-os como *"acciones colectivas de la población en tanto que usuaria de la ciudad, es decir, de viviendas y servicios, acciones destinadas a evitar la degradación de sus condiciones de vida"* (Borja, 1975, p.12). Nesse sentido, esse autor amplia o entendimento da ação desses atores, ao incluir a luta pela conquista das demandas urbanas (infraestrutura e equipamentos) como fundamento da ação dos MSUs.

Lojkine, outro importante teórico da questão urbana, analisa a atuação dos movimentos sociais a partir da problemática da hegemonia do Estado na observação das lutas de classes: aí esses atores aparecem como algo antagônico ao poder institucional do Estado, aproximando-se um pouco do entendimento de Castells, que colocava o Estado como instância interlocutora das ações reivindicatórias, tendo em vista o papel do Estado nas redefinições da força de trabalho (FGV, 1986, p.790). O movimento social, para Lojkine, corresponderia à "capacidade de um conjunto de agentes das classes dominadas diferenciar-se dos papéis e funções através dos quais a classe [...] dominante garante a subordinação e dependência [...] com relação ao sistema socioeconômico" (Lojkine, 1997, p.314). Nesse sentido, o movimento social corresponderia ao mais alto grau de expressão da luta de classes. Ele só passa a ter sentido quando atua em oposição à classe dominante e aos atores hegemônicos. Adquire, assim, um caráter revolucionário, apesar de que nem todo movimento seja revolucionário. Nesse ponto, ele corrobora as formulações de Touraine. Ao colocar o elemento político como fator de referência, Lojkine entende movimento social como consequência da combinação de um processo social decorrente do movimento de classes e outro relacionado ao movimento político. Seria, portanto, um segmento da sociedade que, ao se organizar, tem como objetivo "transformar o sistema socioeconômico no qual surgiu" (Lojkine, 1997, p.359), a partir de um conteúdo ideológico e político posto em movimento por dada organização social. A expressão geográfica desses atores estaria, portanto, relacionada à sua extensão social em relação com o espaço territorial, ou seja, a escala de influência e articulação.

No Brasil, dos geógrafos preocupados com a atuação dos movimentos sociais urbanos, destacam-se Silva (1986), Souza (1988; 2004; 2006), Souza e Rodrigues (2004) e Fernandes (2000; 2005), que têm desenvolvido uma importante revisão conceitual voltada para compreensão dos elementos que identificam o MSU. Além deles, pesquisadores recentes como Santos (2008) e Souza Júnior (2008) têm fornecido contribuições na busca pela definição dos MSUs. Por outro lado, Boaventura de Sousa Santos (2005) e Porto-Gonçalves (2004) se propõem a realizar uma análise mais ampla das práticas dos movimentos sociais, entre as quais os movimentos urbanos ganham um espaço progressivo.

José Borzacchiello da Silva contextualiza os fatores de formação dos MSUs, particularmente no contexto espacial da capital cearense, com ênfase na participação da sociedade civil, concebendo o espaço-moradia como o local no qual os movimentos se expressam (Silva, 1986, p.173). Temas como segregação, ação coletiva, estruturação urbana e participação coletiva aparecem como elementos balizadores das formulações do autor no que concerne à influência dos movimentos sociais no processo de produção do espaço urbano.

Souza tem desenvolvido diversas análises de cunho teórico sobre o tema, embora se utilize de exemplos práticos em sua abordagem. Ele tem procurado identificar as características dos MSUs concebendo-os como uma das expressões dos ativismos sociais de bairro (Souza, 1988; 2004; 2006; Souza; Rodrigues, 2004). Ele concebe como aspectos comuns ou legados (palavras do autor) desses atores a "conquista de direitos sociais [...], a politização das cidades [...] e a criação de uma margem de manobra para a humanização do urbano" (Souza, 2004, p.193). Em linhas gerais, o autor associa esses legados às conquistas de melhorias no equipamento urbano e infraestrutura, direitos sociais, qualidade de vida e justiça social, tendo como principal característica a capacidade de superar a escala das localidades ao desenvolver relações estratégias que podem chegar à escala nacional e internacional (Souza, 2004, p.85), associando as estratégias e táticas dos movimentos (ou ativismos) às ações de planejamento urbano, tema este trabalhado em diversas obras do autor.

Com isso, chegamos ao debate sobre as contribuições de Fernandes (2001; 2005) que, ao estudar o Movimento dos Trabalhadores Rurais Sem Terra (MST), articula argumentos de forma a sustentar a tese de que existem movimentos socioespaciais e movimentos socioterritoriais. A ênfase nessa distinção, de acordo com o autor, parte do princípio de que existe uma fragilidade por parte dos geógrafos em utilizar o conceito de movimento social, tendo em vista a dificuldade de expressar a natureza geográfica (a geografização) da expressão desses atores sociais. Ao estudar o espaço urbano, Santos (2008) compartilha desse mesmo princípio. A autora denomina movimentos urbanos como aqueles que se preocupam e atuam sobre uma problemática urbana relacionada ao uso do solo, à mobilidade e à acessibilidade aos equipamentos urbanos. Nesse contexto, o fato de estar no urbano não se caracteriza como indicador de que o movimento seja de fato urbano, a exemplo dos movimentos etários, de gêneros etc., que mesmo atuantes no espaço urbano não se preocupam com as reconfigurações socioterritoriais do mesmo. Outro elemento importante evidenciado por Santos (2008) está na leitura policlassista dos MSUs; ou seja, no fato de ser incorporado por diferentes segmentos da sociedade. Souza Júnior (2008) concebe os MSUs como sujeitos coletivos que externam intencionalidades sobre o espaço produzido e apropriado, tendo a escala da moradia como principal preocupação de suas intervenções a partir da obediência a sete princípios básicos que os identificam e os diferenciam de outros sujeitos sociais: a crítica (autonomia), a ocupação (forma de materialização das suas intencionalidades), a mobilização (capacidade de atuar em escalas diferentes), a bandeira de luta (identidade), a articulação (acessibilidade), o território (intervenção socioespacial) e a estratégia (capacidade de agir de forma planejada). Para Santos (2008), as práticas dos MSUs se expressariam a partir da abordagem econômico-estrutural da sociedade capitalista (relação da crise social às práticas capitalistas), da abordagem histórico-cultural (processos políticos de correntes da luta de classes) e da culturalista (relacionando as práticas dos movimentos em seu cotidiano).

Apesar do reconhecimento dos esforços para definição de MSU, o fato é que ainda há imprecisões teóricas no âmbito das diferentes ciências sociais que se preocupam com o estudo desses sujeitos. Contudo, ao relacionarmos sua ação com a perspectiva espaço-tempo no contexto urbano, podemos afirmar que duas perspectivas apontam para a existência de convergências na classificação desses movimentos. A primeira estaria relacionada ao fato de que os MSUs possuem seu foco nas questões locais, embora estas sejam expressas através das diferentes formas de articulação. Já a segunda corresponderia ao entendimento de que tais movimentos estão diferenciados de outros pelo fato de que suas práticas deixam marcas sobre o território urbano, sejam estas expressas na estrutura da cidade ou sejam pautadas nas condições de acessibilidade e mobilidade a partir da difusão de suas intencionalidades enquanto requisito de aceitabilidade e reconhecimento social.

Para ler mais

ABBAGNANO. Nicola. *Dicionário de filosofia*. Trad. coord. rev. Alfredo Bosi; rev. trad. dos novos textos Ivone Castilho Benedetti. 6.ed. São Paulo: WMF Martins Fontes, 2012.

AMMANN, Safira B. *Movimento popular de bairro*: de frente para o Estado em busca do parlamento. São Paulo: Cortez, 1991.

BORJA, Jordi. *Movimientos sociales urbanos*. Buenos Aires: Siap; Planteos, 1975.

CASTELLS, Manuel. *A questão urbana*. São Paulo: Paz e Terra, 2000.

CHAUI, Marilena. *Convite à filosofia*. São Paulo: Afiliada, 2005.

DICIONÁRIO Brasileiro da Língua Portuguesa (DLP). Mirador: São Paulo, 1977.

FERNANDES, Bernardo M. *A formação do MST no Brasil*. Petrópolis/Rio de Janeiro: Vozes, 2000.

______. Movimentos socioterritoriais e movimentos socioespaciais: contribuição teórica para uma leitura geográfica dos movimentos Sociais. *Revista Nera*, Presidente Prudente, ano 8, n.6, jan.-jun. 2005.

FERNANDES, Francisco. *Dicionário de sinônimos e antônimos da língua Portuguesa*. São Paulo: Globo, 1963.

FERREIRA, Aurélio Buarque de Holanda. *Novo Dicionário Aurélio da Língua Portuguesa*. Curitiba: Positivo, 2004.

FUNDAÇÃO Getúlio Vargas (FGV). *Dicionário de Ciências Sociais*. Coord. ger. Benedito Silva. Rio de Janeiro: FGV, 1986.

GOHN, Maria da Glória. *Teorias dos movimentos sociais: paradigmas clássicos e contemporâneos*. São Paulo: Loyola, 2004.

______. *Movimentos sociais e luta pela moradia*. São Paulo: Loyola, 1991.

LEFEBVRE, Henri. *A revolução urbana*. Belo Horizonte: UFMG, 1999.

LOJKINE, Jean. *O Estado capitalista e a questão urbana*. São Paulo: Martins Fontes, 1997.

MOURIAUX, René; BEROUD, Sophie. Para uma definição do conceito de "movimento social". In: LEHER, Roberto; SETUBAL, Mariana (orgs.). *Pensamento crítico e movimentos sociais*: diálogos para uma nova práxis. São Paulo: Cortez, 2005. p.159-73.

PORTO-GONÇALVES, Carlos W. A geograficidade do social: uma contribuição para o debate metodológico sobre estudos de conflito e movimentos sociais na América Latina. In. SEOANE, José (comp.). *Movimientos sociales y conflicto em América Latina*. Buenos Aires: Clacso, 2004. p.261-78.

SANTOS, Boaventura de S. Os novos movimentos sociais. In: LEHER, Roberto; SETUBAL, Mariana (orgs.). *Pensamento crítico e movimentos sociais*: diálogos para uma nova práxis. São Paulo: Cortez, 2005. p.174-89.

SANTOS, Milton. *Da totalidade ao lugar*. São Paulo: USP, 2005.

SANTOS, Regina B. dos. *Movimentos sociais urbanos*. São Paulo: Editora Unesp, 2008.

SILVA, José B. da. *Movimentos sociais populares em fortaleza*: uma abordagem geográfica. Tese (Doutorado em Geografia) – Faculdade de Filosofia, Letras e Ciências Humanas, Universidade de São Paulo, 1986.

SILVA, Luiz (Org.). *Movimentos sociais urbanos, minorias étnicas e outros estudos*. Brasília: Anpocs, 1983.

SOUZA, Marcelo L. de. *A prisão e a ágora*: reflexões em torno da democratização do planejamento e da gestão das cidades. Rio de Janeiro: Bertrand Brasil, 2006.

______. *Mudar a cidade*: uma introdução crítica ao planejamento e à gestão urbanos. Rio de Janeiro: Bertrand Brasil, 2004.

______. O que é ativismo de bairro? Reflexão sobre as limitações e potencialidades do ativismo de bairro à luz de um pensamento autonomista. 241p. Dissertação (Mestrado em Geografia) – Universidade Federal do Rio de Janeiro, Rio de Janeiro, 1988.

______; RODRIGUES, Glauco B. *Planejamento urbano e ativismos sociais*. São Paulo: Editora Unesp, 2004.

THE NEW MICHAELIS – Illustrated Dictionary, v.1 (inglês-português). São Paulo: Melhoramentos, 1982.

TOURAINE, Alain. *Crítica da modernidade*. Petrópolis: Vozes, 1994.

______. *Production de la société*. Paris: Seuil, 1973.

______. *Sociologia de la acción*. Barcelona: Ariel, 1969.

Município

*Angela Maria Endlich**

Termo de uso corriqueiro e aparentemente simples, município representa a instituição territorial que mais se aproxima da escala geográfica local, cuja dinâmica pode ser apreendida a partir da vida cotidiana. A história do município é a história da instituição que, até certo ponto, tem documentado o estabelecimento formal da sociedade local. Entretanto, há registros de outras denominações vinculadas às institucionalizações territoriais locais. Algumas podem indicar elementos de centralidade espacial operantes no passado, como as subdivisões da maioria das unidades federativas dos Estados Unidos e do Reino Unido designadas de condados. A herança da centralidade religiosa pode ser verificada com o uso do termo paróquia (*parish*), que denomina unidades territoriais no estado da Louisiana, Estados Unidos, e em algumas localidades da Inglaterra. Ainda que com denominações diferentes, encontram-se equivalentes da instituição municipal nos mais diversos países. O uso do termo município ocorre, especialmente, em alguns países de língua latina.

* Universidade Estadual de Maringá, Maringá, PR – Brasil.

Os municípios representam, no Brasil, as menores unidades territoriais dotadas de poder na estrutura político-administrativa. Os municípios englobam as cidades em sua conceituação jurídica, dado que a aglomeração principal figura como sede, ganhando o estatuto oficial de cidade. Conquanto atualmente estabeleçam-se diferenças conceituais entre cidade e município, a instituição municipal surgiu como uma forma de governo urbano que se difundiu com a expansão romana (Orduña Rebollo, 2003). Essas partículas de território formalizadas como municípios generalizaram-se com a formação do Estado nacional. Entretanto, a existência do município tem vários outros referenciais históricos anteriores ao período da formação do Estado nacional. O município consiste em uma instituição que persiste e vem sendo redefinida ao longo de diferentes contextos históricos e geográficos. Pontuamos, aqui, três momentos: os períodos romano, medieval e o da formação do Estado nacional.

Oficialmente, o município (*municipium*) é identificado desde o Império Romano. Sua instituição foi sendo aplicada a cidades que Roma ia conquistando, com o objetivo de facilitar sua administração. Correspondia ao tratamento outorgado aos locais conquistados, estendendo-se pela Europa, com destaque aos territórios atualmente pertencentes a Itália, França, Espanha e Portugal. As localidades ganhavam o estatuto de município, seus habitantes recebiam a cidadania romana, ao passo que assumiam compromissos militares e fiscais com o poder central. No período romano, ainda que subordinados, os municípios conservavam certa autonomia, tal como reforça a ideia de liberdade, que era associada à cidade, pois um espaço cujos assuntos locais sofressem intervenções de fora não era, para os romanos, uma cidade verdadeira. O município, assim estabelecido, compatibilizava interesses políticos romanos com aqueles dos núcleos populacionais, vários dos quais constituídos por antigas cidades que já eram politicamente soberanas. Os autores que embasaram essa análise convergem suas ideias ao assinalar que o período de florescimento da vida municipal romana se manteve até fins do século II e princípios do século III. Quando aumentou o poder centralizado, observou-se a decadência municipal, modificando completamente sua natureza e convertendo municípios em um nível de administração.

Os sinais de crise no Império Romano evidenciaram-se pela economia, pela guerra civil e pelo declínio da população urbana. Aconteceu uma desestruturação militar que, sem a contribuição municipal, não conseguiu fazer frente aos invasores germânicos em meados do século III e, então, as localidades foram abandonadas e algumas chegaram a ficar desertas. Com isso, houve uma desintegração que facilitou o domínio territorial por parte de povos invasores.

No decurso da Idade Média ressurgiu, vigorosamente, a força da escala local e da sua institucionalização pelo município, derivada de um processo de insurreição comunal gerando núcleos autônomos. Tal processo apresentou traços diversos, pois em cada localidade ele adquiria uma fisionomia, sem um poder unificador. Este momento da história, sublinhado por Kropotkin (s./d.), foi marcado por uma revolução de *comunas*, sem heróis e instituições centrais. Desde o século XI, mas especialmente a partir do século XII até o século XVIII, houve um processo geral de contestação e avanço das comunas contra a projeção de figuras autoritárias. Essas tensões, consecutivas e esparsas lições de sublevação, compõem uma história ainda bastante ignorada porque não foi conduzida por nenhum grande império com seus respectivos agentes heroicos. Foi um processo que consistiu na fase dos municípios livres e na origem histórica do processo de emancipação territorial, termo que significava, efetivamente, conquista de soberania. Os levantes vitoriosos originaram as cartas comunais, documentos que correspondiam a tratados de paz e de emancipação local. As comunas ou os municípios livres encontravam-se dispersos por toda a Europa e viviam de acordo com suas próprias decisões. Reconheciam lideranças escolhidas entre si e aprovavam um documento com finalidade constitucional. Algumas se tornaram notórias cidades, como Florença, Veneza e Nuremberg, para citar algumas.

Vários autores registraram um debate sobre se teria havido ou não uma continuidade entre o município romano e o município medieval. Todos reconhecem a dificuldade de uma resposta convicta a essa questão, mas sinalizam que, embora alguns elementos isolados tenham subsistido do município romano, a estrutura, organização e os princípios foram reformulados. O surgimento do Conselho Aberto, por exemplo, corresponde à forma política de condução da instituição municipal, no período medieval, baseada na assembleia geral de moradores. É possível, por outro lado, observar que alguns atributos dos municípios medievais se aproximam dos municípios atuais, como o atendimento em alguns serviços, ou seja, na constituição de algumas de suas funções como a do abastecimento hídrico, limpeza de ruas, entre outros.

Aos poucos a condição de liberdade existente foi se modificando. O Estado, com o apoio da Igreja, que Kropotkin considerara bárbaros modernos, conseguiu, ao lado de camponeses, submeter os municípios aos seus interesses. Com o surgimento da realeza, apoiada pela Igreja, as cidades do século XVI já não eram mais o que haviam sido antes. A autoridade permeava a vida social, marcando um retrocesso político. Se antes os homens acreditavam na sua iniciativa, neste novo período "*el hombre se convierte desde entonces en un enamorado de la autoridad* [...] *llama a un salvador, se entrega a un dictador, un César municipal, y le confiere plenos poderes* [...]" (Kropotkin, s./d.). Essa mudança política na gestão municipal correspondeu a um sutil processo de transformação geográfica quanto ao significado da escala local, ainda que conservasse sua forma – e, ao mesmo tempo, de mudança na condição política, ao prescindir da iniciativa cidadã e acatar uma autoridade vinculada à monarquia. A rendição a um poder centralizado foi um recuo político. Neste fato, é possível reconhecer a relação entre o fenômeno espacial e o político. A história dos avanços e recuos políticos possui correspondentes espaciais, como o de capitulação das sociedades locais à centralização. Neste caso, não se altera a configuração espacial, mas a qualidade da relação política entre a sociedade e o espaço. O poder foi se organizando de forma cada vez mais centralizada. Aos poucos, consumiu a independência das cidades, subtraindo também as riquezas econômicas locais. Enfim, abarcou o comando local, além de defender interesses dos considerados mais fortes por meio de estratégias tributárias. Por isso, não se deve falar de morte natural das comunas, pois o que ocorreu foi resultado de um processo de imposição de poder, transformando por completo a organização política anterior com a subordinação e controle da vida local.

O Estado nacional que emergia com a realeza trilhava seus caminhos no rumo da centralização. Tendo em vista os interesses que representava, não poderia respeitar a instituição das comunas como instância soberana da vida local. Nessa perspectiva, era difícil admitir um Estado independente inserido em outro, ainda que os municípios fossem anteriores. Apenas se tolerava a manutenção do nome das instituições municipais, com alguns vestígios de autonomia, jamais de independência, unicamente por motivos fiscais, para não agravar demasiadamente o orçamento central. Com a formação do Estado nacional, houve uma readequação político-administrativa do território. O Estado centralizado com preocupação de estruturar de forma eficiente a administração territorial, além de manter os municípios já existentes e anteriores à sua formação, incrementa o seu número. Adota-se um tratamento uniforme do território, marcado pela constante preocupação central de monitorar a dinâmica municipal. O Estado francês, por exemplo, tornou-se referência constante de centralização e de organização político-administrativa. Os governos locais funcionavam apenas como secretarias da administração central.

Em Portugal, por ocasião da formação do Estado nacional, os municípios eram dirigidos pelo Colégio dos Homens Livres, compostos por membros da aristocracia. Em 1348, a Corte passou a nomear os corregedores e outras autoridades com a função de supervisionar o governo municipal estreitando o poder local, convertido apenas em ponto de apoio administrativo mediante o processo de centralização de poder (Cigolini, 2000). Foi, portanto, com a formação do Estado nacional que o município deixou de ser parcial no território e converteu-se em norma geral, dando origem ao municipalismo contemporâneo. A instituição municipal ampliou-se numericamente ao mesmo tempo que se tornou mera engrenagem de Estados nacionais. O Estado nacional reinventou a instituição municipal no compasso dos seus interesses, fazendo das administrações locais não a representação da população, mas uma forma de governá-la, minguando o caráter político das prefeituras, alargando, por outro lado, sua natureza administrativa e burocrática. Tem prevalecido, na história do capitalismo, a escala política local como mecanismo de Estados centralizadores. Nesse cenário político, tornam-se comuns as intervenções exteriores na administração local.

A descentralização administrativa que afeta os papéis dos municípios, atualmente, consiste em repassar responsabilidades, como a oferta de serviços sociais básicos pela administração local, em um processo em que não só o município funcione como parte do mecanismo de poder, mas o próprio Estado nacional tende, cada vez mais, a figurar apenas como parte dessa engrenagem submetida a escalas espaciais cada vez mais amplas. Significativa parte da recente publicação bibliográfica sobre o tema mostra o município e a escala local como uma dimensão social a ser controlada. Com isso, é possível perceber como o município vai se distanciando de seu conteúdo e significado iniciais. Ele oscila na cadência do poder, sendo construído ou reconstruído conforme os interesses que imperam em cada momento histórico. Essa captura política da dimensão local está relacionada com o processo de drenagem de renda, facilitando o trânsito do capital e de sua acumulação. O amplo alcance espacial que a dinâmica econômica atinge na atualidade, embora em meio a um discurso voltado para a descentralização, está respaldado em uma territorialidade centralizadora, que se pode identificar menos pela forma e mais pelas práticas políticas.

Para ler mais

CIGOLINI, A. A. A fragmentação do território em municípios: um resgate histórico. *Revista Paranaense de Geografia*, Curitiba, n.5, jul.-dez. 2000, p.55-65.

KROPOTKIN, P. *El Estado*. Granada/Barcelona: Atlante, s/d.

ORDUÑA REBOLLO, E. *Municípios y províncias*: historia de la organización territorial española. Madrid: Federación Española de Municípios y Provincias, 2003.

P

Poder local

*Márcia da Silva**

O significado do poder, enquanto um campo de investigação com imensas diversidades teórico-metodológicas, considera as "relações concretas, socialmente construídas e territorialmente localizadas – a chamada análise do local" (Fischer, 1992, p.106). O que se denomina de local remete-se, no Brasil, à esfera municipal, o lugar de exercício do poder, prefeitura e câmara municipal e as múltiplas instituições sociais vinculadas a essa esfera (Daniel, 1988). Compreende-se também como o autor que o poder local se constitui nas relações que delimitam o poder entre os diferentes grupos sociais, o que pode ocorrer externamente a essa esfera. Para compreender o local e as relações de poder nele existentes, não basta identificá-lo a uma forma de poder específica. É preciso conceituar esse poder como o poder exercido econômico, social, cultural e simbolicamente. Nas palavras de Fischer (1992, p.106), a

> noção de "local" contém duas ideias complementares em um sentido e antagônicos em outro. Se o "local" refere-se a um âmbito espacial delimitado e

* Universidade Estadual do Centro-Oeste do Paraná, Guarapuava, PR – Brasil.

> pode ser identificado como base, território, microrregião e outras designações que sugerem constância e certa inércia, contém igualmente o sentido de espaço abstrato de relações sociais que se deseja privilegiar e, portanto, indica movimento e interação de grupos sociais que se articulam e se opõem em relação a interesses comuns. E, assim, invariavelmente a análise do "local" remete ao estudo do poder enquanto relação de forças, por meio das quais se processam as alianças e os confrontos entre atores sociais, bem como ao conceito de espaço delimitado e à formação de identidades e práticas políticas específicas. No entanto, se o espaço local tem um fundamento territorial inegável, não se resume a este como, aliás, assinalam os geógrafos ao nos dizerem das muitas maneiras de se construir os espaços, refutando fronteiras institucionais e reconstruindo-as em função de problemáticas adotadas.

Villasante (1988) afirma que o local é menos um espaço físico e mais um conjunto de redes estruturadas em torno de interesses identificáveis. Essa identificação leva a indagações sobre o espaço político local, as competições e os conflitos, sobre a memória política local e as formas de exercício do poder. O local é, então, a singularidade, com história e memória próprias, com identidades e práticas políticas determinadas. "Como objeto de investigação, o local não é, portanto, apenas fisicamente localizado, mas socialmente construído" (Fischer, 1992). É sabido que as dimensões escalares do espaço geográfico sofreram mudanças com as transformações econômicas, sociais e políticas impetradas pelo processo de globalização. Há quem defenda que a falência de projetos de desenvolvimento regional tornou essa escala arcaica. Outros, que a redefinição do significado de Estado-Nação coloca em questão a escala nacional. Apesar de não concordar com essas abordagens, indica-se que o local assume, nesse contexto, um papel importante, pois é nele que as diferentes articulações, advindas desses processos, tornam-se mais visíveis. É o acontecimento configurando o que é local. É a realidade vivida e vivenciada, mas também a realidade vinculada a relações mais abrangentes, de contornos nacionais e globais.

Para Davidovich (1993), a viabilidade de uma escala local de poder, mesmo numa economia capitalista e ainda que articulada a outras instâncias de dominação, passa por um suporte de bases sociais específico, sustentado pelas elites, grupos econômicos, políticos e instituições com influência efetiva. Como Davidovich, Daniel (1988, p.30) afirma também que

> os grupos dominantes locais [...] se representam como portadores da tradição local e do esclarecimento, razão pela qual se percebem como responsáveis pela condução do município e pelo seu futuro. [...] Na medida em que sua constituição se dá no nível simbólico – são formados – por agentes sociais de raízes heterogêneas: profissionais liberais, membros do empresariado local, das classes médias assalariadas do município etc.

Os grupos mais influentes acabam por ter poder sobre a região e sua população, inclusive repassando às novas gerações sua maneira de agir e de pensar, permitindo, se não perpetuar, ao menos consolidar temporariamente a hegemonia nas decisões locais. A população é manipulada, voluntariamente ou não, pelo caráter simbólico de crenças, valores e outros, bem como pelos meios de comunicação, que transmitem essas ideologias, legitimando as ações dos grupos detentores de poder.

Os grupos, entretanto, tendem a atuar de maneira relativa, mas não completamente autônoma, já que se articulam em partidos políticos, entidades de classe e/ou associações para ganharem legitimidade. A existência de articulação não significa ausência do conflito (lutas, negociações, alianças, antagonismos). Ele pode existir com ou sem a articulação, o que, de certa forma, garante a não consolidação do domínio de forças tradicionais duradouras (Davidovich, 1993). No universo do poder local é possível a observação de um complexo relacionamento entre uma rede de poderes difusos que, como indica Davidovich (1999, p.125), "posicionam-se diferentemente perante o poder político e, de acordo com os atributos que lhes são próprios, podem disputar com ele a capacidade de decisão".

Para Felizes (1999), a interpretação da forma como se configuram esses poderes vai no sentido de distinguir entre, de um lado, os poderes difusos mais "organizados", como é o caso das elites político-econômicas locais e, de outro lado, um poder difuso mais próximo do quotidiano social, das relações que envolvem estratégias mais ou menos conscientes de apropriação e utilização desse poder, que não é o poder político ou econômico formalmente reconhecido, mas, sim, o poder de "classificar", de "ver" e de "fazer ver" o mundo, de reconhecê-lo com outros atributos, a exemplo dos simbólicos, como sugere Bourdieu (1989). Como se articulam esses poderes? Como sugere a argumentação de Russ (1994), podemos questionar "quem detém o poder" de diferentes formas, apelando a figuras como as elites, os grupos de pressão, a rede de relacionamentos ou mesmo uma pluralidade de poderes. Tem-se lançada, então, uma das questões mais triviais dos estudos sobre o poder local: quem governa? Quem efetivamente tem o poder de decidir?

Compreendendo a escala local e o poder local como campo prioritário da ação política, cabe lembrar o estudo de Vainer (2001), em especial o sugestivo "As escalas do poder e o poder das escalas: o que pode o poder local?". Com esse questionamento, o autor relaciona o poder local a um sentido de "patriotismo de cidade", uma pretensa capacidade extraordinária dos governos locais de cumprir, de maneira mais eficaz e eficiente, as funções até então tradicionais aos governos nacionais, como as de acumulação e de legitimação.

Para Vainer (2001, p.144), enquanto "a polaridade local X global domina o debate contemporâneo", não se deve opor escalas, mas articulá-las e combiná-las, dado que "eu vivo cotidianamente no mundo e no meu local, no meu município, na minha cidade, no meu país". Para se entender esse processo é preciso atentar que "o local, a cidade em primeiro lugar, constitui escala e arena de construção de estratégias transescalares e de sujeitos políticos aptos a optarem de forma articulada com coalizões e alianças em múltiplas escalas" (Vainer, 2001, p.149). Isso porque a escala local não encerra em si senão parte dos desafios a serem enfrentados. No Brasil, os estudos sobre o poder local indicam, segundo Vainer (2002), que o localismo e o municipalismo quase sempre estiveram associados ao mandonismo local e ao coronelismo, mas que, do final dos anos 1970 até a Constituição de 1988, serviram como "bandeira da esquerda democrática" e que, nos anos 1990, apareceram tanto nas propostas da esquerda quanto na eloquência neoliberal.

Para os estudos sobre o poder local, as ciências que originaram linhas explicativas vinculadas às dinâmicas políticas e às políticas locais foram a Sociologia e a Ciência Política. As duas correntes principais são a teoria das elites e o pluralismo, que enfocaram fenômenos particulares e atores específicos, por isso representam visões praticamente impossíveis de se conciliarem em termos teóricos.

Em termos cronológicos, a teoria das elites, investigada a partir da metodologia reputacional, foi a primeira a se destacar, com o estudo de Floyd Hunter (1953) sobre o governo urbano na cidade de Atlanta (EUA). Para ele, a estrutura de poder local se comporia a partir da influência de determinados grupos. No topo estariam, principalmente, os empresários de sucesso e as lideranças políticas de destaque (econômicas, governamentais, religiosas e culturais). A inserção na estrutura de poder aconteceria pela riqueza, pelo prestígio social e pela utilização da máquina política. A coesão se daria pelos interesses comuns, pelas obrigações mútuas ou pelos hábitos partilhados por essa elite. Nessa teoria, a sociedade seria frequentemente composta por uma minoria detentora de poder ("classe superior") em contraposição a uma maioria dele privada. A principal conclusão, nesse sentido, é que a conformação do jogo do poder local, marcado pelo controle da elite, assim como a manutenção desse controle de maneira estável no tempo, faria com que as políticas implementadas seguissem sempre os interesses dos indivíduos ali representados, tornando completamente viciados os resultados do governo sob a democracia representativa. Assim, os grupos que dominariam as várias dinâmicas políticas e que se apropriariam do Estado seriam sempre da elite, ajudados muitas vezes pelo próprio Estado, que seria parcialmente responsável pela reprodução da mesma. Consubstanciar-se-ia, assim, uma relação indissociável entre poder político e poder econômico (Fischer, 1992).

O poder, nessa perspectiva, reproduzir-se-ia na socialização, na educação familiar, na estrutura de propriedades, na distribuição da riqueza (acesso a certos padrões de vida), instituições de lazer (clubes e outros que complementariam as organizações anteriores), enfim, na composição do pertencimento a redes de relacionamentos ou de organizações as quais habitualmente frequentariam, "através das quais seriam veiculados informação, negócios, apoios [...], assim como construídas e comungadas visões de mundo e valores" (Marques, 2003). Ainda de acordo com esse autor, a teoria das elites apresenta dois problemas principais de análise: dificuldade em incorporar as mudanças e as contingências ao processo político (alternância de poder) e de incorporar a importância de atores localizados no próprio Estado. Para ele, a política elaborada pela teoria das elites "causa sérios problemas à ideia de democracia e ao princípio democrático de controle dos eleitores sobre o governo" (Marques, 2003, p.30).

Para sanar o que se apresenta como problema da teoria das elites, desenvolveu-se também, ao final dos anos 1950, a perspectiva pluralista do poder. O estudo em que efetivamente abordou-se o tema foi o de Robert Dahl (1961). Nele, a principal crítica à teoria das elites é a de que esta deixa pouco lugar aos políticos ou aos indivíduos em suas análises. Para os pluralistas, então, quem governa, num primeiro momento, são os partidos políticos e as organizações de interesses. Mas Marques (2003) afirma que, na própria teoria, muitas vezes os partidos políticos são reduzidos a pouco mais que grupos de interesses ou conjuntos de indivíduos com propósitos comuns. "A unidade básica da política seria, portanto, os grupos de interesses" (Marques, 2003, p.31).

Defendem os pluralistas, como o próprio nome indica, que "a sociedade seria composta por uma pluralidade de grupos, cada qual com seus instrumentos de poder e seus interesses específicos e temáticos" (Marques, 2003, p.31). Assim, em primeira instância, nenhum grupo ficaria no poder de forma estável ao longo de muito tempo. As críticas desse autor a essa abordagem mais uma vez se fundamentam na análise equivocada do Estado, que é considerado uma página em branco a "ser preenchida" pelos grupos vitoriosos na política. Nela, ainda, valorizam-se precariamente os funcionários, as instituições, os capitais por ele (Estado) contratados, bem como os detentores de cargos eletivos.

Para as duas teorias foram elaboradas, ao longo do tempo, várias análises de caráter teórico-metodológico. Felizes (1999) afirma que, na teoria das elites, Hunter desenvolveu aquilo que mais tarde passou a ser conhecido como método reputacional, concluindo que quem detinha o comando nas relações de poder eram quase exclusivamente os grandes homens de negócios de Atlanta, embora operassem mais nos bastidores.

Já o trabalho de Dahl (1961) estaria assentado numa metodologia mais plural, subsidiado no método decisional, com o objetivo de examinar decisões para ver quais processos de influência estão presentes, bem como de "identificar os participantes na formulação das políticas e descrever o que eles faziam" (Dahl, 1961 apud Judge, 1995, p.17). Para Judge (1995), as principais conclusões de Dahl contradizem, em grande parte, as de Hunter. New Haven teria transitado, naqueles últimos dois séculos, de uma oligarquia a um pluralismo e, ao invés de uma elite, Dahl teria encontrado um "estrato" de indivíduos envolvidos em questões políticas. Já os adeptos das conclusões de Dahl colocaram em causa o pluralismo moderado de New Haven, no sentido de que, a partir dos anos 1960, a tensão social urbana e o envolvimento dos cidadãos no debate político aumentaram. Nesse ponto, afirma Felizes (1999), alguns podem pensar que, em vez de se perguntar "quem governa?", dever-se-ia perguntar "será que alguém governa?". A divergência entre as duas correntes de pensamento, então, giraria em torno de questões fundamentais, como as metodológicas e as teóricas. Mesmo com a polêmica que dividiu os primeiros defensores do elitismo e do pluralismo, tanto o trabalho de Hunter quanto o de Dahl foram inicialmente criticados justamente por suas supostas debilidades metodológicas. Em nível internacional essas duas correntes foram expressivas nos estudos das dinâmicas do poder local.

No Brasil, no entanto, a inserção de ambas as abordagens foi modesta. Assim, os estudos sobre o poder local, em nosso país, tiveram efetividade a partir dos anos 1950 com a disseminação de resultados de pesquisas de mestrado e de doutorado. Entre as análises, podemos destacar as de Tabak (1961), Gomes e Costa (1968), Carvalho (1966) e Castro (1974) que trabalham com dois grupos: os estudos de caso, como em Guimarães (1956), Silva (1957; 1960), Azevedo (1959), Nogueira (1961), Santos (1961), Carvalho (1966), Michetti e Parayba (1968), Silva (1972), Cruz (1973) e Soares (1974), e os estudos de estrutura, como em Faoro (1958), Duarte (1966), Palmeira (1966) e Brasileiro (1973). Depois dos anos 1950, outros estudos sobre o tema se destacaram, sob influência de Leal, especialmente tendo como norte a obra *Coronelismo, enxada e voto: o município e o regime representativo no Brasil*. Em função dos aportes metodológicos e dos critérios específicos das abordagens, no entanto, suas observações foram diferenciadas. Pode-se afirmar que esses estudos constituem-se nos clássicos sobre o tema, aqueles da primeira geração, estando divididos em dois grupos. No primeiro grupo estão os estudos publicados pela

Revista Brasileira de Estudos Políticos, caracterizados por Carvalho (1969) como estudos políticos. No segundo estão os estudos de comunidades locais realizados por antropólogos brasileiros e norte-americanos e denominados, por Carvalho (1969), de estudos antropológicos.

Diante do interesse pelos trabalhos que tenham vinculação com a Geografia ou a Geografia Política, optou-se pela análise dos estudos do primeiro grupo. Dentre os citados, o de Carvalho, em 1969, alerta para alguns elementos que devem ser considerados ao se estudar a questão do poder local, elementos citados também por Castro, em 1974, e que são preocupação daqueles que trabalham com o tema. Esta última autora diz que o conceito de poder local (assim como os demais) deve ser cuidadosamente definido e ter em vista a elaboração de uma discussão mais geral do poder em nível estadual ou nacional. Castro (1974) acrescenta que é preciso atentar para não se fazer apenas descrições e narrações, lembrando-nos da importância do papel da estrutura de classes e/ou dos grupos na dinâmica das relações de poder. Para a autora, deve-se buscar entender ainda os discursos dos grupos não detentores de poder e verificar o porquê de assim se comportarem. Nesse sentido, questiona-se sobre quais recursos alguns grupos locais controlam para que consigam se sobrepor aos demais.

Outra análise mais recente foi realizada por Kerbauy (1992). A autora repensa o poder local no Brasil a partir das transformações ocorridas no período de 1964 a 1982, com o objetivo, em especial, de "contrapor a velha imagem da política local, como esfera privilegiada do coronelismo, aos novos padrões e procedimentos locais que se desenvolveram à medida que progrediu a interação nacional e se rompeu o isolamento local" (Kerbauy, 1992, p.1). Em sua análise, a autora afirma que há um vazio teórico nas Ciências Sociais do país sobre o tema poder local. Para ela, não se consolidou uma teoria justamente porque existem incertezas para o conceito. Assim, a busca pela articulação e interpretação teórica é o desafio a ser alcançado, pois no Brasil os estudos passam (não se aprofundam) pelos métodos de investigação reputacional e decisional. A partir daí seguem as linhas direcionadas aos estudos de poder local desenvolvidos historicamente na Universidade Federal de Minas Gerais (poder político local), de estudos antropológicos (abordagem americana) e de estudos históricos.

Kerbauy afirma que, sobre o desenvolvimento de pesquisas comparativas entre cidades, é preciso instigar o desenvolvimento de análises

> as quais pouco têm se oferecido relevância ao papel do governo municipal enquanto espaço político institucional em que se expressam à representação, a aliança, o conflito e a disputa de interesses, forças e organizações sociais que marcam e moldam o território político local dentro do contexto regional e nacional. (Kerbauy, 1992, p.20-1)

Fischer (1992) destaca duas vertentes principais de estudos do poder local: a primeira é a própria realidade, isto é, um cenário em que as questões de poder revelam-se concretamente no quotidiano das cidades como nas cidades brasileiras, onde a discussão de planos diretores tem como pano de fundo a progressiva degradação urbana, a carência de serviços essenciais, a relativa desilusão com o poder de transformação dos movimentos sociais, o desgaste dos prefeitos por não responderem a expectativas mínimas de qualidade da vida urbana. A segunda vertente é a rica reflexão propiciada pelas abordagens teóricas do poder local, que são desenvolvidas por grupos europeus (Fischer, 1992, p.106). Na França, os estudos concentram-se na escola de Sociologia marxista e no chamado funcionalismo institucional. Como exposto por Marques (2003), também para Fischer (1992), a escola francesa de Sociologia Urbana vem debatendo temas importantes desde os anos 1960. Destacam-se os relacionados ao Estado como instrumento de dominação, tendo o local como produto da lógica capitalista monopolista global e os do espaço urbano como resultado da organização da dominação de classe (são exemplos os estudos das primeiras fases de Castells e Lojkine e os de Topalov e Lipietz).

Os estudos dos marxistas dos anos 1970, de acordo com Valladares e Preteceille (1990), já revelaram que o local não é decalque do nacional. No Brasil, a produção acadêmica acompanhou essa trajetória, pela inserção de doutorandos nas linhas de pesquisa dos centros franceses. Já a escola funcionalista, para Fischer (1992), não trabalha com o poder local em suas particularidades, mas com o local e sua inserção no nacional e global, e tem como ideólogos Pierre Grenion e Michel Crozier. Nas últimas duas décadas, ressalta a autora, um fator importante é o da convergência de temas e métodos de análises entre ambas as escolas. Na América Latina, também recentemente, a revalorização de espaços territorializados (regiões, áreas metropolitanas, municípios, distritos) tem ampliado os estudos sobre poder local. Assim, experiências de gestão mais democrática (como as observadas em alguns municípios do Brasil) e a ação de movimentos sociais passaram a ser observadas. Considerando as diversas análises, Fischer (1992) confirma que as pesquisas sobre poder local têm uma movimentação espontânea na direção de novas problemáticas. O Brasil não se exclui do processo exposto, com trabalhos em praticamente todas as linhas citadas.

Mais recentemente, no entanto, os estudos sobre o local reúnem trabalhos bastante diversos, com grande ênfase nas políticas públicas ou na relação entre poder público e comunidade local. Além dessas pesquisas, a partir da década de 1990, com a denominada descentralização condicionada pela Constituição Federal de 1988, surge uma série de estudos vinculados às análises de políticas públicas, de movimentos sociais e participativos, da questão fiscal (descentralização, reforma tributária, papel do poder local na construção do espaço urbano), de gestão pública, identidades e interculturalidades, cotidiano e poder, participação e empoderamento, entre outros.

Nesse contexto, é preciso observar que o local não é simplesmente um recorte de algo maior, mas resultado de relações entre o nacional e o global e vice-versa. Com isso, os estudos de poder local não necessariamente devem se encontrar limitados pelas fronteiras político-administrativas de um município. O fundamental, para o controle político hegemônico de alguns grupos, nem sempre se encontra no interior desses limites e, muitas vezes, não tem nem existência física nos mesmos, muito embora sua influência seja decisiva. Como se observa, tomando-se por fundamento alguns critérios, o tema tem muito a contribuir também para os estudos das formas e possibilidades da espacialização de relações de poder.

Para ler mais

AZEVEDO, Fernando de. *Canaviais e engenhos na vida política brasileira*. São Paulo: Melhoramentos, 1959.

BOURDIEU, Pierre. *O poder simbólico*. Rio de Janeiro: Bertrand Brasil, 1989.

BRASILEIRO, Antonio M. *O município como sistema político*. Rio de Janeiro: FGV, 1973.

CARVALHO, José M. Barbacena: a família, a política e uma hipótese. *Revista Brasileira de Estudos Políticos*, Belo Horizonte, UFMG, n.20, 1966, p.153-93.

______. Estudos de poder local no Brasil. *Revista Brasileira de Estudos Políticos*, Belo Horizonte, UFMG, n.26, 1969, p.231-47.

CASTRO, Nadya A. *Poder local e política de classes*. Dissertação (Mestrado em Sociologia) – Universidade de Brasília. Brasília: UnB, 1974, 223p.

CRUZ, Luiz. *Funções do comportamento político numa comunidade do São Francisco*: um estudo de poder local. Dissertação (Mestrado em Sociologia) – Universidade Federal da Bahia. Salvador, 1973, 199p.

DAHL, Robert. *Who Governs? Democracy and Power in an American City*. New Haven: Yale/University Press, 1961.

DANIEL, Celso. Poder local no Brasil urbano. *Revista Espaços & Debates*, São Paulo, Cortez, n.24, 1988, p.26-39.

DAVIDOVICH, Fany. Poder local e município. *Revista de Administração Pública*, Rio de Janeiro, n.27, 1993, p.5-14.

DUARTE, Nestor. *A ordem privada e a organização política nacional*. São Paulo: Nacional, 1966.

FAORO, Raymundo. *Os donos do poder*: formação do patronato político brasileiro. v.1 e 2. São Paulo: Globo, 1958/1975.

FELIZES, Joel. Três abordagens do poder local enquanto formas diferenciadas de construção das identidades – uma breve exploração. *Cadernos de estudos municipais*, Universidade de Minho, 1999.

FISCHER, Tânia. Poder local: um tema em análise. *Revista de Administração Pública*. Rio de Janeiro, v.4, 1992, p.105-13.

GOMES, Lucia Maria G.; COSTA, Fernando José L. Contribuição ao estudo da sociedade tradicional: bibliografia comentada. *Dados*, n.5, 1968, p 167-80.

GUIMARÃES, Carlos E. C. A vida política e administrativa de Dores do Indaiá. *Revista Brasileira de Estudos Políticos*, Belo Horizonte, UFMG, n.1, 1956, p.170-9.

HUNTER, Floyd. *Community Power Structure*. Chapel Hill: University of North Carolina Press, 1953.

JUDGE, David. *Pluralism*: Theories of Urban Politics. Londres: Sage, 1995.

KERBAUY, Maria T. M. *A morte dos coronéis*: política interiorana e poder local. São Paulo: PUC, 1992.

LEAL, Vitor N. *Coronelismo, enxada e voto*: o município e o regime representativo no Brasil. São Paulo: Alfa-Ômega, 1975.

MARQUES, Eduardo C. *Redes sociais, instituições e atores políticos no governo da cidade de São Paulo*. São Paulo: Annablume, 2003.

MICHETTI, Heloísa H; PARAYBA, Maria A. O jogo das forças políticas na vida de Araraquara. *Revista de Ciência Política*. São Paulo, v.2, n.3, 1968, p.59-70.

NOGUEIRA, Oracy. Os movimentos e partidos políticos em Itapetininga. *Revista Brasileira de Estudos Políticos*, Belo Horizonte, UFMG, n.11, 1961, p.22-47.

PALMEIRA, Moacir. Nordeste: mudanças políticas do século XX. *Cadernos Brasileiros*, n.37, 1966, p.67-78.

RUSS, Jacqueline. *Les Théories du pouvoir*. Paris: Librairie Générale Française, 1994.

SANTOS, Edilson P. Evolução da vida política no município de Picos. *Revista Brasileira de Estudos Políticos*, Belo Horizonte, UFMG, n.10, 1961, p.160-83.

SILVA, Celson. J. *Marchas e contramarchas do mandonismo local*: Caeté, um estudo de caso. Dissertação (Mestrado em Ciência Política) – Universidade Federal de Minas Gerais, Belo Horizonte, 1972, 156p.

SILVA, Luiz. Cachoeira do Campo: a vila das rivalidades. *Revista Brasileira de Estudos Políticos*, Belo Horizonte, UFMG, n.2, 1957, p.132-47.

______. Implicações políticas do desenvolvimento industrial em Barroso. *Revista Brasileira de Estudos Políticos*, Belo Horizonte, UFMG, n.9, 1960, p.234-51.

SOARES, Gláucio Ary D. *Sociedade e política no Brasil*: desenvolvimento, classe e política durante a Segunda República. São Paulo: Difusão Europeia do Livro, 1974.

TABAK, Fany. Estudos de política local: a experiência do Brasil. *Revista de Ciência Política*, v.5, n.2, 1961, p. 61-90.

VAINER, Carlos B. As escalas do poder e o poder das escalas: o que pode o poder local? *Cadernos IPPUR*, ano XV, n.2, ago.-dez. 2001 – ano XVI, n.1, jan.-jul. 2002, p.13-32.

VALLADARES, Lucia; PRETECEILLE, Edmond (orgs.). *Reestruturação urbana*: tendências e desafíos. São Paulo: Nobel, 1990.

VILLASANTE, Tomás Rodríguez. *Redes comunitárias y nuevas cosmologías*. Madrid: Alfoz, 1988.

Políticas públicas

*Celene Tonella**

As políticas públicas, por sua dimensão prática, são foco de atenção de diferentes áreas de conhecimento. Pode-se afirmar que política pública é a sistematização da ação do poder público. Dentro da Ciência Política, a subárea de Políticas Públicas adquiriu relevância e interesse acadêmico a partir dos anos 1920, embasada em estudos realizados nos Estados Unidos e na Europa. Durante todo o século XX e adentrando no XXI, os estudos se avolumaram e romperam os limites do interesse puramente acadêmico, pois há também interesse público pela produção do conhecimento nessa subárea.

A obra inaugural que define o que é política pública é a de Laswell (1958 [1936]). Para ele, "decisões e análises sobre políticas públicas implica em responder às seguintes questões: quem ganha o quê, por que e como se ganha". Segundo Souza (2006), uma política pública se delineia como forma de conciliar conhecimento científico e acadêmico com a reflexão empírica saída das agências governamentais e de grupos de interesse. Simon (1957), por sua vez, trabalha com o conceito de racionalidade

* Universidade Estadual de Maringá, Maringá, PR – Brasil.

limitada dos decisores públicos (*policy makers*), argumentando que a limitação da racionalidade poderia ser minimizada pelo conhecimento racional.

Lindblom (1959; 1979) questionou a ênfase no racionalismo de Laswell e Simon e propôs a incorporação de outras variáveis à formulação e à análise de políticas públicas como das eleições, das burocracias, dos partidos e dos grupos de interesse. Easton (1965) define a política pública como um sistema – uma relação entre formulação, resultados e o ambiente. O sistema recebe *inputs* de partidos, da mídia e dos grupos de interesse que influenciam seus resultados e efeitos.

O debate sobre as políticas públicas se intensificou nos anos de 1980 e 1990 e foi influenciado pela corrente teórica identificada como neoinstitucionalismo. A corrente destaca a importância das instituições, das regras para as decisões, formulação e implementação de políticas públicas. Não se trata de uma corrente unificada. Segundo Souza (2006), a divisão ocorre entre institucionalismo histórico e institucionalismo da escolha racional. O institucionalismo histórico faz a análise em termos de grupos, tendo como premissa o fato de que o conflito entre grupos rivais na busca de recursos escassos representa a centralidade da vida política. Não há uma distribuição igualitária de recursos diante das demandas. O institucionalismo da escolha racional, em linhas gerais, postula que aqueles que entram no jogo político, notadamente em cargos legislativos, se comportam de modo inteiramente utilitário e se utilizam de uma série de cálculos à maneira da teoria dos jogos. O cálculo é influenciado pelas expectativas do ator relativas ao comportamento provável dos outros atores. Trata-se de um enfoque calculador clássico para explicar a influência das instituições sobre a ação individual. São exemplos a escolha de nomes para concorrer a cargos, os partidos que entram no desenho das coligações etc.

Conforme uma sociedade se democratiza e novos sujeitos adquirem direitos de cidadania, novas demandas surgem e tencionam o aparato estatal para que respostas adequadas sejam dadas. As demandas podem ser reivindicações de bens e serviços, como segurança pública, creches, estradas, previdência social, combate à violência doméstica etc. Podem ser demandas de participação no sistema político, como foi no passado o reconhecimento do direito de voto para mulheres e, posteriormente, para os analfabetos, acesso a cargos públicos para estrangeiros, organização de associações políticas, direito de greve etc. Para exemplificar, há temas contemporâneos, como controle da corrupção, transparência nas contas públicas, preservação ambiental, estabelecimento de normas para o comportamento dos agentes públicos e privados etc. Um exemplo basilar de desenvolvimento de políticas públicas e consequente atendimento de amplas faixas da população é o fenômeno do Estado de Bem-Estar Social (*Welfare State*)

Sobre o tema, as vertentes analíticas recentes são: 1) Os neoinstitucionalistas ressaltam de maneira enfática a importância das instituições para o entendimento dos processos sociais. Os representantes dessa vertente buscam construir uma teoria de médio alcance que estabeleça uma ponte entre as análises centradas no Estado e na sociedade e rejeitam o enfoque determinista da teoria marxista. Para eles, a escala que mais propicia a investigação dos fenômenos sociais é o nível intermediário, no qual as grandes estruturas, como a luta de classes, por exemplo, são mediadas pelas instituições como os partidos, os sindicatos etc., e ganham formas históricas específicas, sem o risco de explicações deterministas; ou seja, eles criticam o nível abstrato das análises marxistas. (Hall; Taylor, 2003). 2) A abordagem do Estado-na-sociedade (*State-in-society*) critica os neoinstitucionalistas pelo destaque que dão ao Estado, deixando de priorizar dimensões e atores fundamentais localizados na sociedade. Entendem que os Estados são parte da sociedade e são influenciados por ela tão ou mais que a influenciam. Nesse caso, há destaque para a ênfase na autonomia e na permeabilidade do Estado. Além disso, essa perspectiva tenta avançar na discussão da diferenciação interna do Estado. A efetividade do Estado varia principalmente pelas formas diferenciadas de articulação com a sociedade, e não apenas pelo insulamento de suas burocracias. O projeto político passa por intensa negociação com os atores sociais, produzindo uma política diversa da planejada. Essa abordagem leva em conta a dispersão geográfica dos diferentes atores: agências e políticas do topo da organização estatal localizadas espacialmente nos centros de poder, organizações envolvidas com políticas menos centrais e níveis de governo e localizações periféricas. São pontos importantes na compreensão da interação entre Estado e sociedade: os padrões de insulamento não se reproduzem de cima para baixo ao longo das estruturas estatais; há autonomia nos níveis centrais; em situações locais (temática ou geograficamente) pode haver a captura de agências e organizações; governos locais são mais permeáveis aos interesses e pressões dos agentes presentes na sociedade. A importância e a força de agentes sociais, assim como a dos Estados, são contingentes das situações históricas concretas. O lugar dos sujeitos na estrutura social ou nas relações de produção não define de antemão sua influência. O poder do Estado e da sociedade não compõe um jogo de soma zero – ambos podem ter, mutuamente, poder. As transformações sociais podem reduzir ou aumentar o poder dos dois campos sem que haja troca (Migdal, 1994).

Atualmente, há várias áreas de conhecimento (e não só a Ciência Política) que fazem pesquisas sobre o que o governo realiza. Os órgãos públicos e centros de pesquisa também tratam da temática, o que torna o campo de reflexão bastante amplo. Souza (2003) aponta alguns problemas detectados na agenda de pesquisa brasileira: a) há poucas pesquisas na área, não no sentido linear do acúmulo de conhecimento, mas para a construção de uma agenda comum de pesquisas; b) há abundância de estudos setoriais, em especial estudos de caso, dotando a área de uma série de estudos empíricos, setoriais, abordando aspectos determinados de cada política; c) há proximidade da área com órgãos não governamentais, o que pode gerar também trabalhos normativos e prescritivos, com a possibilidade desses órgãos pautarem a agenda de pesquisas. Para superar as deficiências detectadas, notadamente os estudos de caso, deve-se caminhar para a elaboração de um número maior de pesquisas comparativas quanto ao comportamento das diferentes políticas públicas. Faria (2003) afirma que qualquer análise na produção brasileira recente evidencia a quase inexistência de análises mais sistemáticas de implementação das políticas, nas dimensões de processos e metodologias de avaliação. Essa característica ele classifica como de escassez de estudos "pós-decisão" (Faria, 2003, p.22), porque a maioria dos estudos tende a dar ênfase ao processo decisório ou a responder, em outras palavras, quem decide. Em qualquer dimensão que se avalie a produção brasileira, a constatação é a de que se trata de um campo de pesquisa fortemente influenciado e condicionado pela conjuntura.

A política pública envolve um conjunto de decisões e ações de diversos atores para que se possa implementá-la. Geralmente envolve vários órgãos de governo e os diferentes níveis de poder. Mas como uma questão social se transforma num assunto público? Grande parte da atividade política dos governantes destina-se à tentativa de satisfazer as demandas que lhes são dirigidas pelos atores sociais ou aquelas formuladas pelos próprios agentes do sistema político. Segundo Rua (1998) existem três tipos de demandas: demandas novas, demandas recorrentes e demandas reprimidas que, por sua vez, se subdividem em estado de coisa e não decisão. As demandas recorrentes relacionam-se a problemas não resolvidos ou mal resolvidos e que fazem parte tanto do debate político quanto da agenda governamental. Por exemplo, a qualidade da educação pública. As demandas reprimidas são aquelas que não chegam até o sistema político, pois são barradas em alguma instância. São questões que têm resistência de segmentos importantes da sociedade ou esbarram na falta de recursos. Segundo Rua (1998), há dois tipos de demandas reprimidas. Estado de coisas: quando uma situação persiste durante muito tempo, atinge um determinado segmento social sem, entretanto, mobilizar as autoridades governamentais e não chegando a constituir um item da agenda governamental. Nesse caso, a mobilização do segmento torna-se fundamental para sensibilizar os agentes públicos e a sociedade em geral. Não decisão: quando alguma demanda da sociedade se choca com interesses de algum grupo social com expressão econômica e/ou política ou, ainda, que contrariam os códigos de valores de uma sociedade – e, da mesma forma, ameaçam interesses – encontram obstáculos diversos e de variada intensidade à sua transformação de estado de coisas em problema político – e, portanto, à sua inclusão na agenda governamental. Há uma tendência dos governantes à não decisão. Segundo Bacarach e Baratz (1979, p.43), muitos analistas partem do pressuposto enganoso de que "o poder e seus correlatos são elementos ativos e só podem ser observados em situações de tomada de decisões". Não perceberam que as não decisões são tão ou mais importantes, pois a paralisia em determinada área pode levar a consequências perniciosas para amplos segmentos da população e o atraso em uma dada política pública.

Em termos práticos, a partir do momento em que é diagnosticado o problema ou que uma demanda chega à agenda do Estado, a tarefa seguinte é a busca de soluções para uma adequada resposta à demanda. O gestor deve reunir o maior número de informações sobre o problema em questão e verificar a legislação disponível. Cada vez mais, aqueles que tratam das políticas públicas, sejam gestores ou analistas, necessitam lançar mão de indicadores. São critérios para se escolher um indicador social em função de suas propriedades: ter grau de cobertura populacional adequado aos propósitos a que se presta; ser sensível a políticas públicas implementadas e ser específico a efeitos de programas setoriais (Jannuzzi, 2003).

Os indicadores são os insumos básicos e indispensáveis em todas as fases do processo. Diagnóstico: formulação; implementação; avaliação de políticas públicas. Com bons indicadores à disposição, o próximo passo do gestor é o planejamento da política. Nesse caso, busca-se estabelecer possíveis caminhos para a solução do problema identificado. Duas são as formas de planejar uma política pública. A primeira é o planejamento tradicional ou tecnocrático. Nesse caso o gestor, a partir do entendimento de que o conhecimento técnico é suficiente para definir a atuação, define com um grupo de especialistas a melhor forma de condução das políticas. Esse tipo de planejamento, apesar de ganhar em racionalidade, tem muitas vezes sérios problemas de legitimidade, pois se corre o risco de aqueles segmentos atendidos não reconhecerem a política como legítima. Pode ainda ter problemas de viabilidade, isto é, nem todas as variáveis podem ser consideradas no processo de planejamento, o que acarreta a inviabilização do projeto proposto. Diante das deficiências do planejamento tecnocrático, no final da década de 1980 começou a ganhar força o planejamento participativo. Nesse tipo de planejamento, os vários atores envolvidos na política são chamados para decidir, junto com o poder público, as melhores soluções. O modelo tem a vantagem de superar os problemas de legitimidade e viabilidade do formato anterior, promovendo ainda a possibilidade de mudanças culturais, no sentido de produzir uma sociedade mais participativa e cogestora dos projetos governamentais. O Brasil tem vivenciado várias experiências de planejamento participativo, tendo, como marco institucional, a Constituição de 1988, os Conselhos Gestores de Políticas Públicas e as experiências do Orçamento Participativo. As experiências passaram a se constituir em referências centrais para se pensar a participação da sociedade civil na elaboração e fiscalização das políticas públicas, em interação com o pessoal do Estado. Souza (2002) aponta a experiência dos orçamentos participativos como uma espécie de "cogestão" entre Estado e sociedade civil (p.521) em que, mesmo em casos em que o estímulo à participação e ao debate provenham do Estado, isso não significa um enfraquecimento dos atores localizados na sociedade.

Por fim, em termos práticos, para a avaliação de uma política pública e de seus programas, torna-se necessário mensurar a eficácia, a eficiência e a efetividade. Por avaliação de eficácia, entende-se a relação entre os objetivos e instrumentos explícitos de um programa e seus resultados efetivos. A avaliação de eficiência busca verificar a relação entre o esforço empregado na implementação e os resultados alcançados, isto é, a melhor relação custo/benefício. Quanto à avaliação de efetividade, busca-se verificar a relação entre o programa e seus impactos e resultados, se houve sucesso ou fracasso na mudança das condições de vida do público-alvo (Arretche, 2011). Todos os elementos apontados dimensionam a complexidade do campo e fazem parte de uma agenda de pesquisas em políticas públicas.

Para saber mais

ARRETCHE, M. Tendências no estudo sobre avaliação. In: RICO, Elizabeth de Melo. *Avaliação de políticas sociais: uma questão em debate.* São Paulo: Cortez, Instituto de Estudos Especiais, 2001.

BACARACH, P.; BARATZ, M. S. Poder e decisão. In: CARDOSO, F. H.; MARTINS, C. E. (orgs.). *Política e sociedade.* São Paulo: Ed. Nacional, 1979.

FARIA, C. A. P. de. Ideias, conhecimento e políticas públicas – um inventário das principais vertentes analíticas. *Revista Brasileira de Ciências Sociais,* v.18, n.51, fev. 2003.

HALL, P.; TAYLOR, N. As três versões do neoinstitucionalismo. *Revista Lua Nova,* n.58, 2003.

JANUZZI, P. de M. *Indicadores sociais no Brasil*: conceitos, fontes de dados e aplicações. Campinas: Alínea, 2003.

LASWELL, H. D. *Politics*: Who Gets What, When, How. Cleveland: Meridian Books, 1958 [1936].

LINDBLOM, C. E. The science of muddling through. *Public Administration Review,* n.19, p.78-88, 1959.

MIGDAL, J. An introduction. In: MIGDAL, J.; KOHLI, A.; SHUE, V. (eds.). *State Power and Social Forces*: Domination and Transformation in the Third World. Cambridge: Cambridge University Press, 1994.

RUA, M. das G. *Análise de políticas públicas*: conceitos básicos. 1998. Disponível em: <http://vsites.unb.br/ceam/webceam/nucleos/omni/observa/downloads/pol_publicas.PDF>. Acesso em: 31/7/2012.

SIMON, H. *Comportamento administrativo*. Rio de Janeiro: Usaid. 1957.

SOUZA, C. Estado do campo da pesquisa em políticas públicas no Brasil. *Revista Brasileira de Ciências Sociais*, v.18, n.51, fev. 2003.

______. Políticas Públicas: uma revisão da literatura. *Sociologias*, Porto Alegre, ano 8, n.16, , p.20-45, jul.-dez. 2006.

SOUZA, M. L. de. *Mudar a cidade*: uma introdução crítica ao planejamento e à gestão urbanos. Rio de Janeiro: Bertrand Brasil, 2002.

Pós-modernismo

*Valéria Cristina Pereira da Silva**
*Eda Maria Góes***

O pós-modernismo apresenta-se, *a priori*, como estágio de cultura – o entretempo contemporâneo, para o qual o conhecimento acumulado e a informação permitem conjugar num só espaço-tempo experiências plurais de ontem, de agora, de outrora. Contudo, o conceito é extremamente polêmico e, ainda hoje, de difícil aceitação nos meios acadêmicos e intelectuais. Segundo Harvey (1992), para além do desconforto em relação ao termo pós-modernidade, é inegável o processo em curso, cuja intensificação se dá de mãos dadas com diversos outros "pós" como pós-industrialismo, pós-estruturalismo, pós-fordismo, pós-colonialismo, pós-histórico, pós-humanista e até mesmo pós-humano (Baudrillard, 1991). Um tempo assinalado pela impressão de novos sentimentos e novos pensamentos a configurar parâmetros para a crítica cultural, política e intelectual, ainda que situado num campo minado de noções conflitantes. Harvey (1992) discute as ideias dominantes e a natureza do projeto pós-moderno, caracterizando-o como uma fase desestabilizadora

* Universidade Federal de Goiás, Goiânia, GO – Brasil.
** Universidade Estadual Paulista, Presidente Prudente, SP – Brasil.

do desenvolvimento econômico, político e cultural. O pós-modernismo não corresponde a uma ruptura completa com o modernismo, mas assinala aqui e acolá mudanças na forma de conceber o mundo. Não corresponde, porém, a uma transformação na base e na estrutura da sociedade, mas é, antes, sempre de acordo com esse autor, uma mudança na *estrutura do sentimento*. Isso significa que a mudança de paradigma se dá lentamente e é mais visível no âmbito cultural.

O pós-moderno foi gestado no ápice da modernidade, quando a vanguarda se tornara impossível. De acordo com Bauman (1998), *avant-garde* significa literalmente “posto avançado”, primeira fileira de um exército em movimento – a guarda é considerada avançada na suposição de que os restantes lhe seguirão o exemplo. Os modernistas travaram uma guerra em nome da aceleração, valorizando a natureza progressiva da história e depreciando o herdado, o legado, privando sua condição de existência. Mas essa tentativa de atear fogo no passado e impor o novo como choque, sendo os modernistas mais modernos que a própria modernidade, alcançou o esgotamento. Um exemplo de superação se deu, de maneira bastante didática, na esfera artística – o limite da vanguarda – na tela em branco ou queimada, na galeria vazia, “nos desenhos raspados de Rauschenberg quando do vernissage de Yves Klein [...] na composição silenciosa para piano de Cage”, na “exibição telepática” de Robert Barry, “com páginas vazias de poemas não escritos” (Bauman, 1998, p.127).

O conceito de pós-modernismo apresenta uma espécie de reação ao modernismo, mais do que aversão ou negação, e representa um afastamento dele num duplo e paradoxal jogo de superação/assimilação. Mas é necessário, na medida do possível, para compreender melhor o pós-modernismo, distingui-lo da pós-modernidade. De acordo com Kumar (1997), modernidade e modernismo são dois termos, às vezes, tomados um pelo outro, mas que ocasionalmente recebem significados diferentes. Esse autor sugere seguir o segundo curso e definir modernidade como uma designação abrangente de todas as mudanças – intelectuais, sociais, políticas – que criaram o mundo moderno, enquanto modernismo é definido como o movimento cultural que surgiu no ocidente, em fins do século XIX, mas que tem uma raiz remota na Idade Média cristã. Entretanto, os dois termos, mesmo tendo sentidos distintos, estão certamente ligados e nem sempre é possível ser totalmente coerente mantendo-os separados. O mesmo poderia se aplicar aos termos paralelos pós-modernidade e pós-modernismo, mas Kumar (1997) ainda afirma que para a modernidade é possível, sem forçar demais, estabelecer a distinção no uso comum entre modernidade e modernismo, pois o conceito de modernidade é, em sua maior parte, político ou ideológico, enquanto o de modernismo é, acima de tudo, cultural e estético, porém, o mesmo não se aplica à ideia de pós-modernidade. Por analogia com a modernidade, poderíamos considerar pós-modernidade o conceito social e político mais geral, e pós-modernismo, o cultural. Entretanto, "isso se chocaria com o uso corrente, que se recusa a fazer uma distinção analítica tão nítida, se recusa, na maioria dos casos, a fazer qualquer distinção" (Kumar, 1997, p.113). Esse aspecto do pós-modernismo, tanto quanto da pós-modernidade, sublinha a diluição das linhas divisórias entre os diferentes campos da sociedade. Há, cada vez mais, uma interpenetração do cultural e do estético no político, como no econômico e no social, cujo resultado é a dissolvência das fronteiras entre os setores da sociedade. O discurso privilegiado, todavia, é o cultural e, por isso, encontramos na Literatura, com mais frequência, o termo pós-modernismo do que o termo pós-modernidade. Por outro lado, ainda segundo Kumar (1997), a essa discussão foram incorporados elementos teóricos de outras esferas, e a soma fez que diversos pensadores gestassem o rótulo de pós-moderna para a vida social. Incorpora-se à sociedade pós-moderna o que se reconhece como pós-industrial, pós-fordista, sociedade da informação, cultura de massa etc.

A teoria pós-moderna é, em suas origens, eclética assim como é sintética e sincrética em suas manifestações. O período pós-moderno é um tempo de opção incessante pois, nele, todas as tradições têm alguma validade. É no pensamento de Lyotard (2006) que se origina a ideia de uma condição pós-moderna. Nesta perspectiva, as bases para analisar a sociedade pós-moderna passam pela influência da sociedade pós-industrial e informacional, pela concepção de ciência expressa no papel do saber sobre a sensibilidade e, além disso, o pós-moderno se afirma a partir da incredulidade com relação aos metarrelatos. Desse modo, sua afirmação é de que a ciência não está produzindo o conhecimento, mas o desconhecido. No escopo do pensamento lyotardiano, ter ideias é o supremo êxito do cientista e, em princípio, ele é alguém que "conta histórias", cabendo-lhe simplesmente conferi-las. Lyotard (2006), diferente de Jameson (2002) ou Baudrillard (1991), após apresentar as questões da pós-modernidade, assume uma visão otimista pelas oportunidades políticas que podem ser abertas pelo pós-modernismo. Segundo Lyotard (2006), o saber muda de estatuto, na medida em que a sociedade entra na idade pós-moderna, e isso afeta profundamente a linguagem. Os tempos pós-modernos seriam marcados, sobretudo, pela necessidade de superar o divórcio entre a inteligência e a emoção, decodificando e dando coerência aos detalhes da cotidianidade. O objetivo de ater-se à cotidianeidade – a partir de Lyotard – é visar à interpenetração da emoção e da ciência, da paixão e da inteligência, do sonho e da prática, de forma que a poesia possa ser valorizada e vir espontânea do mundo futuro. O saber pós-moderno, segundo ele, é somente o instrumento dos saberes, aguçando nossa sensibilidade para as diferenças e reforçando nossa capacidade de suportar o incomensurável. A ciência deve ser pensada em termos não de lógica, mas de paralogia, na qual o pequeno relato e sua invenção imaginativa devem nutrir a ciência, substituindo assim a legitimação pela paralogia.

Para Connor (1993), paralogia é o raciocínio imperfeito ou deliberadamente contraditório, destinado a produzir uma mudança nas estruturas da razão. A leitura da pós-modernidade elaborada por ele também assinala que a distinção entre pós-modernismo e pós-modernidade se dissipa com a deslegitimação da ciência e o fim das metanarrativas (narrativas que subordinam, organizam e explicam narrativas locais, cujo caráter é emancipatório e especulativo). Para ele, todo o domínio do social, sob a pós-modernidade, torna-se intrinsecamente estético, organizado não em termos de poder, mas de estrutura narrativa, linguística. Essa condição contamina a ciência e a Filosofia e, nas Ciências Sociais, termos como narrativa, metáfora, texto e discurso têm, atualmente, vantagem sobre um vocabulário mais antigo e rangente, como função, determinação, mecanismo etc. Assim, o debate acadêmico sobre a pós-modernidade e o pós-modernismo reproduz as condições do pós-moderno. A tarefa difícil de distinguir pós-modernismo e pós-modernidade – tarefa nem sempre possível e, mesmo, nem sempre necessária – conduz a mapear traços da vida pós-moderna. Como somos atingidos por essa avalanche de novos sentidos, novos comportamentos, novos impactos, a chave para começar a abrir essa caixa de pandora que pode ser a vida pós-moderna reside no entrelaçamento do sócio-político-econômico-cultural-estético. Connor (1993) reconhece e alerta sobre os riscos desse discurso tornar-se cúmplice das formas globalizadas de violenta supressão e submissão. Já com base no pensamento lyotardiano, a pós-modernidade não apenas supera as fronteiras entre a política e a cultura, mas nos leva a atravessar um estágio epocal no desenvolvimento da consciência ética, no reconhecimento da irredutível diversidade de vozes e interesses.

***

Com a intensificação do processo de urbanização e a crescente importância das cidades como forma dominante do habitat e do espaço urbano como lócus de ideias, comportamentos, tendências e decisões, a cidade passa ser o espaço privilegiado da manifestação tanto do pós-modernismo como da vida pós-moderna. O pós-modernismo na cidade, de acordo com Harvey (1992), cultiva um conceito de tecido urbano como algo fragmentado, uma colagem das histórias locais, dos desejos, das fantasias particulares, das tradições vernáculas, uma ciranda de tempos. O espaço não é mais moldado para os propósitos sociais, e sim para princípios estéticos. Nesse movimento, floresce uma indústria da herança, assim como a casa e seus interiores, a cidade já não é vista como máquina, mas como uma antiguidade possível, ressemantizada. As referências não têm sentido linear e transitam esporádicas por tempos desencaixados. A ruptura com a ideia modernista ocorre quando os planos urbanos voltados para a larga escala, tecnologicamente racional e eficiente, são substituídos por uma arquitetura despojada. Para ele, o pós-modernismo cultiva um conceito de tecido urbano como um palimpsesto de formas passadas superpostas umas às outras e ainda uma bricolagem de usos recorrentes, muitos dos quais podem ser efêmeros. De acordo com Kumar (1997), o movimento pós-moderno iniciou uma atmosfera de teatralidade ou espetáculo, e a cidade passou a ser tratada como palco, um lugar para o desfrute e exercício da imaginação tanto quanto um sistema utilitarista de produção e consumo. Embora o termo pós-modernismo tenha surgido originalmente na literatura, foi na arquitetura que essa manifestação ganhou mais visibilidade, transformando a cidade no lugar de sua expressão. Para Connor (1993), a razão por que o pós-modernismo recebe uma definição relativamente indiscutível na arquitetura vem da visível supremacia da experiência do modernismo arquitetônico no século XX. Iniciando nos primeiros anos do século com as práticas arquitetônica utópicas, centralizadas pela Escola de Bauhaus, fundada na Alemanha e tendo como expressão máxima a obra e os escritos de Walter Gropius, Le Corbusier e Mies van der Rohe, o que equivaleu a um programa unificado de mudança na arquitetura. O pós-modernismo, na arquitetura, começa a se afastar da geometria e do conteúdo do modernismo a partir de um evento icônico: a implosão do conjunto habitacional Pruitt-Igoe, construído em 1951, de acordo com os "ideais mais progressistas do CIAM" (a organização internacional de arquitetos modernos criada por Le Corbusier, em 1928). Portoghesi (2002) explica que esse conjunto havia se tornado, em decorrência de seus edifícios-colmeia, uma espécie de prisão para seus habitantes, o símbolo materializado da sua condição de explorados e a hipótese de restauração ou adaptação do conjunto foi totalmente descartada pelo juízo negativo dos psicólogos e sociólogos, que responsabilizaram essas formas arquitetônicas por grande parte do fenômeno patológico difundido entre os habitantes. Harvey (1992), Kumar (1997), Portoghesi (2002) e Connor (1993), entre outros, concordam que o lugar privilegiado para iniciar o debate sobre o pós-modernismo é a arquitetura, pois seria nesse campo que ele teria surgido e o fim do movimento moderno teria como marco a referida implosão, em St. Louis (Missouri), do edifício Pruitt-Igoe.

Colin (2004) compreende a arquitetura como produto cultural. Para ele, o pós-modernismo nasceu na arquitetura ou pelo menos nesse espaço manifestou-se com maior ênfase, e sua ideia migrou para outras áreas da cultura, sobretudo, a filosofia e a literatura, onde desenvolveu um corpo teórico significativo, mas não retroalimentou a arquitetura. Nesse sentido, a leitura feita no Brasil marca uma análise precipitada do pós-modernismo, como um suposto modismo ou outras abordagens como um simples continuísmo moderno, a partir de excentricidades. O autor segue a via inversa: o pós-modernismo está muito vivo, em estado latente, apesar de não ter sido compreendido na amplitude de sua proposta, talvez nem mesmo por aqueles que a formularam. Contudo, constitui-se na mais poderosa fonte de inspiração criativa da arquitetura do nosso tempo, dividindo espaço com diversos outros movimentos. Afirma, ainda, que é papel dos intelectuais serem *operadores simbólicos*, por sua capacidade de interpretar e manipular os espaços urbanos em todas as suas dimensões, sejam elas físico-funcionais, sejam simbólicas e estruturais.

Olalquiaga (1998), no estudo das sensibilidades culturais contemporâneas, concorda que o pós-modernismo está vivo e que milhões de detratores ao longo do tempo não foram suficientes para subtrair a sua evolução. Ela explica que as sensibilidades culturais no pós-modernismo também se manifestam numa paisagem urbana feita de imagens intertextuais, que já fora corretamente chamada de paisagem cultural. Olalquiaga (1998), referindo-se à superabundância de épocas e culturas diversas, apresenta a seguinte imagem da paisagem cultural pós-moderna: edifícios de todas as épocas alinhados anacronicamente lado a lado, o espaço se torna um território imaginário onde, em vez de uma organização causal, prevalece o pastiche de seleções aparentemente aleatórias (Olalquiaga, 1998, p.100). Assim, da profundidade e da distribuição equilibrada dos elementos que de costume governaram as paisagens ou buscavam obter um planejamento urbano racional, as paisagens culturais contemporâneas incorporam elementos díspares e até mesmo anacrônicos e os organizam de modo a realçar sua constituição deliberada e/ou arbitrária. Desse modo, as paisagens culturais também diferem da noção de crescimento orgânico, pela qual as cidades se expandem e se adaptam às exigências de sua população crescente. A bricolagem dos artefatos urbanos e a saturação das informações que tentam transmitir fazem com que se comportem de acordo com a lógica do supermercado, como esclarece Freire (1997). Nessa lógica, cada embalagem compete com as demais pela atenção dos consumidores.

Arantes (1998), em *Urbanismo em fim de linha*, analisa o envelhecimento do moderno e estabelece uma crítica incisiva às abordagens multiculturalistas da cidade e às tendências hegemônicas pós-modernas. Para essa autora, o termo pós-modernidade é apenas um rótulo que carregaria consigo uma ilusão: a de que estamos vivendo um momento histórico inteiramente diverso. Ela afirma, ainda, que o irreversível envelhecimento do moderno deu-se justamente por ter realizado o que prometera, ou melhor, ao realizar-se, transformou-se no seu contrário, "aquilo que chamamos de pós-modernidade não seria mais do que o capítulo conclusivo desse próprio movimento de reversão" (Arantes, 1998, p.12). Desse modo, modernidade e pós-modernidade seriam etapas do processo de ajuste da sociedade às reviravoltas do sistema capitalista para continuar a ser o que sempre foi. A paisagem urbana seria a fachada mais visível dessas mudanças.

O longo debate sobre o pós-modernismo travado por vários autores nas últimas décadas esforça-se por esclarecer as características desse movimento, compreendido a princípio na sua dimensão cultural. De Lyotard (2006) a Baudrilard (1991), passando por Connor (1993), Kaplan (1993), Anderson (1999), Maffesoli (2005; 2004; 2001; 1995; 1996), Olalquiaga (1998) e por geógrafos, como Harvey (1992) e Soja (1993), entre outros, a discussão assume fundamentalmente duas posições. Um primeiro grupo considera a mudança em curso, a pertinência da condição pós-moderna, assinalando o aprofundamento das questões postas. Para um segundo grupo, o ponto culminante é a negação de que haja alguma mudança, sendo o pós-modernismo apenas uma ideologia ou, como afirma Jameson (1993), a lógica cultural do capitalismo tardio, para o qual o primeiro questionamento a fazer é se ele existe de fato. No último grupo, identificamos uma posição bastante ambígua entre a consideração dos traços do pós-modernismo e a sua negação, como evidencia o pensamento de Kaplan (1993) que concebe o pós-moderno como algo que representa uma ruptura cultural, no sentido da *épistème* de Foucault ou dos paradigmas de Kuhn, enquanto o pós-modernismo seria uma ruptura iniciada pelo próprio modernismo, enquanto período de transição entre o romantismo do século XIX e a etapa cultural contemporânea. O mal-estar da pós-modernidade, na visão Kaplan (1993), contesta a própria ideia da ruptura cultural. Parte dos ensaios que analisam a concepção de pós-moderno e a afirmação de uma ruptura é que constitui o problema, segundo o autor. Esses ensaios questionariam a metalinguagem que tem sido usada para descrever a condição contemporânea como pós-moderna e alegar uma realidade diferente. Para muitos, a pós-modernidade é a modernidade sem os sonhos que a tornaram suportável, tão pesada à sua maneira, quanto à primeira. Harvey (1992), embora situe o incômodo que o termo provocou no meio acadêmico, admite a inegabilidade do processo em curso e sua intensificação. Olalquiaga (1998) afirma que o pós-modernismo está vivo e constitui-se na única resposta contemporânea possível para um século desgastado pela ascensão e queda das ideologias modernas. "Legiões de detratores não conseguiram deter sua expansão nem reduzir seu impacto, e dezenas de usurpadores fracassaram fragorosamente na estultificação de seu escopo" (Olalquiaga, 1998, p.9). Para essa autora, quer goste ou não, o pós-modernismo é um estado de coisas, determinado, basicamente por um intercâmbio extremamente rápido e livre no qual a maioria das respostas são inacabadas e contraditórias. Diz respeito aos próprios modos de perceber a nós mesmos e aos outros e ainda às formas de experiência que estão disponíveis para nós, cuja sensibilidade é expressa no urbano. O pós-modernismo, apesar de ser profanamente ambivalente e ambíguo, ou justamente por causa disso, rejubilando-se no consumo, celebra as obsessões, ignora a consistência, evita a estabilidade e favorece as ilusões e o prazer. Maffesoli (1996), sob o mesmo prisma, aborda o hedonismo do cotidiano e ilustra o pós-moderno com a metáfora da colcha de retalhos. Estes últimos autores admitem o delineamento dessa mudança de sensibilidade, mas é preciso destacar que eles não subtraem também desse movimento uma visão crítica. Considerar o pós-modernismo diferentemente da perspectiva de Kaplan (1993) ou Jameson (2000) não significa admitir, sobretudo, no que se refere aos projetos inconclusos da modernidade, que as novas ideias em curso têm soluções melhores e que há uma ideia de evolução; aliás, o conceito de evolução é uma ideia engendrante do moderno e não do pós-moderno. Como afirma Olalquiaga (1998), o debate muitas vezes se prende a argumentações do tipo "certo ou errado", que tiram do pós-modernismo duas de suas características mais importantes: a versatilidade e o esvaziamento das hierarquias. No que se refere ao espaço e, sobretudo, à cidade, podemos traduzir essas palavras com o termo flexibilidade, não mais a rigidez funcionalista e o zoneamento e mesmo não mais o planejamento, mas o macroprojeto, não detalhado, sob monitoramento, mudando aqui e acolá, implantando uma cidade que se reconhece como inacabada e na qual ocorre a explosão de informações, onde ainda o espetáculo somado à confusão e à ansiedade, é a forma comum de cultura de massa. A questão urbana pós-moderna é a desconstrução. Analisando a linguagem da cidade, um conjunto de elementos manifesta-se sob a égide da estética cultural do pós-modernismo – ela apresenta uma narrativa individual e subjetiva elaborada a partir de conteúdos sociais e culturais, o seu material é ritualizado e o espaço urbano torna-se um lugar estético com uma função também emotiva e memorativa. O pós-modernismo marca esse estágio de transição – não é mais moderno, mas também não deixou de sê-lo ainda – vários teóricos concordam nesse ponto. Autores como Connor (1993), Kumar (1997) e Harvey (1992) procuraram traçar um panorama da condição pós-moderna discutindo o conceito a partir da crítica dos teóricos da pós-modernidade, como Lyotard, Jameson e Baudrillard, apresentando as manifestações do pós-modernismo na economia, na política, nas artes (literatura, cinema, vídeo, música etc.), na arquitetura, na experiência do espaço e do tempo, na filosofia, na ética e no cotidiano.

Observamos que o pós-moderno configura a condensação de experiências difíceis de serem inventariadas. Enquanto movimento estético, combina três correntes, nas quais se inspira e com as quais se identifica: o barroco, o dadaísmo e o surrealismo. O ponto de intersecção desses três elementos incorporados e ressemantizados pelo pós-moderno é a dimensão da ilusão. É interessante destacar que ele recolhe a experiência de duas vanguardas modernas distintas entre si, mas muito próximas, pois o surrealismo evolui do dadá, e se soma a uma experiência que é antitética à própria modernidade, como vemos no exemplo do barroco. O contrário é coexistente. De acordo com Beckett (1997), o dadaísmo e o surrealismo consistem numa arte do fantástico surgida num momento de perda de energia do moderno, como movimento de reação às atrocidades da Primeira Guerra Mundial. Essa arte do fantástico, ainda segundo Beckett (1997), tem um profundo caráter filosófico, ocupando-se da introspecção e da exploração do irracional. O dadaísmo procura destruir as convenções, ironizá-las, é profundamente travesso. O surrealismo, compreendido como metarrealidade, concentra sua afeição nos paradoxos visuais: embora as coisas possam passar a impressão de serem normais, o anômalo está por toda parte. Com suas formas fantásticas, absurdas ou carregadas de poesia, tendem para o enigma, o misterioso e o obsessivo, num longo impulso criativo (Beckett, 1997). Da composição barroca retoma-se o frívolo, a emoção, o prazer do corpo e dos sentidos, a ilusão, o jogo de contrários entre o efêmero e o eterno, ou seja, novamente aquela pulsão irracional e sua inconstância. O barroco, o dadaísmo e o surrealismo fornecem ao pós-moderno os conteúdos de reação, uma antítese à razão moderna combinada com ela mesma, pois, lembremos que o pós-modernismo não é uma ruptura radical com o moderno. Para a monotonia do iconoclastismo moderno, a retomada da imagem; para o vazio ideológico, além dos muros da história, um texto próximo de um poema dadaísta. Na multiplicidade, a ressurgência do lúdico, como argumenta Maffesoli (1996), sobre o hedonismo do cotidiano. Assim, novas sensibilidades (englobando ideias e formas) como denominam vários intelectuais, passaram a dominar a arquitetura, o urbanismo, o projeto urbano, mas não apenas esses campos, também a arte, a filosofia, a literatura e a própria ciência, esta última, principalmente, no que se refere à metodologia científica.

Para ler mais

ARANTES, Otília. *Urbanismo em fim de linha*. São Paulo: Edusp, 1998.

BAUDRILLARD, Jean. *Simulacros e simulação*. Lisboa: Relógio d' Água, 1991.

BAUMAN. Zygmunt. *Modernidade líquida*. Jorge Zahar Editor, 2001.

______. *O mal-estar da pós-modernidade*. Rio de Janeiro: Jorge Zahar, 1998.

BECKETT, Wendy. *História da pintura*. São Paulo: Ática, 1997.

BERMAN, Marshall. *Tudo que é sólido desmancha no ar*: a aventura da modernidade. São Paulo: Companhia das Letras, 1986.

COLIN, Silvio. *Pós-modernismo*: repensando a arquitetura. Rio de Janeiro: UAPÊ, 2004.

CONNOR, Steven. *Cultura pós-moderna*: introdução às teorias do contemporâneo. São Paulo: Loyola, 1993.

FREIRE, Cristina. *Além dos mapas*: os monumentos no imaginário urbano contemporâneo. São Paulo: Sesc/Annablume/Fapesp, 1997.

HARVEY, David. *Condição pós-moderna*. São Paulo: Loyola, 1992.

JAMESON, Frederic. *Pós-modernismo*: a lógica cultural do capitalismo tardio. São Paulo: Ática, 2000.

KAPLAN, Ann E. (org.). *O mal-estar no pós-modernismo*: teorias e práticas. Rio de Janeiro: Jorge Zahar, 1993.

KUMAR, Krishan. *Da sociedade pós-industrial à pós-moderna*: novas teorias sobre o mundo contemporâneo. Rio de Janeiro: Jorge Zahar, 1997.

LYOTARD, Jean-François. *A condição pós-moderna*. Rio de Janeiro: José Olympio, 2006.

MAFFESOLI, Michel. *A conquista do presente*. Natal: Argros, 2001.

______. *A contemplação do mundo*. Porto Alegre: Artes e Ofícios, 1995.

______. *A parte do diabo*: resumo da subversão pós-moderna. Rio de Janeiro: Record, 2004.

______. *A transfiguração do político*: a tribalização do mundo. Porto Alegre: Sulina, 2005.

______. *No fundo das aparências*. Petrópolis: Vozes, 1996.

______. *O elogio da razão sensível*. Petrópolis: Vozes, 1998.

OLALQUIAGA, Celeste. *Megalopolis*: sensibilidades culturais contemporâneas. São Paulo: Studio Nobel, 1998.

PORTOGHESI, Paolo. *Depois da arquitetura moderna*. São Paulo: Martins Fontes, 2002.

R

Rede urbana

*Maria Encarnação Beltrão Sposito**

As relações entre urbanização e cidade remetem à reflexão sobre o conceito de rede urbana. Santos (1996, p.208) faz referência à polissemia do vocábulo rede, advertindo para as imprecisões e ambiguidades que podem decorrer desse fato. No âmbito das Ciências Sociais, muitos são os enfoques a partir dos quais se tem elaborado o conceito de rede urbana – lembremos que há identidades e distinções entre os conceitos de rede urbana, sistema urbano e armadura urbana, como pode ser visto em Beaujeu-Garnier (1980) e Pumain (1993, p.665) – e, no caso da Geografia francesa, a preocupação com o estudo das relações entre cidades remonta a 1841, com Reynaud, e 1895, com Réclus (Pumain, 1993, p.665). Corrêa (1997, p.131) frisa que "a rede urbana é a mais acabada, mais conhecida e mais estudada das redes geográficas" e, ainda, que ela é a principal síntese dessas redes (Corrêa, 1999, p.69). Lembrando que a cidade não é uma realidade geográfica autônoma, George (1983) trata o conceito a partir das relações que se estabelecem entre a cidade e a região, e reforça a tradição francesa de trabalhar com essa escala, pois para ele "as redes

* Universidade Estadual Paulista, Presidente Prudente, SP – Brasil.

urbanas são a verdadeira armação de cada região" (p.206), lembrando que para estudar as estruturas complexas das redes é preciso focar as relações entre cidade e campo e entre cidades. A abordagem da rede urbana, no âmbito da região, também é partilhada por Beaujeu-Garnier (1980, p.406), que a compreende como fato espacial de repartição das cidades numa dada parcela do espaço. Entretanto, essa autora considera, ainda, a abrangência da nação e aponta para a possibilidade de se trabalhar esse conceito em outras escalas geográficas. Um aspecto muito importante, destacado por ela, é que a rede urbana não tem a ver, em princípio, com localização ou classificação. As mesmas preocupações são ressaltadas por Rochefort (1998, p.20) ao indagar e propor elementos para responder à questão que apresenta:

> pode-se propor chamar de rede urbana a organização dos centros urbanos e de suas zonas de influência no interior de uma região controlada por um centro regional, e de arcabouço urbano comandado pelo capital nacional? O fato de o estudo do lugar situar numa ou noutra dessas duas escalas espaciais a diferenciação dos centros urbanos repousa em causas de natureza variada, e os elementos da rede urbana, constituídos pelos diversos tipos de centro, são mais ou menos numerosos segundo o modo de formação deste último.

Essa abordagem contém duas categorias analíticas (forma e função) nas quais Corrêa (1989b, p.70-1) apoia-se para designar rede urbana: "a rede urbana pode ser considerada como uma *forma* espacial através da qual as *funções* urbanas se realizam", e acrescenta, adiante, a necessidade de se reportar aos *processos* sociais e à *estrutura* capitalista, valorizando, ao fazer essa análise, as quatro categorias analíticas eleitas por Milton Santos (1985) para a compreensão da realidade social: função, forma, processo e estrutura.

A ideia de ampla determinação no processo de constituição da rede urbana é partilhada por diversos autores, que demonstram os limites de modelos e teorias que se apoiam em idealizações ou seleção de mesmas variáveis para estudar ou demonstrar a estruturação de redes urbanas e suas tipologias, geralmente funcionais, em situações geográficas e históricas diversas. Mesmo admitindo que o capitalismo coloca as funções econômicas das cidades em primeiro plano, Roncayolo (1990, p.56-72) apresenta suas críticas a propostas que se fundamentam na lógica do mercado, como a de Harris, de 1945, que compreende os papéis das cidades e das relações entre elas a partir da definição de seus setores básico e banal. Roncayolo (1990) também demonstra os limites da Teoria dos Lugares Centrais ou do Modelo de Lösch, chamando atenção para o fato de que essas teorias têm pouca validade empírica e se apoiam em pressupostos teóricos questionáveis, posto que a demanda, nos termos da economia clássica, seria, segundo essas propostas, o elemento estruturador da rede urbana. No caso desses modelos, o que se revela como central é a compreensão de que as relações entre as cidades estão, essencialmente, definidas pelo mercado e atendendo prontamente às suas demandas, pouco se considerando a gênese das cidades e suas histórias. Rochefort (1998, p.23) destaca que as redes urbanas não se estruturam, apenas, considerando as necessidades atuais, mas também expressam o que permanece das fases anteriores. Com preocupação de mesma natureza, Corrêa (1999, p.67) escreve sobre a historicidade das redes geográficas e Dias (1995, p.12), ao consagrar a primeira parte de seu livro à análise da formação e evolução da rede urbana brasileira, toma como princípio o fato de que as redes não se inscrevem no vazio, mas em espaços geográficos já plenos de disparidades sociais e regionais. Santos (1996, p.209), por outro ângulo, reforça a mesma ideia, ao destacar que as redes podem ser examinadas por enfoque genético ou atual. No primeiro caso, elas são vistas como processo, do qual fazem parte movimentos que se dão em tempos diversos, cuja sucessão não é aleatória; ao contrário: ocorrem sempre que uma mudança morfológica ou técnica se faz necessária, o que, segundo ele, torna complexa, mas fundamental a reconstituição de suas histórias. O que pretendemos reforçar com esses destaques é a importância que se deve dar, na análise das redes, à apreensão de seus diferentes níveis de determinação. O diagnóstico de uma dada situação urbana no contexto de um território e as possibilidades dessa situação geográfica, em termos de atendimento das demandas definidas no mercado, não são suficientes para entender os papéis urbanos desempenhados por uma cidade, embora esses sejam também níveis de determinação da divisão econômica e territorial do trabalho que se estabelece entre as cidades que constituem uma rede urbana. Se, no plano geral, é necessário compreender o estágio de desenvolvimento do capitalismo e de suas forças produtivas, é preciso, por outro lado, reconhecer e considerar as especificidades das diferentes formações históricas, bem como essas formações se organizam espacialmente, para analisar a estruturação das redes urbanas que as apoiam e as expressam. Nesse sentido, o conceito de formação socioespacial é essencial, porque é capaz de contemplar de forma articulada uma formação econômico-social e o processo de produção e apropriação do espaço por essa sociedade. Há um modo de produção, enquanto estrutura, e múltiplas formas de realização desse modo de produção no tempo e no espaço. Aceitando-se essa ideia, trabalhamos com a possibilidade de que não há, necessariamente, coincidência espaço-temporal entre uma formação econômico-social e uma formação socioespacial. Em outras palavras, admitimos que no processo de constituição da formação socioeconômica brasileira, no contexto de suas articulações com o modo capitalista de produção, podemos reconhecer mais de uma formação socioespacial, sobretudo antes do desenvolvimento do processo de industrialização e de constituição de um mercado nacional para essa produção industrial. Assim, quando consideramos, para compreender o presente, a análise das relações que se iniciaram no século XIX entre complexo cafeeiro e formação socioespacial que por meio dele se realizou, não estamos defendendo que essa formação corresponda exatamente à formação socioeconômica brasileira ou com ela coincida como um todo, mas admitimos a constituição plena ou embrionária de outras formações socioespaciais, como aquela baseada nas relações entre pequena propriedade e presença imigrante no Sul do Brasil. Esse ponto de vista torna mais importante e mais difícil a análise da rede urbana que se conformou no estado de São Paulo, por exemplo, pois sua consolidação, no bojo do processo de industrialização, veio orientar a formação da rede urbana brasileira, por meio da articulação de redes urbanas regionais pretéritas ao conjunto dos fluxos necessários à integração do mercado nacional. Entretanto, esse processo de articulação não se faz de forma direta e tampouco simples, porque as redes urbanas regionais ou as regiões com pequeno número de centros urbanos que não chegam a conformar redes urbanas, ou ainda, os territórios praticamente sem cidades, ao se integrarem ao mercado consumidor engendrado pela industrialização, estão plenos de história, pois seus conteúdos econômicos, sociais e culturais anteriores estão inscritos no espaço e serão parte da nova configuração que se desenha e da nova rede de relações que se estabelece.

Os aspectos destacados a seguir ajudam a pensar sobre essas dificuldades de compreensão que se nos apresentam:

> tipos de capitalismo e de capitalistas, estratégias de investimentos estão na origem da formação ou das mudanças de redes urbanas, de espaços econômicos comandados ou servidos pelas cidades. Atrás da cidade, é preciso encontrar, ao menos nas economias liberais, os atores reais, elites mais ou menos enraizadas, detentoras de capitais capazes de promover inovação técnica. Na estrutura social das cidades, mais que na adição de suas funções, é possível apreender o poder de organização territorial, por meio das mudanças históricas, da acumulação da renda fundiária à constituição das redes bancárias e financeiras. (Roncayolo, 1990, p.70)

A questão da gênese e, por consequência, da busca da historicidade de uma rede urbana a partir da sociedade, da economia e da política que a engendra é, então, fundamental segundo diferentes pontos de vista. Um ângulo que interessa especialmente à Geografia é aquele referente às formas como se estabelecem os fluxos que articulam as cidades entre si e dão configuração e existência a uma rede urbana.

Tem-se estabelecido estreita relação entre o conceito de rede urbana e o de hierarquia urbana, esta entendida como expressão da classificação das cidades, segundo o maior ou menor número e importância de papéis que desempenham no âmbito da rede e, por conseguinte, da abrangência dos espaços comandados ou polarizados por elas. No entanto, a ideia de que os fluxos que articulam cidades de uma rede urbana sejam do tipo hierárquico e/ou restritos a uma região ou aos espaços nacionais é limitada para a apreensão das lógicas e determinantes que orientam a estruturação de redes urbanas no período contemporâneo. Camagni (1993a e 1993b), analisando a evolução recente dos sistemas de cidades, destaca que eles se afastaram muito do previsto no Modelo de Christaller que propugnava uma hierarquia fechada de centros e zonas de mercado. Esse autor destaca, ainda, que é preciso considerar agora o paradigma das redes e reconhecer a superposição e/ou coexistência de três lógicas de organização espacial (territorial, competitiva e em rede) às quais corresponderiam redes "hierarquizadas verticalmente", "de complementaridade" e "de sinergia e de inovação" (Camagni, 1993a, p.112). A partir dessa perspectiva, as redes se organizam não apenas por fluxos hierárquicos, mas também por relações do tipo competitivas e/ou de cooperação. Roncayolo (1990, p.65) destaca, igualmente, que a divisão funcional do espaço não se dá exclusivamente por princípios hierárquicos, mas combina especialização, complementaridade e concorrência.

O conjunto das transformações, por exemplo, nas formas como se dão as relações entre as cidades do estado de São Paulo, indica que múltiplas redes de fluxos se estabelecem, colocando em relação as cidades paulistas, segundo lógicas que respondem a diferentes divisões regionais do trabalho que se superpuseram e estão superpostas, denotando que o espaço é, como destacou Milton Santos, acumulação desigual de tempos. Em grande parte, a superposição de lógicas diferentes corresponde a meios técnicos de circulação diversos entre si e que respondem a demandas igualmente distintas, tornando evidente a coexistência de mais de uma lógica na estruturação de uma rede urbana. Isso ocorre não apenas em função de mudanças no decorrer do tempo, mas, sobretudo, porque a combinação de diferentes elementos constitutivos determinantes da rede urbana se dá de forma diversa espacialmente. Corrêa (1997a, p.133; 1997b, p.112) contribui, efetivamente, para desvendar essa diferencialidade temporal e espacial entre as redes, ao distinguir traços na dimensão organizacional delas (existência, construção, formalização e organicidade), em suas dimensões temporais (duração, velocidade dos fluxos e frequência), bem como espaciais (escala, forma espacial e conexão). Ainda que o autor tenha proposto essa tipologia para o conjunto das redes geográficas, esses atributos são importantes para se reconhecer os graus de determinação espaçotemporal das redes urbanas e as formas como se combinam elementos e lógicas constitutivos de cada uma delas. Assim, por exemplo, do ponto de vista da organicidade de uma rede, as relações que se estabelecem no âmbito da administração pública geram fluxos que se estruturam hierarquicamente (do plano nacional para o estadual, regional e municipal, no caso brasileiro) e têm como apoio cidades de diferentes portes. Parte dessas cidades também pode compor uma rede organizada segundo uma lógica de cooperação, a partir de fluxos que expressam relações de sinergia entre cidades de diferentes tamanhos, como a de uma equipe de cientistas que se debruça em torno da cura de uma doença. Da mesma forma, apoiando-se nesses mesmos espaços urbanos, podem se estruturar redes com tempo e escalas diferentes, como as de transporte aéreo e de transporte rodoviário. Essa multiplicidade de possíveis combinações entre os elementos e lógicas constitutivas das redes torna-as ainda mais complexas, no período atual, em que a presença e sobreposição de fluxos materiais e imateriais estruturam as redes, em geral, e as urbanas, em particular. Machado (1998, p.5) afirma que " no estudo das organizações espaciais é preciso hoje uma noção mais complexa de rede do que aquela tornada senso comum na geografia". Entre outros pontos, a autora ressalta que

> a estrutura conectiva das redes obedece, em princípio, a uma concepção teleológica: seleciona lugares segundo os objetivos para os quais a rede está dirigida e não, necessariamente, pelo conjunto de variáveis endógenas que conforma o lugar; esse processo pode ser seletivo tanto em termos dos lugares escolhidos como dos indivíduos e grupos participantes. (Machado, 1998, p.5)

A consideração das determinações da estrutura conectiva das atuais redes não deve, contudo, obscurecer um aspecto já destacado nessa caixa, que é a pluralidade de determinações e elementos que constitui a rede urbana, ela própria síntese de outras redes. Essa preocupação é, ainda, mais relevante, ao se observar que as redes são, como destacou Santos (1996, p.220), simultaneamente reais e virtuais. O autor afirma que a realidade material das redes é ser uma promessa que se realiza quando a comunicação se estabelece por meio delas, tornando-as reais e historicamente válidas. Como as cidades são pontos de apoio de múltiplas redes e elas mesmas constituem a rede urbana, por sua vez sobreposição, somatória e síntese de todas as outras, pode-se afirmar que a rede urbana é real, porque é material e virtual ao mesmo tempo, já que suas cidades se articulam por meio de transportes de bens e pessoas, mas também pela circulação de informações de toda natureza. O papel desempenhado pelos avanços obtidos nos meios de telecomunicações, nos últimos decênios, é responsável, em grande parte, pela crescente importância (e não pela gênese) de lógicas espaciais configuradas em redes. O que as telecomunicações possibilitam é a relativização das distâncias (e não a sua anulação como postulam alguns), pois as distâncias não são mais, necessariamente, o elemento central da estruturação das redes. Quando se analisam as redes urbanas do tipo hierárquico, verifica-se que elas se estruturam segundo polos (cidades) e suas áreas de influência, havendo relação direta entre a importância da cidade no âmbito da rede, o tamanho da área que ela comanda, e consequentemente, a distância em que se encontra de outros polos urbanos e áreas rurais que estão em sua área de polarização. Entretanto, quando analisamos as atuais redes, verificamos o peso das mudanças decorrentes das possibilidades criadas pelos avanços técnicos, as quais viabilizam novas formas de configuração e estruturação delas. É fundamental reconhecer essas mudanças, mas é preciso ser cauteloso quanto à tendência de sobrevalorizar o papel das técnicas. Offner (1993, p.236-7) assinala que os dispositivos técnicos são construções sociais e não devem, assim, ser pensados como motores das mudanças. É, ainda, importante, como destaca Benakouche (1999, p.2), entender que o "significado da técnica é uma tarefa essencialmente política", já que "objetiva e subjetivamente ela é construída por atores sociais, ou seja, no contexto da própria sociedade". Esse ponto de vista tem importância para se compreender o papel das redes ferroviária, rodoviária e de telecomunicações na redefinição contínua da rede urbana, atribuindo a essas infraestruturas um papel importante sem considerá-las causa das mudanças ou tampouco tomá-las separadamente como um sistema em si, o que significaria não compreender a formação socioespacial no âmbito da formação socioeconômica brasileira em suas relações com o modo capitalista de produção.

No período atual, as articulações entre essas diferentes escalas de realização da vida econômica, social e política viabilizam-se pela existência de redes técnicas que reconfiguram as redes urbanas, mas não são essas redes os sujeitos do processo. Por outro lado, o reconhecimento das possibilidades oferecidas pelo avanço técnico para o estabelecimento de novas formas de relações entre indivíduos, empresas, instituições e lugares não significa afirmar que as relações em rede são as únicas formas, segundo as quais se realizam as articulações. Lévy (1994, p.313) afirma que "a outra opção de luta contra a distância que representa a *telecomunicação* iguala as situações criando difusões ubiquistas" (grifo do autor), mesmo destacando que um certo número de funções exige o contato físico e a comunicação direta, pois, para ele, a

> telessociabilidade não apaga a cidade senão pelas relações menos interativas e/ou mais banais, o que, em certos domínios (o da vida política, por exemplo), está longe de ser negligenciável. Mas o que resta da ordem do urbano beneficia-se da ubiquidade das redes imateriais por instigar sua atração e suas hierarquias até as periferias mais afastadas. A oposição entre pontos de um território não pode mais, então, ser fundamentada no acesso aos serviços, mas sobre o caráter interno ou externo da acessibilidade. (Lévy, 1994, p.313-4)

Aceitando a importância crescente dos fluxos imateriais na constituição das relações que estruturam as redes urbanas é que se pode reconhecer que a fluidez é o elemento que define o grau de acessibilidade capaz de relativizar as distâncias e as hierarquias que organizavam as redes pretéritas, ao possibilitar, no âmbito delas, relações de competição ou cooperação entre cidades de diferentes portes. Entretanto, é preciso reconhecer que a fluidez não é uma categoria técnica, mas uma entidade sociotécnica, como destacou Santos (1996, p.219) que, para caracterizá-la, frisou que

> a fluidez atual é, pois, um resultado da realização conjunta de três possibilidades, provindas da existência de: 1) formas perfeitas universais; 2) de normas universais e, ao mesmo tempo, de uma desregulação universal; e 3) de uma informação universal, que é base, também, de um discurso universal.

Essa fluidez revela-se no espaço e no tempo, porque designa a relativização da extensão e da duração dos fenômenos e dinâmicas. Por outro lado, a circulação imaterial das ideias, das informações e do capital, em sua forma financeira, amplia as possibilidades de constituição de redes urbanas, cujas cidades participam, simultânea e seletivamente, de espaços locais, regionais e até nacionais e internacionais. É preciso, ainda, notar que as cidades que constituem uma rede urbana participam dela e/ou de outras redes, segundo lógicas espaciais contínuas (como é próprio das relações que se estabelecem hierarquicamente) e descontínuas (como pode ocorrer no caso dos fluxos definidos segundo lógicas de cooperação).

Por fim, assinalamos, com base em Corrêa (2000, p.125), que é possível articular rede urbana e formação espacial ao se destacarem as complexas relações que se estabelecem entre elas, pois: "uma rede urbana pode exibir características associadas aos diversos momentos da formação em que está inscrita, ou das diversas formações espaciais a que esteve associada".

Para ler mais

BEAUJEU-GARNIER, Jacqueline. *Geografia urbana*. Lisboa: Fundação Calouste Gulbenkian, 1980.

BENAKOUCHE, Tâmara. Tecnologia é sociedade: contra a noção de impacto tecnológico. *Cadernos de Pesquisa*. Florianópolis: Programa de Pós-graduação em Sociologia Política/UFSC, n.17, 1999, p.1-22.

CAMAGNI, Roberto. Organisation économique et réseaux de Villes. In: SALLEZ, Alain (dir.). *Les villes, lieux d'Europe*. Paris: Datar; Paris: Éditions de l'Aube, 1993a, p.107-28.

______. Réseaux de coopérations et réseaux de Villes: éléments pour une thérorisations et une taxonomie. In: Colloque Mutations Économiques Et Urbanisation, 1993, Lyon. *Actas*... Lyon: Económica, 1993b, p.65-85.

CORRÊA, Roberto L. Dimensões da análise das redes geográficas. In: SILVA, José Borzachiello da et al (orgs.). *A cidade e o urbano*. Fortaleza: Universidade Federal do Ceará, 1997a, p.131-6.

______. *Rede urbana*. São Paulo: Ática. 1989b.

______. Rede urbana e formação espacial – uma reflexão considerando o Brasil. *Território*, Rio de Janeiro, n.8, p.121-9, 2000.

______. Redes geográficas – cinco pontos para discussão. In: VASCONCELOS, Pedro; SILVA, Sylvio B. de M. e (orgs.). *Novos estudos de geografia urbana brasileira*. Salvador: Editora da UFBA, 1999, p.65-70.

______. *Trajetórias geográficas*. Rio de Janeiro: Bertrand Brasil, 1997.

DIAS, Leila C. *Réseaux d'information et réseaux urbain au Brésil*. Paris: L'Harmattan, 1995.

GEORGE, Pierre. *Geografia urbana*. São Paulo: Difel, 1983.

LÉVY, Jacques. *L'espace légitime*. Paris: Presses de la Fondation Nationale des Sciences Politiques, 1994.

MACHADO, Lia O. Movimento de dinheiro e tráfico de drogas na Amazônia. *Discussion Paper Series*, n.22, 1998. Acesso em 17/7/2001. Disponível em: <http://www.unesco.org/most/ds22por.htm>.

OFFNER, Jean-Marc. Les effets structurants du transport: mythes politiques, mystification scientifiques. *L'Espace Géographique*, Paris, n.3, p.223-42, 1993.

PUMAIN, Denise. Les systèmes de villes. In: BAILLY, Antoine et al. (orgs.). *Encyclopédie de Geographie*. Genebra: Economia, 1993, p.663-81.

ROCHEFORT, Michel. *Redes e sistemas*: ensinando sobre o urbano e a região. São Paulo: Hucitec, 1998.

RONCAYOLO, Marcel. *La ville et ses territoires*. Paris: Gallimard, 1990.

SANTOS, Milton. *A natureza do espaço*. São Paulo: Hucitec, 1996.

______. *Espaço & método*. São Paulo: Nobel, 1985.

Redes geográficas

*Sandra Lúcia Videira**

O termo rede é antigo e é antiga também a preocupação em entender suas manifestações e efeitos sobre a organização do território. Dada a sua polissemia, tem provocado muitos debates, mas pouco ou nenhum consenso sobre seu conceito. Esse termo, muitas vezes, só consegue dar significado ao que se pretende quando vem adjetivado. Os significados, propostas e abordagens são diversos. Há aqueles, a exemplo de Ilse Scheren-Warren e Rogério Haesbaert, entre outros, que trabalhavam com redes sociais por meio do estudo das migrações. Outros trabalham com redes estratégicas de empresas, a exemplo de Rainer Randolph, Ricardo Castillo e Márcio Cataia. Outros, ainda, trabalham com redes técnicas, a exemplo das redes de telecomunicação, como Tâmara Benakouche e Leila Dias. Esta, por sua vez, também trabalha com redes financeiras. Há, ainda, os que trabalham com redes urbanas (redes de cidades), como Roberto Lobato Corrêa, entre tantos outros. Isso para falar somente de alguns vieses de análise que transitam pela Geografia. Todas essas possibilidades de enfoque são consideradas redes geográficas, um tipo de rede definida por

* Universidade Estadual do Centro-Oeste do Paraná, Guarapuava, PR – Brasil.

Corrêa (1999, p.65) como um "conjunto de localizações sobre a superfície terrestre articulado por vias e fluxos". É a espacialização que vai diferenciá-la dos outros tipos de redes. Ela tem uma dimensão espacial que irá articular lugares diferentes.

Dadas as várias possibilidades de análise, o termo rede foi sendo apropriado por diferentes áreas do saber científico, além do uso disseminado no cotidiano, sem precisões conceituais. Nas ciências exatas, as áreas que lidam com a informática utilizam-no na perspectiva das redes de computadores; nas ciências biológicas, as áreas da saúde falam das redes circulatórias; e, nas ciências sociais, o enfoque é variado. Assim, as mais diferentes áreas se apropriaram da rede com propósitos diferentes, embora respeitando, sempre, o princípio da conexidade. Assim, a Antropologia trata das redes de vizinhança, parentesco e amizade; a Sociologia, das redes da articulação política, ideológica ou simbólica. Scherer-Warren (1995) apresenta com detalhes os vários vieses de apropriação do termo pelas diversas áreas do saber. Dias (1992) afirma que fluxos de todo tipo pressupõem a existência das redes. A primeira propriedade da rede é a conexidade, ligação. Assim, os nós das redes são os lugares de conexão, de referência, de exercício do poder que serão solidarizados, unidos pela conexidade das redes. É salutar destacar que, ao mesmo tempo que a rede solidariza, ela marginaliza conforme seus interesses de selecionar pontos para ação, já que a rede é manifestação de ações/interesses sociais. Rede, por si só, como apresenta o *Dicionário Aurélio* (1977, p.432) significa "fios, cordas, arames, etc. entrelaçados, fixados por malhas que formam como que um tecido. [...] o conjunto dos meios de comunicação ou informação (telefone, telégrafo, rádio, televisão etc.) ou das vias (e do equipamento) de transporte ferroviário, aéreo etc.", além de outros significados que não se encaixam nos debates acadêmicos que são realizados nas ciências geográficas. Denota-se, no entanto, que rede subentende ligação. Ligação esta que une pontos, nós e forma as malhas. Parrochia (apud Santos, 1996), em seu livro sobre a filosofia das redes, afirma que "é com Lavoiser, na passagem do século XVIII para o XIX", que, com a química, aparece "a verdadeira ciência da ligação e da comunicação de substâncias", reclamando "instrumentos teóricos que estão na origem do conceito científico de redes". Esse autor resgata a origem da palavra rede nos escritos franceses e suas variações no latim, identificando assim sua descendência a partir da palavra *reticule*, que aparece em jornal francês no ano de 1682. Dessa busca resultou a designação de redes como "um conjunto de linhas entrelaçadas [...] e 'nó' da rede a cada intersecção dessas linhas" (Santos, 1996, p.208).

Dias (1992, p.144) apresenta, também, os primeiros indícios da adoção do termo, nas primeiras décadas do século XIX. A autora, ao apresentar as primeiras contribuições sobre o termo, o faz no sentido de estabelecer relações entre os autores da época, para que assim possa ter a noção geral do significado do termo. Ela não pretendeu trazer a discussão para explicação dos dias de hoje, pois isso corresponderia "ao uso de lentes profundamente deformadoras". Ela afirma que o termo aparece como "um conceito chave e privilegiado do pensamento de Saint-Simon" e que Ribeill (1988 apud Dias, 1992) afirma que até a primeira metade do século XIX esse termo estava ausente dos dicionários franceses da época, aparecendo com propriedade apenas nos trabalhos dos discípulos de Saint-Simon. Esse filósofo e economista francês, na linha de um socialismo planificador, defendia um Estado organizado racionalmente a partir de cientistas e industriais. É nesse sentido que seus discípulos (engenheiros, banqueiros, economistas e industriais) deixam as contribuições sobre o termo em questão. O primeiro deles, Michel Chevalier, economista e engenheiro, que em 1832 usa o termo para tratar da relação entre as comunicações e o crédito, em seu artigo destacava que os centros industriais estavam ligados pelas vias de transportes e pelas redes de bancos, e que as redes de transportes e as dos bancos eram traçadas paralelamente, pois uma viabilizava a outra. O segundo trabalho, também de 1832, é resultado do esforço de quatro engenheiros (Lamé, Clapeyron e os irmãos Stéphane e Eugène Flachat) que, inseridos nos ideários liberais da época, refutavam toda iniciativa estatal na concepção e execução de um sistema de comunicações, cabendo estes ao setor privado, que até então manifestava desinteresse em dotar o território de meios circulantes, como os canais e as ferrovias. Não tardou para que um sistema de comunicação generalizado na França fosse implantado, ligando canais e estradas de ferro que se tornaram hierarquizadas conforme seu grau de importância no tráfego. Aparece, aí, a "propriedade de conexidade à noção de rede". O terceiro, de 1863, do também engenheiro Leon Lallane, é consagrado, segundo historiadores, como o primeiro ensaio teórico sobre as redes (Ribeill, 1988 apud Dias, 1992), pois ele buscou mostrar as leis que direcionavam a configuração das redes de estradas de ferro. De maneira geral, todos os trabalhos se inseriam em um "projeto de integração territorial, integração de mercados regionais, pela quebra de barreiras físicas, obstáculos à circulação de mercadorias, de matérias-primas, mas também de capitais", num momento de expansão capitalista francesa (Dias, 1992, p.145).

Em 1955, o geógrafo Labasse com sua tese *Os capitais e a região* traz de volta à cena a discussão sobre a rede de capitais, afirmando que após o *boom* da rede ferroviária a França assistiu um *boom* da rede bancária. Monbeig (1952), em sua tese sobre os pioneiros e plantadores de café no estado de São Paulo, tem um capítulo que trata das redes ferroviárias e sua importante função de circular a produção cafeeira, favorecendo assim a conexão entre as áreas de produção e escoamento. Após esses dois trabalhos da década de 1950, há uma ausência de trabalhos sobre redes, com exceção de redes urbanas. Em meados da década de 1980 ocorre a retomada de trabalhos na linha e, também, uma disseminação do termo rede para onde quer que olhemos. A retomada, nesse momento, coincide com os aumentos dos fluxos de informação, mercadorias, ideias, capitais, pessoas, pertinentes ao meio-técnico-científico-informacional. Scherer-Warren (1995, p.1) afirma que a rede, "embora incorporado pelas Ciências Sociais desde a década de 1940, vem se constituindo, nos anos recentes, num paradigma de análise bastante usado, porém com significados diversos", tanto para as ciências que a utiliza como conceito teórico-metodológico, como para os atores sociais ao se referirem "a um tipo de relação ou prática social". Corrêa (1997) contribuiu de forma considerável no debate das redes geográficas, propondo dimensões de análise para as mesmas: as dimensões organizacional (configuração interna da rede), temporal (duração da rede e a velocidade com que os fluxos se realizam) e espacial (como a visualizamos no espaço). Tais dimensões dariam inteligibilidade à adoção do conceito para interpretação da organização do território. Castells (2000) discute o conceito de rede de forma a alicerçá-lo nas discussões sobre a sociedade na era da informação, a sociedade em rede. Para ele, "rede é um conjunto de nós interconectados. Nó é o ponto no qual uma curva se entrecorta [...] o que um nó é depende do tipo de redes concretas que falamos". O autor exemplifica: bolsas de valores e suas centrais de serviços, a rede do tráfico que tem como suporte uma série de nós: local de plantação, laboratórios, pistas de aterrissagem, instituições de lavagem de dinheiro etc. e segue afirmando que

> A topologia definida por redes determina que a distância (ou intensidade e frequência da interação) entre dois pontos (ou posições sociais) é menor (ou mais frequente, ou mais intensa), se ambos os pontos forem nós de uma rede do que se não pertencerem à mesma rede. [...] A inclusão/exclusão em redes e a arquitetura das relações entre redes, possibilitadas por tecnologias da informação que operam à velocidade da luz, configuram os processos e funções predominantes em nossas sociedades.

Assim,

> redes são estruturas abertas capazes de expandir de forma ilimitada, integrando novos nós desde que consigam comunicar-se dentro da rede, ou seja, desde que compartilhem os mesmos códigos de comunicação. [...] Redes são instrumentos apropriados para a economia capitalista baseada na inovação, globalização e concentração descentralizada. [...] a morfologia da rede também é uma fonte de [...] reorganização das relações de poder. As conexões que ligam as redes [...] representam os instrumentos privilegiados do poder. (Castells, 2000, p.566)

Dessa forma, fica claro que a inserção no mundo de redes é fundamental para a "sobrevivência/interação" no mundo dos negócios. Podemos subentender, então, que a rede é uma forma de relação a partir de objetos concretos distribuídos estrategicamente ou não no espaço, pelos quais permeiam fluxos das mais diferentes ordens – materiais ou não. No atual momento histórico, de mundialização do capital, quando a agilidade/instantaneidade das informações se tornam cruciais, percebemos as redes técnicas cada vez mais presentes no território. Estas são, portanto, o resultado do acúmulo de inovações nas estruturas, nos equipamentos e nos serviços urbanos, e foram surgindo uma após as outras, em resposta a uma demanda social. A ferrovia, a rodovia, a telegrafia, a telefonia e a teleinformática se fazem exemplos, com o propósito de agilizar a circulação e comunicação de pessoas, mercadorias, informações e capitais. Logo, fica evidente que a História veio dando conteúdo ao termo. É importante destacar o papel que a burguesia ocupava quando da decisão de implantação dessas redes, tendo em vista que a mesma vinha muitas vezes para atender seus interesses. As técnicas desempenharam importante papel sobre a organização territorial do Brasil, como destacou Pierre Monbeig (1952). As redes ferroviárias tiveram a função de circular a produção cafeeira, favorecendo assim a conexão entre as cidades (portos) e também entre as fazendas das várias cidades. Não diferente disso, na França, é forte o papel das redes na organização do território francês, com o propósito de integração do país, de suas áreas produtoras e consumidoras.

A qualidade de instantaneidade e simultaneidade das redes de informação possibilitou o acontecer de processos inusitados e complexos nessa contemporaneidade, envolvendo integrações: produtiva, de mercados, financeira e de informação. A rede aparece como um instrumento que viabiliza estratégias de circular e comunicar. Raffestin (1993) apresenta essas duas estratégias viabilizadas pelas redes – circular e comunicar. Ele afirma que as redes se adaptam às variações do espaço e do tempo – sendo, por isso, instrumentos de poder –, pois são móveis e inacabadas. É evidente a superação dos avanços técnicos das redes de circulação, a exemplo das redes de telégrafos e mais tarde da rede de telefonia e, atualmente da rede da internet. É importante destacar, conforme Dias (1992), que a análise das redes não deve ser tratada isoladamente, mas procurar "suas relações com a urbanização, com a divisão territorial do trabalho e com a diferenciação crescente que ela introduziu entre as cidades". Nesse sentido, podemos absorver também os ensinamentos de Santos (1996) quando ele sugere que seja feita uma análise genética e atual das redes para que, assim, possam ser desvendadas suas relações com o território. Embora exista uma multiplicação de conceituações ou noções, a única certeza é a de que as redes "se enquadram em duas grandes matrizes: a que apenas considera o seu aspecto, a sua realidade material, e uma outra, onde é também levado em conta o dado social". Assim, Curien (apud Santos, 1996, p.209) sugere para o entendimento da primeira matriz:

"toda infraestrutura, permitindo o transporte de matéria, de energia ou de informação, e que se inscreve sobre um dado território onde se caracteriza pela topologia dos seus pontos [...]". Na segunda, a rede é "social e política, pelas pessoas, mensagens, valores que a frequentam". Essas matrizes coincidem, respectivamente, com a distinção que Curien e Gensollen (apud Benakouche, 1995, p.228) faz entre as redes-suportes e as redes-serviços:

> as primeiras são as redes técnicas, ou seja, os fios, os cabos, os feixes de microondas, os terminais, as centrais de comutação etc. por onde circulam e são processadas as informações; as segundas dizem respeito aos serviços ofertados, isto é, as relações que as redes-suportes permitem estabelecer entre seus usuários, estando nessa categoria o processamento remoto de dados, o correio eletrônico, a consulta a bancos de informação etc.

Logo, as redes são veículos e possuem uma configuração. O seu conteúdo manifestará em uma forma.

A estruturação do espaço é, portanto e cada vez mais, um espaço em redes, um espaço sulcado por uma multiplicidade de fluxos que são drenados através das redes de transporte e de telecomunicações. As tecnologias servem de suporte para a circulação que se dá num território onde a sociedade se organiza não mais apenas em espaços de contiguidade espacial, mas também com descontinuidade espacial, ou seja, presenciamos a superação do paradigma das áreas pelo paradigma das redes. No entanto, devemos estar atentos para não cairmos em um reducionismo da geometrização em detrimento da análise do movimento. A base da noção de rede se assenta no caráter de diversidade e heterogeneidade territorial e na distribuição de pontos de produção e consumo de bens e serviços. É nesse sentido que a discussão de redes técnicas (transportes e comunicações) se torna mais presente, tendo em vista a sua vocação em aproximar lugares em diferentes escalas: planetárias, regionais ou locais.

Para ler mais

BENAKOUCHE, Tâmara. Redes de comunicação eletrônica e desigualdades regionais. In: GONÇALVES, Maria F. P. (org). *O novo Brasil urbano, impasses, dilemas e perspectivas*. Porto Alegre: Mercado Aberto, 1995, p.227-37.

CASTELLS, Manuel. *Sociedade em rede*. São Paulo: Paz e Terra, 2000.

CORRÊA, Roberto L. Dimensões de análise das redes geográficas. In: *Trajetórias geográficas*. Rio de Janeiro: Bertrand Brasil, 1997, p.107-118.

______. Redes geográficas – cinco pontos para discussão. In: VASCONCELOS, Pedro de A.; SILVA, Sylvio B. de M. e. *Novos estudos de Geografia Urbana*. Salvador: EdUFBA, 1999, p.65-70.

______. Redes, fluxos e territórios: uma introdução. *Anais do III Simpósio Nacional de Geografia Urbana*. Rio de Janeiro, 1993.

DIAS, Leila C. Desenvolvimento tecnológico e urbanização: o ritmo das redes técnicas. *Seminário metropolização e sociedade*: novas tendências na relação espaço tempo. Rio de Janeiro, IPPUR, 6-8 out. 1993.

______. Redes: emergência e organização. In: CASTRO, I. E. de; GOMES, P. C. da C.; CORRÊA, R. L. (Orgs.). *Geografia, conceitos e temas*. Rio de Janeiro: Bertrand Brasil, 1995, p.141-164.

______. Redes eletrônicas e novas dinâmicas do território brasileiro. In: CASTRO, I. E. de; GOMES, P. C. da C.; CORRÊA, R. L. (Orgs.). *Brasil, questões atuais da reorganização do território*. Rio de Janeiro: Bertrand Brasil, 1996, p.115-144.

______. *Les Réseaux de telecommunication et l'organisation territoriale et urbaine au Brésil*. Paris, Tese (Doutorado) – Universidade Paris IV, 1991.

HAESBAERT, Rogério. *Redes e des-territorialização. Des-territorialização e identidade – a rede "gaúcha" no nordeste*. Niterói: Eduff, 1997, p.94-105.

MONBEIG, Pierre. *Pioneiros e fazendeiros de São Paulo*. São Paulo: Hucitec, 1984.

RAFFESTIN, Claude. *Por uma geografia do poder*. São Paulo: Ática, 1993.

SANTANA, Mário R. C. Sobre as redes e sobre o acesso às redes. *Anais do X Congresso Brasileiro de Geografia*. Goiânia: AGB, 2004.

SANTOS, Milton. *A natureza do espaço*: técnica e tempo, razão e emoção. São Paulo: Hucitec, 1996.

SCHERER-WARREN, Ilse. Metodologia de redes no estudo das ações coletivas e movimentos sociais. *Cadernos de Pesquisa*, Florianópolis, UFSC, n.5, ago. 1995.

Redes sociais

*Luciano Antonio Furini**

Em termos epistemológicos, o conceito de rede social constitui uma especificidade relativa ao âmbito social das abordagens ligadas ao termo *rede,* mais amplo e menos rigoroso no que se refere à gama de situações e processos que pode designar. Em meio às incertezas que as discussões sobre redes conduzem, é possível encontrar uma certeza: a de que o termo *rede* ou nomeia o âmbito relacional ou o constitui enquanto estrutura organizacional. A natureza relacional das redes advém da própria realidade em transformação que ela busca interpretar, já que a mediação é central nos diversos tipos de redes. Considerando que todo conceito deve estar devidamente vinculado a uma teoria e que pode ocorrer fluidez conceitual devido ao movimento do real, encontra-se aqui um delimitador para o esforço de apresentação que se pretende aqui, pois o termo *rede* [ou redes] guarda alto grau de relatividade contextual ligada ao espaço e ao tempo e também amplas possibilidades de conceituação devidas aos vários usos do termo.

* Universidade Estadual Paulista, Ourinhos, SP – Brasil.

A palavra *rede* possui vários significados, como registram os dicionários. Considerando os aspectos gramaticais, a palavra rede é um substantivo feminino e faz referência, segundo o *Dicionário Priberan*, a vários tipos de tecidos, ou seja, nomeia-os também como o conjunto de linhas de caminhos de ferro, telefônicas, telegráficas e de canais. O termo ainda pode significar cilada, o que metaforicamente, mas não apenas, pode remeter aos aspectos ideológicos, nos quais a organização em rede implicaria uma armadilha social se consideradas as intencionalidades presentes. Já no *Dicionário Michaelis*, além dos significados acima, a palavra rede é utilizada com locuções adjetivas, como alguns tipos de redes de computadores e redes de artérias. Considerando a relevância da velocidade das transformações no período atual, é possível afirmar que diversos *conceitos* são redefinidos no movimento entre sua vulgarização e respectiva revisão científica. Com o conceito de redes não é diferente. O caráter metafórico de muitas abordagens denuncia a incipiente fase de elaboração conceitual das redes em vários âmbitos do conhecimento. Algumas exceções podem ser encontradas nas Ciências Sociais.

Feitas essas considerações iniciais, resta observar como o termo rede se constitui como conceito segundo teorias ou como se objetiva enquanto característica e referência central de metodologias em alguns campos de análise. A desproporção entre as diversas áreas do conhecimento que teorizam utilizando rede como conceito é bastante ampla: Ciências Exatas, Biológicas, da Saúde, Humanas e Agrárias; em disciplinas que vão desde a Neurobiologia e a Psicologia Cognitiva, no caso das redes neurais, até áreas como Sociologia Econômica e Planejamento Urbano, no caso das redes sociais. Os princípios fundamentais da aplicação da noção de rede podem ser apreendidos a partir de duas matrizes contraditórias: uma relativa à tendência de articulação interna e externa – composta de relacionamento, interação, ajuda mútua, intermediação, compartilhamento, integração, comunicação e complementaridade; e outra relacionada à tendência de fechamento e contenção – composta por grupos de interesse, segregação, exclusão, divisão, barreiras e desigualdade. Se, na primeira, o propósito é compreender as relações fomentadas no sentido da abertura e da sociabilidade, na segunda são as formas de relações direcionadas ao fechamento e conservação de restrições sociais, embora nesta ocorram também interações, no entanto internas e fechadas para alguns segmentos, setores ou tipos de fluxo.

Sobre a existência de uma teoria das redes sociais enquanto constituinte da teoria social há certa ambiguidade em vários autores. Enquanto alguns parecem concordar que atualmente se estrutura uma teoria das redes sociais, outros destacam não existir uma teoria delas (Barnes, 1972; Johnson, 1994), ocorrendo referências às redes sociais enquanto um conceito com grande potencial metodológico, mas que não chega a constituir uma teoria específica (Fontes; Stelzig, 2004). No entanto, devido à ampla abrangência e à potencialidade do tema, várias iniciativas contribuem para uma construção teórica. Esse esforço apresenta ambiguidade por causa do grande número de áreas que abordam o tema. Por um lado, a contribuição a partir de diversas áreas amplia as possibilidades e formas de investigação; por outro, pode levar à utilização equivocada da abordagem das redes e a resultados limitados. Considerando essa divergência de posições, as interpretações remetem a visões particulares do tema. Para Recuero (2004, p.2), por exemplo,

> os primeiros passos da teoria das redes encontram-se principalmente nos trabalhos do matemático Euler, que criou o primeiro teorema da teoria dos grafos. Um grafo é uma representação de um conjunto de nós conectados por arestas que, em conjunto, formam uma rede. Em cima dessa nova ideia, vários estudiosos dedicaram-se ao trabalho de compreender quais eram as propriedades dos vários tipos de grafos e como se dava o processo de sua construção, ou seja, como seus nós se agrupavam.

Neste caso, é importante notar que a estrutura de uma rede, por mais complexa que pareça, pode ser estudada enquanto base para compreensão das relações entre os elementos que dela participam.

A informação é um dos elementos centrais das redes, pois contém potencialidades que somente serão decifradas e objetivadas de acordo com o tipo de âmbito no qual circula. A organização em rede apresenta vantagem em lidar com a informação, dado que permite maior velocidade na circulação de informação e consequentemente maior possibilidade de decodificação das informações e efetivo uso. É nesse sentido que Castells

(1999) destaca que um dos aspectos da sociedade em rede – no que se refere ao modo de desenvolvimento informacional no modo de produção capitalista – está relacionado à ação do conhecimento sobre o conhecimento; ou seja, as redes constituem o tipo de organização ou de estrutura que pode potencializar um maior desenvolvimento do conhecimento. Note-se que, em outros períodos da história, a informação também circulava por meio de redes. No entanto, o que muda no período atual são a intensidade e o predomínio da informação sobre outros modos de desenvolvimento. A busca por sistematização dos estudos sobre redes gerou variadas formas de análises, algumas apoiadas nos estudos a partir da teoria dos grafos. Recuero (2004), por exemplo, apoiada em Degenne e Forsé (1999, p.2), destaca que "na Sociologia, a teoria dos grafos é uma das bases do estudo das redes sociais, ancorado na chamada Análise Estrutural, proveniente das décadas de 1960 e 1970, que dedica especial atenção à análise das estruturas sociais". Recuero também enfatiza que é a origem sistêmica dessa abordagem que lhe confere importância, pois permite uma abordagem que considera o todo em suas inter-relações.

Além da importância da estrutura, o conteúdo, a forma e os tipos de relações constituem os elementos básicos presentes nas redes e a partir dos quais várias articulações podem ser consideradas. Levando em conta a ampla gama de abordagens,

> as redes podem ser consideradas apenas de maneira metafórica (como no caso das diversas tradições das ciências sociais que usam as redes em termos descritivos e discursivos), normativa (como nos estudos de administração de empresas que objetivam melhorar as redes) ou como método para o estudo de situações sociais específicas através do estudo das conexões sociais nelas presentes. (Marques, 2007, p.35)

Essas três formas de abordagem ajudam a vislumbrar a amplitude de situações, processos e organizações envolvidos, permitindo compreender especificidades que conferem cientificidade às argumentações sobre as redes, a despeito da grande abrangência do tema. Em meio a essa diversidade, destacam-se as possíveis aplicações dos estudos:

> no caso dos fenômenos com padrões relacionais de baixa complexidade, o uso de metáforas é, na maior parte das vezes, o mais proveitoso analiticamente. Entretanto, o avanço mais importante possibilitado por essa literatura está na utilização das redes como método de investigação, iluminando situações sociais nas quais os padrões de relação apresentam complexidade tão elevada que não podem ser analisados satisfatoriamente através de narrativas que explorem as redes metaforicamente. (Marques, 2007, p.35)

O sentido que Marques parece conferir quando se refere à designação método de investigação é o de metodologia ou procedimentos metodológicos adotados, como no caso da análise de redes sociais e suas respectivas técnicas de investigação. Quando o termo redes recebe o adjetivo social, ganha especificidade de adequação às ciências sociais. Nessa nova especificação, as redes, agora enfaticamente sociais, também vão ser evocadas a partir de diferentes áreas do conhecimento, a despeito de sua gênese na teoria dos grafos. Serão justamente as dificuldades de sistematização e articulação entre os componentes quantitativos e qualitativos – problema que também pode ser identificado em vários tipos de pesquisas nas ciências sociais –, que constituirão o cerne de muitos debates no âmbito das redes sociais. Em meio a essas dificuldades, surgirão inúmeras classificações, tipificações, associações relativas aos sentidos, direcionamentos, distâncias, importâncias, abrangências, localizações e representações presentes nas redes sociais.

As redes sociais passam a ser pesquisadas por diversos autores

> entre os quais se destaca o antropólogo John Barnes, um dos primeiros a explorar o tema. No ano de 1953, durante uma reunião da Association of Social Anthropologists, realizada em Oxford, Barnes apresentou a versão preliminar de uma pesquisa sobre a organização social em uma paróquia do oeste da Noruega, chamada Bremnes, que no ano seguinte foi publicada no artigo *Class and Committees in a Norwegian Island Parish.* (Corrêa, 2008, p.96)

Desse modo, a autoria do termo rede social foi atribuída a John Barnes em 1954. Surge, assim, uma definição do termo:

> a imagem que eu tenho é de uma coleção de pontos, sendo que alguns estão ligados por meio de linhas. Os pontos da imagem são constituídos por pessoas ou, às vezes, grupos, e as linhas servem para indicar que as pessoas estão interagindo umas com as outras. (Barnes, 1954 apud Corrêa, 2008, p.96)

Nas ciências sociais o tema das redes sociais também comparece na produção acadêmica quando das pesquisas sobre interação social, pois "a preocupação já se fazia presente na ontologia social considerada por clássicos da Sociologia como Simmel, e foi objeto de atenção destacada em estudos diversos ao longo dos últimos trinta anos" (Marques, 2007). Conferindo especificidade social ao tema das redes, Capra (2002, p.5) destaca que redes sociais "são redes de comunicação que envolvem a linguagem simbólica, os limites culturais e as relações de poder". Nesse sentido, a ativação ou não das potencialidades relacionais presentes nas pessoas, grupos, empresas, técnicas e cidades vão constituir-se enquanto objeto de estudo presente direta ou indiretamente nas abordagens sobre redes sociais, pois todos esses pontos das redes estão contidos contraditoriamente na produção e reprodução do espaço social. Pensando nessas relações diretas e indiretas é importante destacar a especificação de que "em um nível mais concreto, o estudo das redes sociais remete diretamente aos padrões de sociabilidade presentes em um dado contexto" (Marques, 2007, p.38).

Algumas das contribuições mais significativas sobre redes sociais podem ser identificadas em conceitos como laços fracos de Granovetter (1973), de capital social de Bourdieu (1980) e dos buracos estruturais de Burt (1992). Em todos eles as relações sociais, em seus diversos tipos e a partir de diversas estruturas constituem o âmago das abordagens sobre redes sociais. Em comum entre os conceitos de laços fracos e buracos estruturais está a ligação que os mesmos implicam entre diferentes redes ou sub-redes, ora enquanto ponte ou único caminho – no caso dos laços fracos – entre duas pessoas, empresas ou setores, por exemplo, ora enquanto lacuna com potencialidade de ser preenchida com certa ligação – no caso dos buracos estruturais – já que implicaria em que os pontos conectáveis (atores ou grupos) possuíssem complementaridades entre si no âmbito de uma estrutura (Vale; Wilkinson; Amâncio, 2008). Quanto ao uso do conceito de capital social, o maior destaque pode ser dado ao modo como as redes sociais maximizam ou não o apoio social a partir de certos contatos, como aqueles presentes nas redes de familiares, de amigos e do trabalho. Desse modo, "para os autores que tentam conectar o capital social às redes, as características comportamentais destacadas pela literatura como confiança mútua e civismo (a partir de Putnam) seriam geradas e reproduzidas pelas redes de relações" (Marques, 2007, p.6), o que conferiria especificidade ao tipo de relação enquanto formadora de capital social, dado que este implica o grau de apoio efetivo ou potencial que uma pessoa possui em certo contexto social. Para Franco (2008, p.10),

> qualquer coletivo de três ou mais seres humanos pode conformar uma rede social, que nada mais é do que um conjunto de relações, conexões ou caminhos (graficamente representáveis por arestas) e de nodos (vértices). Há rede quando são múltiplos (a rigor mais de um) os caminhos entre dois nodos.

Para o autor, "esses fenômenos não podem ser adequadamente captados e explicados pelas categorias e hipóteses (que compõem as teorias) tradicionais das ciências sociais. Esse é o motivo do surgimento de uma nova ciência das redes" (ibid., p.10). Os principais fenômenos talvez sejam "o *clustering* (aglomeramento), o *swarming* (enxameamento), a autorregulação sistêmica, a produção de ordem emergente e/ou a desconstituição de ordem preexistente (ou remanescente) e a redução do tamanho (social) do mundo (*crunch*)" (ibid.). Nesse tipo de abordagem fica implícito que as metáforas, embora encerrem problemas já bastante conhecidos quanto aos seus limites frente às abordagens científicas, devem ser apreendidas de modo diferenciado no caso das redes, devido ao fato de que as estruturas das redes apresentam elementos bastante similares em relação ao modo como são representadas. A análise de redes sociais constitui uma metodologia útil para compreensão da estrutura social. A análise de redes consiste em se considerar um conjunto finito de atores e as relações definidas entre eles (Wasserman; Faust, 1994, apud João, 2009). Metodologia de pesquisa surgida na segunda metade do século XX no âmbito das Ciências Sociais, a análise de redes sociais desenvolve-se com o surgimento e interação entre um conjunto de conceitos operacionais no âmbito da análise relacional e modelos estatísticos de redes, na busca de avançar sobre a compreensão de problemas próprios das relações sociais (Fazito, 2002).

Como enfatizado anteriormente, para alguns autores, a análise de redes sociais ocupa um lugar nas ciências sociais contemporâneas enquanto nova metodologia e ao contribuir "para a consolidação da teoria social geral, como os apontamentos sobre a integração analítica macro/micro e disputas adjacentes – por exemplo, a proeminência ou não da estrutura sobre a ação individual" (Degenne; Forsé, 1999, p.9-10). Nesse sentido, a análise de redes sociais se diferenciaria das abordagens que utilizam dados convencionais nos estudos. Hanneman (2004) destaca que a maior diferença entre dados convencionais e reticulares é que os dados convencionais se centram em atores e atributos enquanto os dados de rede se centram em atores e relações (ou nós e vínculos). Uma das particularidades da análise de redes é que, em geral, não se utilizam amostras, buscando-se considerar todos os atores de determinada população, esta sim pode ser tomada como uma amostra de um conjunto mais amplo de determinada população (Hanneman, 2004).

A análise de redes permite que se observe como as relações sociais estão estruturadas e essa observação pode ser conseguida por meio das técnicas de análise de redes, como no caso daquelas que resultam em sociogramas que mostram os padrões mais gerais das redes sociais. Nesse sentido

> o fundamento teórico básico da análise de redes sociais é que os fenômenos sociais têm como suas unidades básicas as relações sociais, e não os atributos dos indivíduos. Neste sentido, o mundo social seria constituído ontologicamente por padrões de relação de vários tipos e intensidades em constante transformação. (Marques, 2007, p.35)

Atualmente, atributos e relações não são mais pensados como excludentes entre si, tanto os atributos podem contribuir para estabelecer relações quanto as relações podem ajudar a construir atributos (Ibid., p.36).

As variantes das formas de análise de redes são inúmeras. Uma delas considera que "a análise das redes sociais parte de duas grandes visões do objeto de estudo: as redes inteiras (*whole networks*) e as redes personalizadas (*ego-centered networks*)". Na primeira, "é focado na relação estrutural da rede com o grupo social" e, na segunda, o foco estaria no fato de que o "papel social de um indivíduo poderia ser compreendido não apenas através dos grupos (redes) a que ele pertence, mas igualmente, através das posições que ele tem dentro dessas redes" (Recuero, 2004, p.3). Considerando que as relações sociais ocorrem envoltas a mediadores sociais – por meio dos quais os pontos da rede se comunicam –, torna-se cada vez mais importante compreender as características destes mediadores. Meios de comunicação social, cartas, telefones, televisores e internet fazem parte de uma gama de técnicas utilizadas para estabelecer contatos permitindo formar e manter redes sociais. A internet revoluciona a ocorrência de redes sociais em ambientes de comunicação social. No final do século XX começam a surgir diversas opções de interação social por meio da internet, entre elas os chamados *sites* de relacionamento. Nesse contexto, as redes sociais ganham ainda mais variações e formas de interação. As várias modalidades de mediadores sociais e a tendência à fusão das mídias permitem a ampliação do escopo social passível de ocorrer redes sociais. O exemplo dos *sites* de relacionamento é emblemático das inúmeras possibilidades de se fomentar relações sociais por meio da internet. Orkut, MySpace, Facebook, Habbo, Windows Live Spaces e Friendster são alguns dos chamados serviços de *rede social* oferecidos enquanto mediadores nos dias atuais. Observa-se, assim, uma diferenciada, intensa e dinâmica ocorrência de redes sociais em âmbito mundial, alterando a abrangência das relações por meio de novas tecnologias, ligando e desligando, incluindo e excluindo pessoas e grupos, lançando novo sentido ao fato de se estar presente ou ausente em determinados ambientes sociais. No que se refere às influências da lógica das redes na sociedade atual e vice-versa, uma nova dinâmica das redes sociais lança maior complexidade nas formas de abordagem, não apenas pelo fato de existirem inúmeras possibilidades de análise de redes sociais, mas também pelo fato de que a opção por organizar-se em rede está em constante conflito com outras formas de organização, como no caso da forma hierárquica.

Para ler mais

BARNES, J. A. Class and Committees in a Norwegian Island Parish. *Human Relations*, Londres, n.7, p.39-58, 1954.

BARNES, J. A. *Social Networks*. (An Addison-Wesley Module in Anthropology.) Module 26, 1972, p.1-29.

BOURDIEU, P. O capital social – notas provisórias. In: NOGUEIRA, M. A.; CATANI, A. (orgs.). *Pierre Bourdieu*: escritos de educação. Petrópolis: Vozes, (1998 [1980]).

BURT, R. S. *Structural Holes*: The Social Structures of Competition. Massachusetts: Harvard University Press, 1992.

CAPRA, F. *As conexões ocultas*: ciência para uma vida sustentável. São Paulo: Cultrix, 2002.

CASTELLS, M. *A sociedade em rede*. São Paulo: Paz e Terra, 1999. (A era da informação: economia, sociedade e cultura; v.1.)

CORRÊA, C. H. W. *Reterritorializações no não-lugar da rede social orkut*. Tese (Doutorado em Comunicação Social). Porto Alegre: Pontifícia Universidade Católica do Rio Grande do Sul, Faculdade de Comunicação Social, 2008.

DEGENNE, A.; FORSÉ, M. *Introducing Social Networks*. Londres: Sage, 1999.

DICIONÁRIO Michaelis: moderno dicionário da Língua Portuguesa. São Paulo: Melhoramentos. Disponível em: <http://michaelis.uol.com.br/moderno/portugues/index.php>. Acesso em: 28 out. 2009.

DICIONÁRIO Priberam da Língua Portuguesa. Disponível em: <http://www.priberam.pt/DLPO/default.aspx?pal=rede>. Acesso em 11 nov. 2009.

FAZITO, D. A Análise de Redes Sociais (ARS) e a migração: mito e realidade. XIII Encontro da Associação Brasileira de Estudos Populacionais, Ouro Preto, 4-8 nov. 2002.

FONTES, B. A. S. M.; STELZIG, S. Sobre trajetórias de sociabilidade: a ideia de relé social como mecanismo criador de novas redes sociais. *Revista Política & Sociedade*, n.5, out. 2004.

FRANCO, A. *Escola de redes*: nova visões. 2008. Disponível em: <http://www.redejuvenil.com.br/arquivos/Escola_de_redes_Novas_Visoes.pdf>. Acesso em: 25 jan. 2010.

GRANOVETTER, M. The strength of weak ties. *American Journal of Sociology*, v.78, n.6, p.1360-80, maio 1973.

GRANOVETTER, M.; CASTILLA, E.; HWANG, H. GRANOVETTER, E. Social networks in Silicon Valley. In: LEE, C. M.; MILLER, W. F.; HANCOCK, M. G.; ROWEN, H. S. (eds.). *The Silicon Valley Edge*. Stanford: Stanford University Press, 2000. p.218-47.

HANNEMAN, R. A. *Introducción a los métodos del análisis de redes sociales*. Universidad de California Riverside, 2004. Disponível em: <http://revista-redes.rediris.es/webredes/textos/>. Acesso em: 14 maio 2010.

JOÃO, B. N. Redes em subsidiárias de multinacionais: um estudo de caso com análise de redes sociais de inventores e patentes. *Revista de Administração Pública*, Rio de Janeiro, v.43, n.5, p.1037-66, set./out. 2009. Disponível em: <http://www.scielo.br/pdf/rap/v43n5/v43n5a04.pdf>. Acesso em: 10 jan. 2010.

JOHNSON, J. C. Anthropological contributions to the study of social networks. In: WASSERMAN, S; GALASKIEWICZ, J. *Advances in Social Network Analysis*. Londres: Sage, 1994.

MARQUES, E. C. *Redes sociais, segregação e pobreza em São Paulo*. Tese (Livre Docência em Ciência Política). São Paulo: USP, Faculdade de Filosofia, Letras e Ciências Humanas, 2007.

MULLER, D. N. *Um estudo comparativo entre as redes neurais artificiais e o processo de aquisição da linguagem humana*. Disponível em: <http://www.inf.ufrgs.br/~danielnm/docs/ti1.pdf>. Acesso em: 12 nov. 2009.

RECUERO, R. C. Redes sociais na Internet: Considerações iniciais. IV Encontro dos Núcleos de Pesquisa da XXVII INTERCOM, set. 2004, Porto Alegre/RS. Disponível em: <http://www.bocc.ubi.pt/pag/recuero-raquel-redes-sociais-na-internet.pdf>. Acesso em: 3 abr. 2010.

SIMMEL, G. El cruce de los circulos sociales. Sociología, n.2. *Estudios sobre las formas de socialización*. Alianza Universidad, 1972 [1908].

SWEDBERG, R. Sociologia econômica: hoje e amanhã. *Revista Tempo Social*. v.16, n.2, 2004. Disponível em: <http://www.scielo.br/pdf/ts/v16n2/v16n2a01.pdf>. Acesso em: 1 mar. 2010.

VALE G. V.; WILKINSON, J.; AMÂNCIO, R. Empreendedorismo, inovação e redes: uma nova abordagem. *Revista de Administração de Empresas* – eletrônica, v.7, n.1, art.7, jan.-jun. 2008. Disponível em: <http://www.scielo.br/scielo.php?script=sci_pdf&pid=S1676-56482008000100008&lng=en&nrm=iso&tlng=pt>. Acesso em: 10 jan. 2010.

WASSERMAN, S.; FAUST, K. *Social Network Analysis*: Methods and Applications. Cambridge: Cambridge University Press, 1994.

Renda fundiária

*Jovenildo Cardoso Rodrigues**

A renda fundiária, enquanto constructo teórico, constitui conceito amplamente debatido por parte de diversas ciências (Economia, Geografia, Sociologia) que compõem o campo acadêmico ocidental, sobretudo por conta de sua potencialidade teórico-prática enquanto elemento de mediação para efeito de desenvolvimento de um pensamento analítico e crítico com relação ao movimento de ações, transformações e contradições imanentes ao modo capitalista de produção e suas implicações na produção do espaço contemporâneo. Algumas das primeiras reflexões acerca da respectiva teoria remontam à obra seminal de Adam Smith, *A riqueza das nações: uma investigação sobre a natureza e as causas da riqueza das nações*. Para ele, a renda da terra configura-se como o preço a ser pago pelo colono ao proprietário fundiário, em função do uso da terra por parte do colono. Caracterizava-se, pois, como o preço mais elevado que o colono poderia pagar nas circunstâncias em que a terra se encontrava. Ainda para Smith (1981), a renda da terra não somente dependeria da fertilidade, mas também de sua situação geográfica. Assim, a terra que rodeia uma cidade,

* Universidade Federal do Pará, Ananindeua, PA – Brasil.

por exemplo, produziria uma renda maior que outra de igual fertilidade situada em uma zona mais afastada do país. A renda da terra, sob esse ponto de vista, seria não mais que um benefício revertido ao proprietário de terra pelo fato deste ceder suas propriedades para a produção agrícola, a extração vegetal e mineral. Segundo tal perspectiva, a demanda definiria o preço da terra, posto que as forças de mercado que caminham num movimento de livre concorrência tenderiam a estabelecer o preço de acordo com o nível de procura da respectiva terra. Tal procura apresenta relação com a possibilidade de obtenção de um excedente na forma de lucro ao colono como resultado da produção.

Para Ricardo, em seu trabalho clássico, denominado *Princípios da economia política e tributação*, a renda da terra é concebida como uma compensação que seria paga ao proprietário da terra pelo uso desse instrumento de poder original e indestrutível. Nesse sentido, *"la renta es aquella porción del producto de la tierra que se paga al proprietário por el uso de la potencia original e indistructible del suelo"* (Ricardo, 1985, p.69). Ricardo (1985) afirma ainda que a abordagem smithiana da renda da terra apresentava um caráter dúbio, ao interpretar a respectiva noção, ora num sentido *strictu*, ao atribuir à terra um preço natural pago pelo colono ao proprietário de terras, pelo uso da mesma; ora num sentido *lato*, ao fazer alusões e exemplificações que ampliavam demasiadamente o sentido do respectivo termo, por exemplo, ao considerar a atividade extrativa vegetal ou mineral como geradora de renda. A esse respeito Ricardo (1985), divergindo das concepções smithianas, ressalta que determinadas atividades extrativas minerais ou vegetais não geravam renda, posto que as mesmas não se caracterizariam pelo uso da terra para produção agrícola. Para esse autor, a análise da natureza da renda da terra estaria relacionada com o uso da mesma e sua associação com a produção agrícola e as dinâmicas do mercado capitalista. Nesse sentido, a renda da terra, enquanto poder original e indiscutível, caracterizar-se-ia pelo caráter diferencial e sua relação com a fertilidade da terra, a produtividade do trabalho empregado na produção. Dessa maneira, a diminuição da quantidade de terra disponível constituiria fator que tenderia a influenciar no aumento da renda, interferindo significativamente na diminuição da capacidade produtiva e nos níveis de lucratividade. A abordagem ricardiana apresenta, como um dos elementos centrais de suas reflexões, um debate a respeito da renda diferencial da terra. Considerando tal perspectiva, a renda da terra apresentaria diferenças de preço que estão associadas a diversos aspectos, entre os quais a sua localização e distância em relação ao mercado consumidor, o grau de fertilidade da terra, a abundância ou não de terrenos férteis para se produzir, a quantidade de capital empregado na produção e a quantidade de mão de obra empregada. Com efeito, tais aspectos influiriam na definição e na diferenciação do preço da terra no mercado e na renda diferencial da terra.

Uma terceira abordagem clássica, que resultou em uma série de debates críticos no período contemporâneo, diz respeito à concepção de renda da terra em Marx (1989), para quem a renda fundiária capitalista constitui-se em mais-valia resultante do trabalho excedente, produzido pelas classes trabalhadoras e apropriado pelos proprietários fundiários. Dessa maneira, a renda fundiária em Marx configurar-se-ia como parcela do excedente produzido pela classe trabalhadora apropriada pela classe dos proprietários fundiários que, por exercerem o monopólio da terra, se beneficiariam dessa condição para obtenção de renda. Nesse sentido, Marx considerava que a renda fundiária capitalista apresenta tipificações específicas: 1) renda diferencial (I e II); 2) renda absoluta; e 3) renda de monopólio. Para Marx (1989), a renda diferencial I é de formulação ricardiana, segundo a qual a renda se expressa como a diferença entre os produtos obtidos com o emprego de duas quantidades de capital e trabalho; representaria uma abordagem incompleta, uma vez que apenas definiria o lucro suplementar, já que este se converte em renda fundiária quando duas quantidades de capital e trabalho se aplicam em extensões de terras iguais, com resultados desiguais. Dessa maneira, segundo Marx (1989), a renda diferencial I em Ricardo (1985) promoverá uma abordagem que examina resultados desiguais de iguais quantidades de capital, aplicados em terras diferentes. Em sua análise, Marx apresenta como pressuposto para questionar a abordagem ricardiana o fato de que, considerando a fase de desenvolvimento da agricultura, o modo capitalista de produção domina todos os ramos da economia e estabelece investimentos produtivos simultâneos de capital nas diversas áreas, redefinindo os níveis de produtividade. Segundo Lenz (1992), uma diferença fundamental entre a concepção de renda diferencial ricardiana e a marxista tem relação com o fato de a primeira perspectiva considerar a hipótese de que a renda se dava das melhores para as piores terras, ao passo que a perspectiva marxista considera a necessidade de se pensar o desenvolvimento das forças produtivas em cada caso, de maneira a se compreender elementos histórico-geográficos gerais imanentes à produção do modo capitalista de produção.

Por sua vez, a renda diferencial II em Marx pode ser concebida como aquele tipo de renda oriunda da aplicação sucessiva no mesmo terreno, de diversas quantidades de capital, com produtividades diferentes. A renda diferencial II manifestar-se-ia como estágio avançado do capitalismo rural, uma vez que seu surgimento deve-se à aplicação intensiva de capital, fato que evidencia a superação da fase em que a terra é abundante e a exploração da mesma apresenta-se de maneira extensiva (Marx, 1989). Assim, o surgimento da renda diferencial II acontece apenas em uma fase histórica posterior à da renda diferencial I, uma vez que esta constitui a base da formação da renda diferencial II. A renda diferencial I produziria um lucro suplementar e seria um elemento fundamental da análise de Marx a respeito da renda diferencial II, principalmente diante da necessidade de verificação da lei da formação de tais lucros e suas implicações na produção do capital, a partir de maiores investimentos de capital em mesmo terreno (Lenz, 1992).

Quanto à teoria da renda absoluta, Marx afirma que suas reflexões têm por base as proposições ricardianas da renda da terra. Não obstante, Marx (1989) diverge de Ricardo na medida em que este último autor afirma que a renda caracterizar-se-ia tão somente como diferencial, não podendo uma porção de terra homogênea gerar, isoladamente, uma renda. Tal afirmação implica a negação da renda absoluta. Para Marx (1989), até mesmo a pior terra apresenta um preço de mercado, pois, segundo a ótica do proprietário fundiário, o emprego do capital no pior tipo de solo configurar-se-ia como elemento gerador de renda; caso contrário, o proprietário não terá nenhum interesse em arrendar a sua terra para o capitalista. Portanto, tal perspectiva considera a oferta de terra como o elemento gerador da renda, contrariamente à proposição ricardiana, que define a demanda do mercado como o instrumento a partir do qual seriam desencadeadas relações de produção que resultariam na renda diferencial da terra.

A renda de monopólio, por sua vez, foi concebida enquanto produto da divisão social e territorial do trabalho, baseada no poder monopolista dos donos privados sobre certas porções de terras do planeta (Marx, 1989). Numa sociedade em que predomina o modo capitalista de produção, os agentes sociais competem por terras de diferentes qualidades em diferentes situações e os proprietários fundiários competem entre si, com o objetivo de obtenção da maior renda. Marx alerta para o fato de que em determinadas circunstâncias históricas, em que não prevalecem as condições de competitividade, pode realizar-se renda de monopólio (Marx, 1989), uma vez que o proprietário fundiário deterá o controle da terra e, portanto, a possibilidade de produção. Com efeito, a renda de monopólio dependerá de alguns fatores entre os quais se pode destacar: a escassez de terra, o poder coletivo de classe, a posição do dono da terra em relação à renda que se cobra e o preço (Marx, 1989). Assim, a renda de monopólio estará condicionada à escassez e à capacidade por parte dos proprietários fundiários, de realizarem um preço de monopólio.

O período que compreende o pós-1970 constituiu-se num momento de ruptura e de revoluções no/do campo acadêmico ocidental, como resultado da necessidade de se compreender múltiplas e complexas transformações socioespaciais que se configuravam na sociedade como resultado das novas dinâmicas de produção capitalista do espaço. Dentro de tais circunstâncias, o debate a respeito da teoria da renda fundiária é retomado com maior força, por parte de algumas correntes marxistas e neomarxistas, enquanto instrumento de mediação com elevado potencial explicativo para análise do movimento desigual e combinado de reprodução do capital e suas manifestações territoriais. A esse respeito, Lipietz (1974), Lojkine (1971), Topalov (1979), Lefebvre (1999), Harvey (1982) e Camagni (2005), entre outros, constituem autores que retomam a teoria da renda fundiária, com o objetivo de compreender alguns processos de produção do espaço urbano. Para Lipietz (1974), o processo de reprodução do capital pressupõe o engendramento de relações de produção dominantes na cidade moderna, cujas manifestações se evidenciam na produção do imobiliário compreendido enquanto processo, a partir do qual se produz um sobrelucro setorial, constituído enquanto excedente do valor sobre o preço das construções. Dessa maneira, a renda do solo urbano representa processo dinâmico relacionado ao processo de valorização do espaço, compreendido enquanto reprodutor de novos lucros obtidos. Por sua vez, o sobrelucro tende a se transformar em renda na medida em que algumas condições de valorização dos capitais não são reproduzíveis, diante do monopólio do solo urbano pelos proprietários fundiários, fato que dificulta a expansão e valorização do espaço construído (Topalov, 1979).

A seu modo, Lefebvre (1972), ao dialogar com a concepção de renda da terra em Marx para pensar o processo de produção do espaço urbano contemporâneo, enfatiza que a produção capitalista da cidade se dá a partir da existência e da produção de rendas urbanas que possuem semelhanças com as rendas rurais fundiárias, na medida em que o processo de valorização do solo urbano engendra-se, sobretudo, a partir da produção da renda de situação (renda diferencial I), da renda de equipamento (renda diferencial II), associado à renda absoluta e à renda de monopólio. Tais elementos instrumentais encontram-se dialeticamente articulados, enquanto parte dos mecanismos de reprodução do capital, que tendem a influenciar ou mesmo redefinir continuamente a oferta de terras urbanas, interferindo no preço do solo urbano com o objetivo de acumulação de excedentes de mais-valia a partir de processos especulativos e de controle dos mercados de terras. O período contemporâneo, portanto, vem sendo marcado por transformações como resultado da reprodução de lógicas capitalistas de produção e consumo da cidade que, pautadas no movimento de acumulação do capital, tendem a produzir uma urbanização desigual, diferenciações socioespaciais, bem como a hierarquização de diferentes lugares em função da renda que proporcionam. Sob esse ponto de vista, a cidade transfigura-se em mercadoria cujo valor de uso é suprimido de importância, como resultado do processo de valorização do espaço urbano compreendido enquanto coisa dotada de valor de troca. A esse respeito, Botelho (2007) afirma que a hierarquização dos lugares em função da renda que proporcionam, a saber, o preço cobrado pelo solo e a exclusão da grande massa da população do acesso à terra são condições e resultados do processo de reprodução especificamente capitalista.

Diante desse conjunto múltiplo de processos socioespaciais imanentes ao movimento de produção e reprodução do espaço urbano, uma indagação se faz importante: qual a natureza da renda do solo urbano no período contemporâneo? A esse respeito, Sposito (1990) afirma que a renda fundiária urbana constitui, a um só tempo, realização econômica da propriedade privada e valorização dessa relação social, que resulta do monopólio da propriedade privada por parte de determinados agentes capitalizados. Tal relação realiza-se concretamente na construção civil de imóveis, na relação aluguel-venda, na locação de fábricas e de áreas não industriais para proprietários fundiários urbanos; na locação de equipamentos coletivos urbanos. Por sua vez, Botelho (2007) ressalta que a questão da renda fundiária constitui elemento importante para um pensamento acerca da produção do urbano, uma vez que este permite a compreensão da hierarquização dos usos do solo urbano, processos de acumulação do capital e o entendimento da reprodução das relações de produção capitalistas.

Segundo Camagni (2005), a renda que emerge de considerações principalmente de tipo microeconômico e microterritorial, relacionado com o preço de cada porção do espaço urbano. Requer interrogar também sobre a dimensão global e agregada, considerando-se o sentido macroeconômico e macroterritorial, enquanto cota distributiva da renda (nacional ou urbana) agregada, que diz respeito a uma específica classe social, a classe dos proprietários de terras. As mudanças no solo urbano não constituem, portanto, um fator da natureza dita natural ou original, na medida em que é também produzido por inversões infraestruturais e de atividades aglomerativas. Contudo, a cada uma de suas porções se aplica o qualificativo de escassez com referência a suas específicas propriedades de acessibilidade (Camagni, 2005).

A renda do solo urbano no período contemporâneo necessita ser analisada enquanto processo dinâmico, que se manifesta em cada lugar com particularidades inerentes às especificidades de reprodução do modo capitalista de produção, o que pressupõe considerar a localização territorial, o valor que os atores econômicos e sociais atribuem a cada espaço seja produtivo, seja residencial (Camagni, 2005). Assim, a renda do solo urbano está relacionada a processos de otimização de recursos territoriais, a custos de mobilidade e de transporte, configurando-se como preço que mantém o equilíbrio entre oferta e demanda do solo (Camagni, 2005).

A renda fundiária urbana emerge, de um ponto de vista microeconômico e microterritorial, das condições de concorrência e de competição por porções do espaço urbano. Não obstante, é necessário levar em conta a dimensão global e agregada, considerando-a numa perspectiva macroeconômica e macroterritorial enquanto parte distributiva da renda que tende a se concentrar nas mãos dos proprietários fundiários, cuja parte do processo de produção do espaço urbano encontra-se associada a diversas lógicas de reestruturação do espaço urbano, como resultado de ações, relações e contradições entre os agentes produtores do espaço urbano, bem como ao movimento de produção capitalista do espaço.

A teoria da renda do solo urbano vem constituindo objeto de uma série de reflexões e reformulações que objetivam explicar o sentido da natureza da renda no período contemporâneo. A esse respeito, Harvey (1982) ressalta que o monopólio da propriedade territorial, além de constituir-se premissa histórica, representa também uma base constante para a reprodução do modo capitalista de produção. Dessa maneira, a apropriação da renda e a existência de propriedades privadas de terras são condições socialmente necessárias para a perpetuação do capitalismo. Tal fato permite compreender o motivo pelo qual a força revolucionária do capitalismo, tende a destruir barreiras sociais que estão em seu caminho, e deixar intacta a propriedade de terras, permitindo a apropriação da renda por uma classe que não trabalha pessoalmente nem explora diretamente trabalhadores. Harvey afirma ainda que os donos de terras desempenham um papel ativo no processo de estruturação e reestruturação geográfica, quando tratam a terra como um bem financeiro puro dotado de valor de troca, com vistas à ampliação de processos de acumulação do capital. Para tanto, agentes econômicos tendem a atuar articuladamente com o Estado, promovendo investimentos no sentido de induzir processos de reestruturação produtiva e valorização do espaço, redefinindo homogeneizações, fragmentações, centralidades. Tal conjuntura promove a necessidade de diminuir o tempo de circulação das mercadorias e de estender geograficamente os mercados, tornando possível a aceleração do tempo de rotação do capital e, portanto, da terra compreendida enquanto ativo financeiro, a ser comercializada nas bolsas de valores. Não obstante, os donos de terras estão destinados a ganhar ou perder de acordo com o lugar, com o momento, ou mesmo com os investimentos infraestruturais efetuados pelo Estado, no sentido de promover processos de valorização do espaço a partir do estímulo a acessibilidade urbana (Harvey, 1982).

Harvey enfatiza ainda que o conjunto de forças que dão forma à geografia do capitalismo através do funcionamento do mercado de terras encontra-se em perpétuo perigo de dissolver-se, diante da incoerência e das orgias periódicas da especulação. Diante disso, o capital possui basicamente duas linhas de defesa: o monopólio de terras e o controle estatal a partir de mecanismos de ordenamento do território e da coerção por parte do respectivo aparelho estatal (Lojkine, 1997). A linha de defesa do Estado, portanto, tende a adotar medidas no sentido de regular o uso da terra, a expropriação da terra, o planejamento de seu uso, de maneira a frear as chamadas febres especulativas periódicas a que estão propensos os mercados de terras (Harvey, 1982). Com efeito, o capitalismo não pode desenvolver-se sem um preço para a terra, sem mercados e, sobretudo, sem mecanismos coordenadores básicos de alocação de seus usos (Harvey, 1982), uma vez que, sem tais condições, não podem existir monopólio da propriedade privada territorial e capacidade de apropriação das rendas. Assim, tanto a renda quanto a propriedade privada territorial são socialmente necessárias para a permanência do capitalismo.

Para ler mais

BOTELHO, A. *O urbano em fragmentos*: a produção do espaço e da moradia pelas práticas do setor imobiliário. São Paulo: Annablume/Fapesp, 2007.

CAMAGNI, R. La renta del suelo urbano. In: CAMAGNI, R. *Economia urbana*. Barcelona: Antonio Bosch Editor S.A., 2005.

HARVEY, D. *The Limits to Capital*. Oxford: Blackwell, 1982.

LEFEBVRE, H. *O pensamento marxista e a cidade*. Coimbra: Ulisseia, 1972

LENZ, M. E. *A categoria econômica renda da terra*. Porto Alegre: Fundação Econômica e Estatística Siegfried Emanuel Heuser, 1992.

LIPIETZ, A. *Le Tribut foncier urbain*. Paris: Francois Maspero. 1974.

LOJKINE, J. Y a-t-il une rente fonciére urbaine? *Espaces et Sociétés*, n.2, Anthropos, Paris, 1971, p.89 94.

LOJKINE, J. *O Estado capitalista e a questão urbana*. São Paulo: Martins Fontes, 1997.

MARX, K. *O capital.* Livro III, v.4, 5 e 6. Rio de Janeiro: Bertrand Brasil, 1989.

RICARDO, D. La renda. In: RICARDO, D. *Princípios de economia política y tributación.* Barcelona: ORBIS, 1985.

SMITH, A. De la rienta de la tierra. In: SMITH, A. *Investigación sobre la naturaleza y causas de la riqueza de las naciones.* Barcelona: Oikos Tau, 1981.

SPOSITO, E. S. *Produção e apropriação da renda fundiária urbana em Presidente Prudente.* Presidente prudente, 1990. Tese (Doutorado em Geografia). São Paulo: Universidade de São Paulo, 1990.

TOPALOV, C. análise do ciclo de reprodução do capital investido na produção da indústria da construção civil – capital e propriedade fundiária. In: FORTI, R. *Marxismo e urbanismo capitalista.* São Paulo: Livraria Editora Ciências Humanas, 1979, p.53-80.

T

Temporalidade

*Valéria Cristina Pereira da Silva**
*Eda Maria Góes***

Temporalidade é uma palavra derivada do conceito de tempo, composta do radical (tempo) e do sufixo adjetivo que transforma o substantivo. A ideia de temporalidade admite que pensemos sobre as qualidades do tempo: trata-se de uma abstração ainda mais detida do que aquela que definimos como tempo, pois nos implica em seus resultados e manifestações. Por vezes, tempo e temporalidade são termos que, se indistintos nos seus conteúdos gerais, essencialmente, permitem-nos subtrair diferenças significativas de ambos, sobretudo quando compreendemos, a princípio, o próprio tempo e, em seguida, o seu desdobramento em forma de temporalidade. As formas pelas quais o tempo se apresenta são temporalidades. As temporalidades derivam do tempo e, geralmente, não poderá haver temporalidade se não houver tempo. Na Filosofia, séculos de debate oscilam entre a concepção do tempo como um dado natural e objetivo e o tempo como, tão somente, uma representação, como um dado subjetivo.

* Universidade Federal de Goiás, Goiânia, GO – Brasil.
** Universidade Estadual Paulista, Presidente Prudente, SP – Brasil.

Nas Ciências Sociais, há argumentos e esboços que traçam um panorama sobre o tempo e temporalidade.

A expressão "tempo", para Elias (1984), remete ao relacionamento de posições ou segmentos pertencentes a duas ou mais sequências de acontecimentos em evolução contínua. Se as sequências em si são perceptíveis, relacioná-las representa a elaboração dessas percepções pelo saber humano para algo que não é perceptível – o tempo. Isso encontra expressão num símbolo social comunicável – a ideia de "tempo" – o qual, no interior de uma sociedade, permite transmitir, de um ser humano para outro, imagens mnêmicas que dão lugar a uma experiência. Sentimos a pressão do tempo cotidiano dos relógios e percebemos – cada vez mais intensamente à medida que envelhecemos – a fuga dos anos nos calendários. Tudo isso se tornou uma segunda natureza e é aceito como se fizesse parte do destino de todos os homens. A sucessão irreversível dos anos representa, de maneira simbólica, a sequência irreversível dos acontecimentos, tanto naturais, quanto sociais, e serve de meio de orientação dentro da grande continuidade móvel, natural e social. Numerados, os meses e dias do calendário passam então a representar estruturas recorrentes, no interior de um devir que não se repete. A consciência humana é atingida pela repetição inelutável das mesmas sequências, como o ciclo das estações, mais do que pela sucessão de anos que não voltarão jamais. Assim, segundo Elias (1984), quando os símbolos atingem um grau sumamente alto de adequação à realidade, torna-se difícil distingui-lo dessa mesma realidade. Essa equivalência, aos olhos de muitos, confunde-se, por um lado, com as sequências dos acontecimentos que balizam a própria vida e, por outro, com a relação construída pela civilização humana entre essas sequências de acontecimentos e com aquelas que repousam nos relógios e calendários. Desse modo, muitos não conseguem livrar-se da impressão de que é o próprio tempo que passa quando, na realidade, o sentimento de passagem refere-se ao curso de sua própria vida e também, possivelmente, às transformações da natureza e da sociedade. Conceitos como o de tempo implicariam um elevado nível de síntese, cujo saber resulta de um longo processo de aprendizagem que se estende no decorrer da história da humanidade. O tempo, visto dessa forma, é compreendido como um símbolo social, fruto do processo civilizador.

Não é tão somente objetivo ou puramente subjetivo, mas algo que se situa entre os processos físicos que indicam o fluxo do devir e que se converte em sinais que os indivíduos aprendem no seio da sociedade. São treze horas e dez minutos. O tempo é isso, ou seja, de acordo com Elias (1984), o tempo corresponde aos símbolos sociais que o representam. E a temporalidade corresponde a tudo que deriva dessas representações.

Na análise kantiana, duas formas de sensibilidade destacam-se: o espaço e o tempo. Essas formas de sensibilidade inatas desdobram-se não na natureza das coisas em si, mas das coisas para mim, ou seja, nas suas representações. Assim, podemos falar de tempo e espaço somente do ponto de vista humano e subjetivo. Ponderando racionalistas e empíricos, Kant crê que tanto a razão quanto os sentidos são importantes para o conhecimento. Une, portanto, as impressões dos sentidos aos pressupostos da razão para o modo como percebemos o mundo e o representamos. Kant sublinha tempo e espaço como "formas de sensibilidade" existentes em nossa consciência anterior a qualquer experiência. Qualquer coisa que experimentamos ocorre como fenômeno no tempo e no espaço. Portanto, ambos não são atributos do mundo físico, mas, sobretudo, propriedades da nossa consciência, inexistentes fora de nós mesmos e pertencentes por excelência à condição humana. Ou seja, a consciência humana não apenas guarda as impressões dos sentidos, mas ela própria representaria o mundo imprimindo-lhe seus referenciais íntimos, ou seja, sua subjetividade. A partir desse pensamento é possível dizer, por exemplo, que tempo e espaço são percebidos pela razão como uma dimensão dela própria. A lei da causalidade comparece, enquanto uma propriedade da razão humana, como eterna e absoluta apenas pelo fato de que a razão humana considera tudo o que acontece dentro de uma relação de causa e efeito. Nossos sentidos poderiam ser outros, mas não são. De modo algum deixamos de buscar a causa para os fenômenos, assim como nossa percepção do tempo e do espaço poderia ser totalmente diversa, mas obedece à imutável lei da causalidade intrínseca ao próprio homem, que sob os óculos da razão está sujeito a limites. Espaço e tempo aparecem como primazia do conhecimento, condições sem as quais é impossível conhecer, todavia o conhecimento universal não se extingue neles.

Na fenomenologia de Merleau-Ponty (1994), a consciência desdobra-se e constitui o tempo entendido como idealidade, intensificando a complexidade das conexões existentes entre passado, presente e futuro. O devir desliza no presente e no passado, assim como o passado é sempre reconstituído a partir de um novo presente. Perfilar e projetar o futuro também altera a visão do próprio presente. De acordo com Merleau-Ponty (1994), o tempo figura não como uma linha, mas como uma rede de intencionalidades. Ele retoma a metáfora do escoamento e as implicações da analogia entre o tempo e o curso de um rio, para concluir que o tempo nasce de uma relação subjetiva com as coisas e "os acontecimentos" que são recortados por um observador finito. A leitura do "deslizamento" do tempo faz embaralhar o antes e o depois e opera um desvio do diacronismo que torna indistinta uma série temporal de uma multiplicidade espacial – a recordação não pode mais ancorar-se na ordem causal dos acontecimentos, a temporalização não é uma sucessão. No senso comum, porém, o tempo toma uma forma, uma tematização como um jato d'água. Uma lacuna no jato pode, entretanto, interromper o fluxo; vê-se aqui a metáfora do rio. Há um estilo temporal do mundo – intuição comprometida com o senso comum que, para esse autor é, justamente, uma maneira segura de negar o próprio tempo. A temporalidade ilumina a subjetividade, "ser permanentemente é ser sempre, e ser para sempre" e "a subjetividade está no tempo porque ela assume ou vive o tempo e se confunde com a coesão de uma vida" (Merleau-Ponty, 1994, p.566). A temporalidade se dá na relação entre tempo e sujeito, entende-se o tempo em que a sucessão foi tomada pelo encaixe contínuo de retenções. A perspectiva temporal, a confusão daquilo que já se encontra distante e até mesmo a espécie de "encolhimento" do passado cujo limite é o esquecimento não seriam acasos de memória, mas exprimiriam, na visão de Merleau-Ponty (1994), a existência empírica de uma consciência do tempo em que reter é ter, mesmo que à distància. A "síntese" do tempo é uma síntese de transição, o movimento de uma vida que se desdobra efetivamente ao viver essa vida.

> Somente o tempo enquanto ímpeto indiviso e enquanto transição pode tornar possível o tempo enquanto multiplicidade sucessiva, o que nós colocamos na origem da intratemporalidade é um tempo constituinte [...]. O

que não passa no tempo é a própria passagem do tempo. (Merleau-Ponty, 1994, p.567-8)

A concepção de Merleau-Ponty (1994) sobre o tempo permite estabelecer que tanto o tempo como a temporalidade estão em interação com os sujeitos, ou seja, são tempos e temporalidades da percepção. Chaui (1994), na mesma perspectiva de Ponty (1994), concebe o tempo como escoamento e critica a imagem frequentemente utilizada pela metafísica realista, a qual toma a imagem de um rio para representar o tempo. Para ela, há dois equívocos nessa imagem. Primeiro, por se tratar de uma imagem espacial para referir-se ao que é temporal, ou seja, explicando a essência do tempo (escoamento) para com a essência do espaço (sucessão de pontos). E, segundo, porque a própria imagem do rio para representar o tempo necessita de uma inversão: a nascente como futuro, e não como passado, como é frequentemente entendida, a foz como passado porque é água que já passou por onde eu estou. Chaui (1994) afirma, também, que o tempo não é um receptáculo de instantes, não é uma linha de momentos sucessivos, não é a distância entre um agora, um antes e um depois, mas sim o movimento interno dos entes para reunirem-se consigo mesmos, ou seja, *ser é tempo*. Nesta perspectiva coloca o tempo como categoria ontológica, pois existimos no tempo e temporalmente.

Deleuze (2005) afirma que há mudança, passagem, mas a forma do que muda não muda, não passa: é o tempo em estado puro, ou seja, uma imagem-tempo direta que dá ao que muda a forma imutável na qual se produz a mudança. Para ele, *a natureza morta* é uma imagem do tempo, pois tudo que está no tempo muda, mas o próprio tempo não muda. Nesse ponto temos um nó entre tempo e temporalidade na sua relação entre passagem, duração e experiência, ou seja, tanto o próprio tempo como sua representação convergem. O fundamental no conceito de devir, mais do que a potência do tornar-se, está na sua capacidade de propor e estabelecer relações. Este é o interesse do conceito de *einstenização* do tempo para pensar o mundo contemporâneo: qualquer resultado no futuro depende de uma atitude no presente. Tempo e espaço são instrumentos de análise, mas ao longo da história o tempo foi tratado apenas como forma de metrificação e o espaço como recipiente das materialidades, como afirma

Pelbart (1998). A importância de analisar essa nova perspectiva teórico-filosófica traduz-se na novidade de alcançar também uma imagem do passado que se liberte da sucessão de presentes. Como afirma esse autor,

> uma massa de tempo; em lugar de um rio de tempo, um labirinto de tempo. Ou ainda, não mais um círculo de tempo, porém um turbilhão, já não uma ordem de tempo, mas variação infinita, nem mesmo forma de tempo, mas um tempo informal, plástico. (Pelbart, 1998, p.XXI)

Pelbart (1993; 1998) apresenta o tempo deleuziano, *não reconciliado*, o tempo como potencialidade, como devir, mas traz também uma reflexão sobre o ideal técnico científico contemporâneo, que consistiria em absolutizar o tempo, tratando-se não mais de ganhar tempo, mas de abolir o tempo, a velocidade, a ponto de dispensar o próprio movimento no espaço, anularia não só a Geografia e o tempo de duração desse deslocamento, mas a própria ideia de espaço, de tempo e de duração, o ideal do tempo zero e da distância zero. Nesse regime de instantaneidade, ele argumenta que o modelo ideal para pensar essa "abolição" é a informática, para a qual o anseio é a informação total, que não apenas prevê um acontecimento, mas reage a ele antecipando-o e neutralizando o seu advento. Assim, o futuro está completamente determinado, a tal ponto que o que vem depois de uma cronologia linear já vem antes, antes mesmo do presente; assim é claro que aquilo que é conhecido de antemão não pode ser experimentado como conhecimento. Um dos nós dessa trama do tempo e da temporalidade é o desafio de pensar um tempo que brote do informe e do indecidido, ou seja, propiciar condições para um tempo "incontrolável", não programável que possa trazer o acontecimento que as tecnologias contemporâneas insistem em neutralizar, pensar o tempo em sua vinda, e não em sua antecipação como quer a tecnociência:

> Não se libertar do tempo [...], mas libertar o tempo, devolver-lhe a potência do começo, a possibilidade do impossível, o surgimento do insurgente. Trata-se aí de um tempo que escaparia à presença, à presentificação, à continuidade, dando lugar as outras aventuras temporais. (Pelbart, 1998, p.36)

Na mesma perspectiva de compreender o tempo a partir do progresso técnico, o geógrafo David Harvey (1992) propõe a ideia de *compressão* do tempo-espaço, indicando com essa expressão os processos que modificam as qualidades objetivas do espaço e do tempo, alterando assim o modo como representaríamos o mundo para nós mesmos. Para ele, o conceito de tempo também é caracterizado pela aceleração contemporânea que implicaria a anulação das barreiras espaciais:

> uso a palavra "compressão" por haver fortes indícios de que a história do capitalismo tem se caracterizado pela aceleração do ritmo da vida, ao mesmo tempo em que venceu as barreiras espaciais em tal grau que por vezes o mundo parece encolher sobre nós. (Harvey, 1992, p.219)

O termo compressão tem o sentido de encolhimento, a partir da ideia de que o progresso tecnológico gesta a conquista do espaço; ou seja, a derrubada de todas as barreiras espaciais que acabariam por promover a "aniquilação do espaço através do tempo". Nessa representação, a terra vai diminuindo conforme aumenta a capacidade, cada vez mais instantânea, de superar distâncias, tanto dos corpos quanto de bens materiais e imateriais.

Segundo Massey (2009), o tempo é a dimensão da mudança. Sua concepção vai de encontro àquela proposta por Harvey (1992), uma vez que, para ela, o espaço não pode ser aniquilado pelo tempo, pois o espaço continua existindo, embora, para percorrê-lo, na contemporaneidade, demandemos menos tempo. O espaço não seria redutível à distância, que é uma condição de sua multiplicidade. Assim, quanto mais velocidade é impressa para superar distâncias, ironicamente, o que se comprime não é o espaço, *mas o próprio tempo*. Esses aspectos são tratados como imaginações do tempo-espaço.

Braudel (1982), ao discorrer sobre o tempo, distingue o tempo do historiador do tempo do sociólogo e nos fornece uma importante contribuição sobre a natureza do tempo e a manifestação da temporalidade de acordo com a aplicação que cada área dá a este conceito. Para ele, o tempo do historiador é duração. "Longa duração, conjuntura, acontecimento ajustam-se sem dificuldade, posto que todos têm uma escala de medida.

Por isso mesmo, participar espiritualmente num destes tempos equivale a participar em todos eles" (Braudel, 1982, p.33). Para o historiador tudo começa e acaba pelo tempo: um tempo matemático; um tempo que parece exterior aos homens, exógeno, que os impele, os domina e arranca os seus tempos particulares de diversas cores: o tempo imperioso do mundo. Os sociólogos, entretanto, segundo o autor, não aceitam essa noção excessivamente simples. O tempo social é uma dimensão particular de uma determinada realidade social que eu contemplo – tempo complacente. O nosso tempo é medida, afirma Braudel. Dessa forma,

> as temporalidade são múltiplas, por exemplo: o tempo da longa duração, o tempo da surpresa, o tempo da palpitação irregular, o tempo cíclico, o tempo atrasado, o tempo alternadamente atrasado e adiantado, o tempo adiantado em relação a si mesmo, o tempo explosivo. (Braudel, 1982, p.36)

Cada realidade social acabaria por separar seu tempo ou suas escalas de tempo. A aversão que os sociólogos sentem, segundo o autor, não é dirigida à História, mas ao tempo da História. A contribuição de Braudel está na sua conceituação de tempos longos e tempos curtos, ou seja, o tempo dos eventos (tempo curto) e o tempo das estruturas (tempo longo). A favor da longa duração e do entendimento do tempo como duração, como medida, a realidade dos fenômenos só poderia ser compreendida na análise dos tempos longos. Também a essa manifestação de formas do tempo, podemos interpretar como temporalidades.

Milton Santos (1980), por sua vez, compreendeu o tempo a partir de temporalidades rápidas e lentas nas quais se insere ou se arrefece o componente "velocidade". Toma essas temporalidades ao se referir principalmente às condições materiais para eliminar com eficiência distâncias espaciais. De acordo com Santos (1980), a economia pobre trabalha nas áreas onde as velocidades são lentas, pois quem necessita de velocidades rápidas é a economia hegemônica, são há empresas hegemônicas. Por exemplo: do aeroporto ao centro da cidade vai-se muito depressa, criam-se condições materiais para que o tempo gasto na viagem seja curto; já para os bairros vai-se mais devagar, no sentido de que não há uma materialidade que favoreça o tempo rápido. Nesse contexto, a materialidade impõe um tempo lento... São temporalidades concomitantes e convergentes que têm como base o fato de que os objetos também têm uma temporalidade, os objetos também impõem um tempo aos homens.

Se o tempo pode ser lido como passagem, duração ou escoamento que admite distintas especificidades e formas – longos e curtos, rápidos, lentos e instantâneos –, a temporalidade pode ser lida como experiência. Outra forma de compreender a temporalidade, decorrente do tempo, é ater-se ao tempo da memória. Tomemos o exemplo literário, já muito discutido no meio acadêmico de forma multidisciplinar, do *tempo proustiano* para compreender a relação entre tempo e temporalidade; o tempo múltiplo redescoberto entre a experiência, a duração e a representação. No final da *recherche*, o tempo humano, inscrito na esteira de uma vida, foi dobrado sobre si mesmo. O sujeito que retém o seu passado memorial torna-se o próprio invólucro do tempo. Para Willemart (2007), a lógica do *tempo proustiano* não é de superposição ou linear, mas de justaposição, não linear, e reconstitui-se de restos, de fragmentos. Segundo Motta (1989), Proust trata de registrar a presença da ausência e apenas por um átimo quer fazer voltar o tempo: a partir de todos os fantasmas saídos do fundo de uma xícara, ou seja, a partir de lembranças, ele tece seu trabalho dentro da noite, assombrando o tempo do relógio. Olhar o mundo proustiano em linha reta contraria sua redondez, pois não há o grande encontro com o passado, o que Proust inaugura é o *vitral da linguagem*, não mais a tapeçaria irizada de losangos de vidro que contam histórias – mas o vitral partido, fragmentado que gira onde o passado e o presente convergem (Motta, 1989). No último capítulo da *recherche* – a obra *Em busca do tempo perdido* –, o tempo não é reencontrado pelo sujeito, mas redescoberto, o tempo contido nele mesmo, representado. *O tempo redescoberto* é o tempo justaposto, múltiplo, como apresenta Matos (1989).

As discussões sobre o tempo, além da divergência de concepções filosóficas que as situam e da complexidade que envolve o que denominamos tempo permitem algumas fixações, como a ideia de *passagem* firmada no espectro de mudanças, as quais, mesmo que se confundam com o curso da própria vida, são sensibilidade intimamente compartilhada por todos os homens. O conceito de diacronia, ainda que colocado em xeque, adere-se à nossa capacidade mnemônica para organizar os acontecimentos em antes e depois, passado e presente. Não é possível negar que o tempo seja uma dimensão humana e social. As descobertas da física, sobretudo a einsteiniana da relatividade do tempo, do atrelamento insolúvel de tempo-espaço, da sua capacidade de contrair ou dilatar-se ou ainda da multidirecionalidade do tempo, não anula os aspectos subjetivos que o caracterizam. O tempo é interpretado também pelas formas de vivenciá-lo, que se traduzem em temporalidades.

O tempo nas suas formas e manifestações – o tempo longo, curto, rápido, lento, ou ainda, o tempo da instantaneidade tecnológica e o amplo espectro de representações: o tempo vivido, o tempo lembrado, o tempo das permanências, o tempo do devir para além das suas faces (cronos e kairós) – metamorfoseia-se em temporalidade.

A partir das longas reflexões que o conceito de tempo suscita, cujos apontamentos não serão, provavelmente, jamais definitivos, tanto nas Ciências Sociais como na Filosofia, podemos ao menos intuir a respeito da temporalidade, ou seja, das manifestações surgidas no curso do devir inexorável – ou, ainda, de uma multidirecionalidade temporal que não se confunde simplesmente com duração ou validade, mas que resulta numa estrutura organizada das permanências e dos acontecimentos, de elementos perceptivos e de fatos concretos, advindos dos processos, sejam inerentes ou aprendidos, que se instauram no fluxo de passado, presente e futuro estabelecido pelo homem e pelas sociedades.

O tempo não se deixa ver ou perceber como revela o sociólogo, mas a temporalidade sim, quando a compreendemos enquanto manifestações presentes e decorrentes no devir, como as formas herdadas do passado no espaço urbano que seriam exemplos de temporalidade. Ou, de outro modo, as lembranças e a capacidade humana de reter o passado não seriam mais o tempo, mas temporalidades. Nas pesquisas sobre os processos espaçotemporais é provável que nos deparemos mais com as temporalidades do que com próprio tempo, esse elemento invisível, complexo, e até mesmo coercitivo, de acordo com Elias (1984) cujo estatuto ontológico, ainda hoje, permanece obscuro.

Para ler mais

BOSI, Alfredo. O tempo e os tempos. In: NOVAES, A. (org.). *Tempo e história*. São Paulo: Companhia das Letras, 1992, p.19-32.

BOSI, Ecléia. *Memória e sociedade*: lembrança de velhos. São Paulo: Companhia das Letras, 1994.

BRAUDEL, Fernand. A longa duração. In: *História e ciências sociais*. Lisboa: Editorial Presença, 1982.

CHAUI, Marilena. *Convite à filosofia*. São Paulo: Ática, 1994.

______. Merleau-Ponty: a obra fecunda. *Revista Cult*, Especial "Merleau-Ponty: a verdadeira filosofia é reaprender a ver o mundo", São Paulo, n.123, abr. 2008, p.44 -53.

DELEUZE, Gilles. *A imagem-tempo*. São Paulo: Brasiliense, 2005.

ELIAS, Norbert. *Sobre o tempo*. Rio de Janeiro: Jorge Zahar, 1984.

HARVEY, David. *Condição pós-moderna*. São Paulo: Loyola, 1992.

KANT, I. *Crítica da razão pura*. 2.ed. São Paulo: Nova Cultural, 2000. Coleção Os Pensadores.

MASSEY, Doreen. *Pelo espaço*. Rio de Janeiro: Bertrand Brasil, 2009.

MATOS, Olgária. Traduzir Proust. In: PROUST, Marcel. *O tempo redescoberto*. v.7. São Paulo: Globo, 1989. p.293-5.

MERLEAU-PONTY. *Fenomenologia da percepção*. São Paulo: Martins Fontes, 1994. p.549-80.

MOTTA, Leda Tenório da. A história de um texto. In: PROUST, Marcel. *O tempo redescoberto*. São Paulo: Globo, 1989, v .7, p.297-303. *A experiência do tempo*. Palestra proferida na TV Cultura, na série Invenção do Contemporâneo, (Série sob a curadoria de Olgária Matos) apresentado em 21/01/2007.

PELBART, P. *A nau do tempo rei*. Rio de Janeiro: Imago, 1993.

______. *O tempo não reconciliado*. São Paulo: Perspectiva/Fapesp, 1998.

PROUST, Marcel. *Em busca do tempo perdido*: o caminho de guermantes. v.3. São Paulo: Globo, 2007.

______. *O tempo redescoberto*. v.7. São Paulo: Globo, 1989.

SANTOS, Milton. *A natureza do espaço*: técnica e tempo: razão e emoção. São Paulo: Hucitec, 1996, p.208-22.

______. O tempo nas cidades. *Rev. Coleção documentos – Estudos sobre o tempo*, n.2, fev. 2001, p.21-2.

TESSLER, Elida. O esquecimento doeu – ver e rever o tempo. In: FONSECA, Tânia Mara Gali; KIRST, Patrícia Gomes (orgs.). *Cartografia e devires*: a construção do presente. Porto Alegre: UFRGS, 2003, p.191-206.

WILLEMANT, Philippe. Será que ainda podemos pensar sem um romance como a *Recherhe*. In: PROUST, Marcel. *Em busca do tempo perdido*: o caminho de guermantes. v.3. São Paulo: Globo, 2007. p.675-87.

Terceira Itália

*Marcos Aurélio Saquet**

Calogero Muscarà (1967), em uma concepção não marxista, é o primeiro autor (geógrafo) a se referir ao desenvolvimento desigual italiano considerando a industrialização e a urbanização, regionalizando aquele país em *três* áreas de desenvolvimento territorial: o Triângulo Industrial (Milão-Turim-Gênova), o Sul e o meio da Itália (as Três Venezas, Emilia-Romagna, Toscana, Marche e Umbria). Ele propugnava em favor de uma teoria espacial para se compreender o desenvolvimento territorial, na qual o território significa um lugar de relações, internas e externas (em pequenas e grandes escalas), como espaço aberto em constante transformação. Para Muscarà, as três áreas são espaços com características territoriais específicas, lugares articulados, em virtude do desenvolvimento desigual. No território, há relações verticais e horizontais, eminentemente econômicas e políticas, que condicionam a organização territorial e o processo de desenvolvimento concentrado e disperso (difuso), ao longo de rodovias, com infraestruturas e edificações.

* Universidade Estadual do Oeste do Paraná, Francisco Beltrão, PR – Brasil.

No entanto, a teorização mais difundida, conhecida e respeitada é a de Arnaldo Bagnasco (1977), sociólogo, no livro intitulado *As três Itálias*, concepção elaborada a partir de aspectos das teorias de Max Weber e Antonio Gramsci. O desenvolvimento econômico italiano é entendido como uma problemática territorial. A diferenciação territorial constitui um elemento central da complexidade social. Ele classifica a Itália em três regiões: o triângulo industrial (Milão-Turim-Gênova), onde há concentração industrial e urbana; a parte subdesenvolvida, ou seja, o Sul, e o Centro-Nordeste, correspondente à terceira Itália, formada economicamente por pequenas empresas dispersas territorialmente (economia difusa). Na sociedade nacional, há articulação das três Itálias, que correspondem a três formações sociais regionais distintas (econômica, política e culturalmente), com diferentes organizações territoriais. Como o território é produto social e condição para o desenvolvimento, a Terceira Itália foi construída numa processualidade histórica de longa duração, centrada numa economia familiar (agrícola e artesanal) com identidades bem definidas, tendo impulso a partir dos anos 1950-1960 com a intermediação do Estado e com os investimentos do Plano Marshall. Há uma reestruturação produtiva com desconcentração condicionada pelo Estado e pelas forças de mercado, ou seja, por fatores internos e externos.

Arnaldo Bagnasco evidencia dois condicionantes internos e dois externos. Os dois internos são: a) a rede de cidades pequenas e médias que difundiu tradições e funções comerciais, artesãs, financeiras e culturais. Nessas cidades nascem os novos empreendedores arraigados num contexto local e abertos ao mundo; b) relações de produção relativamente autônomas na agricultura tradicional de base familiar: pequenos proprietários, meeiros e arrendatários, agricultores-artesãos dispostos a experimentar as inovações tecnológicas e investir na sua produção.

Os dois condicionantes externos são: a) aumento da demanda por produtos diversificados a partir dos anos 1970; b) possibilidade de aplicações tecnológicas em pequenos empreendimentos flexíveis e com alta produtividade (produção pós-fordista).

Muitas das pequenas iniciativas produtivas existentes na Itália incorporam novas tecnologias e organizações administrativas, mediadas pela adaptação rápida de instituições políticas locais e nacionais.

Substantivam-se, assim, historicamente três grandes áreas territoriais diversas e conexas, sem limites geográficos precisos: 1) a região Noroeste (Itália central): grandes empresas; 2) as regiões Central e Nordeste (Itália periférica): pequenas e médias empresas; 3) a Meridional (Itália marginal): subdesenvolvimento relativo. Elas correspondem a três sociedades específicas, diversas entre si quanto à estrutura de classe, sistema político, economia e processos culturais, que se articulam e se territorializam diferentemente, formando a sociedade nacional. Há articulação territorial entre as classes sociais no movimento de acumulação de capital ocorrido na Itália no interior da divisão internacional do trabalho. São características de uma problemática territorial do desenvolvimento desigual apreendidas por uma análise territorial e histórica. Assim, as três Itálias correspondem a uma abstração conceitual de três situações específicas do desenvolvimento desigual italiano compreendido como uma totalidade determinada por classes sociais e instituições. O território resulta da processualidade social, que é econômica, política e cultural, substantivando formações sociais e territoriais distintas e articuladas. A articulação territorial do desenvolvimento é uma realidade estabelecida no curso da longa duração, resultante de múltiplas determinações e com forte impulso a partir dos anos 1960-1970, fortalecendo as dinâmicas específicas de cada formação territorial interagida com as demais no contexto de formação da sociedade nacional italiana.

Em obra posterior, Bagnasco (1988) evidencia aspectos das dimensões espacial e temporal do desenvolvimento de uma economia de pequenas empresas, ratificando a importância dos fatores econômicos, políticos e culturais. Esse processo efetiva-se lentamente diferenciando as regiões italianas, centradas na construção social do mercado, que está na base da formação do território. Sucintamente, Arnaldo Bagnasco compreende o território como área, com características econômicas, políticas e culturais específicas, na qual seus agentes sociais mantêm relações com agentes de outras áreas. O território, além de área e formas espaciais, significa conexão, articulação, produto e condição da dinâmica territorial. Assim, conforme esse autor, as principais características da Terceira Itália são as seguintes: 1) predomínio de pequenas empresas dispersas territorialmente; 2) resultado de um processo histórico e cultural, em que se moderniza a economia familiar (agrícola e artesanal) aproveitando as identidades territoriais; 3) significativa atuação do Estado no processo de industrialização desconcentrado; 4) introdução de inovações tecnológicas, aumento da demanda por produtos diversificados e flexibilização da produção.

Em outra perspectiva, também reconhecida em nível internacional, há os estudos sistemáticos do economista Giacomo Becattini. Analisando algumas de suas obras principais (2000 [1979], 2000[1995] e 2000) sobre o tema em questão, identificamos as seguintes características da industrialização italiana a partir dos distritos industriais marshallianos, conceito fundamental na sua interpretação e processo que está na base das diferenciações internas inerentes à economia italiana: a) senso de pertencimento crucial na gênese dos distritos, imanente a um processo histórico e cultural; b) relações entre empresas predominantemente pequenas e médias, concorrenciais e de cooperação; c) especialização produtiva em setores tecnológicos definidos historicamente que aproveitam recursos dos territórios, gerando produtos específicos; d) relação direta e complementar entre empresa e comunidade (valores, saberes artesanais-industriais e famílias), gerando redes locais entre diferentes instituições (escola, administração pública, partidos políticos, sindicatos etc.); e) interações extralocais inerentes à flexibilização da economia ou interações dinâmicas em diversos níveis escalares: comunitário, nacional e mundial; f) aproveitamento da infraestrutura local (circulação e comunicação) e da concentração dos estabelecimentos nos distritos industriais. O destaque, portanto, na análise feita por Giacomo Becattini, é para os fatores e processos econômicos, para as relações interinstitucionais e para as redes efetivadas no mercado.

Para saber mais:

BAGNASCO, Arnaldo. *Tre Italie*. La problematica territoriale dello sviluppo italiano. Bolonha: Il Mulino, 1977.

______. *La costruzione sociale del mercato*. Bolonha: Il Mulino, 1988.

BECATTINI, Giacomo. Dal "settore" industriale al "distretto" industriale. Alcune considerazioni sull'unità di indagine dell'economia industriale. In: BECATTINI, G. *Il distretto industriale*. Torino: Rosenberg & Sellier, 2000 [1979]. p.41-56.

BECATTINI, Giacomo. I sistemi locali nello sviluppo italiano. In: BECATTINI, G. *Il distretto industriale.* Torino: Rosenberg & Sellier, 2000 (1995). p.149-70.

BECATTINI, Giacomo (org.). *Mercato e forze locali*: Il distretto industriale. Bolonha: Il Mulino, 1987.

BECATTINI, Giacomo. *Il distretto industriale.* Torino: Rosenberg & Sellier, 2000.

DEMATTEIS, Giuseppe. Deconcentrazione metropolitana, crescita periferica e ripopolamento di aree marginali: il caso dell'Italia. In: CENCINI, C.; DEMATTEIS, G.; MENEGATTI, B. (orgs.). *L'Italia emergente* – indagine geo-demografica sullo sviluppo periferico. Milão: Angeli, 1983. p.105-42.

DEMATTEIS, Giuseppe. Contro-urbanizzazione e deconcentrazione: un salto di scala nell'organizzazione territoriale. In: INNOCENTI, R. (org.). *Piccola città e piccola impresa – urbanizzazione, industrializzazione e intervento pubblico nelle aree periferiche.* Milão: Angeli, 1985. p.101-18.

______. Contro-urbanizzazione e strutture urbane reticolari. In: BIANCHI, G.; MAGNANI, I. *Sviluppo multiregionale: teorie, metodi, problemi.* Milão: Angeli, 1985a. p.121-32.

MUSCARÀ, Calogero. *La geografia dello sviluppo.* Sviluppo industriale e politica geografica nell'Italia del secondo dopoguerra. Milano: Edizioni di Comunità, 1967.

SAQUET, Marcos. *Abordagens e concepções de território.* São Paulo: Expressão Popular, 2007.

Terceirização

*Márcio Rogério Silveira**
*Nelson Fernandes Felipe Junior***

A terceirização (*outsourcing*) é um procedimento que pode ser realizado por empresas privadas e estatais, bem como pela administração pública, delegando a terceiros (tanto pessoas físicas quanto jurídicas) diferentes funções (Kon, 2004). São estabelecidas, portanto, relações entre as empresas com objetivo de otimizar atividades e, por conseguinte, encurtar o processo circulatório do capital. A função da terceirização, ampliada em tempos de mundialização do capital (Chesnais, 1996), é permitir que um determinado capitalista repasse algumas atividades para outro(s) capitalista(s) no intuito de realizar, num menor tempo e custo, a concretização da mercadoria (Marx, 1985) através do consumo. A terceirização é a divisão do trabalho ampliada e mobilizada para fora da fábrica sob o controle de outro capitalista. A lógica é a ampliação e a reprodução do capital. O processo de terceirização representa, ao mesmo tempo, uma externalização setorial que se fixa e se mobiliza no território para atender às necessidades do capital (mobilidade geográfica do capital). O termo

* Universidade Federal de Santa Catarina, Florianópolis, SC – Brasil.
** Universidade Federal de Sergipe, São Cristóvão, SE – Brasil.

terceirização advém da palavra *terceiro* (intermediário), representando uma técnica de administração que possui um terceiro atuando nas relações clássicas de trabalho, ou seja, entre empregador e empregado. Tais funções e atividades transferidas a outras pessoas e empresas podem representar etapas do processo de produção ou serviços de assistência, como ocorre na publicidade, na contabilidade, na limpeza, nos transportes, na manutenção, na alimentação, na vigilância, entre outros.

A terceirização é um processo pelo qual determinada empresa, visando alcançar redução de custos, assim como maior qualidade e produtividade, repassa a outra a função de serviço ou de produção de bens. Dessa maneira, a atividade deixa de ser realizada pela empresa "a" e é transferida para outra empresa "b", denominada de "terceira". Isto é, tem-se um processo de transferência de funções e de atividades para uma empresa contratada. Tais funções podem incluir etapas do processo produtivo ou apenas serviços de apoio, tais como limpeza, manutenção, preparação e distribuição de alimentos para os funcionários, telefonia, vigilância, transporte de mercadorias e de trabalhadores, comercialização etc. (Amato Neto, 1995). A terceirização representa uma parceria estabelecida entre diferentes pessoas jurídicas, e o contrato firmado determina as responsabilidades, deveres e direitos cabíveis a cada uma das partes envolvidas.

A necessidade de reestruturação e de mudanças levou muitas empresas (pequenas, médias e grandes) a adotarem a terceirização como estratégia, visando incrementar a competitividade e a conquista de mercados. A primeira tentativa de mudança nas grandes corporações consistia na redução da hierarquia interna com o intuito de agilizar a tomada de decisões, não implicando, necessariamente, na diminuição de funcionários, ainda que tal fato seja comum (Kon, 2004). A prestação de serviços, por sua vez, contribui para o aumento do lucro das empresas e determina novas relações entre diferentes instituições (formação de redes corporativas). As inovações organizacionais, no estilo schumpeteriano, atendem positivamente às reestruturações necessárias para a manutenção do modo de produção capitalista, sendo que a ampliação da terceirização é a inovação capaz disso. Embora haja um aprimoramento tecnológico no centro do sistema capitalista e, por conseguinte, algumas vezes ocorra uma incidência de mudança de hegemonia, há um conjunto de transformações no âmbito das terceirizações atuando para a manutenção e para a sobrevida do sistema capitalista de produção, como a possibilidade de maior mobilidade geográfica do capital, das estratégias competitivas, da terciarização etc. A amplitude que adquire a terceirização transforma as relações de trabalho, modifica a classificação das atividades e imprime um ritmo crescente às atividades terciárias, como a logística de transportes, o armazenamento e as comunicações.

A terceirização – entendida como técnica administrativa – é resultado de um processo de mudanças organizacionais na estrutura funcional das empresas e dos grupos, bem como do poder público, com o escopo de desburocratização, de flexibilidade, de maior produtividade, de competitividade, de especialização e de modernização. A transferência de atividades de uma empresa para terceiros, a cooperação entre diferentes grupos e/ou indivíduos na produção das manufaturas e a consequente modificação no número das atividades desenvolvidas sempre fizeram parte, em maior ou, em menor escala, da forma de organização da produção. Algumas indústrias, mesmo nos seus primórdios, apresentavam o *putting out system*, ou seja, uma estrutura que organizava a produção com base em uma incipiente rede de artesãos, principalmente na indústria têxtil (Gomes; Vidal, 1995). Não obstante, a terceirização ganhou destaque nos Estados Unidos durante a Segunda Grande Guerra, já que as indústrias bélicas se voltaram exclusivamente para a produção de armamentos e, portanto, começaram a transferir outras funções e atividades às demais empresas (principalmente serviços). Com o objetivo de manter um exército forte durante a guerra, as indústrias bélicas estadunidenses focaram-se em sua atividade principal (a produção *strictu sensu*) e, assim, deixaram as atividades de suporte para outras empresas.

Na Itália, desde a década de 1970, várias empresas descentralizaram a produção de bens e expandiram suas relações contratuais e comerciais para uma grande rede de outras empresas (em sua grande maioria de menor porte), com participação de trabalhadores externos (essas práticas geraram um território cujas atividades o diferenciaram de outros, tornando-se um paradigma da produção em pequenas empresas que se tornou conhecido como Terceira Itália). Houve, por conseguinte, uma elevação do emprego em unidades produtivas menores que prestam atividades para as grandes corporações. Fato similar também ocorreu no Japão, pois as pequenas firmas, em decorrência das possibilidades de mercado e da concorrência existente, cada vez mais foram estimuladas a investirem em novas tecnologias (ênfase para a telemática) e a se relacionarem com empresas e indústrias de grande porte, ou seja, as *keiretsus*. Estas últimas, diante da lógica da reestruturação interna e da acumulação flexível, passaram a delegar diversas funções externas à produção. A partir da década de 1970, nos países desenvolvidos e, mais recentemente, nos países subdesenvolvidos (principalmente desde os anos de 1990), verifica-se uma maior flexibilidade dos sistemas organizacionais, com utilização de tecnologias ligadas à produção e à distribuição de bens e pessoas. A realização de todas as atividades pela própria empresa torna-se, em certos casos, onerosa e ineficiente, repercutindo diretamente em seu desempenho no mercado e no setor em que atua. Dessa maneira, a horizontalização das atividades cada vez mais aparece em contraposição à antiga verticalização, repercutindo em ganhos às empresas. Mas, na maioria das vezes, repercute também em perdas aos trabalhadores.

Durante a Idade Moderna e, mais precisamente, a partir do Renascimento, tornou-se comum a participação e a contratação de determinados profissionais, artistas e intelectuais para realizarem intervenções pontuais e qualificadas, principalmente em atividades produtivas e em questões estratégicas do Estado. Desde os anos de 1970, muitas empresas, sobretudo na área financeira e na área de informática, organizam-se sob a forma de empresas filiadas, subsidiárias e até mesmo satélites, com destaque aos serviços avançados e especializados (Gomes; Vidal, 1995).

***

O que marca mais efetivamente o atual processo de terceirização é a externalização das atividades. Trata-se de um novo foco, de uma nova maneira de se pensar sobre o processo de produção, ou seja, vê-lo não mais como um corpo fechado, mas como uma rede interconectada e interdependente. Essa tendência representa a estratégia de foco e está ligada à capacidade de o administrador em selecionar o que é principal na empresa e, consequentemente, externalizar (delegar a um terceiro) as atividades de produção e/ou de apoio. Com o advento da economia flexível, muitas empresas iniciam um processo de flexibilização e de reestruturação interna, com ênfase nos aspectos administrativos e decisórios, na conquista de mercados, na contratação da mão de obra e no aspecto produtivo. Essa nova forma de organização intrafirma impõe, necessariamente, a constituição de redes interempresariais e o fomento da prestação de serviços, isto é, está diretamente associada à capacidade de desenvolvimento de uma rede de serviços auxiliares, permitindo, assim, o incremento da acumulação de capital. Diante disso, as grandes indústrias – pouco flexíveis e que concentravam tanto o poder decisório como diversas atividades internamente, características do período fordista –, apesar de ainda existirem, sobretudo em economias periféricas, foram sendo substituídas por empresas mais modernas (utilização de tecnologias de comunicação e de produção e das inovações logísticas) e mais flexíveis. Muitas grandes empresas transferem a função de produção a outras firmas menores e, muitas vezes, familiares.

A primeira mudança importante foi a implementação do *downsizing*, que significa a redução dos níveis hierárquicos e a contratação de trabalhadores polivalentes, permitindo reduzir tanto o número de cargos como agilizar o processo produtivo. A introdução do *downsizing* gerou, por conseguinte, a necessidade de se suprimir as atividades secundárias até então realizadas internamente. Assim, surge o modelo do *outsourcing* (terceirização), implantado como estratégia para incremento da acumulação e da reprodução do capital.

No Brasil, o fomento da terceirização e da prestação de serviços ganha destaque com o processo de industrialização e de urbanização, principalmente a partir da instalação das montadoras automobilísticas na Grande São Paulo nos anos de 1950. Dessa maneira, podem ser citadas as empresas produtoras e prestadoras de serviços mecânicos e elétricos, as assessorias jurídica e contábil, as transportadoras rodoviárias, as indústrias de autopeças e de acessórios para veículos etc.

A flexibilização é uma das principais características do atual sistema produtivo, com destaque à adaptação ao mercado, à contratação temporária da mão de obra e à produção de acordo com a demanda (Leiria, 1995). Há uma ligação entre a reestruturação industrial, as terceirizações e as redes de subcontratações, já que a delegação de diversas atividades, sobretudo pelas grandes corporações, é condição basilar para estas se manterem competitivas no "mercado em internacionalização". Nesse sentido, ganha destaque o trabalhador polivalente (multifuncional) e qualificado, exercendo diversas funções e participando das decisões internas das empresas (na medida em que seu conhecimento, muitas vezes técnico, pode ser explorado pelo capital).

A maioria dos pesquisadores acerca do processo de terceirização das atividades logísticas tem destacado a importância da concentração nas competências centrais da empresa, despontando-se, assim, a estratégia da firma em direção à contratação externa. A delegação de atividades a um terceiro permite que a firma use seus recursos de maneira mais efetiva no desenvolvimento de suas competências principais, com consequente aprimoramento das ações para a satisfação dos clientes. Tal motivação, para o aumento da utilização de prestadores de serviços, está associada a um objetivo de foco do negócio, visando incrementar, a curto ou a médio prazo, a rentabilidade e o retorno sobre o capital investido. A terceirização contribui cada vez mais para o desenvolvimento econômico e incrementa as relações interempresariais, sobretudo aquelas que envolvem grandes e pequenas empresas, gerando, em maior ou em menor intensidade, interações espaciais intra e inter-regionais. De acordo com Kon (2004), é considerada uma técnica moderna de administração que se baseia em um processo de gestão com critério de aplicação, *id est*, possui início, meio e fim, tem uma visão temporal (curto, médio e longo prazo) e uma visão estratégica que busca alcançar determinadas metas estabelecidas pelo grupo de administradores que comandam a firma. A ampliação da terceirização não é contínua, já que ela está sujeita, como toda a economia, aos movimentos cíclicos do capitalismo, isto é, amplia-se a externalização das atividades nos momentos de maior divisão internacional do trabalho e diminuem-se (e até se internalizam) as atividades nos períodos de refluxo do capitalismo (teoria dos ciclos de acumulação capitalista).

A concentração nas competências centrais permite que as firmas melhorem os fluxos de produtos e de informações e ainda reduzam os custos associados à posse de ativos, ao monitoramento e à segurança, além da contratação, do gerenciamento e do treinamento de pessoal. Ademais, muitas empresas se voltam para a terceirização como uma maneira de reestruturarem sua "cadeia de abastecimento" (*supply chain*) e de ganharem vantagem competitiva, reduzindo o investimento em ativos e dividindo o risco da operação com outras empresas (Arkader; Braga; Hijjar, 2004). A cadeia logística (logística de suprimento, de produção e de distribuição) passou, portanto, a ser um atributo fundamental nesse novo processo, *id est*, tornou-se mais utilizada na medida em que passou a atender às cadeias produtivas complexas, como a produção de aviões com fornecedores em diversas regiões (Silveira, 2009). Nesse caso, estamos falando da logística convergente.

Kon (2004) revela que a efetivação e a expansão do processo de terceirização nas empresas são decorrentes, dentre vários fatores, da transferência e do acesso a novos conhecimentos e novas tecnologias. Dessa maneira, o processo de terceirização gera repercussões no ambiente social e econômico, pois surge a demanda por diversos negócios e pela constituição de novas empresas e de novos postos de trabalho (muitas vezes em detrimento de outros). Embora surjam novos postos de trabalho bem remunerados, na maioria dos casos a terceirização implica o surgimento de pequenas e de médias empresas aptas à precarização e à degradação. Isso se torna mais evidente no tocante às relações de trabalho (contrato de trabalho, diminuição de direitos trabalhistas, trabalho informal, diminuição de salários e outros). Há diferentes tipos de terceirização, ou seja, casos de processos ligados às atividades da empresa (produção, distribuição e operação), processos não ligados à atividade-fim da empresa (publicidade e limpeza), atividades de suporte à empresa (seleção e treinamento de funcionários e pesquisas), substituição de mão de obra direta pela indireta ou temporária etc. (Kon, 2004).

***

Há diferença entre terceirização de serviços e terceirização de mão de obra. Na primeira, uma empresa compra, de fornecedores especializados, bens e serviços determinados e específicos para atender à complementação das suas atividades. Na segunda, não existe a compra de atividade, mas sim a aquisição ou o aluguel da força de trabalho, geralmente sob condições precárias e sem garantias legais. A terceirização oferece muitas vantagens, como a redução do investimento em instalações, em equipamentos e em tecnologias de informação. Ela permite grande flexibilidade para adaptação às mudanças no mercado e acesso a tecnologias de ponta (Arkader; Braga; Hijjar, 2004). Além disso, destaca-se a flexibilidade na aquisição de mão de obra, uma vez que a contratação de trabalhadores ocorre de acordo com a demanda existente ou com a expectativa de demanda a ser criada (caso da contratação de funcionários pelo comércio e pelas indústrias para se potencializar a produção e o atendimento aos consumidores nos períodos que antecedem as festas de final de ano).

As empresas terceirizam grupos de atividades, considerando que tal estratégia permite, em muitos casos, elevar as habilidades operacionais e potencializar os ativos físicos, os processos, as tecnologias utilizadas etc., permitindo alcançar economias de escala. Nesse sentido, a decisão de terceirizar uma ou diversas atividades possui alguns objetivos, quais sejam: redução de ativos e de investimentos, diminuição do número de funcionários, conquista de novos e maiores mercados, flexibilidade operacional, incremento da produção, redução do tempo e otimização da distribuição das mercadorias, integração da cadeia de suprimentos e queda do custo (Arkader; Braga; Hijjar, 2004). A estrutura verticalizada e concentradora de atividades em uma única empresa ou indústria (característica do regime de acumulação fordista) é substituída por formas de organização menos rígidas, com o incremento do regime de acumulação flexível. Algumas vantagens referentes à verticalização induziram as empresas à flexibilização, por exemplo: a disparidade de eficiência entre as diferentes atividades realizadas e as diversas etapas de operação (o que pode resultar em escassez ou em excesso de produção em relação à demanda); a ineficiência e a perda de qualidade da empresa; o atraso na entrega das encomendas aos centros atacadistas e varejistas etc.

A especialização oferece vantagens às empresas, com destaque à melhoria da qualidade das mercadorias produzidas. A otimização logística, por sua vez, possibilita o ajuste rápido aos níveis de procura dos bens e aos contextos econômicos, o aprimoramento da distribuição, o controle de estoques e uma administração qualificada. A logística – entendida como estratégias de planejamento e gestão (Silveira, 2009) – e a reestruturação da gestão empresarial permitem a redução de custos, a maximização do lucro e a aceleração da reprodução do capital, repercutindo, principalmente, na mão de obra a partir de subcontratações, de terceirizações e do trabalho temporário sem garantias legais. De acordo com Kon (2004), a estratégia de representação também caracteriza uma forma de terceirização, isto é, quando as empresas contratam pessoas ou outras empresas para representá-las na venda de seus produtos. Tal fato ocorre quando uma empresa atua em nome da outra, usando sua marca para comercializar os bens. A franquia tem sido uma forma de disseminação da terceirização e consiste em uma empresa permitir a um terceiro o uso de sua marca, estabelecendo diversas condições técnicas, tais como o padrão e o tipo de mercadoria comercializada.

A intensificação do processo de internacionalização da economia impõe a necessidade da reestruturação empresarial para o aumento da competitividade em âmbito "global". Tal fato está diretamente relacionado às estratégias logísticas e às decisões tomadas pelo capital privado diante da dinâmica do mercado. A partir da década de 1990 intensifica-se a reestruturação industrial e produtiva, a valorização das estratégias logísticas para se elevar a competitividade das empresas, a oligopolização de diversos setores, as fusões e aquisições de empresas por grandes grupos, as terceirizações de várias atividades, com destaque aos transportes, entre outros. As terceirizações e, sobretudo, a flexibilização do trabalho são mecanismos para redução de custos. Por conseguinte, tem-se a difusão do trabalho temporário e sem garantias em todos os setores da economia, em especial no terciário (Leiria, 1995). A intensificação da competitividade em âmbito global gera a necessidade de reestruturação interna e da adoção de estratégias logísticas mais flexíveis por parte do capital privado. A lógica de reformulação das relações de trabalho, o aumento das terceirizações de diversas atividades, a otimização da prestação de serviços, a segurança e a credibilidade na distribuição de bens e no fornecimento de matérias-primas, a aquisição de tecnologias ligadas à produção e à comunicação (telemática), os investimentos visando à modernização e ao aprimoramento do sistema de gerenciamento e controle de estoques etc. são aspectos determinantes para se assegurar a competitividade nos mercados nacional e global. Muitas empresas que compõem o setor terciário são especializadas na prestação de serviços a outras empresas e indústrias. Assim, há uma tendência de intensificação da terceirização no setor terciário.

Segundo Chesnais (1996), as terceirizações têm um papel relevante para a acumulação de capitais, com ênfase às grandes corporações. Porter (1989), por sua vez, revela que a prestação de serviços é um fator importante para se elevar a competitividade das empresas no mercado mundial. A demanda por trabalhadores qualificados e polivalentes, o processo de flexibilização da contratação, bem como a não absorção da mão de obra pelas atividades industriais e econômicas formais resultam, consequentemente, em um setor terciário não moderno "inchado", com destaque à informalidade. Esse quadro é característico de economias periféricas e dificulta a distribuição da renda e a redução da pobreza. As terceirizações estão relacionadas às estratégias marcadas pela flexibilidade e pela delegação de funções e de atividades a outras empresas. A transferência de atividades permite às empresas operacionalizarem com estruturas menos concentradas, resultando no aumento da produtividade, na redução de custos e em ganhos de competitividade (Barboza; Carvalho; Gonçalves, 2006). De acordo com Faria (1995), o sistema toyotista induz à reestruturação produtiva e é responsável por marcantes transformações na lógica de funcionamento do espaço intrafabril, bem como na identidade da classe operária. A autora destaca, dentre vários aspectos, a crise do "fordismo periférico", as iniciativas governamentais para disseminação da flexibilidade (políticas neoliberais e legislação patronal) e as novas práticas de gestão adotadas pelos empresários no âmbito do trabalho e da produção.

Nos anos 1990, o modelo japonês se desenvolveu rapidamente no Brasil, baseado nos programas de qualidade total e na terceirização. Essas estratégias possuem um forte componente ideológico (manipulação do trabalhador) e gozam de um ambiente político favorável para serem aplicadas, gerando, por conseguinte, resultados positivos para as empresas. Nesse sentido, há um processo de desintegração da força de trabalho, de dispersão dos trabalhadores, de enfraquecimento de suas identidades sociais e de degradação das condições do emprego, do trabalho e da vida, resultantes das formas flexíveis e precárias de contratação. A disseminação desse novo modelo estabelece novas relações entre os trabalhadores e entre estes e a gerência, tendo como fins a otimização da qualidade e a maximização da acumulação. Assim, sustenta-se um discurso patronal que se baseia em dois pressupostos: o envolvimento manipulatório e a cooperação. Além disso, a (des)fordização das fábricas reforça a identidade corporativa em contraposição à identidade de classe, o que induz os sindicatos a atuarem, cada vez mais, dentro da "legalidade industrial" (Faria, 1995).

A desverticalização das atividades é condição para se garantir a sobrevivência no mercado e a reprodução acelerada do capital. A partir dessa lógica, tem-se o aumento do lucro e da capacidade de reinvestimentos no processo de produção. Ademais, é imprescindível atentar para as inovações tecnológicas em curso na atualidade, pois a estratégia de se terceirizar atividades e de se modernizar os capitais produtivos constantemente é condição basilar para se maximizar a competitividade no mercado interno e internacional (Amato Neto, 1995). Em alguns casos é mais vantajoso a uma firma delegar funções e atividades do que se encarregar de fazê-las. O caso do transporte é um exemplo importante já que sua prática aumenta as responsabilidades da empresa: há um incremento das despesas com combustíveis (gasolina, óleo diesel, álcool etc.) e com segurança, torna-se necessária a realização de maiores investimentos em infraestruturas e em meios de transporte, contratação de profissionais especializados, custos com a manutenção, pagamento de tributos ao Estado (IPVA e seguro obrigatório), pedágios, entre outros.

A delegação de diferentes funções a terceiros permite que a empresa se direcione para uma ou para poucas atividades e que ainda disponibilize mais tempo ao planejamento e à gestão logística, com o objetivo de aprimorar suas ações. A prestação de serviço de produção e de transporte (rodoviário, ferroviário, aéreo e hidroviário) intensifica as inter-relações entre as diferentes empresas a partir de parcerias estabelecidas. A terceirização é um fator que fomenta a constituição de redes entre firmas, permite o aprimoramento de cada atividade desempenhada e ainda viabiliza, dependendo das condições infraestruturais e da opção de cada empresa, a intermodalidade/multimodalidade no transporte de mercadorias e de pessoas. Determinadas causas internas, e exógenas, como também ações relacionadas à redução de custos e à permanência das empresas no mercado (aqui considerado em suas diferentes escalas), são essenciais para a disseminação do processo de terceirização. Dentre elas, a criação de um ambiente estratégico (no qual se inclui diretamente a logística) é de suma importância, visto que muitas empresas e muitas indústrias se reorganizam e passam a delimitar seus objetivos principais, suas diretrizes e políticas, assim como suas metas de investimento e de crescimento.

São necessárias algumas pré-condições para o pleno desenvolvimento do processo de terceirização: criação de pequenas e de médias empresas, especialização, sincronização da produção e do sistema de fornecimentos, compartilhamento e acesso às informações e ao conhecimento, qualidade no serviço, cooperação entre as empresas (redes), participação efetiva do Estado através de uma política macroeconômica consistente, investimentos em obras públicas e em infraestruturas, além do fornecimento de assistência e de crédito às pequenas e às médias empresas.

O aprimoramento do sistema gerencial e logístico, assim como o estabelecimento de um foco principal, foram aspectos que passaram cada vez mais a serem valorizados pela administração privada. Assim, objetivos, decisões gerais e setoriais, conhecimento profundo do mercado, de seus fornecedores e dos consumidores, bem como a modernização tecnológica foram imprescindíveis para se expandir o processo de prestação de serviços. É o caso do transporte, do transbordo de cargas, da contabilidade, da limpeza, da manutenção e do conserto de máquinas e de equipamentos etc. (Kon, 2004). A parceria é a base da terceirização e pressupõe uma eficaz articulação e integração entre as partes envolvidas, ultrapassando a simples formalização contratual, uma vez que se pressupõe que ambos têm interesses e preocupações na lealdade bilateral, ou seja, no comprometimento com o serviço. Assim, aspectos como qualidade, redução de custos, aumento da produtividade, maior eficiência etc. são imprescindíveis para se assegurar a competitividade, tanto da empresa contratante quanto da contratada (prestadora de serviço).

A reorganização intrafirma e a terceirização tornam-se aspectos fundamentais para a permanência das empresas no mercado, gerando mudanças no espaço físico e na estrutura verticalizada. Extinção de antigos cargos e criação de novos, bem como mudança nos critérios de contratação de trabalhadores, também são comuns, com incremento da subcontratação e da prestação de serviços especializados e não especializados. A revisão dos custos e a busca pela otimização de todas as atividades ganham ênfase.

Assim, em muitos casos, tem-se a redução do número de funcionários diretos e a avaliação dos gastos com atividades terceirizadas. A diminuição dos custos está diretamente relacionada ao arrefecimento dos encargos trabalhistas e previdenciários, possibilitado pela modificação do quadro contratual, isto é, tem-se uma queda nos custos diante da lógica da terceirização e da contratação temporária (Kon, 2004). Ao mesmo tempo que há um rebaixamento geral dos salários, as economias nacionais, através das importações, proporcionam a diminuição do custo de vida dos trabalhadores através de bens de consumo simples e de bens duráveis mais baratos (todavia, com qualidade inferior). Assim, a terceirização tem por objetivo, por um lado, diminuir os custos da mão de obra e, por outro lado, do produto final, para definir os ganhadores e os perdedores da concorrência intercapitalista e aumentar a lucratividade do capital.

Há várias formas de aplicação da técnica de terceirização, podendo-se destacar: a) desverticalização – é muito utilizada e consiste em passar funções para um fornecedor ou produtor externo; b) prestação de serviços – forma mais utilizada, ocorre quando um terceiro intervém numa atividade-meio, executando o trabalho geralmente em suas próprias instalações (a prestação de serviços pode ser realizada por empresa ou cooperativa de serviços e trabalho); c) franquia – empresa concede a um terceiro o uso de sua marca, em condições pré-estabelecidas, ou comercializa os seus produtos ou serviços; d) compra de serviços – ocorre quando as empresas estão com sua capacidade produtiva saturada e, para aumentar suas atividades, buscam parceiros especializados para que, mediante especificações técnicas, complementem sua capacidade produtiva; e) nomeação de representantes – empresa contrata outra para representá-la em suas atividades de venda; f) concessão – é a forma típica de terceirização de um serviço público e ocorre quando o Estado delega a uma empresa concessionária a exploração e/ou execução de um serviço público; g) alocação de mão de obra – aquisição de trabalhadores para determinada atividade, sendo caracterizada pelo trabalho temporário sem garantias legais.

As diferentes instâncias do poder público (municipal, estadual e federal) passaram a considerar a terceirização como uma forma de se adaptar às mudanças correntes na atualidade. A prática da terceirização tem se difundido também no setor público, consistindo em uma forma particular de "privatização e concessão", inserida no princípio da provisão pública de serviços, isto é, quando há transferência parcial de funções e de atividades às empresas privadas mediante relações contratuais (Kon, 2004). É importante distinguir a terceirização dos serviços públicos da concessão dos serviços. Nesta última, a administração pública se isenta da responsabilidade de prestar diretamente o serviço público e a transfere para uma empresa concessionária. Assim, esta recebe o título jurídico de pessoa que realiza a interface entre o poder público e a sociedade. O concessionário recebe a remuneração dos serviços diretamente do usuário, ao contrário da terceirização, em que o poder público paga pelos serviços prestados. As concessões de serviços públicos à iniciativa privada são de vários tipos, com destaque para os transportes públicos, rodoviário, ferroviário, aéreo e hidroviário, sendo realizadas, muitas vezes, sob os moldes da política "neoliberal", ou seja, com um Estado fragilizado e impotente diante dos contratos estabelecidos. O poder público passou a considerar a terceirização como uma forma viável e necessária de se gerar mudanças operacionais dentro das repartições e dos órgãos públicos. Consequentemente, surgem novos questionamentos e modificações no meio jurídico e normativo (legal) em decorrência da expansão do setor terciário (sobretudo informal) e das terceirizações (Kon, 2004). O Estado é, muitas vezes, conivente com a subcontratação e com as precárias condições de trabalho e de segurança, ao mesmo tempo que é frágil diante das concessões realizadas.

Para ler mais

AMATO NETO, João. Reestruturação industrial, terceirização e redes de subcontratação. *Revista de Administração de Empresas*. São Paulo, v.35, n.2, p.33-42, 1995.

ARKADER, Rebecca; BRAGA, Anísio R.; HIJJAR, Maria F. *Fatores de motivação para a terceirização logística*: estrutura e relações com as atividades terceirizadas por embarcadores brasileiros. 2004. Disponível em: <http://www.anpad.org.br>. Acesso em: abr., 2008.

BARBOZA, Maria de Fátima P. B.; CARVALHO, Karine L. de; GONÇALVES, Marilson A. Terceirização e estratégia competitiva: perspectivas para a logística no Brasil. *XXVI ENEGEP*. Fortaleza, 2006.

CARNEIRO, Francisco G. Informalidade e terceirização: duas tendências opostas? *Revista de Economia Política,* São Paulo, v.14, n.4, out.-dez. 1994, p.41-9.

CHERCHAGLIA, Mariângela L. *Terceirização do trabalho nos serviços de saúde*: alguns aspectos conceituais, legais e pragmáticos. Belo Horizonte: Faculdade de Medicina da Universidade Federal de Minas Gerais, s./d.

CHESNAIS, François. *A mundialização do capital.* São Paulo: Xamã, 1996.

FARIA, Maria da Graça D. de. *Terceirização*: (des)fordizando a fábrica. Um estudo do complexo petroquímico da Bahia. 1995. Tese de doutorado – Unicamp – Instituto de Filosofia e Ciências Humanas, Campinas, 1995.

FIORI, José L. *Brasil no espaço.* Petrópolis: Vozes, 2001.

GIOSA, Lívio. *Terceirização*: uma abordagem estratégica. São Paulo: Pioneira, 1997.

GOMES, José O.; VIDAL, Mário C. R. Contextualização da terceirização e suas perspectivas como prática social. *International Congress of Industrial Engineering.* Associação Brasileira de Engenharia de Produção. São Carlos, 1995.

KON, Anita. *Economia de serviços.* Teoria e evolução no Brasil. Rio de Janeiro: Elsevier, 2004.

LEIRIA, Jerônimo S. *Terceirização*: uma alternativa de flexibilidade empresarial. São Paulo: Gente, 1995.

MARX, Karl. *O capital*: crítica da economia política. São Paulo: Nova Cultural, 1985. (livros 1 e 2.)

PORTER, Michael. *Vantagem competitiva*: criando e sustentando um desempenho superior. Rio de Janeiro: Campus,1989.

SILVEIRA, Márcio R. As cinco revoluções e evoluções logísticas. In: SILVEIRA, Márcio Rogério; LAMOSO, Lisandra P.; MOIRÃO, Paulo F. C. *Questões nacionais e regionais do território brasileiro.* São Paulo: Expressão Popular, 2009.

Terciarização

*Márcio Rogério Silveira**
*Nelson Fernandes Felipe Junior***

O termo *terciarização* representa, na essência, o processo expansivo do setor terciário (os serviços, o comércio, os transportes e as comunicações), ou seja, todos os setores da economia que não estão relacionados ao setor primário (extrativismo, mineração e agropecuária) e ao setor secundário (transformação industrial). A terciarização é ampliada com o desenvolvimento do capitalismo industrial, visto que este necessita acelerar o movimento circulatório do capital e encurtar sua realização através do consumo. Ela contribui, portanto, para ampliar a reprodução do capital.

A classificação e a tipologia das "atividades e subatividades" econômicas sofrem modificações contínuas, sobretudo devido aos momentos conjunturais da economia mundial (Quadro 1). Destaca-se a velocidade das mudanças tecnológicas, principalmente na atualidade, baseada na acumulação histórica da técnica (Primeira Revolução Industrial), da ciência (Segunda Revolução Industrial) e da informação (Terceira Revolução Industrial).

* Universidade Federal de Santa Catarina, Florianópolis, SC – Brasil.
** Universidade Federal de Sergipe, São Cristóvão, SE – Brasil.

Quadro 1: Principais tipologias das atividades econômicas

Autor/base de classificação: produção	Tipologia
Fisher-Clark (1935/1940)	• **Primário:** agricultura e mineração. • **Secundário:** manufatura. • **Terciário:** resíduo.
Sabolo (1975)	• **Primário:** agricultura, criação de gado e pesca. • **Não primário:** 1) transporte, mineração e manufatura (alto uso de capital e qualificações); 2) comércio (baixo uso de capital e qualificações); 3) financeiros (alto uso de qualificações, baixo uso de capital).
Fuchs (1968)	• **Agricultura.** • **Indústria:** mineração, manufaturas, transportes, utilidades. • **Serviços:** comércio, empresariais, governo.
Banco Mundial (1980)	• **Primário:** agricultura e mineração. • **Secundário:** manufatura, mineração, construção de serviços de utilidade pública compostos por serviços públicos de provisão de gás, eletricidade e água. • **Terciário:** resíduo.
Autor/base de classificação: funções	**Tipologia**
Antoine Bailly-Denis Maillat (1986/1991)	• **Manufatura** (processamento de matérias primas): 1) uso de recursos naturais (agricultura, horticultura, silvicultura, pesca, fornecimento de eletricidade, água, gás e mineração); 2) processamento de recursos naturais e manufatura de bens (produtos alimentícios, bebidas, fumo, têxtil, vestuário, madeira e mobiliário, papel, artes gráficas, couros, calçados, químicos, plásticos, borracha, produtos minerais não metálicos, metalurgia, máquinas e veículos, materiais elétricos e eletrônicos e outras indústrias manufatureiras). • **Circulação** (papel intermediário no fluxo físico de pessoas, bem como nos fluxos de informações, de comunicações e financeiros): 1) construção e engenharia civil; 2) fluxos físicos, fluxos de pessoas (comércio atacadista, corretagem e transportes); 3) fluxos de comunicação e de informação (transmissão e processamento da informação); 4) fluxos financeiros: bancários, seguros, companhias financeiras. • **Distribuição** (fornecimento de bens e de serviços diretamente a consumidores finais): 1) saúde; 2) educação; 3) comércio varejista; 4) hotéis e restaurantes; 5) reparação de itens de consumo e de veículos; 6) serviços pessoais; 7) cultura; 8) esportes; 9) lazer; 10) serviços pessoais; 11) serviços domésticos e outros. • **Regulação** (assegura a operação fluente global do sistema produtivo, manutenção, modificações, regulação e monitoramento): 1) administrações públicas federais, estaduais, municipais e outras; 2) organizações privadas (organização de previdência social, religiosas, sociais e culturais, serviços comunitários e grupos de interesses comuns, trabalhos privados rodoviários e de saneamento); 3) organizações diplomáticas internacionais.

Fonte: Kon (2004, p.30-1).

No Quadro 1 são expressas algumas classificações das atividades econômicas. Os principais autores que discutiram a temática em suas obras foram Fisher (em 1933) e Clark (em 1940). Fisher foi o primeiro a criar uma classificação das atividades econômicas dividindo-as em primárias, secundárias e terciárias, destacando o fato do setor terciário não produzir bens tangíveis (mercadorias). Clark (1940), por sua vez, reafirmava as ideias de Fisher (1933) quanto à divisão das atividades de ordem econômica em três grandes setores; todavia, atribuía relevância à expressão "serviços", pois considerava esta como adequada para indicar a grande variedade de atividades realizadas. Alguns ramos econômicos, como o dos transportes, variam de posição na classificação, conforme o referencial teórico e sua importância conjuntural. Dessa forma, na visão de Fisher-Clark (1935/1940) e do Banco Mundial (1980), o transporte é um ramo da atividade terciária, ou seja, é um resíduo, já que a principal atividade é a produção (primária e secundária). Para Fuchs (1968), os transportes são caracterizados como ramos pertencentes às atividades industriais. Já para Sabolo (1975), o setor de transportes está enquadrado como uma atividade não primária, juntamente com a mineração, o comércio, as atividades financeiras e a manufatura, dando, portanto, uma importância destacada para as atividades de transportes. Antoine Bailly e Denis Maillat (1986/1991) classificam os transportes, aproveitando-se do caráter da dinâmica econômica recente, como uma atividade à parte e ao mesmo tempo capaz de assegurar a fluidez de bens, de pessoas, de informações e de capitais. De acordo com o referencial de cada pesquisador, considera-se o caráter produtivo ou a função da atividade. Trazem à tona divergências básicas na classificação das atividades econômicas, todavia, para os transportes, a classificação mais comum é de "serviço" ou de "terciário". O posicionamento dos transportes dentro das atividades de serviços encontra-se abaixo.

Quadro 2: Tipologia dos ramos de serviços

Autor	Tipologia
Foot e Hatt (1953)	• **Terciário:** restaurantes, hotéis, reparação e manutenção e lavanderia. • **Quaternário:** transportes, comunicações, comércio e financeiros. • **Quinário:** saúde, educação e recreação.
ONU (1968)	• Comércio, alojamento e alimentação. • Transportes e comunicações. • Atividades financeiras, bens imóveis e serviços de empresas. • Serviços comunitários, sociais e pessoais.
Katouzian (1970)	• **Serviços complementares:** financeiros, transportes e comércio. • **Serviços novos:** saúde, educação e entretenimento. • **Serviços antigos:** domésticos.
Browning e Singleman (1975)	• **Serviços distributivos:** transportes, comunicações, comércio atacadista e varejista. • **Serviços às empresas:** financeiros, imobiliários, legais, de contabilidade, engenharia e outros serviços profissionais. • **Serviços sociais:** saúde, educação, defesa, correio, governo e outros serviços sociais. • **Serviços pessoais:** domésticos, hotéis, restaurantes, lazer, reparação e outros serviços pessoais.
Departamento de Comércio dos Estados Unidos (*U. S. Census Bureau*) (1984)	• Transportes, comunicações e utilidades públicas. • Comércio varejista e atacadista. • Financeiros, seguros e imobiliários. • Serviços pessoais e às empresas.
Singer (1981)	• Serviços às empresas. • De consumo coletivo. • De consumo individual
Murdock – concepção marxista.	• **Classe 1:** serviços diretos, consumidos simultaneamente com sua produção, como médicos, cinema e outros. • **Classe 2:** informação ou energia estocadas (baterias, disquetes, papel) e depois comercializadas. • **Classe 3:** os transportes são uma atividade de apoio à produção (complementação das atividades econômicas de um sistema produtivo, como resíduo, ou as atividades que não compõem os setores da manufatura, da extração vegetal e mineral e o setor primário).
Walker (1985) – concepção marxiana.	• Serviços envolvidos na produção de bens. • **Serviços envolvidos na circulação de bens:** transferência de bens, trabalho, dinheiro e informação, como serviços financeiros, de transportes, comunicações, telecomunicações, distribuição atacadista, comércio varejista e serviços relacionados à propriedade. • Serviços de trabalho. • Serviços de Estado.
Silvestro (1992)	• **Serviços profissionais (consultoria e engenharia):** serviços de contato direto com o cliente (*front-office*) e orientados para o processo. • **Lojas (unidades) de serviços (hotéis, comércio varejista, serviços bancários e imobiliários):** focalização mista. • **Serviços de massa (transportes e outros):** alto volume, pouca ou nenhuma personalização, predominantemente orientados para o produto.

Fonte: Kon (2004, p.30-1).

As duas classificações mais utilizadas, expressas no Quadro 2, são da Organização das Nações Unidas (ONU), de 1968, e do Departamento de Comércio dos Estados Unidos, de 1984. Isso pelo fato de serem organismos oficiais, internacionais e com fins práticos. O modelo da ONU foi imposto a vários países, já que sua dotação trazia diversas facilidades para as nações, sobretudo às menos desenvolvidas, carentes de apoios financeiros e políticos. Esta classificação coloca os transportes na categoria de serviços distributivos, incluindo, assim, a distribuição física de bens (comércio atacadista e varejista), a distribuição de pessoas e de cargas (transportes) e a distribuição de informações. O governo estadunidense, por sua vez, não tinha preocupação em fazer comparações, tanto que impôs seu próprio modelo de classificação. Portanto, as tipologias das atividades econômicas e suas subdivisões estão associadas à conjuntura capitalista, ou seja, modificam-se para tentar explicar as transformações nas relações de produção e de trabalho, bem como a reprodução do capital. Especificamente no caso do setor de serviços e sua subdivisão, Kon (2004, p.24) afirma que a

> contingência da mensuração dos serviços trouxe consigo a necessidade de formatação de conceitos e classificações que permitissem, por um lado, a materialização, em valores monetários, da geração do produto intangível e, por outro, possibilitassem a compatibilização internacional desses conceitos, para comparação.

Até a primeira metade do século XX a maior parte dos serviços era realizada com base em um sistema fixo e rígido, caracterizado pelo contato físico entre prestador e contratante. Não obstante, as grandes transformações proporcionadas pela telemática têm produzido uma significativa alteração nesse quadro. Os investimentos em atividades terciárias modernas representam novas oportunidades de operações *offshore*, como os *call centers* da Inglaterra e dos Estados Unidos que empregam atendentes indianos, aproveitando-se da língua (inglês) e do custo baixo da mão de obra. Soma-se, ainda, o fato de que muitos países do Terceiro Mundo (Índia, por exemplo) se destacam com exportações associadas a serviços de tecnologias de informação (TI), geralmente realizados por filiais locais de grandes corporações transnacionais.

O fenômeno da terciarização é cada vez mais evidente na economia mundial. Trata-se, em parte, de uma extensão das grandes transformações provocadas pela mundialização do capital e pelas tecnologias de informação e comunicação (TIC). A concentração e a centralização de capitais são também potencializadas pelas empresas de serviços avançados e de distribuição de mercadorias. É o caso, por exemplo, daquelas que realizam o transporte marítimo internacional de *commodities* e/ou de bens industriais.

Roggero (2003) revela que o setor terciário tem sido analisado de maneira conjunta com o desenvolvimento industrial e com o processo de urbanização das sociedades. A passagem da sociedade agrária e rural para a sociedade industrial e urbana representa a concentração de pessoas e de atividades nas cidades, reorganizando o processo produtivo e de distribuição dos bens e serviços. O setor terciário ganha destaque em decorrência do crescimento da indústria e da construção civil e, ao longo do século XX e início do século XXI, com as inovações ligadas à comunicação e à informação (internet). O desenvolvimento da indústria, o advento da economia flexível e a mundialização do capital fomentaram a expansão dos serviços e das terceirizações, como é o caso das atividades financeiras, dos transportes, da assessoria jurídica, da assistência técnica em informática etc., visto que o capitalista industrial passou a delegar algumas funções complementares e residuais à produção. Além disso, os serviços com caráter pessoal também se expandiram em virtude, sobretudo, do processo de urbanização, criando novas demandas aos indivíduos e aos grupos sociais.

Organismos internacionais, tais como a Organização das Nações Unidas (ONU), o Banco Mundial e o Fundo Monetário Internacional (FMI), utilizam uma classificação de caráter industrial e pautada em uma visão material da economia. Assim, as atividades de serviços muitas vezes são tratadas como uma categoria residual, isto é, como o resultado da diferença entre a quantia total produzida na economia de um país e o montante das atividades industriais e agropecuárias. Neste sentido, segundo Silva e Meirelles (2006), esta metodologia de classificação, baseada em um padrão genérico, conduz a equívocos quanto às características inerentes aos serviços e quanto ao seu papel na dinâmica econômica.

***

Ainda que o comércio e os transportes tenham raízes milenares (desde a antiguidade), o setor terciário adquire destaque a partir da Primeira Revolução Industrial, visto que os transportes ferroviário e hidroviário movidos a vapor foram decisivos para a obtenção de matérias primas e para a conquista de novos e potenciais mercados consumidores, principalmente pela Inglaterra. Comércio, transportes, seguros, contabilidade etc. são atividades que foram delegadas pelo capitalista industrial a outros capitalistas, isto é, o primeiro preferiu transferir parte do seu lucro extraído da mais-valia a terceiros em vez de ser responsável por todas as atividades. O setor terciário adquire grande importância na atual estrutura do emprego e da organização do território, pois fatores como localização das atividades, região de influência, fluxos tangíveis e intangíveis, infraestruturas, efeitos de atração e polarização etc. são vitais para se compreender a concentração e a valorização do espaço (George, 1976). A terciarização contemporânea, pautada nas transformações do terciário, é resultante da dinâmica de acumulação *versus* de marginalização, inerente ao sistema capitalista. Agregando diversas atividades, o setor se caracteriza pela heterogeneidade, tanto no que tange à função e ao objetivo quanto ao mercado. Segundo Kon (2004), a base de conceituação e de classificação das atividades de serviços é diversa e a indefinição quanto às diferenças entre bens e serviços ainda permanece nos debates atuais.

A visão dos clássicos sobre o conceito de serviços, aspecto fundamental para a compreensão do setor terciário e da sua relevância na economia, não é consensual. Há divergências teóricas marcantes entre as visões, por exemplo, de Smith (1999) e de Marx (1985), e estas refletem o conceito de trabalho produtivo e improdutivo. A diferença entre trabalho produtivo e improdutivo em Smith (1999) está ligada a uma visão de materialidade. Segundo o autor, o primeiro se baseia em um bem palpável, concreto, visível e estocável, de forma que o trabalho seja reprodutível e capaz de se perpetuar ao longo das relações, ou seja, pressupõe-se uma base material (física) de suporte. Por outro lado, o trabalho é improdutivo quando não se fixa ou não se resulta em um objeto ou em um bem físico. Este é o caso dos serviços, visto que são, em essência, intangíveis e não pautados na materialidade. Marx (1985) considera que não é o caráter tangível que define se uma atividade econômica é ou não produtiva. O aspecto que permite definir o trabalho como produtivo é a sua prática a partir de bases capitalistas, com subjugo do trabalho ao capital. As ações de compra e venda, por exemplo, não se configuram como uma relação entre objetos e coisas, e sim uma relação social e contratual. É necessário que a realização de um serviço esteja baseada em relações capitalistas, de modo que haja subsunção do trabalho ao capital em prol da sua reprodução. Diante disso, a definição de trabalho produtivo ocorre independentemente da base palpável e tangível. Com a noção marxista de trabalho produtivo e improdutivo, algumas classificações tradicionais perdem sua essência, ou seja, o que é tangível e o que é intangível deixa de estar em lados opostos em relação à criação de valor e à possibilidade de extração de mais valia. Cabe destacar que na visão marxista e materialista predomina o material como uma categoria filosófica que expressa a realidade objetiva (Cheptulin, 1982, p.67-8).

Silva e Meirelles (2006) revelam que há duas importantes diferenças entre as atividades produtivas e as atividades de serviços. A primeira reside na relação existente entre o trabalho e o processo de produção. Já a segunda se refere ao resultado do trabalho (tangível ou intangível). Por um lado, a produção de mercadorias se caracteriza pela materialidade e mensurabilidade e, por outro, os serviços não resultam em produção *strictu sensu* (bem físico). As inovações tecnológicas, sobretudo no âmbito da informática e das telecomunicações (telemática), o aprimoramento da logística, a reestruturação interna das empresas, as novas e mais flexíveis lógicas organizacionais e o aprimoramento das relações de trocas e de produção conduzem a profundas transformações no setor de serviços, com destaque aos transportes, às finanças e ao comércio. A quase simultaneidade e a interatividade entre empresas e indivíduos, viabilizadas pela expansão das tecnologias de informação e de comunicação (TIC), permitem a difusão rápida das informações e a conectividade entre indivíduos e instituições.

As características básicas do setor terciário da economia se diferenciam dos segmentos produtivos. Isso se justifica, dentre várias explicações, pela relação estabelecida entre o prestador de serviço e o consumidor.

Ambos, muitas vezes, estão envolvidos no processo e, assim, se fazem presentes para a realização da troca e para a satisfação da demanda. Essa condição envolve consequências geográficas relevantes, ainda que na atualidade a difusão e a modernização do sistema de comunicação e de transportes possibilitem maior fluidez e rapidez nos deslocamentos e nos contatos estabelecidos. Nos serviços e no comércio, por exemplo, a integração e a participação do cliente e/ou freguês são muito maiores em comparação a outras atividades, como é o caso da armazenagem de mercadorias, do transporte de bens e da produção em si.

Em determinadas atividades do setor terciário e, em especial, em certos serviços, o consumidor participa ativamente da relação estabelecida, como ao acompanhar o conserto de seu carro ou de seu aparelho eletroeletrônico, ir ao dentista ou ao médico, escolher e pegar os produtos na prateleira do supermercado, escolher os frutos de melhor aparência na feira, entre outros. Nesses casos, há uma combinação existente entre o conhecimento específico, por parte do cliente, das suas próprias necessidades e preferências e a técnica do fornecedor (Kon, 2004). Destaca-se, por exemplo, o autosserviço, isto é, quando o próprio consumidor realiza as atividades que são destinadas aos prestadores de serviços, como o autoatendimento na compra e emissão de bilhete de passagem aérea e o *check-in online* para confirmação de embarque e liberação de bagagens.

A localização das atividades terciárias é movida por fatores favoráveis, com destaque às condições de comunicação e de distribuição, ao mercado consumidor, à mão de obra qualificada etc. Entretanto, a questão da proximidade geográfica perde relativa importância, visto que a introdução e a utilização de tecnologias ligadas às telecomunicações e à informática têm possibilitado um contato facilitado a longas distâncias entre as partes, como é o caso dos *call centers* e do comércio, no qual a escolha e o pedido da mercadoria são realizados através do *e-commerce* (comércio *online*) e a entrega das encomendas ocorre via empresas de transporte de cargas públicas e/ou privadas. Somam-se, ainda, os serviços bancários de autoatendimento e via internet, a compra de passagens de ônibus e aéreas nos *sites* das empresas etc.

A grande participação dos serviços na geração de renda à população de um país não é sinônimo de um elevado grau de desenvolvimento econômico. A existência de um setor de serviços quantitativamente relevante pode significar tanto uma economia de serviços moderna, característica de países em estágios avançados de desenvolvimento, como pode representar um setor de serviços precário, sendo constituído, basicamente, por atividades tradicionais, com reduzidos padrões de produtividade, inexpressiva modernização tecnológica e absorção de mão de obra com baixa qualificação.

A indústria e a construção civil nas nações periféricas, sobretudo nos momentos de crise, não conseguem absorver a massa de trabalhadores que se encontra nos espaços urbanos e, por conseguinte, como forma de sobrevivência, estes acabam atuando na informalidade e "inchando" o setor terciário não moderno. Derivam-se desse contexto socioeconômico precário algumas correntes teóricas e conceituais tais como: centro/periferia, dualismo, marginalidade econômica, espaços ganhadores e perdedores e os dois circuitos da economia urbana dos países subdesenvolvidos (Santos, 2004). Economias subdesenvolvidas podem apresentar um setor terciário expressivo em número de indivíduos em função de elementos estruturais, caso da concentração da propriedade fundiária e da incapacidade da atividade industrial em absorver as camadas crescentes de pessoas expulsas do campo, mas não significa que a renda *per capita* e o padrão de vida da sociedade sejam elevados. Nessa perspectiva, as atividades tradicionais de serviços e o mercado informal são uma possibilidade de ocupação e de fonte de renda (ainda que baixa) para grande parte da população, inviabilizando, portanto, diversas garantias trabalhistas. O crescimento da informalidade e do setor de serviços não modernos é condizente com o estágio de desenvolvimento local, regional ou nacional, ao mesmo tempo que é fomentado, em maior ou em menor medida, pela renda e pela capacidade de consumo da população em um determinado território.

O processo de expansão do setor terciário informal, especialmente nas atividades comerciais, baseia-se em duas dinâmicas que asseguram diferenças regionais, quais sejam: a) a flexibilidade industrial e a absorção de novas tecnologias como tentativa de racionalização dos custos de trabalho; b) as estratégias de sobrevivência ou resistência à crise econômica, impondo ajustes aos mercados de trabalho, sobretudo metropolitanos. As análises da dinâmica do setor terciário têm sido, muitas vezes, associadas à expansão da atividade industrial. No caso das economias latino-americanas e, em especial, na economia brasileira não foi diferente, posto que seu fomento esteve ligado à implantação do parque industrial e à difusão das atividades comerciais vinculadas à indústria (departamento I), a partir, principalmente, da década de 1950 (Roggero, 2003).

O setor terciário passou por mudanças importantes ainda nesse período, em função do crescimento da indústria de transformação e do crescimento da construção civil. A implantação de indústrias pesadas gera, por conseguinte, a expansão dos serviços liderados pelas atividades financeiras e de comunicações, uma vez que estas exigem serviços complementares. Paralelamente, os serviços pessoais também se expandiram de maneira significativa (Rissato; Sambatti, 2004).

Os serviços possuem três características relevantes, quais sejam: fluxo, variedade e uso de recursos humanos. A característica de fluxo representa fundamentalmente o processo de prestação do serviço. Este se inicia quando há a solicitação de um usuário, empresa ou indústria, de modo que o serviço é realizado sob a forma de um fluxo de ação e trabalho no tempo e no espaço. Tal fato, em consequência, resulta em outras três propriedades: a inestocabilidade, a intangibilidade e a incomensurabilidade, ou seja, o serviço não é armazenável, não é palpável e não é contável. Não se mensura um serviço nos moldes de um produto ou de uma mercadoria, como dúzias, quilos, metros etc. A segunda característica dos serviços, a variedade, refere-se à diversidade de técnicas utilizadas, que embasam as atividades realizadas, e às diferenças no tamanho e no lucro das empresas prestadoras de serviços. Por último, a terceira característica está ligada ao uso de recursos humanos e reflete o fato de que, apesar da crescente incorporação do progresso tecnológico através de máquinas, equipamentos e sistemas informacionais, os recursos humanos representam um fator relevante no processo de prestação de serviços. Estes, muitas vezes, possuem um caráter interativo e, portanto, as relações existentes dependem de indivíduos para assegurarem a interface entre servidores (contratados) e contratantes. Os serviços avançados, por sua vez, aliam a utilização de tecnologias de informação e de comunicação e a contratação de profissionais qualificados (Silva e Meirelles, 2006).

O setor terciário expandiu-se, ao longo do século XX, com maior intensidade a partir das décadas de 1960 e de 1970, mediante o avanço da revolução microeletrônica, induzindo à reestruturação industrial a partir do crescimento da produção e da internacionalização das atividades econômicas, com impactos sobre diversos segmentos do setor. O novo modelo tecnológico aumentou a heterogeneidade dos serviços e do setor terciário, potencializando diversos tipos de atividades, como é o caso, por exemplo, dos transportes e das comunicações, dos serviços sociais e pessoais, da publicidade e do *marketing*, das instituições financeiras etc. (Bianco; Colbari, 2003). O crescimento da importância do setor terciário avançado reflete o estágio do processo de desenvolvimento econômico de um país e/ou de uma região. Muitos serviços têm estreita relação com a indústria. É impossível compreender o crescimento do processo de terciarização de maneira desconectada às transformações industriais e às recentes inovações tecnológicas e organizacionais. Dessa maneira, o ritmo de expansão e o surgimento de novas atividades ligadas ao setor terciário são determinados, muitas vezes, pela capacidade de reestruturação do setor produtivo, em particular da indústria de transformação e de bens de capital.

Nos momentos de ascensão econômica internacional, tem-se o incremento dos fluxos de investimentos, com ênfase para o investimento direto estrangeiro (IDE) e para o fomento das atividades terciárias (prestação de serviços, distribuição de mercadorias a longas distâncias e comércio em economias de escala), elevando-se, consequentemente, o Produto Interno Bruto (PIB). Nesse sentido, destacam-se a participação do Estado na regulação e na adoção de políticas macroeconômicas, os recursos destinados à melhoria das infraestruturas (energia e transportes), os acordos regionais, nacionais ou globais de comércio, as estratégias logísticas, a reestruturação interna das firmas, a expansão da terceirização (*outsourcing*) e ainda o crescimento dos serviços prestados no exterior (*offshore*). Nas fases negativas da economia mundial, as atividades de produção, de transporte e de comercialização são estranguladas e a demanda de certos produtos e serviços (sobretudo aqueles mais caros) sofre uma retração. Entretanto, tal fato não se estende na mesma proporção aos bens alimentícios de menor valor agregado, visto que a inelasticidade (ainda que relativa) da demanda é condicionada pela necessidade de consumo para sobrevivência (Rangel, 2005).

***

As transformações contemporâneas na produção (reestruturação produtiva), nos serviços logísticos, no transporte e comunicação e nas trocas geram uma divisão internacional do trabalho mais complexa e com fortes interdependências entre diferentes segmentos e setores, como é o caso, por exemplo, da relação entre indústria, transporte e comércio varejista e/ou atacadista. Ademais, a otimização da distribuição de bens, os investimentos produtivos e as estratégias de mercado das empresas são aspectos que devem ser considerados para se compreender a expansão dos serviços avançados e dos processos de concentração e de centralização do capital. A dinâmica da concentração e da centralização de capitais envolve as atividades terciárias modernas, favorecendo a formação de oligopólios, e as fusões e aquisições de empresas por grandes grupos econômicos e financeiros, como é o caso dos bancos e das redes atacadistas e varejistas (Kon, 1999). A concentração é explicada pelo crescimento dos capitais individuais, na medida em que os meios sociais de produção e de subsistência são transformados em propriedade privada dos capitalistas. Todo capital individual é uma concentração maior ou menor de meios de produção e de tecnologias, ao mesmo tempo que prevalece um poder de comando sobre os trabalhadores (Marx, 2005). Segundo Kon (1999) e Marx (2005), a centralização do capital, por sua vez, é resultado, dentre vários aspectos, da organização interna, dos investimentos realizados, das estratégias para se ganhar a disputa pela concorrência (busca pelo aprimoramento das atividades realizadas pela firma) e da redução dos preços das mercadorias e dos serviços oferecidos. É importante considerar o aumento da escala de atuação e da produtividade, com a incorporação de inovações tecnológicas e a otimização do serviço prestado e/ou dos bens comercializados.

O desenvolvimento do capitalismo resultou no aumento da concentração de capitais individuais, ao passo que as empresas mais fortes e mais competitivas superaram a concorrência em âmbitos nacional e global. Alguns exemplos podem ser citados para elucidar tal processo, tais como a aquisição de bancos menores por grupos financeiros mais consolidados e mais lucrativos, além de fusões e compras de empresas e de indústrias menores por outras mais capitalizadas. Tal processo resulta, por conseguinte, em oligopsônios e oligopólios setoriais (transportes, supermercados etc.). Santos (2004), no livro *Espaço dividido: os dois circuitos da economia urbana dos países subdesenvolvidos*, apresenta a ideia de que não haveria uma única modernização, mas sim vários estágios de modernizações. O autor, ao estudar a economia urbana dos países subdesenvolvidos, indica a existência de dois circuitos da economia (o circuito inferior e o circuito superior), com destaque para o quadro de "hipertrofia" do setor terciário. Infere-se, portanto, que há diferentes tempos históricos e graus de desenvolvimento em um mesmo espaço. Nesse sentido, as cidades dos países do Terceiro Mundo não funcionam como um bloco homogêneo. Ao contrário, no interior do sistema urbano, dependente de outros sistemas de nível superior, é possível reconhecer a existência de dois subsistemas, dois circuitos econômicos com características muito diferentes (apesar de se comunicarem). No superior, por sua vez, pode-se fazer a distinção entre atividades "puras", "impuras" e "mistas". A indústria urbana moderna, o comércio e os serviços avançados são os elementos "puros", visto que são ao mesmo tempo atividades específicas do espaço urbano e do circuito superior. A indústria de exportação e o comércio externo são atividades "impuras". Estes estão instalados na cidade para se beneficiarem das vantagens locacionais, entretanto, o essencial de seus interesses é manipulado fora da cidade, ou seja, para onde se destinam suas mercadorias. As instituições bancárias também se enquadram nesse grupo, já que se caracterizam pela união entre as atividades urbanas modernas (presença das tecnologias ligadas à informática), possuem agências instaladas espacialmente e mantêm relações e interesses com diversas cidades de um ou de vários países (Santos, 2004). O comércio atacadista e as atividades de transporte podem, muitas vezes, se configurarem como atividades "mistas", isto é, quando estabelecem relações com os circuitos superior e inferior da economia urbana. Ambos se encontram no topo de uma cadeia decrescente de intermediários, sendo possível chegar ao feirante ou mesmo ao vendedor ambulante. Assim, suas relações com segmentos menos dinâmicos resultam na acumulação, refletem seus negócios bancários e um maior ou menor destaque no circuito superior da economia. Acordos contratuais estabelecidos entre heterogêneas partes interessadas também indicam a existência de uma atividade "mista", movimentando, por conseguinte, a economia intraurbana e regional (Santos, 2004). O setor terciário compreende atividades desempenhadas por instituições tanto públicas quanto privadas. Os serviços públicos, como é o caso, por exemplo, da rede elétrica e do saneamento básico, devem ser analisados não apenas por critérios econômicos (relação entre custos e lucratividade), mas por critérios sociais, incluindo-se a possibilidade de acesso a serviços necessários ao bem-estar, à sobrevivência das pessoas e ao controle da disseminação de diversas doenças (apesar da precarização destes serviços, sobretudo nos países subdesenvolvidos).

Diante disso, destacam-se as parcerias público-privadas (PPP) e, em especial, a concessão de serviços públicos à iniciativa privada, sob o modelo de um Estado forte e desenvolvimentista, com o objetivo de fomentar maiores recursos aos setores subinvestidos e obsoletos. No caso do Brasil, os setores que demandam maior participação do capital privado são os serviços de utilidade pública (transportes, energia e saneamento), dado que se encontram subcapitalizados (Rangel, 2005). A concessão de serviços públicos não significa isentar o Estado de suas funções e responsabilidades políticas, administrativas, econômicas, financeiras e de planejamento. Pelo contrário, ao poder público cabem as seguintes funções e poderes: manifestar-se sobre como e onde investir, controlar e definir as tarifas cobradas, impor metas e prazos a serem cumpridos, fiscalizar as ações e medidas adotadas pelas empresas concessionárias, poder concedente e credor hipotecário etc. Assim, tem-se uma alternativa que possibilita a superação dos obstáculos ao desenvolvimento, principalmente no que tange à modernização e à otimização das infraestruturas (Rangel, 2005).

Cabe ressaltar que a tradicional classificação das atividades econômicas em setores primário (agropecuária), secundário (indústria) e terciário (comércio, transporte e serviços) ainda prevalece, apesar de alguns autores defenderem o contrário, pois apesar das relações existentes, por exemplo, entre indústrias e empresas prestadoras de serviços, há ainda uma independência institucional, legal e funcional entre elas (a maioria dos órgãos públicos brasileiros segue essa classificação). Ademais, na atualidade, é reconhecida a relevância das atividades terciárias na geração de renda e de riqueza e sua participação na dinâmica econômica. Não obstante, há variações consideráveis entre elas de acordo com o grau de desenvolvimento de cada território.

Para ler mais

BIANCO, Mônica de F.; COLBARI, Antônia de L. *Modernização empresarial e gestão de pessoal em empresas do setor de serviços*. Disponível em: <http://ufrgs.br/artigo.pdf>. Acesso em: fev. 2009.

CHEPTULIN, Alexandre. *A dialética materialista*: categorias e leis da dialética. São Paulo: Alfa-Ômega, 1982.

CHESNAIS, François. *A mundialização do capital*. São Paulo: Xamã, 1996.

CLARK, Colin. *The Conditions of Economic Progress*. Londres: MacMillan Co. Ltd., 2002.

Di Sabbato, Alberto; Dweck, Ruth; Ferraz, Galeno; Melo, Hildete P. de; Rocha, Frederico. *O setor serviços no Brasil: uma visão global – 1985/95*. Rio de Janeiro: Ipea, 1998.

FIORI, José Luis. *Brasil no espaço*. Petrópolis: Vozes, 2001.

FISCHER, Georg. *Production, Primary, Secondary and Tertiary*. Londres: Economic Record, 2007.

GEORGE, Pierre. *Geografia econômica*. Rio de Janeiro: Difel, 1976.

KON, Anita. *Economia de serviços*: teoria e evolução no Brasil. Rio de Janeiro: Elsevier, 2004.

______. *Economia industrial*. São Paulo: Nobel, 1999.

______. Sobre as atividades de serviço: revendo conceitos e tipologias. *Revista de Economia Política*, São Paulo, v.19, n.2, abr.-jun. 1999, p.64-83.

MARX, Karl. *O capital*: crítica da economia política. São Paulo: Nova Cultural, 1985 (livros 1 e 2).

PORTER, Michael. *Vantagem competitiva*: criando e sustentando um desempenho superior. Rio de Janeiro: Campus, 1989.

RANGEL, Ignácio. *Obras reunidas*. v.1-2. Rio de Janeiro: Contraponto, 2005.

RISSATO, Denise; SAMBATTI, Andréia P. *O setor terciário da economia*: uma discussão teórica introdutória. Cascavel: Departamento de Economia, 2004.

ROGGERO, Rosemary. *Uma leitura sobre o desenvolvimento do setor terciário no movimento contemporâneo do capital*. 2003. Disponível em: <http://www.senac.br/informativo>. Acesso em fev. 2009.

SANTOS, Milton. *O espaço dividido*: os dois circuitos da economia urbana dos países subdesenvolvidos. São Paulo: Edusp, 2004.

SILVA e MEIRELLES, Dimaria. O conceito de serviço. *Revista de Economia Política*. São Paulo, v.26, n.1, jan.-mar. 2006.

______. *O setor de serviços e os serviços de infraestrutura econômica*. Tese de Doutorado. Departamento de Economia. Universidade Federal do Rio de Janeiro. Rio de Janeiro, 2003.

SMITH, Adam. *A riqueza das nações*. Lisboa: Edição da Fundação Calouste Gulbenkian, 1999.

Transportes

*Márcio Rogério Silveira**

O transporte (do latim *transportare*), *stricto sensu*, representa o ato ou efeito de transportar. A expressão é utilizada tanto para explicar, nas ciências físicas, o transporte de determinados materiais quanto para explicar, na fisiologia, o movimento de líquidos nos vasos sanguíneos. Nesses dois casos, o transporte é uma ação natural e independe da vontade e da ação humana. Diversos ramos científicos debruçaram-se sobre esses tipos de transportes, como a Engenharia, a Física, a Química, a Medicina, a Climatologia, entre outros. Por outro lado, não é essa forma de transporte que abordaremos e não é dessa forma que a Geografia da Circulação, Transportes e Logística trata o termo "transporte". Para as ciências humanas, em especial a Geografia, o transporte é um ato, efeito ou operação de transportar (mover de um lugar para outro) pela intervenção e ação do homem, ou seja, ele é intrínseco às relações sociais que ocorrerem no espaço. Quem interage socialmente também o faz espacialmente, já que o espaço é socialmente construído. Portanto, não há interação espacial de nenhuma forma sem o transporte de mercadorias, de pessoas, de

* Universidade Federal de Santa Catarina, Florianópolis, SC – Brasil.

capitais e de informações. As interações espaciais não ocorrem no espaço, mas produzem o espaço. Diante desse raciocínio, tanto o ato de transportar quanto as estratégias de planejamento e de gestão (logística) contribuíram para a evolução da humanidade e para o aprimoramento das relações sociais nela intrínsecas e hoje se tornam indispensáveis para a manutenção da sociedade contemporânea e fundamentais para a expansão do capitalismo. A logística, portanto, está presente em todos esses estágios e, em determinados momentos, devido às pressões do sistema socioeconômico vigente, há verdadeiros saltos tecnológicos (ressurgências tecnológico-econômicas) nos sistemas de movimento (que podem ser compreendidos como conjuntos que envolvem os sistemas de engenharia – fixos criados pela ação humana e, por isso, produtores de valor, decompostos em trabalho e atuantes na transformação da natureza e na produção e reprodução do espaço, como uma rodovia, uma usina hidroelétrica, entre outros – e os sistemas de fluxos materiais e imateriais) na ampliação dos fluxos e nas estratégias que revertem à ordem social vigente e estabelecendo outras relações sociais e espaciais. É isso o que chamamos de "revoluções logísticas".

As revoluções logísticas, portanto, expressam um conjunto de transformações tecnológicas no setor de comunicações capaz de ampliar as interações espaciais e de mudar a ordem socioeconômica vigente. Os constantes fluxos, afluxos e ampliações das interações espaciais, das integrações territoriais e da divisão territorial do trabalho proporcionaram novos espaços comerciais e novas formas de produção e de trocas culturais. As revoluções logísticas tornaram-se mais intensas quando passaram a ser, entre outras determinantes, causa e consequência das revoluções industriais. No capitalismo, especificamente a partir do século XVI, a necessidade de se alterar as formas de produção e as relações de trabalho encurtou os períodos revolucionários nos transportes e intensificou as relações de trocas e os padrões tecnológicos. Os resultados são expressos nos fixos (instrumentos de trabalho e forças produtivas observadas no território, como uma rodovia), nos fluxos materiais (força de trabalho, consumidores e bens de consumo e de capital) e imateriais (informações, ideias, serviços e financeiros), que diminuem a viscosidade territorial e demarcam espaços da fluidez. No desenrolar das revoluções logísticas, surgiram algumas expressões para explicar todas as dinâmicas sociais e espaciais causadas pelos transportes enquanto atributo social. Entre eles estão o transporte e a circulação. Suas derivações trabalhadas por diversos intelectuais e, entre eles, alguns geógrafos, deram origem a ramos da Geografia denominados como Geografia da Circulação, Geografia dos Transportes e Geografia do Movimento, entre outros.

A palavra *circulação* (do latim *circulatione* e originada do verbo "circular") significa ato ou efeito de circular, de movimento contínuo, de curso, de marcha e pode referir-se a um circuito fechado (baseada na fisiologia sanguínea e, posteriormente, incorporada pelos fisiocratas que deram à expressão livre circulação nas Ciências Sociais), ou seja, está implícita à noção de interação. Para haver circulação, o movimento tem que ser circular (em círculos, mas no sentido de realizar trocas, ou seja, de ações e suas consequências transformadoras). Quando falamos em mobilidade de pessoas, de mercadorias e de informações, a circulação insere-se como consequência, no capitalismo, do movimento circulatório do capital. Os prenúncios do termo Geografia da Circulação (ramo da Geografia) advêm do século XIX, momento histórico em que a Geografia passava por uma institucionalização nas universidades alemãs. Alfred Hettner (1897) publicou um artigo sobre transportes e o designou como matéria de estudo da Geografia. Todavia, ao se estudar os sistemas de fixos e de fluxos das regiões, houve metaforicamente a identificação, pela escola fisiocrata,[1] com o sistema de circulação sanguínea. Daí surgiram termos utilizados até hoje pelos especialistas em transportes, como "sistemas", "artérias", "fluxos", "movimento circulatório", "vasos comunicantes" e outros.

Mas será Ratzel (1914), na Alemanha, em 1882 (*Antropogeografia*), o responsável por organizar sistematicamente a Geografia Geral da Circulação, ao estudar os transportes (meios e vias) e a circulação regional (movimento de mercadorias, de pessoas e de informações no espaço). Parte daí a diferenciação entre transportes como simples locomoção de

1 O termo fisiocrata, de origem grega – *fis* representa natureza e *cratos* o poder – significa "poder da natureza" e surgiu no século XVIII na França. Os fisiocratas consideravam o sistema econômico como um organismo regido pelas leis da natureza. Eles valorizavam a agricultura e a economia mercantil. Além disso, afirmavam que a indústria somente diversificava o produto e que o comércio se encarregava da distribuição.

um lugar a outro através de meios (veículos) e vias (infraestruturas de transportes) e a circulação como movimento de mercadorias, de pessoas e de informações no espaço. Ou seja, este último levava em consideração o sistema como um todo, isto é, a circulação produz o espaço e não simplesmente ocorre sobre ele. Destarte, a diferença básica entre Geografia dos Transportes e Geografia da Circulação baseia-se na ideia de que

> as palavras "geografia" e "transportes" (ou outras associadas) dão conta, para as décadas de 1940 e 1950, de abordagens que se referem mais aos meios e infraestruturas de transportes de forma isolada, e não tanto ao sistema como um todo. (Pacheco, 2001, p.25)

Nesse sentido, o termo "circulação" (com forte presença na França dos fisiocratas, como François Quesnay, John Locke e David Hume) permaneceu associado à Geografia clássica francesa e a seus estudos mais totalizadores enquanto o transporte, como o vemos atualmente, foi associado à Escola de Washington e à Escola de Chicago e seus modelos e análises de morfologia, de movimento e de tempo, de complementaridade (*complementarity*), de demanda (*demand*) e de oferta (*supply*), de distância e de velocidade, de oportunidade mediadora, de transferabilidade (*transferability*), de fluxos materiais, de interações espaciais, entre outros (Ullman, 1956; Haggett, 1970 e outros). Com o advento da Geografia Crítica, na década de 1970, o termo "transportes" foi incorporado com maior facilidade a essa corrente do pensamento geográfico do que o termo "circulação". Nesse sentido, Roberto Lobato Corrêa (1997), no Brasil, aproxima a discussão de interações espaciais do materialismo histórico e dialético pela associação com a categoria de interação vislumbrada por Alexandre Cheptulin (1982).

Ratzel (1914) discutiu a influência dos meios e das vias de transportes sobre os grupos humanos (relação homem-meio) numa relação de causa-efeito. Para Ratzel (1914), construir a "teoria geral da circulação" redundava em criar uma teoria domadora do espaço. Nesse sentido, há alguns princípios ou determinações que precisam ser analisados conjuntamente (independentes da época e da região), como a força motriz, a estrada percorrida, a carga transportada e o grupo humano que preside a marcha. A noção de rede formada através do cruzamento de diferentes modais, por outro lado, era bastante presente – nada estava completamente isolado. Os diversos caminhos, em consequência, distribuem os agrupamentos humanos e as mercadorias que entram em circulação, e a cada encruzilhada desses há o estabelecimento de espaços comerciais, produtivos, de consumo e logísticos (estações ferroviárias, rodoviárias, aeroportos etc.), ou seja, nós de maior ou de menor influência na rede. Segundo Sorre (1984), Ratzel afirmava que a luta contra o espaço ocorria em três domínios: o terrestre, o marítimo e o aéreo. Assim,

> o conjunto das rotas nos três domínios, juntamente com as instalações de seus pontos nodais, forma a rede universal da circulação. O conhecimento não será completo, a menos que associemos o estudo das rotas ao estudo das trocas de que é instrumento. (Sorre, 1984, p.95)

Nesse sentido, a circulação redunda no ato e nas consequências de transportar como parte integrante da evolução humana e das transformações espaciais. Não é o simples fato da existência de meios e de infraestruturas de transportes e sua conjugação, *id est*, o ato de transporte. Na circulação, o ato de transportar está relacionado às suas consequências, a uma totalidade globalizante (natural e humana), como reflexo do passado, do presente e das potencialidades futuras. Os traços essenciais da teoria geral da circulação estão na ampliação do domínio da circulação geral, no aumento das velocidades, no aumento da capacidade de transporte e na aceleração contemporânea de todas essas características juntas.

Ratzel (1914) compara a evolução geral da circulação a uma rede fluvial. Ele demonstra que uma pequena artéria pode interferir na artéria principal e o retrocesso de uma artéria principal pode ter influências negativas sobre uma determinada população. Nesse caso, não é necessariamente a escolha de novas rotas e/ou a valorização de outros espaços, mas o assoreamento de um rio, de um porto, a diminuição da vazão de um rio, o aumento do calado por causa da modernização tecnológica nos meios de transportes etc. podem tornar esse espaço menos interessante e, assim, levar os capitais a escolherem outros espaços para a circulação capitalista. Portanto, a integração de diferentes elementos, uma característica primaz da Geografia, ou seja, as combinações geográficas (Cholley, 1964) já estão presentes na proposta de Ratzel para o estudo da circulação espacial (como também aparecem nos geógrafos franceses predecessores de Cholley).

Uma artéria interrompida pode danificar o cérebro e levá-lo à falência. Arquétipos que reafirmam o supracitado são os casos dos portos de Florianópolis (SC), de Laguna (SC) e de Porto Alegre (RS), nos quais o aumento do calado das embarcações e do assoreamento diminuiu sua importância e provocou o desaparecimento dos mesmos. Por outro lado, é o que ocorreria com a intensa rede de navegação amazônica se o Rio Negro, o Rio Solimões e o Rio Amazonas não fossem alimentados pelas pequenas e minúsculas artérias. A aceleração do movimento numa artéria central também repercute nas artérias menores e nas redes de outros modais interconectados (intermodalidade e multimodalidade). Um exemplo demonstrado por Ratzel é o Canal de Suez que restabeleceu a navegação pelo Mediterrâneo e pelo Mar Vermelho, provocando, inclusive, a criação e o melhoramento das linhas férreas que atravessam os Alpes, a abertura do Túnel de São Gotardo, o emprego de máquinas mais potentes e a aceleração da velocidade em todas as redes da Europa ao norte dos Alpes. O mesmo vale para o Canal do Panamá. Avaliações importantes, nesse sentido, podem ser realizadas na China com a construção da Usina de Três Gargantas e com a navegação, possibilitada pelas eclusas no rio Yang Tsé (rio Azul), alimentando o interior do país. Ratzel recebeu críticas da escola francesa, especialmente de Paul Vidal de la Blache, por meio da doutrina possibilista. Para a visão baseada no possibilismo, a relação sociedade-meio sobressai, assim como também a evolução dos transportes e sua contribuição para as sociedades espacialmente localizadas (vista de estudo historicista e indutiva centrada em um espaço concreto).

Para Jean Brunhes (1955), a Geografia Geral da Circulação é parte da Geografia Humana e parte central da Geografia Econômica. Dessa forma, Brunhes (1955, p.100) delimita a orientação da Geografia Geral da Circulação apontando, especialmente, para o exame dos

> *caracteres materiales de la calle y de la carretera, la aglomeración urbana y la carretera política, la circulacioón urbana, cuestiones legitimamente englobadas en ese término*

general, quizás un poço vago, en todo caso muy comprensivo de Verkehrs-geographie *(que traduce imperfectamente por "geografia de los transportes".*

Brunhes (1955) aponta para a importância de se estudar outros fatos econômicos, como as tarifas de transportes, os tratados de comércio e os portos francos, a circulação no espaço urbano, a relação da circulação com o uso do solo, as relações da circulação com a população (mobilidade populacional) e a circulação do pensamento (telégrafos, telefonia etc.). Atualmente podemos incluir todas as telecomunicações realizadas nos espaços materiais e imateriais, considerando-se que a comunicação, com o surgimento das telecomunicações e, especialmente, do telégrafo, se deslocou/separou dos transportes. Portanto, na lógica de produção do espaço e de territórios não há a fragmentação entre os transportes e as comunicações.

Jean Brunhes (1955) encerra o capítulo sobre Geografia Geral da Circulação, afirmando que a circulação não é só um fator de transformação material da superfície circunscrita, mas sim um fator transformador da quantidade, da qualidade e das atitudes da população humana. O homem sempre se mobilizou no espaço buscando melhores climas, saqueando, cambiando, entre outros e, por consequência, está inclinado a exercer a circulação. Ou seja, a circulação é uma condição humana, nos seus aspectos totalizadores, e por isso seu estudo, apesar de enfraquecido, é central não só para a Geografia Humana e Econômica, mas para o entendimento da evolução e para o destino da sociedade. Brunhes (1955), como um fiel geógrafo francês, deixa uma crítica à Ratzel ao afirmar que o político e o econômico se unem para dar extremo valor ao homem e que o espaço, consequentemente, não está só, mas perfaz conexões com a vida e que, no fim, a circulação se traduz sempre em um recrudescimento mais ou menos consciente do espírito de dominação.

Max Derruau (1969), ao destacar a discussão da circulação na Geografia, afirma que ela é um fenômeno geográfico já que depende da Geografia Física e da Geografia Humana (facilitando e descartando traçados, tecnologia e viabilidade dos sistemas de movimento, altera os fenômenos humanos através da produção, do consumo e da cultura); ou seja, nenhuma sociedade teria alcançado determinado estágio de evolução caso não tivesse desenvolvido técnicas de transporte equivalentes. As sucessivas revoluções técnicas, especialmente as logísticas (que são mais que simples revoluções técnicas), são condições fundamentais para as revoluções industriais (Silveira, 2009). Enfim, "la circulaciónes la condición sine qua non de los modos de vida ambulantes" (Derruau, 1969, p.474). A Geografia da Circulação está baseada, deste modo, na relação meio-técnica (mostrando que a técnica, ao ganhar espaço sobre o meio, contribui para a modernização da sociedade e amplia suas relações sociais através das inter-relações socioespaciais). Como diz Ratzel (1914), esse ramo do conhecimento é uma "teoria domadora do espaço".

Jean Brunhes (1955) e Pierre George (1955) fazem uma crítica ao termo Geografia dos Transportes por este não demonstrar corretamente o ramo geográfico que tem atribuição de expressar as transformações socioespaciais que o ato de transportar causa. Assim, dizem que esse termo é vago (denominação geral), visto que o vocábulo "transporte" não dá conta de todos os aspectos condizentes e que propiciam a circulação. Ao mesmo tempo, é uma tradução não muito fiel do alemão *Verkehrsgeographie*. Trabalhos mais recentes afirmam que os termos são equivalentes, ou seja, pura metáfora orgânica. Apesar de terem origens diferentes, com o tempo passaram a significar a mesma coisa. Etimologicamente, o termo "transporte" (século XVIII) é derivado do verbo "transportar" (século XV) e quer dizer "levar de um lugar a outro". Expressão originária do latim (*transportare* – *trans*/de um lugar a outro; *portare*/carregar). Transporte significa "ato, efeito ou operação de transportar". A expressão "circulação" etimologicamente parece ser mais ampla, já que traduz o movimento no e do espaço. Mas, para a Geografia, o que importa são as interações socioespaciais entre os grupos humanos através do movimento de mercadorias, de pessoas e de informações que transformam o espaço em um "ser" socialmente construído. Para que isso ocorra, é necessário o *transportare*. A expressão Geografia dos Transportes, destarte, foi menos usual nas escolas alemã e francesa do que nas escolas americana e inglesa. Atualmente, não conseguimos identificar um trabalho que expresse com exatidão, *stricto sensu*, a plena utilização do termo "circulação" ou "transporte". Isso porque um trabalho que é definido por seu autor como de Geografia dos Transportes pode trazer uma discussão tão totalizante que, na verdade, expressaria um trabalho de Geografia da Circulação e vice-versa. O mesmo vale para a denominação de uma disciplina.

***

Então, o que recentemente entendemos por Geografia dos Transportes? Na visão de Pini (1995), a Geografia dos Transportes consolidou-se (tornando-se uma das sucursais específicas da Geografia), no final da década de 1950, devido à importância que os transportes passaram a ter, especialmente em razão da ampliação das trocas econômicas após a Segunda Guerra Mundial e à complexidade da circulação nos espaços urbanos (cidades grandes, metrópoles, megalópoles e suas interações espaciais em redes, isto é, "pela" rede de cidades). Esse fator foi ampliado pela expansão e pela complexidade que tomou o espaço da cidade e suas interações com o espaço regional. As redes de transportes superaram os espaços regionais e, aos poucos, se tornaram redes globais. As diferentes redes técnicas de transportes se interconectaram através dos tecnologicamente avançados meios e vias de transportes (intermodalidade), que se tornaram acessíveis, notadamente, para a transmissão de informações.

Como já relatado, ao passo que houve a influência do marxismo na Geografia, a Geografia Crítica, originária desse processo, tendeu a usar mais a expressão "transportes" do que a expressão "circulação". Entrementes, a Geografia dos Transportes não abandonou sua relação com os demais ramos da Geografia e, em especial, com a Geografia Humana (de onde surgiu), tampouco com as discussões sociais. Com o passar do tempo, a relação entre a Geografia dos Transportes e a Geografia Econômica aproximou-se tanto que muito dos trabalhos que abordavam transporte e circulação eram tidos por seus autores como de Geografia Econômica. A Geografia dos Transportes manteve, dessa maneira, o papel de valorização dos transportes na formação e evolução dos padrões de ocupação do território (Pini, 1995). Valendo-se, portanto, dos clássicos para o enriquecimento teórico e metodológico, destacam-se, sobre o ordenamento do território, os "círculos concêntricos", de Von Thünen (1826); a "localização industrial", de Alfred Weber (1909); a "localidades centrais", de Walter Christaller (1933); os "sistemas de cidades, a localização industrial e a demografia", de August Lösch (1940); os "polos e eixos de desenvolvimento", de François Perroux (1949); o "insumo-produto", de Walter Isard (1972); as "lógicas de organização espacial (distribuição e segregação residencial) dos espaços urbanos", de Burges (1925), de Kohl (1841) e de Hoyt (1939); e os "espaços interurbanos", de Reilly (1929). Todos abordam os transportes como um dos fundamentais fatores de ordenamento do território. Tais aproximações permitiram que a Geografia permanecesse na junção de várias áreas de investigação. Nas décadas de 1980 e de 1990, houve um enfraquecimento, em termos de quantidade, dos estudos de Geografia dos Transportes, Circulação e Logística, fato este associado à demasiada incorporação de temas, de metodologias e de concepções de outras ciências à Geografia. Igualmente os ramos geográficos passaram a observar os transportes como mais uma determinante em seus objetos de pesquisa e, assim, desvalorizou-a aos poucos. Na atualidade, essa falta de atenção está custando caro, especificamente porque com o processo de mundialização do capital (Chesnais, 1996) os transportes passaram a ser destaque em diversas outras ciências. Uma das grandes especialidades da Geografia no passado ocupa hoje um papel secundário, apesar da recente tentativa de recuperação (métodos, referenciais teóricos, inserção no mercado e outros). Por outro lado, a diversidade de temáticas também constitui a riqueza da Geografia. O mesmo vale para a Geografia da Circulação, Transportes e Logística, um ramo científico, mais atual da Geografia, que funde estudos totalizadores através da circulação, específicos através dos transportes e de ordenamento e organização territorial a partir da logística de transportes e armazenamentos. A Geografia da Circulação, Transportes e Logística não repousa sobre uma única teoria dos transportes, mas sobre uma multiplicidade de teorias que são capazes de explicar a influência dos transportes e das redes de transportes na dinâmica dos territórios, na produção e na organização do espaço e no comportamento dos diferentes indivíduos. Assim, buscar-se-á nas diferentes disciplinas o seu enriquecimento, como na Economia para a "teoria da utilidade", na Sociologia para a "teoria da mobilidade geográfica", na Física para a interação espacial, na Psicologia para o comportamento dos indivíduos, na Administração para a organização produtiva, na Logística para o planejamento e gestão de fornecimento e distribuição, entre outras.

A Geografia Crítica, por outro lado, fez uma avaliação negativa dos modelos matemáticos e das análises da Escola de Washington nos estudos de transportes. Mesmo assim, segundo Michael E. Hurst (1972), a facilidade de se aplicar modelos aparentemente complexos redundou na falta de avaliação dos processos básicos involucrados, ou seja, interesses políticos, econômicos, militares etc. Os trabalhos de Geografia Crítica, dominantes a partir da década de 1980, passaram a avaliar os transportes mais pela ótica da mobilidade diferenciada dos grupos sociais.

Na perspectiva de Hoyle e Knowles (2000, apud Pons; Reynés, 2003), o objetivo da Geografia dos Transportes é estudar os sistemas de transportes e seus impactos espaciais, isto é, as interconexões entre os diferentes meios e vias de transportes (intermodalidade) e, dessa maneira, o movimento e seus modelos espaciais, da estrutura da rede e as dinâmicas espaciais que estas proporcionam. Os transportes, para a Geografia, possuem um destacado papel na interpretação das inter-relações físicas e socioeconômicas entre os indivíduos e os grupos na sociedade (Pons; Reynés, 2003). O conhecimento dos sistemas de transportes faz frente à necessidade de deslocamentos, de intercâmbios e das relações dos homens, das suas mercadorias e das informações em um espaço dado e independente de qual for a escala, inclusive a do indivíduo.

O transporte, portanto, sendo um ramo de estudo da Geografia dos Transportes, Circulação e Logística, redunda em um ato de movimento no espaço geográfico de produtos, de pessoas e de informações. É um movimento sem impedimento de diversos elementos de tipo material e que tanto pode fazer parte do planejamento, da produção e da gestão do espaço (é a produção do espaço em movimento). Já o movimento implica, também, os elementos de tipo espaçotemporal, ou seja, a origem e o destino assim como as vias de ligação entre eles (Pons; Reynés, 2004). Sua intensidade que se reflete nos fluxos é capaz de estabelecer e de modificar territórios. O transporte implica movimento de elementos materiais, mediante um sistema móvel (meios de transportes), suportado por uma infraestrutura (fixos de transportes) e, o mais importante, seguindo uma rota de forma planejada da origem ao destino, ou seja, há a necessidade de um sistema de movimento e de um mínimo de logística (planejamento e gestão).

Os objetivos dos transportes figuram diferentemente no espaço e no tempo. Todavia, no decorrer do século XX e início do XXI, quando se materializaram as redes globais, seu escopo foi mais organizativo, de gestão e de otimização. Assim, a seleção adequada de itinerários, a escolha de modais, a otimização da capacidade das redes e as respostas às necessidades de mobilidade de bens, de pessoas e de serviços figuram entre as primeiras preocupações (Pons; Reynés, 2004). É nesse ínterim que a logística assume a forma de atividade de serviço superior capaz de favorecer as novas demandas do capitalismo e, especialmente, as demandas corporativas. Os transportes cumprem três importantes funções ligadas mutuamente, isto é, a acessibilidade espacial, a conexão com o sistema produtivo e a própria atividade produtiva (dado que produz valor, na visão marxista). Seu impacto no território é variado, isto é, na produção, reprodução e organização do espaço regional e urbano. Repercute, assim, na rede urbana; no espaço da cidade; no uso do solo urbano e rural; nas migrações populacionais; na desconcentração e reconcentração produtiva e de consumo; na mobilidade geográfica do capital; na desverticalização produtiva e no aumento do setor terciário (terciarização), devido ao processo crescente de terceirizações; no intercâmbio cultural; na divisão internacional do trabalho; na ampliação da mundialização do capital; no turismo e em muitos outros. Todos esses atributos se espacializam a ponto de criar e de transformar os territórios. Portanto, contribuem com a organização e com o ordenamento dos territórios.

Para ler mais

BRUNHES, Jean. *Geografía humana*. Barcelona: Editorial Juventud, 1955.

CHEPTULIN, Alexandre. *A dialética materialista*: categorias e leis da dialética. São Paulo: Alfa-Ômega, 1982.

CHESNAIS, François. *A mundialização do capital*. São Paulo: Xamã, 1996.

CHOLLEY, André. Observações sobre alguns pontos de vista geográficos. *Boletim Geográfico*, Rio de Janeiro, v.22, n.179, mar.-abr. 1964, p.139-145.

CORRÊA, Roberto L. Interações espaciais. In: CASTRO, Iná. E. de; GOMES, Paulo C. da C.; CORRÊA, Roberto L. (orgs.). *Explorações geográficas*. Rio de Janeiro: Bertrand Brasil, 1997, p.279-318.

DERRUAU, Max. *Tratado de Geografía Humana*. Barcelona: Editorial Vicens-Vives, 1969.

GEORGE, Pierre. *Panorama da Geografia*. v.III. Lisboa: Edições Cosmos, 1955. Livro quarto: demogeografia.

HAGGETT, Peter. *Locational Analysis in Human Geography*. Londres: Edward Arnold, 1970.

HARVEY, David. *Los límites del capitalismo y la teoría marxista*. México: Fondo de Cultura Económica, 1987.

HURST, Michael E. (org.). *Transportation Geography*. Londres: Mccgraw Hill, 1972.

LA BLACHE, Paul Vidal de. *Princípios de geografia humana*. Lisboa: Edições Cosmos, 1954.

MARX, Karl. *O capital*: crítica da economia política. Rio de Janeiro: Civilização Brasileira, 2005 (livro 2).

PACHECO, Elsa. *Alteração das acessibilidades e dinâmicas territoriais na Região Norte*: Expectativas, intervenções e resultantes. Tese (Doutorado) – Faculdade de Letras da Universidade do Porto, Porto, 2001.

PINI, Giuseppe. La géographie dês transports. In: BAILLY, Antoine S. (coord.). *Les concepts de la géographie humaine*. Paris/Milão/Barcelona: Masson, 1995. p.139-44.

PONS, Joana Maria S.; REYNÉS, Maria Rosa M. *Geografía de los transportes*. Palma: Edición de la Universitat de les Illes Balears, 2004.

______. Pluralidad de métodos y renovación conceptual en la geografía de los transportes del siglo XXI. *Revista Scripta Nova*, Barcelona: Universidad de Barcelona, 15 abr. 2003, v.VII, n.139. Disponível em: <http://www.ub.es/geocrit/sn/sn-139.htm>. Acesso em: 20 fev. 2009.

RATZEL, Friederich. *Geografia dell'uomo (Antropogeografia)*. Torino: Fratelli Bocca, 1914.

SANTOS, Milton. *A natureza do espaço*: técnica e tempo, razão e emoção. São Paulo: Hucitec,1996.

SILVEIRA, Márcio R. As cinco revoluções e evoluções logísticas. In: SILVEIRA, Márcio Rogério; LAMOSO, Lisandra P.; MOIRÃO, Paulo F. C. *Questões nacionais e regionais do território brasileiro*. São Paulo: Expressão Popular, 2009.

SORRE, Maximiliem. *Geografia*. São Paulo: Ática, 1984.

ULLMAN, Edward L. Geography as spatial interaction. In: HURST, Michael E. (org.). *Transportation Geography*. Londres: Mccgraw Hill, 1972, p.29-39.

______. The role of transportation and the bases of interaction. In: THOMAS, William. L. (orgs.). *Man's Role in Changing the Face of the Earth*. Chicago: University of Chicago Press, 1956.

U

Urbanização

*Maria Encarnação Beltrão Sposito**

Um dos termos mais diversamente utilizados nas análises produzidas sobre o fato urbano é urbanização. A multiplicidade de acepções com as quais ele vem sendo empregado é consequência, de um lado, da variedade de profissionais que lidam com a problemática em pauta, cada um deles recebendo uma formação diferente e dando realce a um aspecto desse processo multifacetado. De outro lado, lembramos que essa expressão já foi apropriada pela sociedade, no nível do senso comum, o que acaba esvaziando, muitas vezes, seu conteúdo conceitual. Além disso, mesmo no âmbito científico, a compreensão de um conceito só é possível no escopo de uma teoria e, como há várias teorias para explicar a urbanização, o que se tem é uma multiplicação de sentidos. Para os profissionais do campo da engenharia, urbanização significa implantação de infraestruturas em espaços urbanos, como sistemas viários, redes de fornecimento ou captação, áreas de lazer etc. Muito frequentemente, para tais profissionais, todas as ações que envolvem a transformação material de espaços não urbanos em espaços urbanos são reconhecidas como urbanização.

* Universidade Estadual Paulista, Presidente Prudente, SP – Brasil.

Para os que se dedicam à compreensão de dinâmicas demográficas, o sentido atribuído a esse termo tem sido o do aumento relativo das populações que vivem em cidades, havendo, então, a associação do conceito de urbanização à proporção de distribuição da população entre o campo e a cidade. Arquitetos e urbanistas abordam a urbanização de forma bastante associada ao urbanismo e, em função dessa identificação, prevalece a análise das configurações espaciais e dos conjuntos arquitetônicos que compõem os espaços urbanos, priorizando-se a abordagem das formas urbanas e das funções que se realizam em cada parcela dos territórios urbanos. Mesmo reconhecendo a identidade ou a indistinção que esses profissionais estabelecem entre os dois termos, é preciso observar, como destacou Choay (1965, p.8), que urbanismo é um termo pesado e ambíguo, surgido em 1910, segundo Bardet (1959), e que tem muitos significados desde aqueles referentes aos trabalhos de engenharia civil, designando também os planos urbanos ou as formas urbanas características de cada época. Slater (1988, p.96), por exemplo, ressalta que, na bibliografia sobre o desenvolvimento urbano na América Latina, o termo urbanização "se encontra reduzido a uma consideração da estrutura social urbana, ou até mesmo limitado a um estudo sobre a questão da habitação".

Embora as visões apresentadas de forma sucinta possam ser identificadas com diferentes formações profissionais ou diferentes realidades urbanas, não se pode estabelecer generalizações ou se afirmar que essas acepções sejam utilizadas ou expressas pela totalidade dos profissionais de cada uma das áreas de formação citadas, ou que possam ser aceitas como consensuais para se aplicar a quaisquer realidades urbanas. Para uma compreensão das visões de urbanização presentes nas pesquisas sobre a realidade urbana em países periféricos (ou de economia dependente) são importantes os estudos, entre outros, Slater (1988), Coraggio (1988), Castells (1983) e Jaramillo (199?).

Há geógrafos que adotam, por exemplo, a visão demográfica do termo. Laborde (1994, p.5), ao iniciar a abordagem da "dinâmica da urbanização", apoia-se nos dados referentes ao aumento da população urbana no conjunto total da população, ainda que destaque, nas páginas seguintes, fatos, causas e consequências dessa dinâmica, ampliando o escopo inicial da análise. Embora utilize informações relativas aos parâmetros demográficos e político-administrativos considerados para se definir o que é cidade, Beaujeu-Garnier (1980, p.24) é bastante ampla em seu enfoque:

> *urbanização* é o movimento de desenvolvimento das cidades, simultaneamente em número e tamanho, isto é, o desenvolvimento numérico e espacial das cidades; ocupa-se de tudo que está ligado à progressão direta do fenômeno urbano e transforma, pouco a pouco, as cidades ou os arredores e, frequentemente, umas e outros.

O esforço de se apresentar uma "definição" de cidade, como no dicionário organizado por Johnston (1994, p.651, tradução nossa), também revela a pluralidade de acepções com as quais o termo vem sendo utilizado:

> se a *urbanização* for encarada apenas como um fenômeno demográfico, os lugares urbanos são aqueles nos quais os limiares de excesso da população e/ou densidade são frequentemente utilizados em definições dos *censos* dos lugares urbanos. Contudo, se a urbanização também for considerada tanto como processo estrutural ou processo de comportamento, então os lugares urbanos são aqueles com população acima de um certo tamanho ou densidade, contendo funções econômicas particulares na divisão espacial do trabalho, e com seus próprios estilos particulares de vida.

A partir da ideia de uma economia política da urbanização, Procter (1984), por sua vez, analisa cinco diferentes autores e suas versões dessa economia política, com base no que se produziu na década de 1970, advertindo o leitor sobre o fato de que esses autores não são representativos de todo o espectro daqueles que estudaram a temática. Para Procter, a perspectiva de David Harvey é a da "urbanização como espaço construído" (1984, p.70), enquanto David Gordon compreende essa dinâmica como "desenvolvimento e modificações das formas urbanas" (apud Harvey, 1984, p.72). Brian Roberts, por sua vez, ainda segundo Procter, compreende a urbanização como "concentração populacional em diferentes contextos sociais com implicações nas relações sociais" (apud ibid., p.74); Michel Smith como "conformação espacial do ambiente edificado e da distribuição da população" (apud ibid., p.75) e Manuel Castells como "forma espacial da organização social em constante mutação, expressa pelas modificações no meio ambiente edificado" (apud ibid., p.77).

Embora de formas diferentes, as perspectivas apresentadas até aqui incorporam às conceituações apresentadas para a urbanização a abordagem da dimensão espacial, ainda que, em nem todas elas, a dimensão temporal tenha sido privilegiada. A urbanização é um processo e, como tal, deve ser lida como movimento espaço-temporal. Sposito (1992) ressaltou a importância de se realizar um esforço no sentido de buscar a unicidade tempo ⇔ espaço e de superar a tradição positivista de legar a análise do tempo à História e a análise do espaço à Geografia. George (1969, 1990) ressalta a unidade orgânica entre Geografia e História, bem como Santos (1978, 1985, 1996), Giddens (1991), Harvey (1992), Abreu (1998), Vasconcelos (1999), Azaïs (2000) e Haesbaert (2002), entre outros autores, reforçam a necessidade de se articular a dimensão temporal à dimensão espacial da realidade. Essa preocupação é retomada aqui porque não há possibilidade de apreensão da urbanização como processo complexo que se constitui, sem se analisarem as múltiplas conexões possíveis entre o tempo e o espaço, não apenas considerando-se a sucessão e a sincronia, mas também o descompasso e a arritmia que marcam o movimento que, no real, articula essas duas dimensões da existência.

Em função do exposto, para a compreensão da urbanização, enfocar as articulações entre espaço e tempo exige que se enfrente o desafio de analisar as relações entre diferentes ritmos temporais, entre diferentes escalas e supõe o reconhecimento de rupturas temporais e descontinuidades espaciais. Tomando essa perspectiva, a urbanização é um processo de longa duração, que se inicia com o aparecimento das primeiras cidades e que se revela a partir de diferentes modos de produção, sob diversas formas. Em seu bojo, podem ser reconhecidos fatos, dinâmicas e formas de intervenção que, estudados por diferentes profissionais, como nos exemplos já dados, devem ser entendidos e/ou planejados no contexto do processo maior. Essa abordagem teórica pressupõe a aceitação de que a urbanização expressa e ampara a existência de uma divisão social do trabalho entre o campo e a cidade, ela mesma divisão territorial do trabalho, pois a urbanização contém/expressa a ideia de processo, remete, necessariamente, à análise da origem e evolução histórica das cidades, em relação ao nível de desenvolvimento das forças produtivas, ao estágio da divisão social e territorial do trabalho, às transformações de ordem política e social, às manifestações de caráter cultural e estético, às revoluções e contrarrevoluções ideológicas e do conhecimento, à Filosofia e à especulação, à Ciência e ao quadro do cotidiano, como já destacou Lefebvre em sua obra. (Sposito, 1992, p.93)

Para ler mais

ABREU, Maurício de A. Sobre a memória das cidades. *Território,* Rio de Janeiro, n.4, 1998, p.5-26,

AZAÏS Christian. Temps et travail. Une lecture de la dynamique territoriale. In: *Colloque de l'Association de la Science de Langue Française*, 26, 2000, Crans-Montana (Suisse), p.2-19.

BARDET, Gaston. *L'Urbanisme.* Paris: PUF, 1959.

BEAUJEU-GARNIER, Jacqueline. *Geografia urbana.* Lisboa: Fundação Calouste Gulbenkian, 1980.

CASTELLS, Manuel. *A questão urbana.* Rio de Janeiro: Paz e Terra, 1983.

CHOAY, Françoise. *L'Urbanisme*: utopies et réalités. Paris: Éditions du Seuil, 1979.

______. *O urbanismo*: utopias e realidades, uma antologia. São Paulo: Perspectiva, 2002 [1965].

CORAGGIO, José Luís. Dilemas da pesquisa urbana a partir de uma perspectiva popular na América Latina. *Espaço & Debates*, São Paulo, n.23, 1988, p.50-67.

GEORGE, Pierre. *Geografia e sociologia.* São Paulo: Forense, 1969.

______. *Le métier du géographe.* Paris: Armand Colin, 1990.

GIDDENS, Anthony. *As consequências da modernidade.* São Paulo: Editora Unesp, 1991.

HAESBAERT, Rogério. *Territórios alternativos.* Niterói: EDUFF; São Paulo: Contexto, 2002.

HARVEY, David. *Condição pós-moderna.* São Paulo: Loyola, 1992.

JARAMILLO, Samuel. El desenvolvimiento de la discusión sobre la urbanización latinoamericana. In: JARAMILLO, Samuel; CUERVO, Luís M. (orgs.). *Urbanización latinoamericana.* Bogotá: Escala, [199?]. p.7-44.

JOHNSTON, R. J. (ed.). *The Dictionary of Human Geography.* Londres: Blacwell, 1994

LABORDE, Pierre. *Les espaces urbains dans le monde*. Paris: Nathan, 1994.

PROCTER, Ian. Algumas teorias de economia política da urbanização e sugestões para um quadro de pesquisa. *Espaço & Debates*, São Paulo, n.11, 1984, p.68-80.

SANTOS, Milton. *A natureza do espaço*. São Paulo: Hucitec, 1996.

______. *Espaço & método*. São Paulo: Nobel, 1985.

______. *O trabalho do geógrafo no terceiro mundo*. São Paulo: Hucitec, 1978b.

SLATER, David. Capitalismo e urbanização na periferia: problemas de interpretação e análise referentes à América Latina. *Espaço & Debates*, São Paulo, n.23, 1988, p.96-109.

SPOSITO, Maria Encarnação Beltrão. Cidade: espaço e tempo (ensaiando a reflexão). *Revista de Geografia*, São Paulo, Unesp, v.11, 1992a, p.89-97.

VASCONCELOS, Pedro de A. *Dois séculos de pensamento sobre a cidade*. Ilhéus: Editus, 1999.

V

Violência

*Eda Maria Góes**
*André Luis André***

De uma perspectiva histórica, constata-se que a relação entre violência e sociedade é uma longa permanência, mas há muitas variações no tempo e no espaço, o que torna difícil a identificação e percepção dessa ligação, uma vez que ela sofre variações, o que condiciona o entendimento do que é e do que não é violência. Inúmeros povos, desde a Antiguidade, empregavam atos violentos em seus rituais e cerimoniais religiosas. Introduzir a violência em um ritual sagrado sempre foi a forma mais comum de tentar domesticar os seus efeitos e reduzir sua manifestação no cotidiano. Segundo Girard (1990), a domesticação da violência através de rituais religiosos está na base dos processos civilizatórios da humanidade e na construção de identidades coletivas direcionadas para relações relativamente pacificadas.

Para Durkheim (1995), a violência é uma instituição humana, uma forma básica de preservação, expansão e resolução de conflitos, que também envolve a transgressão e as formas de penalidade. A violência

* Universidade Estadual Paulista, Presidente Prudente, SP – Brasil.
** Universidade Federal de Integração Latino-Americana, Foz do Iguaçu, PR – Brasil.

antecede a política que, neste sentido, não pode ser exercitada em estado puro, sem carregar consigo expedientes de força mais ou menos explícitos. Quando a política, que pressupõe o diálogo, não resolve situações de diferentes naturezas, a violência é empregada.

Com o Estado-nação, na Modernidade, surgiu um portador legítimo das armas, já que o monopólio estatal tem sido a forma mais ampla de domesticação e regulação da violência nos limites da legalidade, embora a legitimidade nem sempre esteja em consonância com a legalidade, sofrendo alterações e adaptações de acordo com as características de cada sociedade, cada ordem e cada território. Foi na Modernidade que se buscou regular ao máximo a violência nos processos de disputa e cooperação, gerando identidades coletivas capazes de repudiar, ao menos de forma ideal, a violência explícita de seu *habitus social*. Se antes da Modernidade o poder exercia-se sobremaneira por meio da violência e só excepcionalmente pela política, na Modernidade há uma inversão que coloca a política no centro dos conflitos, forjando aí as identidades. Assim, tornou-se possível uma domesticação estrutural da violência pelos Estados nacionais, em muitos dos quais o mito fundador remete à violência paroxística: guerras ou grandes enfrentamentos violentos (Girard, 1990). Mas a Modernidade não pode ser caracterizada somente pela tentativa de generalizar um contrato social (Hobbes, 2004) capaz de pacificar os conflitos, embora tenha sido na Modernidade que a política hegemonizou as relações e transformou parte da violência em forma de ação política marginal-ilegal, bem como incorporou parte dela ao seu arcabouço institucional, organizando-a e dando sentido e objetividade à ideia de monopólio da violência e violência legal. A História tem mostrado que não há como administrar grandes escalas sem meios de regular a violência e sem fazer uso de formas de *violência organizada, simbólica* e de *longa duração*.

Para Soares, Athayde e Bill (2005), com a evolução no tempo e no espaço das formações sociais e seus respectivos territórios, por mais que uma sociedade se organize para erradicar de dentro de si a violência, não há como extirpá-la, apenas regulá-la por meio de vantagens comparativas, que favoreçam vinculações geradoras de processos identificativos, fortalecendo representações coletivas, no sentido de Durkheim (1995) e fazendo convergir representações sociais, no sentido de Moscovici (1978).

Entretanto, assim que formas de violência são organizadas, legalizadas e normatizadas, uma série de violências se transforma em *contraviolências*. A violência, os sujeitos e as identidades que dela se instrumentalizam diretamente sofrem inúmeros revezes em relação à política e às identidades políticas. Quando parece reinar a harmonia política, emergem violências, ainda que simbólicas. Quando parece reinar a violência, surgem formas de negociação política, como uma aparente negação da barbárie.

A tentativa de disciplinar a violência é um artifício recorrente. A partir dele, os grupos homogêneos, em controle e estrutura deste poder, pequenos ou grandes, criam um mito fundador de si, gerando unidade, identidade, práticas e normas comuns. A violência simbolizada em rituais exige um campo de sublimação no qual os conflitos e desvios possam retomar a harmonia e a ordem. Assim acontece com rituais religiosos que simbolizam formas de violência e também com relação a determinados grupos sociais metropolitanos que, em grande medida, usam a música, a fala e os gestos para sublimar, metaforizar e domesticar a violência vivenciada no cotidiano. A violência domesticada, nesse sentido, realiza-se como um protótipo de política, um embrião do que é o monopólio estatal da violência, domesticada, funcional e legalizada. No entanto, ela emerge de uma situação de desregulação da força, como objeto fundador de identidades. Enquanto não há um processo interno com identidades capazes de regular e domesticar a violência, estruturas sociais e estatais externas a essas identidades criam formas de repúdio e marginalização. A violência não domesticada ou anômica fortalece identidades de sujeitos em processo de marginalização e insere-se no *habitus* sócio-político-cultural desses sujeitos (Girard, 1990).

De um lado, a violência e a política são como tese e antítese, são objetos que não podem prescindir um do outro. Sem algo para se diferenciar positivamente, a política não tem justificativa para prevalecer, daí a concepção de Hobbes (2004), divulgada no século XVII, de que o contrato social mediado pela política é capaz de evitar a "guerra de todos contra todos", impedindo a generalização da morte violenta. Por outro lado, contraditoriamente, a violência pode ser usada de forma institucional em nome da manutenção do contrato social, gerando as condições para o que Sousa Santos (1998) chamou, muito mais recentemente, de *fascismo do contrato*. Assim, violência e política funcionam como fatores que se sobrepõem um ao outro, dependendo da situação, da natureza dos conflitos, da forma dos pactos, do poder dos sujeitos conflitantes e de capacidade potencial de compartilhar objetivos.

No que se refere às muitas definições de violência, começamos pela proposta de Morais (1985) e Taille (2000), para quem a violência pode ser entendida como uma instituição social, como uma agressão física e psicológica, que fere o corpo, a psique e a consciência de pessoas, comunidades, grupos de interesses, classes sociais, segmentos, populações, etnias e nações. De forma bastante instrumental e com alcance mundial, a Organização Mundial da Saúde (OMS, 2002, p.5) define a violência como "o uso intencional da força ou do poder físico, de fato ou como ameaça, contra si mesmo, outra pessoa ou um grupo ou comunidade, que cause ou tenha muitas possibilidades de causar lesões, morte, danos psicológicos, transtornos do desenvolvimento ou privações".

Para Soares (2000; Soares; Athaide; Bill, 2005), a violência é um instrumento que está aquém e além da política. Ela pode ser parte de um projeto ou, ainda, pode ser um elemento difuso em ações que não expressam projeto algum, colocando-se para os sujeitos como um artifício para criar, manter e ampliar poder, conservar ou melhorar *status*, centralidades e localizações, impor ou realizar interesses, de uma forma instrumental, quase como uma técnica (Santos, 2000), ou como cimento cultural de um modo e estilo de viver (Keegan, 2006). Por um lado, a violência é um instrumento para a realização de circuitos econômicos e políticos, sejam eles legais ou não, grandes ou pequenos, significativos ou insignificantes, ao mesmo tempo que continua a ser instrumento de resolução de conflitos em diferentes escalas, desde atritos interpessoais até conflitos entre empresas, Estados, sociedades, guerrilhas, grupos terroristas, grupos de afinidades etc., capaz de incorporar-se ou ser incorporado às formas de reprodução dos sujeitos e dos lugares. É propulsor de visibilidade pública (Soares, 2000, 2003; Batista, 2003) de quem não tem poder e de hipervisibilidade de quem já o tem, além de elemento extremo de linguagem e comunicação (Wieviorka, 1997; Pereira; Rondelli; Hollhammer e Herschmann, 2000), embora estas últimas concepções ainda sejam polêmicas. Por outro lado, a partir de uma escala de intensidade, que pode ser um par dialético que interage conjuntamente com outros, a violência, em seu nível menos explícito, dá-se a partir daquilo que Bourdieu (1996) chamou de *violência simbólica*, uma violência que não se realiza diretamente e nem sempre é sentida pela sua vítima, na medida em que há um conjunto de relações, instituições, organizações e normas que a consagram e difundem sua legitimidade e aceitação, fazendo-a quase invisível. A outra ponta dessa escala, ou a negação deste par dialético, ocorre com aquilo que pode ser chamado de *ultraviolência*, que é uma violência explícita, uma brutalidade extremamente dolorida no corpo e na psique, que não encontra legitimidade fora do alcance da racionalidade de seu protagonista, apontando fraturas no processo de civilização. Em outro par dialético, a violência pode ser compreendida como *violência do poder*, organizada, normalizada e estrutural (Santos, 2000), muito característica das formas de reprodução social de sujeitos com alto grau de poder, utilizada geralmente para a manutenção de uma organização favorável à constituição de poderes. Em contraposição, a *violência do poder* produz e reproduz a *contraviolência*, violência reativa, violência não normatizada e violência anômica, difusa entre sujeitos com déficit de poder ou em posições desvantajosas dentro de seus sistemas de relações socioespaciais, que fazem uso da *contraviolência* exatamente para criar um mínimo de poder para se enquadrar, fazer a crítica ou se tornar visível dentro de uma organização socioterritorial que os relega a posições inferiores e espaços degradados. Por fim, no que tange à conceituação da violência, Wieviorka (1997) e Carrión (2008) partem do pressuposto de que a violência não é a mesma de um período histórico a outro, para demonstrar que cada grande período também pode ser definido por um repertório de violências que os sujeitos sociais são capazes de articular. As configurações de cada período levam à decadência ou à ascendência de determinadas formas de violência, submetendo-as, domesticando-as e fazendo surgir novas formas de sua expressão. Wieviorka (1997, p.5) chega a propor a necessidade de um novo paradigma para a violência contemporânea, enquanto Carrión (2008, p.115) considera que a violência deve ser "concebida como uma relação particular do conflito social e, portanto, como uma complexa construção social e política que se cristaliza num território e num tempo específico".

***

No período atual surgem expressões de violência que são instrumentais e fundadoras de identidades, ao mesmo tempo que perdem importância as violências políticas próprias da luta entre esquerda e direita pelo controle das instituições estatais durante todo o século XX. Simultaneamente, presenciamos o aumento de formas de violência contra o Estado para a manutenção de negócios privados e o aumento de formas de *contraviolências* decorrentes da exclusão social, não necessariamente ligadas às práticas tradicionais de luta de classes. Wieviorka (1997), ao identificar o repertório de violências de cada período, vai ao encontro das proposições de Braudel (2004), cuja contribuição foi incorporada por Santos (1996), possibilitando a compreensão das relações entre violência e escala de tempo, assim como, entre violência e escala geográfica. A partir das noções de tempo longo e tempo curto (Braudel, 2004), Santos propõe as noções de tempo lento e tempo rápido. Com base nos dois autores, identificamos *violências de longa duração, violências de curta duração* e *violências instantâneas* ou *quase instantâneas* (André, 2009).

A violência de longa duração é aquela própria da estruturação de uma organização social ou uma totalidade, é a violência ou as violências que são domesticadas e monopolizadas, geralmente pelos sujeitos e grupos estabelecidos para manter um sentido para a organização social, uma ordem, comandos e divisões estruturais: de gênero, de etnia, de religião, de classe, de nacionalidade... São geralmente aquelas violências que se instituem como normas, parte do repertório de violências monopolizadas pelo Estado, instrumentais aos grupos de interesses com maior capacidade de dirigir ou influenciar programas ou projetos políticos e formas de gerir o território, que também por isso acabam sendo *violência do poder* e *violência simbólica*, sofrendo poucas alterações dentro de um mesmo período histórico. Mas como violência ligada às formas de poder de sujeitos sociais hegemônicos e como parte das maneiras de reprodução social do sistema, a *violência de longa duração* geralmente estende-se no espaço de forma quase ilimitada, ela só muda ou é redefinida quando a história é redefinida e quando o espaço e os sujeitos redefinem seus atributos, papéis, funções e poderes. A *violência de curta duração* é aquela que, dentro de um período (Santos,1996), garante que pessoas e grupos sociais ou grupos de interesse possam impor seu modo de comandar o período, o tempo e o espaço, o território e a sociedade, mas não necessariamente é capaz de transformar ou impor um leque de violências suficientes a redefinição total das coisas, dos objetos, dos sistemas, dos sujeitos, da sociedade, do território, do tempo e do espaço. Assim, essa forma de violência, ou essa duração da violência, difere da *violência de longa duração* na medida em que o confronto com interesses de outros grupos sociais pode dissolvê-la ou minimizá-la, deixando intacta a ordem e organização geral da sociedade e do território. A *violência de curta duração* pode estar presente na tomada do Estado ou na sua colonização por grupos de interesses particulares, pode estar presente na forma como corporações colonizam o território, submetem sujeitos e impõem seus planos e interesses, pode estar presente na forma como pessoas, grupos, segmentos e classes passam a se apropriar do espaço, do tempo e a se relacionar com os demais sujeitos sociais, a fim de manter seu *status* e extensão territorial. A *violência instantânea* é aquela geralmente utilizada em circunstâncias restritas, cuja dor e constrangimento provocados por ela não se prolongam na sucessão do tempo, sobretudo do cotidiano. É uma violência que irrompe e desaparece com a mesma velocidade que surgiu, embora seu acúmulo possa fazer com que ela pareça ser de curta duração. Ela surge e desaparece como um *flash*, num piscar de olhos. Entretanto, situações de crise podem fazer com que a instantaneidade de formas de violência se sucedam no tempo e se espalhem pelo espaço. Na maior parte das vezes é nesses casos que se inscrevem as *contraviolências*, geralmente com espaço de ocorrência limitados e, pelo poder de seus protagonistas, insuficientes para impor uma nova ordem. Mas grupos estabelecidos também fazem uso de *violências instantâneas*, geralmente para manter ou *recolocar* os de *baixo* em posições sociais inferiores e localizações degradadas.

No que se refere à escala espacial, atualmente, há uma forte relação entre a violência internacional, protagonizada principalmente por Estados, e a violência local. Os Estados que se militarizam para fazer a guerra, produzem maiores índices de violência, seja em seu próprio território, seja exportando a violência para outros territórios e comunidades. Tanto a preparação para uma guerra internacional, quanto a preparação para a segurança da ordem nacional, em termos de militarização, socializam a violência como mecanismo de resolução de conflitos e como padrão moral e ético. Se parte da sociedade é treinada para aniquilar o outro, por que motivo essa violência não seria utilizada no enfrentamento dos conflitos inerentes à vida cotidiana? Por que a violência não estaria aí justificada moralmente? Sobretudo quando a violência é organizada por forças particulares. De acordo com Adams (2003), há uma correlação entre a militarização para a guerra externa ou para a segurança interna e a violência comum. À medida que o Estado se envolve em situações nas quais ele tem que lançar mão da violência ou da *ultraviolência,* ele reitera o direito moral de praticá-la. Quando isso se torna uma prática frequente, as condições para o aumento exponencial da violência estão dadas. Mas a sociedade que socializa a violência e seus mecanismos, em nome de uma segurança militarizada, cria as condições para que um conjunto de sujeitos de posse desse conhecimento militar não só o utilize para resolver conflitos pessoais e diários, mas também para funções políticas e econômicas. Desse modo, a militarização cumpre um papel contrário àquele para o qual foi destinada, na medida em que a aplicação social da violência pode ser usada inclusive para funções que desautorizam o Estado e suas leis, desorganizam as relações sociais e seu estado de coisas. A militarização contraria o papel para o qual ela foi destinada de início; ao buscar manter a ordem, a militarização torna-se fator de desordem e fragmentação do território. Essas violências se articulam, interagem e se imbricam em suas manifestações cotidianas, embora não sejam articulações óbvias. O violentado pode ser, contraditoriamente, o violento, isso porque os sujeitos estabelecem diferentes formas de relacionamento, familiar, comunitário, econômico, político, comunicativo, intelectivo e religioso, de modo que sua inserção em cada tipo de relação nem sempre é de comando das variáveis que cada relação comporta e nem tampouco de submissão.

As sociedades atuais possuem uma grande disposição para temer e se indignar apenas com as *violências reativas*. A *violência do poder,* instituída como norma, tende a passar imune às críticas, inclusive quando elas infligem às normas que lhe atribuem legalidade. Nesse sentido, a atuação da mídia, seja pela visibilidade crescente dada à violência, seja pelas características específicas de tal representação, sempre a serviço da manutenção do atual *status quo*, desempenha papel inegável. Numa sociedade caracterizada pela presença de múltiplas formas de violência, uma das suas peculiaridades reside na existência de violências reais e violências representadas que nem sempre são coincidentes, embora uma violência representada seja, ao mesmo tempo, uma resposta a uma violência real e um estímulo à outra nova violência, conforme Imbert (1992). Conferindo centralidade analítica às relações entre violência real e violência representada, Imbert (1992) propõe a seguinte classificação: 1. *violência real* – aquela que acontece no cotidiano das pessoas, ocorrendo de forma variada, com graus e intensidades distintos, que pode ser física ou simbólica, de natureza política, econômica e social etc., ou ainda letal, criminal, acidental, individual e/ou coletiva; 2. *violência representada* – encenada no cinema e na televisão, principalmente; 3. *violência formal* – embutida na própria produção de imagens pela mídia.

Como desdobramento dessa perspectiva, observa-se que, ao estimular novas formas de violência, a mídia tem contribuído para desacreditar a capacidade do Estado de proteger os cidadãos. Embora não dispensem a proteção do Estado, esses sujeitos recorrem cada vez mais às estratégias e às forças privadas, muitas vezes clandestinas. Isso faz com que uma parte dos sujeitos passe a ser treinada para uma situação de combate, sem necessariamente receber a devida formação e regulação, e sem viver uma situação de combate tradicional; ou seja, parte da sociedade está sendo treinada e armada para um "estranho tipo de guerra". Estranho por ser em parte uma metáfora, estranho por não proteger uma identidade coletiva, um território comum e o direito comum. Ela se presta a proteger interesses privados, identidades específicas, um território fragmentado ou uma fração do território e o privilégio privado elevado a direito. Assim, há uma preparação para se combater a identidade do outro, seus interesses, sua fração territorial, seu direito e sua vida (Mir, 2004; Sousa Santos, 2004).

Outra classificação é proposta por Chesnais (1981): 1) *violência criminal* – letal, corporal e sexual; 2) *violência não criminal* – suicídios ou tentativas de suicídios e acidentes; 3) *violência coletiva* – terrorismo de Estado e violência industrial; 4) *violência paroxística* – a guerra. Em outro sentido e de forma simplista, Michaud (1998, p.7) define a violência como "uso da força à margem da legitimidade ou da ilegitimidade desta força", possibilitando a problemática conclusão de que a violência legal não é violência. A partir dessa definição, também propõe uma classificação para a violência: 1) *violência sociopolítica difusa* – aquela que decorre da ausência do poder instituído, particularmente o Estado; 2) *violência do poder* – que nada mais é que uma tipologia de violência que surge como mecanismo extremo, que vai além da norma, para manutenção e reprodução do poder instituído; 3) *violência contra o poder* – aquela que se levanta contra os operadores de poder e aquilo que eles elaboram (Michaud, 1998, p.22-3). Tavares dos Santos (1999) baseia-se nessa classificação para produzir seus argumentos a respeito da violência, embora a própria complexidade da violência contemporânea a refute e a todo o conjunto de classificações e proposições feitas com as mesmas características. Isso ocorre porque o sistema de violências e a *violência do poder* adquiriram uma ubiquidade, levando violências sociopolíticas difusas, nos termos de Michaud, a serem reelaboradas pela dinâmica do sistema social atual. O caráter difuso não desapareceu, mas ela se transformou em violência do próprio poder, em alguns casos, organizada e instituída por estruturas de poder, sejam elas, empresas, milícias ou organizações criminosas.

Na sombra e nas fissuras do poder estatal, outros poderes emergem, seja por autorização, consentimento ou insuficiência do Estado, como no caso de potências econômicas privadas; seja por desinteresse ou abandono, como no caso de milícias ou organizações criminosas das mais diversas naturezas. Aquelas formas de violência que decorrem da ausência de pactos civis praticamente não existem. As violências e *ultraviolências* não se fazem hoje na ausência de pactos, mas sim sobre eles e, em parte, por causa deles, uma vez que o contrato social não inclui todos e marginaliza muitos. Nessa perspectiva, as violências que parecem decorrer da ausência de autoridade são geradas, em parte, pela atuação dela própria, o que oferece uma configuração de poder para as violências aparentemente difusas, incoerentes e ilegais. Mesmo as frações do espaço que parecem fechadas para as verticalidades do poder e suas formas de violência, em última análise, precisam ser alimentadas objetiva e subjetivamente pelas violências que emanam da reprodução do poder numa ordem distante. Não há *violência reativa* que possa ser radicalmente isolada da violência exercida por estruturas de poder: Estados, empresas, grupos de interesses etc.

Na perspectiva das relações entre violência e poder, Misse (2003) crítica a unificação imaginária de fatos diversos no conceito de violência urbana, para o desvendamento das disputas de poder nas quais se pauta a definição da violência legítima e da violência ilegítima, uma vez que

> uma só palavra para situações tão diversas, por uma lado, simplifica o problema e, por outro, facilita um certo tipo de uso, inteiramente reificado, pois, em lugar de descrever, age socialmente, produz uma performance e um resultado. Quando emprego a palavra "violência", já estou próximo de demandar uma "contraviolência". Estou, portanto, definindo uma situação que, a meu ver, exige uma intervenção ou a produção de uma situação contrária. [...] Antes de tudo, violento é o outro. (Misse, 2003, p.19-20)

Entendendo que a violência é por natureza polissêmica (violência física e violência psicológica; violência e contraviolência; violência criminalizada e violência consentida; violência interpessoal e violência da pobreza etc.), envolvendo uma pluralidade de eventos, circunstâncias e fatores que tem sido, por um lado, imaginariamente unificada num único conceito e, por outro lado, representada como um sujeito difuso que está em todas as partes (Misse, 2003, p.19), é necessário perguntar: o que há de comum entre a violência contra crianças, praticada, frequentemente, no interior dos lares, e a violência do tráfico de drogas? E quanto à violência da polícia e a violência dos crimes do "colarinho branco" de que nos fala cotidianamente o noticiário? E mesmo com relação aos pequenos furtos praticados por meninos de rua, nas grandes cidades, e os atentados às Torres Gêmeas de Nova York, em 2001?

***

É preciso reconhecer a centralidade adquirida pela violência urbana, que se relaciona diretamente tanto ao aumento dos indicadores de crimes contra o patrimônio, que predominam nas cidades, quanto ao espaço e ao tratamento a eles dedicado cotidianamente, pela mídia. Essa centralidade da violência urbana se impõe, seja ela caracterizada como uma forma específica de violência diretamente relacionada com as relações e os conflitos sociais especificamente urbanos, ou às práticas sociais que se desenvolvem e se expressam no espaço urbano, seja ela caracterizada como uma violência que tem a cidade como cenário. Nesse sentido, dialeticamente, se concebe a cidade como produtora e como cenário da violência, simultaneamente. Constatamos, desse modo, tanto a importância desse tema para a compreensão das cidades, sobretudo para as realidades urbanas latino-americanas, como para os cuidados necessários ao se trabalhar com a noção/conceito de violência urbana, em função, sobretudo, da reificação que expressa, "pois, em lugar de descrever, age socialmente, produz uma performance e um resultado [...] exige uma intervenção ou produção de uma situação contrária" (Misse, 2003, p.19-20). Em função desses problemas, autores como Curbet (2006) e Kessler (2009) adotam a perspectiva da insegurança urbana, enquanto Robert (2006) problematiza tal opção, a partir da caracterização dos trabalhos de especialistas norte-americanos e europeus que se voltam aos aspectos subjetivos da insegurança (e da segurança). Quando se trata especificamente da violência urbana, além das dificuldades dos especialistas em qualificá-la (Pedrazzini, 2006), também há casos em que a própria cidade é concebida como sujeito violento – violência *da* cidade, em vez da violência *na* cidade – que implica, além do encobrimento dos sujeitos reais e múltiplos da violência e de seus fatores, a inversão da premissa clássica de que a cidade é sinônimo de civilização.

No que se refere aos esforços de quantificação da violência urbana, as estatísticas policiais são a principal fonte disponível, mas sua problematização é necessária e aponta para dois sentidos principais, de acordo com a bibliografia especializada (Adorno, 2002; Coelho, 1988; Paixão, 1988). Primeiro, é preciso levar em conta a influência dos fatores institucionais como: 1) preocupação com desempenho (sobretudo daqueles que atuam diretamente nas instituições de controle social, como a polícia); 2) questões técnicas (relacionadas aos registros das ocorrências, a organização dessas informações, sua padronização...); 3) negociações entre vítimas, agressores e autoridades (o recurso à corrupção, por exemplo, tem sido amplamente denunciado); 4) implementação de políticas determinadas de segurança pública que privilegiam a contenção de uma ou outra modalidade delituosa; 5) desistência da vítima em denunciar ocorrência, motivada por desinteresse pessoal ou descrença na eficácia das instituições. Este último fator, principal responsável pelas chamadas "cifras negras" da criminalidade, sustenta uma das mais relevantes justificativas para a necessidade de se recorrer também às "pesquisas de vitimização". Para o caso brasileiro, a pesquisa de vitimização realizada em 2002, numa parceria entre o Ilanud (Instituto Latino-Americano das Nações Unidas para a Prevenção do Delito e o Tratamento do Delinquente), a FIA (Fundação Instituto de Administração) da Universidade de São Paulo e o Gabinete de Segurança Institucional da Presidência da República mostrou que, para as cidades analisadas – São Paulo, Rio de Janeiro, Recife e Vitória –, a "cifra negra" da subnotificação girava em torno de dois terços. Ou seja, apenas um terço dos crimes ocorridos era notificado aos órgãos competentes. A pesquisa mostrou, ainda, que os roubos de automóveis apresentam as maiores taxas de notificação e que os crimes entre pessoas que se conhecem, como agressões sexuais, crimes envolvendo quantias de pouca monta e crimes com *modus operandi* não violento, apresentam elevadas taxas de subnotificação, significando que as estatísticas oficiais de criminalidade apresentam lacunas para o monitoramento desses tipos de delitos, com consequências relevantes para o combate aos mesmos.

O segundo sentido da problematização do emprego das estatísticas criminais diz respeito ao exercício de poder decorrente delas, já que, longe de ser uma simples representação quantitativa da realidade social, as estatísticas também são uma criação que serve para devolver ao conjunto da sociedade "uma imagem codificada de si mesma, seja para controlá-la, para catalogá-la ou modificá-la". As estatísticas podem ser tanto estratégia de dominação como tática de defesa (Carrión; Nuñez-Vega, 2006, p.7).

Dessa maneira, as estatísticas devem ser utilizadas a partir de uma perspectiva crítica, que reconheça suas limitações. Por conta disso, diferentes estudiosos utilizam como base para suas análises as estatísticas exclusivamente referentes aos homicídios, pois consideram que, devido a sua gravidade, são menos passíveis de manipulações e, assim, proporcionam uma representatividade maior da realidade. Para Waiselfisz (2010, p.7), a análise das mortes por causas violentas representa apenas a ponta do *iceberg* de uma situação de violência bem mais generalizada, sendo que "nem toda, nem a maior parte das violências cotidianas acabam em morte, mas a morte representa o grau extremo da violência que a relação entre os seres humanos pode atingir".

No Brasil, embora os primeiros trabalhos sobre a violência urbana tenham sido publicados nos anos 1970 (Ramalho, 1979; Santos, 1979) em plena ditadura militar, foi a partir dos anos 1980 que o tema passou a merecer atenção crescente dos pesquisadores. Nesse contexto, dois momentos importantes no estímulo ao debate suscitado desde então foram: num primeiro momento, o encontro realizado na Universidade de Campinas, em 1982, que contou com a presença de especialistas dos Estados Unidos, Inglaterra e Itália, além do Brasil, resultando posteriormente na publicação da obra coletiva, organizada pelo cientista político Paulo Sérgio Pinheiro – *Crime, violência e poder* (1983) – e, num segundo momento, já no final da década, na fundação do Núcleo de Estudos da Violência (NEV), na Universidade de São Paulo, por iniciativa do mesmo Paulo Sérgio Pinheiro e do sociólogo Sérgio Adorno. Os textos inicialmente produzidos pelo NEV dirigiam sua crítica ao caráter fragmentário que caracterizava as análises até então produzidas sobre a violência urbana e as agências encarregadas do seu controle.

Para ler mais

ADAMS, David. *Evitando a violência local.* São Paulo: Palas Athena, 2003.

ANDRÉ, André L. *Visíveis pela violência!* A fragmentação subjetiva do espaço metropolitano. Tese (Pós-graduação em Geografia), Universidade Estadual Paulista, 2009

BATISTA, Vera M. *O medo na cidade do Rio de Janeiro*: dois tempos de uma história. Rio de Janeiro: Revan, 2003.

BOURDIEU, Pierre. *Razões práticas: sobre a teoria da ação social.* Campinas: Papirus, 1996.

BRAUDEL, Fernand. *Gramática das civilizações.* São Paulo: Martins Fontes, 2004.

CARRION, Fernando M. Violência urbana: un asunto de ciudad. *Eure*, v.XXXIV, dez. 2008, p.111-130.

CHESNAIS, J. C. *Histoire de la violence.* Paris: Hachette, 1981.

CURBET, Jaume. *Conflictos globales violências locales*. Quito: Flacso, 2006.

DURKHEIM, Émile. *Da divisão do trabalho social*. São Paulo: Martins Fontes, 1995.

GIRARD, René. *A violência e o sagrado*. Rio de Janeiro: Paz e Terra, 1990.

HOBBES, Thomas. *Leviatã*: ou matéria, forma e poder de um Estado eclesiástico e civil. São Paulo: Martin Claret, 2004.

IMBERT, Gerard. *Los escenarios de la violencia: conductas anomicas y orden social en la España actual*. Barcelona: Icaria Editorial, 1992.

KAHN, Tulio. *Pesquisa de vitimização 2002 e avaliação dos PIAPS*. São Paulo: Ilanud, 2002.

KEEGAN, John. *Uma história da guerra*. São Paulo: Companhia de Bolso, 2006.

KESSLER, Gabriel. *El sentimiento de inseguridad*. Buenos Aires: Siglo Veintiuno, 2009.

MICHAUD, Yves. *La violência*. Madri: Acento Editorial, 1998.

MIR, Luís. *Guerra civil*: Estado e trauma. São Paulo: Geração editorial, 2004.

MISSE, Michel. A violência como sujeito difuso. In: FEGHALI, J. (org.). *Reflexões sobre a violência urbana*. Rio de Janeiro: Mauad, 2003, p.19-31.

MORAIS, Régis. *O que é violência?* São Paulo: Brasiliense, 1985.

MOSCOVICI, Serge. *A representação social da Psicanálise*. Rio de Janeiro: Jorge Zahar, 1978.

PEDRAZZINI, Yves. *A violência das cidades*. Petrópolis: Vozes, 2006.

PEREIRA, C. A M.; RONDELLI, E; SCHOLLHAMMER, K. M; HERSCHMANN, M. (orgs.). *Linguagens da violência*. Rio de Janeiro: Rocco, 2000.

PINHEIRO, Paulo S. (org.). *Crime, violência e poder*. São Paulo: Brasiliense, 1983.

RAMALHO, José R. *O mundo do crime*: a ordem pelo avesso. Rio de Janeiro: Zahar, 1979.

ROBERT, Philippe. Seguridad objetiva y seguridad subjetiva, *Revista Catalã de Seguridad Publica*, n.16, 2006, p. 91-102.

SANTOS, J. C. dos. *A criminologia da repressão*. Rio de Janeiro: Forense, 1979.

SANTOS, Milton. *Por uma outra globalização*: do pensamento único à consciência universal. São Paulo; Rio de Janeiro: Paz e Terra, 2000.

______. *A natureza do espaço*: técnica e tempo. Razão e emoção. São Paulo: Hucitec, 1996.

SOARES, Luís E. Uma interpretação do Brasil para contextualizar a violência. In: PEREIRA, C. A M.; RONDELLI, E; SCHOLLHAMMER, K. M; HERSCHMANN, M. (orgs.). *Linguagens da violência*. Rio de Janeiro: Rocco, 2000. p.23-46.

SOARES, Luis E. Novas políticas de segurança pública, *Revista Estudos Avançados*, São Paulo, v.17, n.43, jan./abr. 2003, p.75-96.

SOARES, Luis E.; ATHAYDE, Celso e BILL, MV. *Cabeça de porco*. São Paulo: Objetiva, 2005.

SANTOS, Boaventura de S. *O Estado sitiado*. Coimbra; Portugal: CES - Laboratório Associado, 2004.

TAILLE, Yves de La. Violência: Falta de limites ou valor? Uma análise psicológica. In: ABRAMO, H. W; FREITAS, M. F.; SPOSITO, M. P. (orgs.). *Juventude em debate*. São Paulo: Cortez; Ação Educativa, 2000. p.110-34.

TAVARES DOS SANTOS, José V. (org.). *Violência em tempo de globalização*. São Paulo: Hucitec, 1999.

WAISEFISZ, Julio J. *Mapa da violência 2010*. Anatomia dos homicídios no Brasil. São Paulo: Instituto Sangari, 2010.

WIEVIORKA, Michel. O novo paradigma da violência?, *Tempo Social*, v.9, n.1, maio 1997, p.5-41.

SOBRE O LIVRO

Formato: 16 x 23 cm
Mancha: 27,6 x 44 paicas
Tipologia: Iowan Old Style 10,5/15
Papel: Offset 75 g/m² (miolo)
Cartão Supremo 250 g/m² (capa)
1ª edição Editora Unesp: 2017

EQUIPE DE REALIZAÇÃO

Capa
Megaarte Design

Edição de texto
Jorge Pereira Filho (Copidesque)
Ricardo Inácio dos Santos (Revisão)

Editoração Eletrônica
Sergio Gzeschnik

Assistência Editorial
Alberto Bononi
Richard Sanches

Impressão e acabamento
psi7 | book7
psi7.com.br book7.com.br